丛书策划　陈义望　朱宝元

A HISTORY OF
NEPAL

尼泊尔史

王权与变革

John Whelpton

[英] 约翰·菲尔普顿——著

杨恪——译

中国出版集团 东方出版中心

图书在版编目（CIP）数据

尼泊尔史：王权与变革 /（英）约翰·菲尔普顿著；
杨恪译. -- 上海：东方出版中心，2024．9． -- ISBN
978-7-5473-2483-7

Ⅰ.D735.59

中国国家版本馆 CIP 数据核字第 20246DG834 号

上海市版权局著作权合同登记：图字 09－2024－0204

尼泊尔史：王权与变革

著　　者　[英] 约翰·菲尔普顿
译　　者　杨　恪
丛书策划　陈义望　朱宝元
责任编辑　赵　明　刘玉伟
装帧设计　钟　颖

出 版 人　陈义望
出版发行　东方出版中心
地　　址　上海市仙霞路 345 号
邮政编码　200336
电　　话　021－62417400
印 刷 者　上海盛通时代印刷有限公司

开　　本　710mm×1000mm　1/16
印　　张　21.75
字　　数　288 千字
版　　次　2024 年 9 月第 1 版
印　　次　2024 年 9 月第 1 次印刷
定　　价　86.00 元

目录 *Contents*

插图及表格 / 1

大事年表 / 1

致谢 / 1

引言 / 1

第一章　1743 年前中部喜马拉雅地区的环境、政治与
社会 / 6

第二章　地区统一与梵化(1743—1885) / 37

第三章　沙姆沙·拉纳家族治下的尼泊尔(1885—
1951) / 67

第四章　君主专制的强化:国内政治与国际关系
(1951—1991) / 98

第五章　对"发展"的探索:经济与环境(1951—
1991) / 137

第六章　生活方式、价值观与身份认同:尼泊尔的社
会变革(1951—1991) / 173

第七章　民主的理想与幻灭:1991 年以后的尼泊
尔 / 213

族谱 / 266

人物小传 / 268

术语表 / 288

索引 / 300

插图及表格

插图

1 甘杜荣小村(约翰·威尔普顿)/ 18

2 昌古纳拉扬神庙中的大鹏金翅鸟雕像(约翰斯·波尔曼,舍奈希市,德国)/ 22

3 普利特维·纳拉扬·沙阿(钱德拉·谢卡尔·卡尔基)/ 38

4 廓尔喀的旧宫殿(尼泊尔旅游局。图片作者:穆昆达·施莱斯塔)/ 40

5 贝特拉瓦提(约翰·威尔普顿)/ 42

6 比姆森·塔帕(伽内沙摄影工作室)/ 44

7 忠格·巴哈杜尔·沙阿(P. 施莱斯塔收藏/尼泊尔王国基金会)/ 51

8 钱德拉·沙姆沙·拉纳(P. 施莱斯塔收藏/尼泊尔王国基金会)/ 70

9 莫汉·沙姆沙·拉纳(P. 施莱斯塔收藏/尼泊尔王国基金会)/ 77

10 比希维什瓦·柯伊拉腊(希玛尔·喀巴尔·帕特利卡)/ 81

11 大会党"三巨头"(基尔克)/ 134

12 塔莱区移民(约翰·威尔普顿)/ 139

1

13　比尔根杰（约翰·威尔普顿）/ 148

14　加德满都谷地（丽塔·楚依）/ 177

15　吉里贾·柯伊拉腊（希玛尔·喀巴尔·帕特利卡）/ 217

16　鲁孔阔特（小仓喜代子）/ 236

17　比兰德拉王及其家人（王宫出版社秘书处/希玛尔·喀巴尔·帕特利卡）/ 238

18　贾南德拉王（王宫出版社秘书处/希玛尔·喀巴尔·帕特利卡）/ 239

19　2001 年王室惨案的政治解读（*Naulo Bihani* 杂志）/ 244

20　毛主义战士（小仓喜代子）/ 247

表格

表 1.1　尼泊尔主要民族和种姓 / 8

表 4.1　1959 年大选结果 / 109

表 4.2　1962 年宪法规定下"民主议事会"的构成 / 115

表 4.3　1991 年大选结果 / 136

大 事 年 表

公元前

130000 年？   德昂和萨特帕提地区，人类学会制造手斧

约 1700 年？   印度雅利安人开始进入次大陆

约 400 年？   佛陀在蓝毗尼出生

公元后

465 年   昌古·纳拉扬神庙中，马纳德瓦碑铭的时间

647 年   尼泊尔协助中国远征军，对印度进行惩罚性攻击

879 年   尼泊尔纪年开始

1097 年   难雅提婆王控制讲迈蒂利语的地区

约 1100 年   西尼泊尔地区，卡萨帝国建立起来

1200 年   加德满都谷地内，马拉王朝建立起来

1382 年   孟加拉的穆斯林君主苦思丁-以利亚劫掠了加德
                 满都谷地

1482 年   最后一位加德满都谷地共主雅克沙·马拉去世

约 1533 年   夏尔巴人从中国西藏地区向索卢昆布迁移

1559 年   德拉比亚·沙阿劫掠了加德满都谷地

1628 年   耶稣会会士约翰·卡布拉尔成为第一位访问加

<table>
<tr><td></td><td>德满都谷地的欧洲人</td></tr>
<tr><td>1650 年（或更早）</td><td>与中国西藏达成协议，使加德满都获得了吉隆和樟木两条商路的共有控制权及铸造西藏货币的权利，涅瓦尔人在拉萨也可以经营商铺</td></tr>
<tr><td>1715 年</td><td>方济各会开始向尼泊尔传教</td></tr>
<tr><td>1743 年</td><td>普利特维·纳拉扬·沙阿成为廓尔喀国王</td></tr>
<tr><td>1768—1769 年</td><td>加德满都谷地廓尔喀征服</td></tr>
<tr><td>1786 年</td><td>第一次廓尔喀侵藏战争</td></tr>
<tr><td>1791 年</td><td>第二次廓尔喀侵藏战争</td></tr>
<tr><td>1793 年</td><td>柯克帕特里克出使加德满都</td></tr>
<tr><td>1802—1803 年</td><td>东印度公司使者诺克斯上校抵达加德满都</td></tr>
<tr><td>1806 年 4 月</td><td>拉纳·巴哈杜尔·沙阿被暗杀，比姆森·塔帕开始掌权</td></tr>
<tr><td>1809—1810 年</td><td>郎杰特·辛格阻止了廓尔喀人继续向西部扩张</td></tr>
<tr><td>1814—1816 年</td><td>英尼战争</td></tr>
<tr><td>1837 年 7 月</td><td>比姆森·塔帕被罢免</td></tr>
<tr><td>1840 年</td><td>任用"英国大臣"</td></tr>
<tr><td>1842 年</td><td>朝臣们和军队联合发动"国民运动"，迫使拉金德拉王分权给王后</td></tr>
<tr><td>1846 年 9 月</td><td>军火库惨案之后，忠格·巴哈杜尔·拉纳成为首相</td></tr>
<tr><td>1850 年</td><td>忠格·巴哈杜尔·拉纳访问欧洲</td></tr>
<tr><td>1855—1856 年</td><td>第三次廓尔喀侵藏战争</td></tr>
<tr><td>1856 年</td><td>忠格·巴哈杜尔·拉纳成为卡斯基与蓝琼两地"马哈拉扎"</td></tr>
<tr><td>1857—1858 年</td><td>尼泊尔协助英国镇压印度骚乱</td></tr>
<tr><td>1877 年</td><td>忠格·巴哈杜尔·拉纳去世</td></tr>
<tr><td>1885 年 11 月</td><td>沙姆沙家族夺权</td></tr>
<tr><td>1904 年</td><td>钱德拉·沙姆沙协助荣赫鹏远征中国西藏</td></tr>
</table>

1914—1918 年	约有 10 万名尼泊尔人协同英军参加了第一次世界大战
1919 年	加德满都特里香达大学落成
1923 年	英国承认尼泊尔独立
1924 年 11 月	钱德拉·沙姆沙发表演说,呼吁废除奴隶制
1934 年 1 月	大地震摧毁了加德满都大量建筑
3 月	丙等拉纳家族成员被从继承权序列中剔除
1939—1945 年	尼泊尔动员国内资源,在第二次世界大战期间支持英国
1941 年 1 月	“四烈士”被处决
11 月	朱达退位,“马哈拉扎”帕德玛·沙姆沙继位
1947 年 1 月	尼泊尔人民议会党建立
8 月	印度独立
11 月	三边协定使得印度拥有 60% 的现有廓尔喀军团,英国则拥有 40%
1948 年 1 月	帕德玛·沙姆沙推动宪法形成
4 月	帕德玛辞职后,莫汉·沙姆沙成为新任首相及“马哈拉扎”
8 月	尼泊尔民主大会成立
1950 年 4 月	人民议会党与民主大会合并成为新的尼泊尔大会党
11 月	特里布凡王乘飞机前往印度
1951 年 2 月	拉纳政权最终倒台,国王复位并建立联合政府(这一天被定为民主日)
4 月	“廓尔喀达尔”在加德满都发动起义
11 月	联合政府崩溃以后,马特里卡·柯伊拉腊组建大会党政府
1952 年 1 月	“杀戮社”暴动,导致共产党被禁
1953 年 6 月	马特里卡组建第二届政府

1955 年 3 月	特里布凡王于瑞士去世
1956 年 1 月	坦卡·阿查里雅被任命为首相,组建内阁,成员多为"人民大会"党员及无党派人士
7 月	昆瓦尔·辛格出任首相,组建内阁,成员为联合民主党党员及由王室任命者
11 月	昆瓦尔·辛格政府下台
1958 年 2 月	马亨德拉王宣布成立宪法起草委员会,并在没有首相的情况下组织了政府,还成立了顾问委员会
1959 年 2 月	对宪法进行宣传
2 至 4 月	大选投票
5 月	比希维什瓦·柯伊拉腊成为首相
1960 年 12 月	马亨德拉王解散大会党政府,自己直接统治
1962 年 11 月	中印边界自卫反击战爆发后,苏巴尔纳·沙姆沙叫停了针对国王的武装斗争
12 月	对尼泊尔新宪法的宣传
1963 年 4 月	新《民法典》出台
1964 年	《土地改革法案》执行
1965 年 1 月	印、尼签订秘密条约,尼泊尔优先使用印度提供的军事装备
1968 年 5 月	苏巴尔纳·沙姆沙与国王展开"忠诚合作"
10 月	比希维什瓦·柯伊拉腊与伽内沙·曼·辛格被从狱中释放
1969 年 6 月	时任首相基尔提尼迪·比斯塔谴责与印度签订国防条约
1972 年 1 月	马亨德拉王去世,比兰德拉继位
8 月	大会党从印度对哈利普尔发动武装袭击
1973 年	禁止了"贾帕里组织"在国内进行的纳萨尔式的暴力活动
1974 年	发动为期三个月的战役,清除了北部山区盘踞的

	"坎帕"游击队
3 月	大会党制造比拉德讷格尔爆炸案,试图刺杀比兰德拉王
1975 年 2 月	比兰德拉王提出"和平区"协议
6 月	英吉拉·甘地宣布印度进入国家紧急状态
1976 年 12 月	比希维什瓦·柯伊拉腊与曼·辛格从印度回国,刚下飞机便遭到逮捕
1979 年 5 月	比兰德拉王宣布在"潘查雅特"体制的未来将召开修宪会议
6 月	苏利亚·巴哈杜尔·塔帕出任首相
1980 年 5 月	修宪会议决定,改良"潘查雅特"政体,而不是恢复多党民主制
12 月	宪法第三修正案规定,"民主议事会"由直接选举产生
1985 年 5 月	大会党发动民间不合作运动
6 月	加德满都爆炸案
1986 年 5 月	"廓尔喀人民解放前线"在大吉岭地区开始了活动
5 月	改良的"潘查雅特"政体下,第二次大选开始
1987 年 12 月	"廓尔喀人民解放前线"活动停止
1989 年 3 月	印度开始对尼泊尔施行半封锁政策
11 月	人民党赢得印度大选,拉吉夫·甘地被辛格所取代
1990 年 2 月	"人民运动"开始
3 月	"熄灯活动"在加德满都街头展开
3 月	帕坦城中"起义"开始
4 月	马里克曼·施莱斯塔政府解散,巴哈杜尔·塔帕被任命为首相;杜巴大道枪击事件
4 月	国王会见反对派首领,解除对政党的禁令

4 月	"民主议事会"解散，克利须那·巴特拉伊出任首相
11 月	贾帕地区，不丹难民建立起难民营
11 月	宣传新宪法
11 月	尼共(团结中心)成立
1991 年1 月	尼共(马克思主义)与尼共(马列)合并为尼共(联合马列)
1 月	联合人民阵线成立，作为"极左派"尼共(团结中心)的竞选载体
5 月	大选结束后，吉里贾·柯伊拉腊组建大会党政府
12 月	柯伊拉腊内阁的权力洗牌使得大会党内部矛盾日益被激化
1992 年	印度承认尼泊尔语作为该国一种民族语言
2 月	塔帕和昌德的派系重组为统一的国民民主党
4 月	警察开枪射击加德满都街头示威游行的"左派"分子
1993 年5 月	马丹·班达里和基法拉杰·阿什利特两人在去往达思敦嘉的路上车祸身亡
1994 年5 月	联合人民阵线分裂为巴布拉姆·巴特拉伊与尼拉詹·维迪亚两派
7 月	吉里贾·柯伊拉腊要求解散议会
11 月	曼·莫汉·阿迪卡里被任命为首相。在接下来的大选中，尼共(联合马列)得票最多
1995 年3 月	普拉昌达的派系重新改名为尼共(毛主义)
9 月	尼共(毛主义)中央委员会计划"发动史无前例的人民战争"
9 月	国会通过了不信任投票后，尼共(联)政府下台
9 月	谢尔·巴哈杜尔·德乌帕成为首相，组建大会党-国民民主党-沙巴伐尔纳党联合政府

11 月	警察部队发动"罗密欧行动",围剿罗尔帕地区毛主义分子的支持者
1996 年 2 月	"人民战争"开始
5 月	吉里贾·柯伊拉腊当选为大会党主席
9 月	两院联合会议以三分之二高票通过了马哈卡利河建设计划
12 月	与印度达成新的贸易与转运协定
1997 年 3 月	德乌帕未能获得信任投票的胜利
3 月	巴哈杜尔·昌德组建国民民主党-沙巴伐尔纳党-尼共(联)联合政府
10 月	昌德政府在不信任投票中失败
10 月	苏利亚·塔帕任首相,再度建立大会党-国民民主党-沙巴伐尔纳党联合政府
1998 年 1 月	国民民主党正式分裂为塔帕和昌德两个派别
3 月	尼共(联)发生分裂,异见分子重新组成了尼共(马列主义)
4 月	按照与大会党先前的协议,塔帕辞职
4 月	吉里贾·柯伊拉腊宣誓就职首相,组建大会党的多数政府
5 月	警方展开 KS2 行动,打击毛主义暴动分子
8 月	尼共(马列主义)的部长们加入柯伊拉腊政府
12 月	"马列主义"派别的成员集体从政府辞职
12 月	新一届大会党-尼共(联)-沙巴伐尔纳党-无党派联合内阁组建
1999 年 4 月	曼·莫汉·阿迪卡里去世
5 月	大选分两阶段开展
5 月	克利须那·巴特拉伊被任命为首相
9 月	鲁孔县警察局,七位警员被杀,一位警督被毛主义者掠去做人质

12月	巴特拉伊任用德乌帕，成立委员会，寻求解决毛主义者暴动问题
12月	塔帕和昌德领导的两派国民民主党都宣称，他们会再度合并
2000年2月	爆炸案致19名警员死亡后，警察开始在鲁孔纵火烧房
5月	吉里贾·柯伊拉腊替代巴特拉伊成为首相
7月	政府解放了强制性劳工
8月	王子帕拉斯酒后驾车，导致音乐家古隆身亡
9月	毛主义者袭击杜奈，杀死14位警察，捣毁了政府大楼
12月	印度影星赫利提克罗山发表了"反尼泊尔言论"，在加德满都引发抗议示威活动，警察开枪，导致五人死亡
2001年1月	比兰德拉王批准建立武装警察部队，并在地区设监督员
2月	尼共（毛主义）第二次党代会上，选举普拉昌达为主席，同时还将"普拉昌达路线"写入了党章
4月	毛主义者袭击鲁孔阔特与纳乌姆雷，杀死了70名警察。政府出台《整体安全与发展项目》，军队在其中起到重要作用
6月	太子狄潘德拉将国王、王后及其他王室成员射杀，后开枪试图自杀
6月	王室事务委员会宣布狄潘德拉为国王（他尚靠机器维生），贾南德拉为摄政王
6月	狄潘德拉去世，贾南德拉正式即位
6月	军队未能成功击溃扣押警察的反政府武装，其后，柯伊拉腊辞职
6月	德乌帕出任首相，要求与反政府武装停火

8 月	体制内的"左派"政党领导人在西孟加拉邦的西里古里与普拉昌达会面
8 月	政府与反政府武装之间开始对话
11 月	政府拒绝召开立宪会议,普拉昌达宣布退出和谈
11 月	反政府武装打破停火协议,袭击了警察和军队在德昂的营地。这是反政府武装首次主动与军队交火
11 月	全国进入紧急状态,军队完全动员起来打击反政府武装
2002 年2 月	班姆提夫·高塔姆及大部分尼共(马列主义)成员重新加入尼共(联)
2 月	反政府武装袭击阿卡姆地区首府曼格森及其周边的机场,杀死了 150 余名警察与军人,并杀害了地方行政长官
5 月	在与柯伊拉腊就紧急状态的持续发生争执后,德乌帕寻求解散国会
6 月	大会党正式分裂
7 月	"团结中心"与"马萨尔"两派共产党合并,他们的竞选载体(之前分别是"联合人民阵线"与"国家人民前线")也合并为"人民阵线"
9 月	辛图利警局一次袭击事件中,49 名警官身亡
9 月	反政府武装在桑提克拉卡取得重要胜利,60 位安保人员被杀
10 月	在政党间讨论后,德乌帕正式请求国王将大选推迟到 2003 年 11 月
10 月	贾南德拉王免除了德乌帕的职务,推迟了大选并亲自摄政
10 月	巴哈杜尔·昌德被任命为首相
2003 年1 月	毛主义者暗杀了武装警察部队司令

1 月	反政府武装和政府之间再次达成停火
5 月	五党联合开始反对国王统治
6 月	苏利亚·巴哈杜尔·塔帕成为首相
8 月	毛主义者宣布"眼下暂时"撤出和谈
11 月	政府宣布了组建民兵的计划
2004 年3 月	毛主义者攻击了博杰普尔集市，杀死 29 名安保人员
3 月	毛主义者袭击班尼

致　谢

　　这本书的内容是我在尼泊尔多年努力的成果,因此在这一过程中,曾有数不胜数的人施予我援手,恕我不能于此一一列出。然而,我的确想要向几位提供了巨大帮助的人们表达自己的感激之情。20 年来,每次我去加德满都,阿比·苏拜迪和他的家人都会热情地接待我,并腾出房间让我留宿,也常常鼓励我,给予我信心;而尼尔玛·图拉达以及他在特里布凡大学的同事们从不吝啬自己的时间,无私地为我提出建议。我的一位老朋友和长期合作者李希凯什·沙哈,不幸在本书面世之前去世了,但多年以来,每次与他谈话都对我大有裨益。大卫·盖尔诺是我加入这个项目的引路人,他为我的研究提出了很多有建设性的建议,而普拉雅各·拉杰·沙尔玛、哈尔卡·古隆、查依坦亚·米什拉、马克·坦博与阿比·苏拜迪分别在每个单章中也为我提出了许多宝贵的意见。克利须那·哈齐贺图在某些调研上为我指点迷津,也不吝与我分享他对当代尼泊尔政治极具洞见性的看法。我同样还要感谢洛克·拉杰·巴拉尔、罗德里克·凯尔默、约翰·克劳斯、卡纳克·玛尼·迪克西、威尔·道格拉斯、克利须那·卡纳尔、德鲁巴·库玛尔、兰迪·拉波拉、潘查·马哈尔占、特里拉特纳·马南达、唐·马塞施密特、史蒂芬·麦克索尔、普拉迪乌什·昂塔、格丽塔·拉纳、P. J. 沙阿、哈利·沙尔玛、英迪拉·施莱斯塔、迪帕克·塔芒、迪帕克·塔帕以及马克·

图临。当然,这本书中的瑕疵可与这些人丝毫关系都没有,我们在很多问题上还是意见不同的。

如果没有卡纳克·迪克西、小仓喜代子、玛丽·勒坎提-蒂卢因、帕德玛·施莱斯塔与奇兰·奇特拉卡的帮助,本书是无法面世的。我本来就一再拖延提交书稿,最后付梓时也零零散散,多亏玛丽古德·阿克兰和她在剑桥出版社的同事们不辞辛劳帮我整理、装订,在这里一并表示感谢。另外,我也要感谢那些尼泊尔的政治家们,这些年以来接受了我很多次的采访,他们是:谢尔·巴哈杜尔·德乌帕、迪帕克·伽瓦里、吉里贾·帕拉沙·柯伊拉腊、钱德拉·普拉卡什·迈纳利、马达夫·库玛尔·尼帕尔、拉姆·钱德拉·普戴尔、米南德拉·李贾尔与苏利亚·巴哈杜尔·塔帕。最后,我要感谢我的妻子丽塔——投入地写作一本书,总会导致这样或那样的家庭问题,但她总是给予我鼓励。

引　言

尼泊尔坐落在印度和中国之间的喜马拉雅地区,有着重要的战略
地理位置,而该国也不失为一处具有异国风情的旅游胜地。但是,这个
国家在过去并没有引起英语世界中受过教育者的太多关注。直到最近
20 年,情况才稍有改观:1990 年尼泊尔"人民运动"的爆发、2001 年王
室屠杀惨案以及同年毛主义者暴动的加剧,使得世界媒体的关注焦点
落在了这个曾经饱受忽略的国家。突发的、暴力的政治变动的确已经
成为这个国家历史中循环往复的一部分。但就重要性而言,我们更应
该关注那些长时期的、不那么戏剧化的进程,这些进程往往能够影响这
个国家大多数人民的生活状态——尽管从其他活动所获得的收入也变
得越发的重要起来,但即使是在今天,尼泊尔人民的生活依然主要依靠
农业生产。

18 世纪末期,发源于加德满都以西山区的小小廓尔喀王国,依靠
强大的军事力量,将喜马拉雅山麓大部分地区和北印度平原的一部分
尽数鲸吞入腹,随后的沙阿王朝又将宫廷移至加德满都,尼泊尔的现代
国家形态才基本确立下来。1846 至 1951 年间,尽管沙阿家族依然是
王族,但国家的权力已经被拉纳家族所把持。这一家族的族长作为世
袭的首相,其地位大致与明治维新之前日本的幕府将军相同。20 世纪
中期,在新获独立的印度的坚定支持下,被架空的君主与主导近代化的

先锋知识分子联合起来,终于将拉纳政权摧毁,而长期以来尼泊尔一直奉行的自我封闭国策遂被废止。在 20 世纪 50 年代实验性的议会民主制之后,政党政治被束之高阁,权力始终集中在王室手中。直到 1990年,大规模的抗议示威使得多党制复活,尼泊尔开始由一个选举产生的政府来统治。然而,这一新的制度并未能在中央建立稳定的权力,1996年以来毛主义者的活动证实了现行国家体制在政治上的失败,而更深层次的经济与社会问题还亟待解决。

为了更好地理解一个国家的当下,仅仅考察这个国家的历史本身是不够的,更要考察历史如何在现代被人们所理解与阐释。尼泊尔国民对于历史的阐释有很多分歧,这些分歧常常反映了现今国家内部的政治争论。然而,正如世界上许多其他地区一样,在尼泊尔,主导性的、写入教科书的官方观点,把国家的诞生视为这样一个过程:在某种程度上已经具有同一性的人民和领土,最终在政治上正式统一。接下来的历史研究中一个重要的主题,就是寻找一种民族主义的叙事途径来得到对国家的整体认同,以保持国家的统一和独立。在这个过程中,诸多政治家依据其满足或辜负国家期望的程度被塑造成了英雄或者恶棍的形象。举例来说,在处理廓尔喀王朝历史时,尼泊尔历史学家选择了"统一"而并非"征服"来描述这个王朝的权力扩张。而在发现布特瓦尔人——一支居住在 200 万年前尼泊尔湿地地区的猿人——的化石时,很多学者都主张把这种猿人视为尼泊尔人的直接祖先。

这种民族主义历史叙事的另外一个表现,即在于历史学家们试图将加德满都谷地——"尼泊尔"这个名字最初就是指这一地区——与全国其他地区首次发生政治联系的时间尽可能地向更早期推算。因此经常有人宣称,公元初年统治河谷地区的梨车王朝同样对山区建立了控制,更有甚者认为王朝的疆域已经超过现今的尼泊尔版图。虽然这些说法不大可能是正确的,但是加德满都谷地凭借其处于贸易路线上的地理优势以及城市化发达的经济优势,的确上升成了阿萨姆和克什米尔之间唯一较为重要的政治中心。印度与中国的文献对加德满都的记载远超过这一区域其他部分,而这里发生的事件强烈地影响着尼泊尔的近现代历史走向。任何对尼泊尔的历史阐述某种程度上都是"加德满都中心论"的,但我们同样也应该关注其他部分,比如南部湿地地区,现今尼泊尔一半的人口都集中在这里。

潜藏在山区与平原区历史的表象之下的,是人类与其生存环境的复杂关系。中部山区为早期的拓殖者提供了天然庇护,令他们能够躲避令人精疲力竭的热带高温,而平原区则有着极高的热带疾病传染率,这些因素导致英国的殖民者进入印度次大陆后,只能聚居在"多山地带"。而更晚近的时候,中部山区的人口压力和农业技术的极大飞跃又使得低地平原具有了吸引力。人口爆炸和环境退化问题是相互关联的,它们不应该仅被单纯地视为现代化进程对简单、和谐的生活传统的一种颠覆和破坏。事实上,人类对环境的压力早在 20 世纪 50 年代尼泊尔对外开放之前就已经开始了。举例来说,山区大部分的森林退化都发生于 19 世纪廓尔喀扩张时期;而表层水土流失往往被视为近来才发生的现象;但这种水土流失为山地地质结构所决定的内秉性活动,甚至早在人类定居此处之前就开始了。1950 年以前的某个时刻,尼泊尔的人口增长开始加速,这常常被归结于内战的减少和现代医药的应用所造成的死亡率下降。然而,也有人认为作为普遍贫穷的自然结果,出生率的上涨才是人口激增的主要原因,而这种贫穷又是由压制性的社会与经济政策,以及次大陆和全球经济体系对尼泊尔本国经济的冲击造成的。现在我们认为,人口增长是由多种因素共同作用的,无法找出一个单一的决定性因素。

贯穿尼泊尔历史的另一个重要主题,是这个国家作为文化碰撞前沿地带的状态和行为。面对欧洲文明,尼泊尔王国的确自我封闭了一个半世纪之久,但 21 世纪以后,越来越多来自不同地区的人开始进入中部山区。在这里,事实的真相再一次变得比人们想象的更加复杂。譬如,如果我们坚持南部印度教和北部佛教对尼泊尔的影响,作二元对立的处理,就会否定了这个国家所具有的复杂的语言/种族多样性——在区区 2 300 万人中至少存在着 70 种互相不能通话的语言,将宗教截然划分开的方法同样也忽视了佛教与印度教是在相同的文化背景下诞

3

生的这一事实，而且尼泊尔名目繁多的部落宗教与萨满教受到印度教或佛教的影响是极小的。

在最近的尼泊尔种族之争中，另外一个不严谨的简化思想，是把尼泊尔的"蒙古利亚"族群——即语言学上与中亚、东亚居民存在联系的人群视为"本地土著"，而把讲尼泊尔语和其他印度语支语言的人群视为后来的移民。人口的迁移以及移民与本地人群的融合已经进行了数千年之久，尽管平均而言，"蒙古利亚"族群要更早一些，但依然有很多同北部联系紧密的人群进入这一地区的时间晚于来自南部的人群。总而言之，我们必须记住，某一特定族群的文化和语言是在南北部的共同影响下被塑造成型的。最好的一个例子就是生活在加德满都谷地的涅瓦尔人，他们讲藏缅语，但他们的城市文明在很多方面都与穆斯林征服前的印度教次大陆文化十分相似。

如同今天的尼泊尔对其自身在中华文化圈和印度文化圈中的归属问题含糊其词一样，近代的尼泊尔王国从诞生起就不得不在中国和印度两个大国的夹缝里生存。直至19世纪中叶，中国清朝的皇帝向喜马拉雅山区方向延展的势力，与英属东印度公司在这一地区的势力是对等的，这为尼泊尔在两者之间周旋留下了余地。随着英国对印度控制的加强和中国王朝的衰落，这一均势被打破，在接下来的一个世纪里尼泊尔和她南部的邻居一直处于同盟状态。1949年，中华人民共和国建立，尼泊尔外交上的这种均势道路在某种程度上再次实现了，但与之前相比已经有了很大的局限性。这主要是由于尼泊尔和印度两国民间的交往要比中尼更加密切，而且作为内陆国家，尼泊尔在经济上主要依赖于印度。

在现代尼泊尔的历史中，第四个重要的主题，是国民共同身份认知的构建。即使不采用民族主义历史学家那些较为极端的主张，我们同样可以认为，至少在一部分民众之间，对于这一身份认知的追求早在尼泊尔接触到西方的民族国家理论之前就开始了。这种追求的基础包括对于山区（而非印度平原）的归属感、包括本地化的印度教和统一的尼泊尔语在内的文化共同点，以及对国家和王朝的忠诚。这些感情和特质最早可能只存在于一小部分人中,这些人同廓尔喀统治精英集体的关系最紧密;而不包括在低地区居住的人们。但无论如何,他们的确构造了一个处于民族身份象征核心地位的群体,为这种认同感随后在更广泛的人群中传播开来奠定了基础。

这种国家与民族的“构建”,在大多程度上是完整的、令人满意的,这在今日的尼泊尔也是一个重要的问题。即使是对现今尼泊尔国家批评最猛烈的本国人,也同样具有一种基于与印度相区别基础上的“尼泊尔认同”,这就如同爱尔兰、葡萄牙或乌克兰民族主义者强调自己的祖国不是英国、西班牙或俄罗斯的一部分一样。然而,对于上文提到过的作为国家认同基础的特质与情感,他们的价值并未能在尼泊尔人中得到公认,包括毛主义者们在内的许多人都认为,为了建立一个能够正视国内各文化与语言平等的“世俗的”共和国,这些所谓的基础必须被抛弃掉。这些争论重塑了叙述历史的视角,使得致力于种族平等的社会活动家们能够着眼于国家奠基和建设中的强制性因素,并以此挑战传统的、强调一致性与和平融合的构建性观点。

历史学的研究,就其本身来讲,是一种十分有意义的行为。然而,特别是就一般性的读者而言,我们又希望能够从一个国家的历史中获得对其现状与未来潜力的更为深刻的理解。基于这个宏大的目标,在写作本书时,我额外加入了一些针对同一主题的相反观点,正如上文所提到过的。但我依然有些悲哀地意识到,不论是对于尼泊尔本国的历史学家,还是对于外国学者,我们某种程度上都是自己思想的囚徒。因此我只能期望读者在阅读这本书以及以后进行进一步学习时,能够自行作出具有批判精神的评论。

5

第一章 1743 年前中部喜马拉雅地区的环境、政治与社会

自然环境

喜马拉雅山地的历史始于印度次大陆和亚洲板块中亚地区的碰撞。约 7 000 万年前,这片受力的岩层向上隆起并在中国西藏地区的南缘形成了高大山脉,这些山脉至今仍然是恒河水系与雅鲁藏布江水系的分水岭[①]。约 1 600 万至 1 000 万年前,新的造山运动在南方区域产生了喜马拉雅的主山脊,并在更南部的地方形成了中部山区——由一系列横断的、复杂的小山丘组成的地形区,这一地区目前在尼泊尔依然扮演着政治、文化中心的角色。约 80 万至 50 万年前,在青藏高原抬升的同时,喜马拉雅主峰再次急剧增高,引发一系列的地质运动并最终形成了位于中部山区南端的摩诃婆罗多山区,以及沿恒河平原稍向南方延伸的西瓦利克山脊。这种地壳的层移运动一直持续到今日,导致喜马拉雅地区的诸多山峰依然在以每年五毫米到一厘米的速度持续增高。

摩诃婆罗多山区与西瓦利克山脊的抬升暂时地阻断了几条向南汇入恒河的河流,由此在两峰之间以及加德满都谷地内形成了诸多湖泊,

---

① 数据来自 Hagan 1980:97 - 103。

加德满都大湖在大约 10 万年前才干涸掉,而几乎可以肯定在那时湖边已经有人类居住了。神话解释了加德满都谷地的干涸是由文殊菩萨(佛教版本)或明光(Pradyumna,印度教版本)①造成的,如同遍布喜马拉雅地区的其他神话一样,这些解释有可能暗示了一个延续了超过 3 000 代人的口头传统的存在,尽管如此,神话的创造者们更有可能是面对着已经干涸的谷地讲出了这些故事。相比较而言,中国民间的确存在台湾岛与大陆之间地峡的传说,这一地峡在公元前 8 000 年左右被淹没,而在欧洲则完全没有关于不列颠和欧洲大陆之间地峡的民间记忆,尽管这一地峡直至公元前 7 000 年还存在着。

　　这些地壳的运动有着其他更为深远的影响。在更北方,随着喜马拉雅山脊的隆起,水的力量使得河流维持了自身的流向,并下切形成了世界上最壮丽的峡谷。尼泊尔地区主要的三条河流就从这些峡谷中奔流出来,自东向西分别是格尔纳利河、甘达基河和戈西河。年轻的山脉易受水流腐蚀,剥落的表层土壤随河流向南部冲刷,并形成了肥沃而深厚的恒河冲积平原。在这里,土壤堆积在岩床上达两英里厚。这片平原上的一条 10 至 30 英里宽的狭长地带,如今位于尼泊尔南部边境以内,称为塔莱区(意为"低处的湿地")②。位于摩诃婆罗多山区与西瓦利克山脊之间湿地上的峡谷地区是如今尼泊尔全国主要的粮食产地,同时也容纳了这个国家近一半的人口。在北部边境靠西面的位置,尼泊尔也涵盖了一片处于喜马拉雅山雨影区的干旱地带。

人口与移民

　　崎岖起伏的地形除却造就了本地天气与土壤的复杂状况之外,也造就了这一区域丰富的文化多样性。表 1.1 按照种族-种姓群体的结构列出了这种多样性中的一部分。值得注意的是,在尼泊尔语口语中

---

①　明光:印度教神祇,黑天(Krishna)之子,也是黑天四尊庄严化身之一。——译者注
②　塔莱区:原文为 Tarai,意为"低处的湿地",后文也视情况翻译为"湿地"或"低地区"。——译者注

"种族"和"种姓"两个词的含义并未得到严格的区分,两者都以"伽特"(jat)表示(这个词汇最贴切的翻译是"血统族群")。

表 1.1　尼泊尔主要民族和种姓

(1) 帕拉芭蒂亚人(讲尼泊尔语)(40.3%)					
转生者：	**婆罗门**	12.9%			
	塔库里人	1.6%			
	切特里人(前卡萨人)	16.1%			
拒斥者：	瑜伽坎帕沓派与"十戒"信徒	1.0%			
不可接触者：	卡米人(铁匠)	5.2%			
	达买人(裁缝)	2.0%			
	萨基人(修鞋匠)	1.5%			

(2) 涅瓦尔人(讲涅瓦尔语或尼泊尔语)(5.6)[a]					
宗教贵族或享有完整宗教权利者[b]：					
	婆罗门	0.1%		金刚师/释迦种姓	0.6%
	施莱斯塔种姓	1.1%		乌磊种姓(图拉达人等)	0.4%
其他纯净种姓：	摩诃罗腱人		2.3%		
	埃克塔里亚人及其他小群体		0.7%		
不纯净种姓：	卡德基种姓、得亚拉种姓(擘底)等		0.4%		

(3) 其他山区民族("部落居民")(讲其他藏缅语或尼泊尔语)					
玛嘉人	7.2%	**林布人**	1.6%	蓄提亚人	0.1%
塔芒人	5.5%	**夏尔巴人**	0.6%	塔卡里人	0.1%
莱人	2.8%	车旁人	0.2%	塔米人	0.1%
古隆人	2.4%	苏努瓦人	0.2%		

(4) 马迭什人(讲北印度诸语,包括阿瓦第语、博杰普尔语以及迈蒂利语)32%			
(a) 种姓			
转生者：	**婆罗门**	1.0%	
	拉其普特人	0.3%	
	卡亚斯塔人 }刹帝利	0.3%	
	拉杰巴特人	0.2%	
	巴尼亚人(吠舍)	0.5%	
其他纯净种姓：	**雅达夫人/阿希尔人(牧民)**	4.1%	
	库沙瓦哈人(菜农)	1.1%	
	库尔米人(农民)	0.9%	
	马拉人(渔夫)	0.6%	
	科瓦特人(渔夫)	0.5%	
	库姆哈尔人(陶工)	0.3%	
	哈尔外人(糖果贩子)	0.2%	
不纯净、但可接触者：			
	卡拉瓦尔人(酿酒者/商人)	0.9%	
	多比人(洗衣工)	0.4%	
	泰利人(榨油工)	0.4%	

（续表）

不可接触者：		
	查玛人（制革工）	1.1%
	杜莎德人（编筐工）	0.5%
	卡塔维人（苦力）	0.4%
	木沙哈人（苦力）	0.8%
（b）民族		
内侧塔莱区：	库玛尔人	0.4%
	马吉西人	0.3%
	达努瓦尔人	0.3%
	达莱人	0.1%
塔莱区：	**塔鲁人**	6.5%
	达努卡人	0.7%
	拉杰巴姆希人	0.4%
	甘伽人	0.1%
	迪马尔人	0.1%
（c）穆斯林		3.3%
（d）马尔瓦尔人		0.2%
（e）锡克教徒		0.1%

注释与数据来源：

基于 1991 年人口普查数据（尼泊尔中央统计局 1993：II, part vii, tab. 25），并由哈尔卡·古隆（Harka Gurung 1994：tab. 1；Salter and Gurung 1996：tab. 1）与马克·加布里乌（Mark Gaborieau 1978）完成统计分析。最重要或人数最多的群体在表中以粗黑体标注出来。表中没有包含约 1.0% 的人口，这些人是山区的土著居民，但在当年的人口普查中未被归于任何一个群体。在总数达 32% 的马迭什人中，由 3.6% 被登记为塔莱区居民，但也并未被划分为民族或种姓群体中。表中数据还有细小的不准确之处，因为占人口 0.1% 以下的群体都被略去了，而较大群体的总人数也有估计的成分在里面。

注释 a：哈尔卡·古隆将涅瓦尔人当作一个群体进行处理，表中给出的族群内部分支是根据加布里乌的研究给出的。（Gaborieau 1978：198–206）

注释 b：此处分两栏显示，因为同一行的种姓分属于印度教（左侧）和佛教（右侧）两个宗教，但地位相同。

帕拉芭蒂亚人（山上的人）是最古老的讲尼泊尔语的族群，他们的文化一直以来在尼泊尔地区都占有主导地位。尼泊尔语属于印度-雅利安语族，使用这一语族中语言的人群遍布整个印度次大陆，并构成了中部及北部印度、巴基斯坦和孟加拉地区人口的绝大多数。尼泊尔语同印度官方语言——印地语的关系，就如同西班牙语和意大利语的关系那样紧密。两种语言在更为正式的书面形式上十分接近，这是因为两者都从印度的古典语言——梵语中借用了大量的词汇和术语。

帕拉芭蒂亚人语言学上的祖先被称作卡萨人，这个人群从西北部进入印度次大陆，可能是直接从内亚草原、也可能是间接地经由伊朗高原迁移至中部山区的。卡萨人大概首先于前 1000 年穿越了尼泊尔西部的喜马拉雅山地，接着在公元后第一个千年早期逐渐进入格尔纳利盆地，并取代或同化了当地既有的人口。1 000 年后的几个世纪里，他们有可能与一小部分拉其普特人相融合了。这个人群一直以来统治着印度西部的拉贾斯坦地区，彼时为了躲避穆斯林的入侵而进入山区。拉其普特人是古尔扎拉人的后代，这些古尔扎拉人在穆斯林到来之前刚刚掌握了印度的权力，而他们最早可能就是从山区的国家迁入了印度。在中世纪晚期，统治了尼泊尔中部与西部山区的塔库里家族曾要求拉其普特人承认两者之间的血亲关系，当时拉其普特人已经控制了密瓦尔并建立了王朝，他们位于齐陶加尔的要塞于 1303 和 1568 年曾两次被穆斯林征服者所攻陷。尽管大量的种族迁移与融合在平原地区上的确发生过，但在许多情况下，卡萨统治者——占据了尼泊尔某些特定区域的藏缅人也是如此——仅仅是简单地为他们自己指定了一个合适的、声望卓著的祖先，这种对祖先的认定在南亚大陆上是很常见的现象。拉其普特血统，不论是真实的还是想象出来的，一直保持了其在尼泊尔统治精英中重要的象征意义，连 2001 年尼泊尔王室屠杀案也与之有关。一些人声称，艾什瓦尔娅（Aishwarya）王后认为王子想娶的女子没有纯正的拉其普特血统，一直拒绝这门婚事，因此王子才在酒后发动了对全家人的杀戮。

尼泊尔统治者们的这些靠不住的家谱大部分是由婆罗门教的僧侣们编纂的，他们同样来自恒河平原地区。婆罗门向尼泊尔的迁移的确发生过，但许多现今尼泊尔婆罗门种姓的姓氏都显示他们事实上是起源于本土的。真正的中世纪移民中还包括了楚劳特人，他们是北印度的一个种姓群体，在皈依了伊斯兰教之后，于 14 至 18 世纪迁移至喜马拉雅山脚下。多姆人，这一在西部尼泊尔及印度喜马拉雅边境线的范围上广为人知的一支"不可接触者"种姓群体，有可能也是在这样一个较晚的时期进入这个地区的，而不是作为前卡萨时代被征服民族的后裔而一直存在于此地。

　　许多其他的种族人群——尽管不是全部——都在卡萨人之前就已经进入了尼泊尔,但他们到达这一地区的具体时间很难确定下来,就下文将要讨论的考古学证据来看,其中的一些迁移发生在相当早的年代里。最近的遗传学研究显示,尼泊尔地区新到来的语言与文化群体更倾向于同化而不是彻底取代原有的本土人群,这就是说,分属不同种族的尼泊尔人或多或少都带有这些早期居民的血统。如果仅仅考察在尼泊尔的土地上最长时间保有了自己独特文化的人群,我们会发现,只有那些生活在农业区边缘的、依然处于狩猎采集社会中的、人口极少的部落群体符合这一要求。生活在摩诃婆罗多山区的库孙达人就是这种部落群体极有代表性的一个例子,他们从北方讲藏缅语的邻居那里借来了许多词汇,但其语言最核心的部分依然能够代表尼泊尔最古老的语言结构。许多学者把库孙达语视为和欧洲的巴斯克语相似的孤立语言,无法归类于任何一个语言谱系内,但是有可能和如今在巴布亚新几内亚以及安达曼群岛上讲的语言产生较弱的联系[1]。另一个更加知名的部落群体是劳特人,他们如今讲一种藏缅语,但他们可能也是一支前藏缅人群的后裔。在低处湿地生活的塔鲁人现在成了一个农业民族,他们的语言几乎完全被印度雅利安语所同化,尽管这个民族的语言运动者们常常希望人们更多地去讲"塔鲁语"。即便如此,他们的语言的确还保留着前藏缅语的痕迹。

　　在尼泊尔境内其他讲藏缅语的先驱还包括了孟达语——南亚语系中的一支,以及达罗毗荼语——主要包括了南印度大部分语言。目前只有在东部湿地讲桑塔里和库鲁克方言(也被称为当嘉语或章嘉语)的为数不多且仍在减少的人群继承了这两种语言,但有证据显示相关的语言曾经在北印度地区被广泛使用。如今大部分使用南亚语族语言(属澳泰语系,包括最著名的越南语)的人群都生活在东南亚,所以我们假设讲孟达语的人群是从东北印度向西迁入次大陆;而达罗毗荼语与美索不达米亚诸语言存在相似性,讲这些语言的群体则大概是由西北

12

---

① Whitehouse et al. 2004.

部进入印度的。

除帕拉芭蒂亚人以外，尼泊尔山区最大的语言群体是藏缅人。藏缅语作为汉藏语系的一部分，大概是从中国西部某处发源的。属于这个语系的、讲藏语方言的群体在尼泊尔被称为蕃提亚人（这是尼泊尔语里对中国西藏人的称呼），他们显然是许久之前直接翻越了喜马拉雅山，并从北部进入今天的故乡的。作为这个人群中的一支，位于珠穆朗玛峰下索卢昆布地区的夏尔巴人保存着1531至1533年间民族迁移的文字记录。夏尔巴人的口头传统则暗示着他们驱逐了这个地区原本居住着的莱人，这些人今天依然占据着更南部的山区地带。不论怎样，不同的人群在索卢昆布地区已经居住了很多个世纪，考古学在这里发现了有2 000年历史的小麦花粉。同样也有证据显示，这一区域内如今大部分的草原在至少400至800年前依然被森林所覆盖。

来自西藏的更早期的移民是塔芒人——他们现今是加德满都谷地周围山区最大的种族群体。古隆人——主要位于蓝琼、卡斯基与廓尔喀区；以及塔卡里人——他们沿着约姆孙南部的卡里甘达基谷地居住。这些民族的语言之间存在着明显的亲缘关系，尽管并非藏语的变体或方言，这些语言同藏语的关系比其他尼泊尔境内的藏缅语更近。这种语言上的相似性后来成功地使很多塔芒人混入了古隆人的行列，因为后者享有更高的声誉，并被认为更适于参与军事活动。这三个人群可能曾经是同一个民族，而语言学上的研究推测出他们之间的分离时间大概是公元400年前后。最近的理论认为，上述民族的共同祖先以及早期西藏人向东迁移的时间要比之前认为的更早，他们通过克什米尔进入了喜马拉雅山区的北坡，那里公元前3000年左右的旧石器文化显示出与同时代华北旧石器文化的相似性。

根据古隆人的口口相传，他们的祖先大约2 000年前在木斯塘定居下来，并在公元500年①左右跨越喜马拉雅山进入南坡地区，这与当

---

① Tamu and Tamu 1993.

时讲藏语人群存在的更广泛迁移的情况是相符的。柯拉松贝——一处已经毁掉的村庄遗址——被古隆人认为是他们在安纳普尔纳南侧的第一个定居点,这些人在 12 至 13 世纪时曾于此处居住了 70 至 150 年。遗址中的房屋显示出了诸如平屋顶等只在喜马拉雅北侧干旱地区才存在的建筑特征。

对于其他藏缅人来说,事情则比较模糊。他们最可能从东部进入尼泊尔,又或许是从西部,虽然这种可能性不大。在东部藏缅人比例最高的地区发现的诸多人群被统称为"基兰蒂人"。其中既包括了较为著名的莱人和林布人,也包含人数较少的诸如苏努瓦人和车旁人等族群,这些族群各自的神话体系显示他们承认一个共同的起源。"基兰蒂"这个词来自梵语"基拉塔",即古典印度文献中对山区藏缅人的统称。加德满都谷地的典籍《瓦姆沙瓦利》(vamshavalis,意为"编年史")①记载了基拉塔人在印度化的梨车人崛起之前对这一地区的统治,时间在公元 1000 年前后。

基兰蒂人的传说暗示了东部尼泊尔的人口主要源于阿萨姆地区的数次扩张,也显示了不同的族群曾沿着低处湿地向西迁移,并最终通过阿润河谷及其他途径进入中部山区。上述两个地区之间的确存在着文化上的相似性,而基兰蒂语同使用于中国云南和缅甸的绒语②也有较强的亲缘关系。由此,这一地区历史上可能存在着从中国南部经由雅鲁藏布河谷向阿萨姆地区的一次或多次人口迁移,这些移民中的一部分人接下来继续迁移到尼泊尔境内。尽管藏缅人从西而来是不大可能的,但依然有证据显示,人口流动的方向曾经发生过一次向东的调转。对河流的命名显示莱语和玛嘉语曾经在西部尼泊尔被广泛使用,然而这一地区如今却是尼泊尔语的单语言区。某些特

---

① 《瓦姆沙瓦利》:Vamshavalis,一种类似于"编年族谱"的材料,通常用梵语写成,也记载历史、诗歌等内容。——译者注

② 绒语:Rung,假定的汉藏语系的一支,包括了基兰蒂语支、怒语支等语言。参见 Thurgood, Graham and Randy J. LaPolla (eds.) (2003). The Sino-Tibetan Languages. London: Routledge。——译者注

定莱人族群的口头传诵也显示了这个族群从格尔纳利盆地迁出的经历。这种东迁的行为可能缘于正在上升的卡萨人的压力，也有可能是基于天气原因。尽管这一地区存在着巨量的微地区差异，但是降水总的来说依然是沿着东南方向增多的，因此在大旱时期，东方成了一个合理的迁移方向。

14　　山区地带的许多种族事实上可能是由从不同方向迁入的其他族群混合而成的。莱人的血统就十分复杂，事实上，讲尼泊尔语的族群用"莱人"这个名称来称呼那些不能被明确地归入低一级族群的所有基兰蒂人。在中西部山区，北部玛嘉人(或卡姆玛嘉人，他们组成了尼泊尔毛主义者的主要支持群体)的创世神话显示了一次种族融合，这次融合中的一支部落起源于本地，其他则来自"蒙古"。对于玛嘉人整体的族群而言，这种起源的混合性更加明显。卡姆玛嘉人的语言与大部分南部玛嘉人的语言存在很大不同，南部玛嘉语则与古隆人的语言更为相似。"玛嘉"这个名称在早期可能只是一个荣誉称号，后来被互相之间没有联系的几个族群共同继承。

　　尽管生活在加德满都谷地的涅瓦尔人同样讲藏缅语，但他们经常被从山区的其他族群中区别出来，这是因为涅瓦尔人有着长时性的传统和城市化的历史，并且如同帕拉芭蒂亚人一样，他们也实行种姓制度。在涅瓦尔语究竟同基兰蒂语还是同塔芒-古隆-塔卡里语支更为相似的这一问题上，语言学家们尚存在争议。尽管许多学者将涅瓦尔社会视为曾经统治了河谷的"基拉塔人"族群的延续，涅瓦尔人本身也是由不同人群构成的。现今最大的涅瓦尔种姓——以农业为生的摩诃罗腱人，认为自己是地道的本地族群，但其他的种姓则保有迁移的习俗。"涅瓦尔"这个词本身来源于涅瓦尔语单词"尼帕"以及梵语单词"尼帕拉"，本来是加德满都谷地的专有名词①。所以不论涅瓦尔人起源于何方，他们的名字仅仅意味着"河谷中的人"。

---

　　① "Nepa(la)"这个词的确切起源尚存在争议，但有可能是从两个藏缅语词根衍生而来的，即"nhet"(城堡)和"pa"(人)。

尼泊尔国内最后一个重要的种族是居住在平原上的马迭什人。这个名称专指那些已经在低处湿地生活了很长时间、与南部印度边界居民有着相似的语言和文化的人群。然而并不包括山区的尼泊尔人,他们最近几十年才开始向湿地大规模移民。尽管就山区人群来看,马迭什人是一个单一种群,但湿地一直以来就是印度教徒、信仰伊斯兰教的少数民族(尤其是西部地区)和其他种族结构的人群("部落")共同的聚居地。后者中人数最多的一支是塔鲁人,他们的起源极为混杂,而他们之间统一的民族认同感直到最近才被建立起来。塔鲁人一直被外界视为一个单一的群体,一是因为他们那湿地丛林的独特生活环境,二是因为他们对"阿尔"的免疫——这是疟疾的一种致命变种,直到 1950 年左右依然在此处流行,并显著地阻止了其他人群在这一地区定居。

马迭什人所使用的印度-雅利安语言是从西北方被带入北印度的。沿恒河河谷的移民潮流在公元前两千纪末达到顶峰,在这些移民活动中最主要的路线是低处湿地北缘山区的山脚一线,选择这样线路的原因大概是这些地区的森林植被可以比较轻易地被除去,因此也就比恒河的河岸更容易发展农业。对于印度教徒和大部分的"部落"人群来说,低处湿地形成了一处语言连续区,从一个村庄到另一个村庄,方言是逐渐变化的,每种方言之间没有突然的、尖锐的区别;尽管如此,我们通常也把这一区域的方言划分为三组:自西向东分别是阿瓦第语、博杰普尔语和迈蒂利语,后者是国内除尼泊尔语之外使用人数最多的语言。

随着接下来区域中心向恒河的转移,低处湿地的重要性经历了逐渐下降的过程。时至今日,在居住于这一区域的印度教徒和穆斯林群体内部都有着传播广泛的传说,描述了他们的祖先在不到 200 年前才移民到这里,这也正是廓尔喀人对加德满都谷地征服的时期。虽然如此,这一区域肯定同样受到了公元 1000 年以来穆斯林移民浪潮的影响。平原上的国家均被穆斯林所控制,而在平原上有据点或前哨的山区王侯至少从 15 世纪起也被要求向穆斯林缴纳贡税。但是这一地区作为农业种植者定居下来的穆斯林却几乎全部是皈依的前印度教徒,

15

而并非突厥人、阿富汗人或阿拉伯人。

猎手、牧人与农民

尼泊尔最早的人类活动证据是所谓的"手斧"（其实就是一种石质的刮削器），发现于西瓦利克山与摩诃婆罗多山区之间、内侧湿地的山谷中。这些石器至少有着 10 万年的历史，是由尼安德特人以及现代人的祖先——直立人所制造和使用的。随着地形的抬升和山峰的隆起，巨大的湖泊也随之形成，而这些史前的狩猎-采集者们很可能就生活在这样的湖岸周围。这种湖岸环境一定也存在于这个曾一度充满了整个加德满都谷底的大湖附近，因为这一区域的化石记录包括了诸如短吻鳄和河马之类的岸栖动物。

长久以来，尼泊尔一直是不同文化传统的交汇区。在加德满都谷地发掘出的最早工具可以追溯至三万年以前，这些工具有着明显的中亚特征，而在西部湿地所发现的、同时期的工具却大部分是印度风格的。在东部湿地的拉托科拉谷①发现了一处公元前 5000 年左右的中石器时代遗址，这处遗址与和平文化②有许多相似之处。在尼泊尔各地发现的、公元前 2000 年左右的新石器时期的工具大部分为阿萨姆式，而在位于西部内侧湿地的德昂谷地，这些工具却表现出一种不同的北印度风格。由于这种文化复杂性，尝试分辨出某个新石器文化创造者的族群是一项不可能的任务；但我们依然可以推测，这种阿萨姆文化的影响是由讲孟达语的农民们带来的，因为农业使食物来源稳定下来，丰富的食物造成的人口爆炸使他们大批地迁移到这个地区。基于相似的过程，达罗毗荼人以及其他一些民族也开始从西北面进入尼泊尔。

目前为止所发掘出的工具证实，尼泊尔的农业起源于公元前 2000

---

① 即 Rato Khola，意为红河谷。——译者注

② 和平文化：东南亚中石器时代至新石器时代早期的文化，因最初发现于越南和平省而得名。——译者注

年左右。作为新石器生产革命另一个主要部分的畜牧业,在这一时期也出现于尼泊尔境内,而在加德满都谷地中人们口口相传的最早的王朝,大概就是由这些水牛和黄牛的放牧者们所组成的。然而,如果考虑到周边地区的影响的话,尼泊尔人种植庄稼和豢养牲畜的时间可能要提早到公元前 3000 年——这些周边地区中包括了北印度,这里大麦和水稻在公元前 6000 年左右就得到了广泛种植。

最早的尼泊尔农民砍倒并焚烧树木,以在森林中开辟一片田地,一段时间后就更换一处地点,这样土壤的肥力就不会因为长期耕种而耗尽。这种刀耕火种式的农业直到 19 世纪左右还在某些地区存在着。这种农业通常和狩猎、畜牧业相结合,而根据古隆人的口口相传,他们直到 17 世纪依然过着游牧生活。晚些时候,密集、静态、以水稻为主的种植业生产方式被引入了湿地地区,然后被传播到了加德满都谷地。在喜马拉雅山脚下的格尔纳利盆地,这种农业在 12 至 14 世纪发展起来,至 18 世纪为止,盆地中的森林都已被砍伐殆尽。水稻种植随着帕拉芭蒂亚人的迁移而扩散开来,在东部山区从 17 世纪以后才有种植,而直到 200 年前这种作物都并不被视为重要的粮食来源。在帕拉芭蒂亚人定居的山区,人们在肥沃低平的山谷底部种植稻谷,而在山坡上则种植不需要灌溉的庄稼,具体来说主要有粟米和玉米(后者直到 18 世纪才开始大规模种植)[①]。在更北部的“西藏化”的地区,典型的农作物则是小麦、大麦和燕麦的混合。

加德满都谷地的早期主要作物包括了水稻、小麦、大蒜、洋葱、萝卜以及豆科植物。新大陆的作物,诸如辣椒、马铃薯、玉米等,在 18 至 19 世纪从印度引入,而在印度这些作物则是由欧洲的商人所带来的。随着新作物的引入,农业出现了许多创新,但这些创新最初总是遭到怀疑。譬如在 17 世纪,玉米种子被先后引入巴德冈以及河谷内另外一个独立的城邦时,这种怀疑就发生了。根据一部 19 世纪的《瓦姆沙瓦利》

---

① 18 世纪 90 年代时,玉米在山地区就已经得到广泛的栽培了。(M. C. Regmi 1972: 17, n. 21)

图1 安纳普尔那峰脚下,位于甘杜荣的一处古隆人村庄。图中可以看到在房屋前院子中晾着的玉米,这种作物在18世纪就成为山地地区的重要粮食作物。

17　记载,人们担心这些谷物会招来瘟疫,因此将其原路退回。19世纪高等种姓的涅瓦尔人认为玉米是牲口才吃的,而与此同时玉米正是大部分低等种姓者的口粮。

那些在湿地地区和其他肥沃的山区内主要的农业技术传播到了恒河平原上,并在公元前1000年左右开始了进一步的演化。在这一时期,铁质农具——尤其是犁——开始广泛地被应用于砍伐森林和开垦荒地上。这使得人们能够更有效率地翻种较为黏重的土壤,而同时对新品种水稻的栽培和移植栽培技术的进步,也促成了大量的人口增长。

在湿地中某些条件最为优越的地区,田地里的谷物一年能做到两至三熟,以最大化地利用土地的生产力——类似的作物熟制在北印度地区可以追溯到吠陀时代(公元前 1500—前 800 左右[1])。在山区,较低的人口密度意味着一年多熟制没有太大的意义,而事实上在这里,这种熟制直到 20 世纪晚期才被推广开来。虽然如此,多熟制的耕作方式最早却有可能是在加德满都谷地被采用的,尽管人口增长为自然灾害所限制,但这里的人类聚居点的密度始终保持在一个比较高的水平上。

涅瓦尔-摩诃罗腱人是加德满都谷地的主要耕作者,他们并没有大规模采用犁来翻播土地,而是更多地依赖于传统的"库"(ku)——一种类似锄头的工具。相较于北印度的刮犁[2]而言,这种工具能够更有效地开垦沉重的黏土质土壤。然而,现今的摩诃罗腱人通常声称,他们不想使用犁的原因是在犁地时需要驱使犍牛来作为劳动力,这会使他们有负罪感。类似地,在诸如巴奈帕谷地等土壤条件更适合使用犁而不是锄的地区,人们出于相同的考虑,也往往避免使用犁。

上古与中世纪时期国家的形成

在整个上古与中世纪时期,在包括尼泊尔在内的次大陆偏远地区,其社会按照部落的血缘世系来进行管理,要么完全没有国家形态,要么只是相当松散地联系成一个国家。然而在公元前第一千年中期,在恒河平原以摩揭陀为中心的地区内,出现了一个统治者与臣民没有亲属关系,并且定期在领土内部征税的王国。在漫长的冲突和征战中,摩揭陀的君主们终于成功击溃了尼泊尔湿地地区的部落联盟,这个联盟中以梨车族与释迦族最为著名。在这样的背景下,释迦牟尼佛创立了后世以他名字命名的佛教,而佛陀本人就属于释迦族。

---

① 原文如此,也有说吠陀时代为公元前 1500—前 700 年左右。——译者注
② 刮犁:Scratch Plough,即 Ard,一种简易犁具,可以在土壤上犁出沟渠,但不具备翻土功能。——译者注

公元后第一千年早期,尼泊尔出现了一个新的北印度式的国家,并很快控制了加德满都谷地,以及从西部的翠苏里到东部的孙戈西之间的山区。这个国家的统治者声称他们是梨车族的后裔,但这个声明的真实性值得怀疑。即使我们假定他们真的是梨车人,但在他们从恒河平原迁移而来的过程中有没有带来大量的梨车族移民、这个国家的人口是否因此而大部分是梨车族,这些依然不清楚。然而,这个国家与吠舍离之间的文化联系却是毋庸置疑的,从加德满都谷地的杜马卡尔与巴萨尔(古吠舍离所在地)两处发掘出的陶器表现出了两者之间存在很大的相似性,而古地名的线索也暗示了柯离与跋者——低处湿地区部落联盟的成员——同梨车族原始的居住地之间存在着联系。

梨车王朝时期留下的绝大部分书面材料由政府面向人民的公告构成,这些公告也忠实地反映了国内的印度化进程。最早的可靠碑文是保存于昌古·纳拉扬神庙中的马纳德瓦碑铭,这份碑文刻于公元 465 年,记载了国王是如何劝说自己的母亲不要为死去的父亲殉情的事情。这有可能是最早的描述"萨蒂"(sati,将寡妇用火烧死以为亡夫殉葬的仪式)场面的南亚碑铭;在印度,最早的相似碑文则是一块位于萨格尔(中央邦)的纪念碑,公元 510 年才竖立起来。不管是盛是衰,梨车王朝始终和更南方的政治趋势保持着一致甚至略微超前的态势,而晚些时候统治者与北印度望族之间的联姻也证明了南方的印度人是将梨车人视作平等的存在的。

加德满都谷地坐落于一处主要的、穿过喜马拉雅屏障的古路上,这既赋予了其重要的战略位置,也造就了这一地区商业的繁荣,这种繁荣令于 7 世纪到达此处的中国旅行者们赞叹不已。随着松赞干布(627—649 在位)统一西藏,作为连接中国和印度的要道,巴奈帕至樟木、拉素瓦至吉隆两条进入西藏的路线变得尤为重要。尽管有些历史学家怀疑那位据说是嫁给了松赞干布的尼泊尔尺尊公主的真实性,但尼泊尔与中国的西藏之间的确存在着紧密的政治联系。在 624 年左右,尼泊尔正统的梨车族统治者被笈多家族所推翻,当时在任的梨车国王逃往中国西藏,并在藏军的帮助下重获王位,从这以后尼泊尔便成为中国西藏的附庸国,直到8世纪初才叛变并脱离其控制①。647年时,一位中国的使节②遭到了印度某个国王的怠慢,为了发动惩罚性的讨伐,他向尼泊尔和中国西藏借兵出征。

从公元8世纪开始,加德满都谷地的中央王权逐渐衰弱,梨车族的王室血脉也随之终结。从10世纪晚期到11世纪早期,德瓦拉扎的统治(dvairajya,双王共治)是很常见的,而在梨车王朝期间这种共治只是偶尔发生。"德瓦拉扎"这个梵文术语既可以指双王分治导致的实际上的领土分裂,也可以指两个国王同时统治一个完整的国家,后者在尼泊尔也常用"乌巴雅拉扎"(ubayarajya)来描述。尽管如此,在中世纪时期君主专制一直是加德满都谷地的主要政体,这种专制制度传统上被认为是始于879年,这一年被确立为尼泊尔历法的元年。我们不清楚为何新的历法要从这一年开始重新纪年,但如今尼泊尔历已经成为涅瓦尔文化认同的重要标志,每一年尼泊尔都会举行盛大的摩托车环加德满都骑行活动,来庆祝这一历法的诞生。在中世纪早期的村庄合并过程中,加德满都谷地的中心——加德满都、帕坦和巴德冈逐渐演变为城市聚居区。1200年时,一位新国王阿利·马拉成为第一位使用"马拉"称号的尼泊尔统治者,这一尊号最早可能是由南印度的帕拉瓦王朝所使用的。自此至1768—1769年普利特维·纳拉扬征服加德满都谷地为止的600年,通常被称为马拉王朝。

尼泊尔的国王们经常要对付那些手握重权的下属们,他们的权力往往会对王室的统治构成威胁,这种对抗贯穿了整个梨车王朝以及中世纪时期。梨车王朝时,萨曼陀们(samantas)与国王的关系很紧张——萨曼陀最早是用来代指邻国统治者的术语,后来指在被国王所控制的边区的封疆大吏们。更晚的时候,这个词汇也被用来称呼那些权势较盛的大臣,不论他们是在地方上进行统治还是仅在中央供职。在6

21

---

① Slusser 1982:32 - 33.

② 这位中国使节即王玄策,他借兵覆灭的国家是遭宰相阿罗那顺篡位的戒日帝国。——译者注

20

图2　一尊大鹏金翅鸟（迦楼罗）的塑像，相传这一神鸟是毗湿奴的坐骑。雕像的面部可能是马纳德瓦的形象，这位梨车族国王公元465年刻下的碑铭，通常被认为是加德满都谷地历史开端的标志。

世纪末上位、成为梨车王朝共治者之一,并最后成功政变、大权独揽的国王莺输伐摩,最初在碑文里被称为"摩诃萨曼陀"(mahasamanta,大萨曼陀)。在现代尼泊尔语里,"封建制度"(Samantabad)这个词的词根即来自萨曼陀这个称谓,但这个称谓在中世纪时期逐渐停止使用,而大贵族们开始被称为"婆罗"(bharo),这个名称于 11 世纪早期首次出现在记载中。占据了加德满都与帕坦——但不包括巴德冈——社会顶端的贵族是摩诃钵特罗们(pradhans)和毗卢坦们(patras)。虽然有学者认为不论城市还是国家的贵族,其地位都是国王授予的宫廷虚爵,而非被萨曼陀占据的、乡绅式的地方实权派,但这种观点可能并不适用于毗卢坦。具体来说,早至 1099 年,帕坦的毗卢坦们就已经十分有影响力,政治上甚至可以充当立王者,他们有可能是在村庄合并为城市的过程里消失的、旧的村社头人的继承者。不论来源何在,婆罗们都是一支强大的力量,他们人数众多,1383 年有大约 1 700 名婆罗聚集起来向贾亚斯提提·马拉王宣誓效忠。

早在 1225 年,尼泊尔的国内政治就陷入了分裂与对抗,两大婆罗家族把持朝政并相互攻讦,他们分别来自巴德冈的特里普拉宫以及巴奈帕地区的博昂塔。与这种对抗相伴随的还有来自外族的侵略。自 1288 年以来的半个世纪里,加德满都河谷频繁地遭受来自格尔纳利盆地、讲尼泊尔语的卡萨人,以及来自湿地地区、讲迈蒂利语的多雅人的攻击与掠夺,最终在 1349 年,孟加拉的穆斯林君主苫思丁-以利亚[①]针对此地发动了一次短暂但极具破坏性的军事打击。事实上,在 1311 年,博昂塔家族自己联系了多雅人并将他们的军队引入谷底,以此作为向其政敌特里普拉家族施压的手段;而除此之外,也存在其他外族侵略者与谷地内部某一政治势力相勾结的状况。这样的模式在 18 世纪普利特维·纳拉扬征服,以及——某种程度上——20 世纪毛主义者"人民战争"的过程中也能够被找到。

22

[①] 苫思丁-以利亚:Shams ud-din Ilyas,孟加拉苏丹(1342—1358),统一孟加拉并建立以利亚沙王朝。——译者注

尽管一开始时多雅人是作为博昂塔家族的盟友而进入谷地的，但几年之后，特里普拉家族的首领、尼泊尔的实际统治者楼陀罗·马拉就把自己的妹妹德瓦拉德韦嫁给了多雅族的头人哈里辛哈。1336 年，受到德里苏丹国威胁的哈里辛哈向山区逃窜，但在他到达加德满都谷地之前就死去了。德瓦拉德韦成为特里普拉家族的族长，并将她的孙女嫁给了贾亚斯提提·马拉，后者可能是一名迈蒂利贵族。1382 年贾亚斯提提继位并重新建立起加德满都谷地的中央集权统治，但随着 1482 年他的孙子雅克沙的死去，其后代共治王国的传统被打破，加德满都、帕坦和巴德冈逐渐成为独立的城邦国家。

在中世纪后半期，加德满都谷地的国家政治上还是一如既往地充满着阴谋和秘密，而且由于三座城市之间相距甚近、不同城市的统治者们往往有亲属关系，城邦国家之间的关系也纠缠不清。最高权力时常把持在垂帘听政的王后或是充当摄政王的大臣手中。这些摄政王中最著名的要数加德满都的拉克诗米·纳拉扬·若希了，在他政治生涯的巅峰，他几乎控制了整个加德满都谷地的城市。据他的政敌们讲（这些材料十分幸运地得以保存下来），若希毒死了帕蒂梵陀罗王、引诱了王后，在 1690 他被暗杀之前，若希至少还安排了两次针对其他人的谋杀。

尽管加德满都谷地城邦的财富与文化在山区是无出其右的，但他们只不过是一片规模更大的城邦网络的一部分。之前提到过的、时常劫掠谷地地区的那些卡萨人，他们建立了一个极盛时期领土面积可达 14.2 万平方公里的帝国，相比而言晚些时候建立的廓尔喀帝国，其面积则可达 20 万平方公里。卡萨帝国的中心位于格尔纳利盆地，其边缘可能包括了青藏高原东南部，以及库玛昂的一部分。由于卡萨人模仿加德满都谷地的统治者使用"马拉"的头衔，他们的国家有时也被称为马拉帝国，但他们和涅瓦尔人的马拉国王们没什么关系。卡萨帝国的经济主要依赖于在大河谷内的水稻收成，有学者认为这种经济结构之所以能够在全国大范围内行得通，唯一的原因就是卡萨人的权力足够稳固，可以支撑他们招募劳动力来修建灌溉系统。在修筑的过程中，国家的强制力固然重要，但在某些地区，农民们很可能在政府介入之前就

23

自发地完成了这些工作。

在 15 世纪卡萨帝国分崩离析之后,一个由大量小国组成的复杂关系网出现在山区的中西部,在格尔纳利盆地内部的国家通常被称为"巴希"(baisi,意为"二十二"),而在甘达基谷地内部的则被称为"乔比希"(chaubisi,意为"二十四")。某些小国的统治者是货真价实的来自南方平原的拉其普特政治难民,其他小国大多数则是由本地的卡萨人或玛嘉人所统治的,尽管这一历史时期不断出现的血统申明与反诉已经使得我们不可能清晰地辨认出任何一个家族的确切族源了。根据加德满都谷地和锡金两地的材料记载,统治马克万普尔和帕尔帕的森氏家族是玛嘉人;而廓尔喀的沙阿家族有时也被描述为具有玛嘉血统,他们族谱中的两个名字——勘察和米察——把沙阿王朝与一位齐陶加尔(chittaur)国王的弟弟联系起来,这一点也许可以证明沙阿王室的确是玛嘉人。巴登(在今布特瓦尔附近)的统治者们在 1700 年前后被帕尔帕以及其他乔比希邦国所颠覆,这些可怜的国王们也可能是玛嘉人。

真正的拉其普特新王们来到尼泊尔,并不都是出于躲避北印度穆斯林怒火的原因。位于尼泊尔和印度两地的拉其普特邦国,他们传统的建国时间是 15 世纪末期——例如帕尔帕王国据说是 1493 年建立的。这一时期,南亚出现了整体性的耕地扩张和经济上的稳步货币化。在这样的背景下,在尼泊尔以南平原地区无法立足的贵族很可能会决定去北部山区谋求权力,帕尔帕王国森氏王朝的首位国王就是一个例子:根据某个版本的记载,他从阿拉哈巴德北上进入低处湿地,然后再移至山区,而不是直接从拉贾斯坦迁到这里。

平原上迁来的新王们有时依靠直接的军事征服来获取权力,但更多时候是采取渗透的手段,提供职务给本地势力中的一方以打击其敌对的另一方。德拉比亚·沙阿是乔比希邦国——蓝琼统治者的弟弟,也是尼泊尔现下王室的祖先,他于 1599 年暴力除掉了廓尔喀原有的酋长——这位酋长要么是卡萨人,要么就是来自某个讲藏缅语的民族——进而占据了廓尔喀地区。与之相反,在更西边的穆西阔特,当地的玛嘉统治者内部可能发生了分裂,其中一派主动向新来的拉其普特人寻求了军事援助。

24 　　帕尔帕王国是中部山区最大的国家,这个国家在 1553 年国王穆昆达·森去世之后陷入了分裂。穆昆达的一个儿子在争权中得到了加德满都以南的马克万普尔,随后控制了以达兰为中心的韦贾普尔王国。尽管他从此统治了整个东部湿地地区,但在 18 世纪中叶,如此构建起来的"大马克万普尔"又一次解体为四个国家。在韦贾普尔,森氏的政权仰仗于迈蒂利族的婆罗门行政官员们,但更大程度上依赖于东部山区的林布人。这些林布人为军队提供兵员并在中央设有一位世袭行政

25 长官,但他们在自己的土地上实行自治。位于更东部的锡金于 1640 年迎来了一位中国西藏的王子(首位锡金法王)①进行统治,而韦贾普尔时常会与这个邻国发生冲突。即使在湿地地区,两国的边境也不是清楚明白的,而在山区,形势则更加复杂。锡金的统治者们在最远至阿润的西部地区内行使着主权,而在这些地区,蕃提亚的格瓦(gowa,酋长)们代表锡金政府进行征税活动。

　　如同廓尔喀一样,马克万普尔和韦贾普尔与加德满都谷地的国家时而结成同盟,时而相互讨伐。盟友关系总是处于变更之中,但山谷内的国家的确曾经在 17 世纪末期团结起来,帮助森氏政权抵抗来自南方莫卧儿帝国的压力。

26 ## 资源控制：土地、商贸与人力

　　即使在文明尚处于狩猎-采集阶段的时候,在加德满都谷地和湿地地区就已经存在着资源竞争。在前农业社会中,平均每平方公里的资源仅够养活一个人,所以已经在某个地区安定下来的部落并不欢迎新来者,因为后者往往会争夺他们赖以生存的土地。随着迁移农业以及稍晚时候的静态耕作传入这一地区,尽管土地依然被视为某一族群或部落的财产,但族群中的个人已经可以取得他自己开垦出的那块地的

---

　　① 即彭措南嘉,西藏康巴人,在宁玛派的支持下,于锡金建立南嘉王朝。他继位为法王的时间应是 1642 年,疑为原文有误。——译者注

所有权,只是不能售卖给他自己部落以外的人。部落的头人或酋长大体上控制着整个族群的土地,而在基拉塔人那里——他们先于梨车人定居于加德满都谷地中——这种宽泛的控制进一步发展为接近于邦国的新社会形态。梨车人的碑铭清楚地记载了这种社会形态中的赋税体系,这套体系后来被梨车国王的新法令所取代。尽管如此,就山区整体而言,头人或酋长们的权力比起最近几个世纪要小得多,因为在近代,这些人被国家视为他们族群的代言人,代表着整个部落持有土地。

随着王国的建立,国王的概念逐渐取代了旧有的体制,国王作为全国土地的最终拥有者,有权收取所有农民的一部分收成。这种征收的比例在不同地区略有差别,但根据整个南亚自古以来的传统,中世纪时期加德满都谷地的国王们,他们征收的比例达到了整个国家农业产量的五成。国王对于一片土地的征税权可以暂时性地分配给某个大臣,作为其工资的替代;也可以永久性地转让给神庙或者某些宗教贵族——婆罗门、佛教僧侣,以及其他苦行僧——用以答谢他们对王权的支持。至少在中世纪晚期的加德满都谷地内部,国王的征税权也可交给某个平民百姓,代价是对方用现金购买。尽管在这块土地上残留的国家权力可能会使这种购买-转让过程并不那么彻底,但土地售卖与抵押的记录可以在谷地地区追溯至 10 世纪。这些记录显示了土地往往是从低等种姓转让到高等种姓手中,而神庙也常常从事贷款活动。

大面积的土地分配与授予往往伴随着对土地上农民行政管理权力的转让,如此的行为有时会削弱中央权力,这种土地转让也可能是致使西部山区卡萨帝国分裂的原因之一。然而,在政府权力薄弱的边远地区,土地的转让通过扩大耕地和行政区面积,事实上加强了王国在这一地区的统治。在古印度,中央对佛教僧侣和耆那教苦行僧进行土地授予,便是出于这一原因。尼泊尔的帕苏帕塔人是湿婆派的僧侣,他们隶属于谷底的中央神庙——帕苏帕蒂那庙[①],梨车族的国王们封给他们

27

---

① 帕苏帕蒂那庙:Pashupatinath,即烧尸庙,次大陆最重要的湿婆神庙,印度教徒在这里举行火葬仪式。——译者注

土地,以及"巴希"与"乔比希"邦国对瑜伽坎帕沓派(Kanphata Yagi sect)进行土地授予,也是为了加强中央的统治。

在山区,受到王室土地封赏而迁入其他地区的以及自发迁入新的未开垦地区的人主要都是帕拉芭蒂亚人,他们与当地早期的、讲藏缅语的居民存在潜在的冲突。然而在这种迁移的前期,由于新来的定居者们往往选择在与本土族群不同的生态区居住,这种冲突得到了极大的缓解。玛嘉人、古隆人以及其他依赖于畜牧业和迁移农业的民族可能更倾向于探索海拔较高的山区,而非定居于低处的、适宜水稻生长的谷地。藏缅人住在山坡上,而帕拉芭蒂亚人居于河谷里的生存模式在今天广泛地存在于山区,这种模式并不一定是由后者从肥沃土地上驱逐前者所造成的[①]。由于当时土地资源还很丰富,这些新来的人有时还是很受欢迎的,因为他们带来了早期居民所重视的新技术,譬如文字和书写的技巧。

贸易从很早开始就成为农业的重要补充环节,南部的粮食与北部的盐之间的交换也是几百年里本地经济的一个特征。长距离贸易是卡萨帝国的经济基础之一,而其对于加德满都谷地来说更是尤为关键——先前已经讲过加德满都谷地坐落于两条通往西藏的重要贸易线路之间。南部的商人们因"阿尔"病(aul)——疟疾的致命变种——的肆虐不得不在寒冷的天气穿过低处湿地地区,然而又必须等到天气转暖才能北上穿过山区,这使得加德满都谷地成为印度和中国藏区之间商贸的天然货物集散地。在梨车王朝,甚至更早时,尼泊尔作为一种特殊羊毛毯的货源地便已驰名北印度[②],同时在公元 783 年,一份阿拉伯的商业条约也指明尼泊尔为麝香产地。牦牛尾、马匹与金属器皿作为主要货物出口到印度,而药用植物以及诸如中国的丝绸衣物与手工艺品之类的奢侈品也多见于贸易中。

---

① Jest et al. 2000:60.

② 《政事论》中对此有所提及。这部文献据称是一位孔雀帝国的大臣考底利耶于公元前 3 世纪写就的,但事实上可能是公元后 1 世纪左右才得以成书。(Basham 1967:80)

一位 7 世纪造访尼泊尔的中国旅行者称,在加德满都谷地几乎没有农学家或与农业相关的学者,却充斥着商人。尽管这种说法明显言过其实,但在某种程度上也反映了沿着主商路的贸易活动的繁荣。在加德满都谷地边缘、现今借由樟木通往西藏的路上,坐落着巴奈帕城,它的名字来源于梵语词汇"法尼普拉"(Vanikpura),意为"商人之城",而城市周围地区被称为"博昂塔"(bhonta),这个名字来自"蕃它"(bhota),涅瓦尔语对西藏的称呼。贸易可能是博昂塔家族施加影响力的关键,如上文所述,这个家族在 14 世纪崛起并争夺权力,而商业同样也促成了罗摩伐檀那家族的兴盛,使他们在贾亚斯提提·马拉及其继任者的统治下依然在博昂塔地区保持独立,甚至在 1384 至 1427 年间与中国政府互派大使,说服中国人使之相信他们才是尼泊尔真正的统治者。在马拉王朝晚期,尽管政治上的动荡使尼泊尔无法从克什米尔获得羊毛制品,但随着上文已述的印度经济活动的加速,尼泊尔的贸易变得更加繁荣。一位美国商人于 1686 年在加德满都谷地停留了三个月,他记录下了 174 种商品,并估计那些与尼泊尔人和中国的西藏人做生意的印度商人至少获得了他们投资的 70％至 130％的收益。

28

贸易危机成为这一地区政治算计的重要影响因素。1630 年罗摩·沙阿国王统治下的廓尔喀王国扩张至樟木商路,影响了加德满都沿此路的贸易,这致使拉克诗米·纳拉扬及其儿子普拉特普·马拉发动了两次与西藏的战争。至 1650 年,加德满都的公民在拉萨已经成为特权阶级,可以用西藏人自己提供的白银铸造西藏货币,并签订了协议,使得所有中国西藏与印度的贸易必须先经由加德满都谷地转手。加德满都对贸易优势地位的争夺警醒了帕坦,驱使其与廓尔喀以及邻近的塔纳胡地区"乔比希"城邦交好。帕坦的商人们随后得到允许,可以在廓尔喀居住与经营,而帕坦城的货币在谷地以西的山区也开始得到广泛使用。

为了有效控制来自作物和贸易的税收,国王们必须建立对人民的直接权力。自古以来,南亚的统治者们频繁地征发徭役来建设特定的工程——不论是能造福人民的灌溉系统、对物资的运输,还是为皇家兴建的宫殿。在加德满都谷地周围的山区，在 1951 年拉纳政权终结导致旧政体被废除之前，沉重的徭役一向是由塔芒人承受的，而这种局面可能由来已久。徭役只是偶然性的，但持续性的劳役，也即奴隶制同样也是喜马拉雅地区国家的一大特征。18 世纪廓尔喀王朝建立以后，西部山区成为奴隶的主要来源区，而正如塔芒人之于徭役，这种征奴的传统可能同样在很早以前就开始了。

社会结构

在整个喜马拉雅地区，宗教都是社会组织的关键环节。在最初级的阶段，宗教体现为"部落的"万物有灵论信仰，但这些信仰因越来越受到印度教和佛教的影响而被其取代。早期，人们并不认为佛教和印度教是互不相容的，梨车王朝及其后的记载显示，统治者往往同时对婆罗门和佛教僧侣进行施舍。然而，有权势者的施舍也体现出对两者之一的偏向，而宗教学者更是指出两大宗教存在对香客和布施的争夺。《瓦姆沙瓦利》中就记载了一位商羯罗大师（南印度的湿婆教领袖）在造访尼泊尔时暴力镇压当地佛教徒的故事；故事讲述的事情未必真的发生过，但的确反映了当时真实存在的宗教紧张感。

尽管在加德满都谷地存在着众多精舍（佛教寺院），但在梨车王朝时期，国王们更加信奉印度教——尤其是湿婆派，并在帕苏帕蒂那神庙顶礼膜拜。这所神庙至今依然是尼泊尔最为重要的神龛。后梨车时代，佛教的重要性开始上升，这可能要归功于中央集权的衰落，但更可能是受到孟加拉地区笃信佛教的帕拉王朝的影响所致。在这段时间里，尼泊尔承担起宗教交流渠道的职责，并沟通了中国西藏与以那烂陀寺为代表的北印度佛学中心。10 世纪吐蕃帝国覆灭后，西藏佛法遭到巨大打击，尼泊尔的僧侣对中国西藏佛教的弘扬也起到了巨大作用。在加德满都河谷，佛教一直到 13 世纪末都保持着一个强势的地位。

自 14 世纪初，佛教在尼泊尔开始了衰落。这种衰落的主要原因在于，南印度遮娄其王朝崛起并向北突进，为信奉印度教的国王们重新带来了荣光。除了为加德满都谷地带来直接的南印度文化影响之外，上述事件也导致了孟加拉信奉佛教的帕拉政权被信奉印度教的森氏政权所取代。最为重要的是,遮娄其王朝的北进,致使难雅提婆王于 1097 年在讲迈蒂利语的地区建立了蒂鲁德王国。难雅提婆于 1111 年对加德满都谷地的入侵最终宣告失败,随之而来的迈蒂利人(谷地居民称之为多雅人)对谷地的掠夺也不过是浅尝辄止,但他们的意识形态却长期影响着谷地的社会。1097 年贾亚斯提提·马拉的继位标志着国内彻底的再印度教化活动达到了顶峰,我们之前提到过这位国王同印度教的紧密联系。加德满都谷地的佛教受到了持续性的压迫,同时尼泊尔与南印度之间的宗教联系保持了下来。雅克沙·马拉于 15 世纪在南印度征召僧侣,并命他们看管帕苏帕蒂那神庙。虽然大部分的涅瓦尔平民在心理趋向上依然是佛教徒,但从政治意义上来说佛教在这一时期处于较低的地位。

在中世纪的几百年里,涅瓦尔佛教徒的僧团组织形式也发生了变化。独身主义被僧侣们渐渐废除,但“僧院”作为宗教机构被保留了下来,为释迦和金刚师两个种姓提供住所,这两个种姓的人是中世纪还俗僧人的后裔。这种变化主要发生于 13 世纪,而究其原因,可能是受密宗佛教发展的影响,因为密宗在最高级别的宗教活动中会涉及与性行为有关的仪式(尽管有时只是象征意义上的)。拥有伴侣的教徒在整个密宗地区(主要包括北印度、喜马拉雅山区和中国西藏)变得愈发有影响力,但只有在加德满都谷地,独身主义才完全地从宗教教义中消失了。不论原因为何,这种独身主义的消失和新的宗教税法的颁布,使得涅瓦尔佛教成为佛教中独树一帜的派别。释迦姓与金刚师姓的人们始终视自己为僧侣,为普通信众宣讲佛法,并为一代代继任的统治者举行君权神授的授职典礼。

在西部山区,卡萨帝国的官方宗教是佛教,但国内也有信仰印度教的城邦。与之相反,“巴希”与“乔比希”诸邦国则大部分都信仰印度教,不论这些邦国是否受到了来自南部的移民与文化渗透。印度教的移民们——尤其是婆罗门——能帮助一位胆大的政治冒险家获取拉其普特身份以建立军权、控制地方政治,也能为其提供宗教上的正统地位。瑜

30

伽坎帕沓派的苦行僧们可能也扮演着相似的政治角色,他们与山区早期的王权有着密切联系。在更北部的地区,尤其是在那些尚未融入新的国家结构的族群中,佛教在当地的众多宗教中有着举足轻重的地位,其中藏传喇嘛教的影响尤甚。而在卡萨王朝的中心地带,信仰本地非吠陀神灵——马斯塔神(God Masta)的平等主义教团与婆罗门教分庭抗礼。

在众多印度教王国中,种姓扮演着重要的角色。根据加德满都谷地 19 世纪的《瓦姆沙瓦利》记载,贾亚斯提提·马拉王于 15 世纪时在涅瓦尔社会中确立了种姓制度。并没有同时代的证据能证明这一点,而这种说法的起源可能只是在于尼泊尔语"斯蒂提"(sthiti)既可以翻译为"制度"或"体系",也可以简单译作"安排"。由于希望廓尔喀征服者们能够尊重涅瓦尔人的社会秩序,《瓦姆沙瓦利》的编写者才有意选择了第一个词义,以扩大国王在这种"种姓化"进程中的作用。

不管怎样,涅瓦尔的种姓制度的确在中世纪时就有了现今的规模,而还俗僧侣的存在也致使这一制度呈现出"双头"结构。金刚师和释迦两个种姓构成了佛教种姓的第一等级,而作为佛教僧侣的俗世资助者的乌磊种姓则紧随其后成为第二等级,这个种姓的人多从事贸易活动。在印度教的种姓结构中,婆罗门享有最高地位,刹帝利其次——这个种姓包括了王室成员以及成分复杂的、现在被称为"施莱斯塔"的群体。从第三等级以下,佛教与印度教的界限变得模糊起来,出现了一种单一的以职业为基础的种姓等级制度。在这个单一的等级中,最庞大的群体——摩诃罗腱人占据着顶级,其次是包括卡吉(Khadgis,屠夫)在内的其他种姓群体,高等种姓的人不能接触这些人碰过或饮用过的水。居于最底层的则是诸如擘底(Pode,清道夫)的种姓,他们是完完全全的"不可接触者"。

在西部山区,大部分的卡萨人获得了高等种姓(即"转生者"),他们的地位仅次于自称为"塔库里"的统治精英们,他们宣称自己具有拉其普特血统。同塔库里姓一样,高等种姓的卡萨人被视作刹帝利,这是一个处于经典的瓦尔纳(varna)种姓体系中的、武士与帝王所具有的种姓等级。他们化用了这个名字作为自己的种姓头衔,时至今日,切特里(Chetri,这个尼泊尔语词语来源于梵语 Kshatriya,即刹帝利)种姓占据了尼泊尔全国人口的16%。而一位切特里种姓的父亲与藏缅人的母亲,或者一位婆罗门的父亲与切特里种姓的母亲,他们的孩子将自动继承切特里种姓,因此这一种姓的地位不断得到了加强。对这种继承现象的早期描述出自欧洲人之手,他们称婆罗门是这种变化的促成者。但尽管婆罗门在这一等级体系中承担着重要的立法者的职责,真正有权决定种姓继承与变更问题的还是塔库里统治者们。由于英国殖民者在印度根除或极大削弱了王室权力,国王在维持和管理种姓体系中起到的关键作用就变得模糊起来。

这种"平原刹帝利"(塔库里)和"山地刹帝利"(切特里)之间的分化,在如今尼泊尔国境以西的库玛昂和伽尔瓦尔两地也能找到。然而,与将来的尼泊尔国内相比,在西北印度-喜马拉雅地区,卡萨人总是更为显著地弱势于平原地区的移民。有学者指出,在尼泊尔国内,由于在马拉王朝统治之下卡萨人占据了重要地位,所以他们比较容易保持统一且强势。另外这种现象也是因为在尼泊尔境内,有大量的玛嘉人与古隆人支持卡萨人的权力,而在库玛昂和伽尔瓦尔两地,卡萨人相应地失去了他们的支持者。

当整个种姓体系在19世纪被以立法的形式确定下来时,玛嘉人、古隆人以及其他一些藏缅人被分配到了明显低于高等转生者的种姓,但这些种姓并非宗教上不洁。婆罗门、塔库里或切特里种姓的人可以接过他们递来的水和除米饭以外的食物,更重要的是,一个高等种姓的男子是可以与这些藏缅人的女性发生性关系的。因此,他们的地位高于讲尼泊尔语的职业种姓拥有者,而这些职业种姓则构成了尼泊尔种姓制度的最底层结构。玛嘉人和古隆人在立法后所处的这种地位与他们在中世纪时期享有的等级事实上是一致的,但到了18世纪,切特里人和玛嘉人之间的区别变得模糊而具有弹性,两者之间的相互流动使得事情变得十分复杂。后者同样也可以接受刹帝利头衔,而这种现象发生得如此广泛和频繁,以至于1793年一位造访尼泊尔的英国官员提

32

到他们时，使用了"切特里等级的库施（卡萨）人和蒙格（玛嘉）人"这样的描述①。在这种混杂的体系下，某些诸如"塔帕"的部落名称在玛嘉人与切特里人中间都变得很常见。

尽管拥有工匠种姓的人们和上层种姓的帕拉芭蒂亚人一样都讲尼泊尔语，但他们大部分都是不可接触者，在种姓等级中低于藏缅人的族群。这些种姓中主要有"卡米"（Kami，铁匠）、"萨基"（Sarki，修鞋匠）和"达买"（Damai，裁缝），他们占帕拉芭蒂亚人总人口的 20%。这种帕拉芭蒂亚人社会中存在的高等种姓与不可接触者之间的分化，似乎就是造成藏缅人被分配了中等种姓的原因：一个本来没有种姓的文化群体在与低下的不可接触者和高等种姓的印度教徒开始接触时，他们只能借由加入后者避免同前者产生接触的方法，来获取高级种姓的认同。

帕拉芭蒂亚人的东进趋向在高等或低等种姓内部都持续存在着。13、14 世纪卡萨人对加德满都谷地的洗劫并未导致这个族群在此地开展广泛的移民，任何留在这里定居的侵略者们事实上都被谷地已有的族群同化了。然而从 16 世纪开始，谷地地区出现持续增长的帕拉芭蒂亚人口。在 1580 至 1581 年间，楼陀罗跋捺大寺（Rudravarna Mahavira）留存的土地交易文书中，尼泊尔或印度数字开始取代梵文或涅瓦尔数字，这说明尼泊尔数字在当时的应用很频繁。自 17 世纪以来，加德满都谷地内越来越多的碑铭上开始出现用尼泊尔语刻下的段落。到 17 世纪末的时候，卡萨人与玛嘉人——尤其是他们的武装力量——开始成为谷地三城宫廷政治的关注焦点。1703 年帕坦和巴德冈之间达成的一份条约提到，如果有一方破坏条约，则"卡萨与玛嘉头人"可以领导他们的军队对违约的一方进行不受惩罚的劫掠②。

没有证据显示涅瓦尔人把这种帕拉芭蒂亚人的迁移视为真正的威胁，这有可能是因为谷地的种族成分已经很复杂，而涅瓦尔人认为卡萨人不过是另一个即将融入这一复杂群体的族群而已。那些与王室有联

---

① Kirkpatrick 1811：123.
② D. R. Regmi 1966：162 - 163.

系的涅瓦尔人早已熟知卡萨人作为书面语言所使用的迈蒂利语,也习惯了来自平原地区的层出不穷的外来民族。然而,当15世纪拉特纳·马拉王时期穆斯林初来加德满都定居,以及1715年方济各会来此传教时,三城出现了一定的紧张情绪。这些新来者更加难以融入谷地现存的各种体系,尽管如此,巴德冈的国王的确曾向方济各会提供了几位他的子民,并允许他们皈依基督教。

尽管不同国家的大部分人民不需忍受"不可接触者"的屈辱和低贱,但他们对统治者的行为事实上几乎没有影响。然而,在谷地的城市中的确发生过改变了国家要事走向的群体性事件。1697年,年轻的国王布珀兰陀罗在一场内斗后出走,旋即被加德满都民众迎回。几年之前,巴德冈的人民迫使吉檀美塔王(King Jitamitra)将一位宠臣免了职。在某些时候——通常是统治者内乱达到顶峰时,群众的作用就变得重要起来。

加德满都谷地的不同区域之间存在着宗教仪轨方面的冲突,加之这个地区固有的地方主义传统,促使人民积极地参与到统治者之间的争斗中去。然而,宗教仪式往往也能减少国家之间的战争所造成的破坏。1721年造访谷地的德希德里神父留下的记录指出了这一点:

> 两支军队相遇时,彼此都将竭尽所能去打击对方。如果几轮火枪放过而没人受伤,被攻击的军队将退回堡垒——这种堡垒类似于我国的蜂房,数量众多。如果有人被杀或受伤,被攻击的一方将请求停战,并派出一位衣衫不整的女子,这位女子将号啕大哭、捶胸顿足,并请求对方施以仁慈,停止这种屠杀①。

真正残酷的战斗更多地交给来自山区或平原地区的雇佣兵们,这些雇佣兵首次是被拉特纳·马拉王(1482—1521)雇佣,并逐渐成为战争惯例。

---

① Desideri 1932:316 – 317.

谷地国家之间的竞争往往以非暴力的手段表现出来。这种竞争可以用"戏剧国家"的概念加以阐释①。加德满都、帕坦和巴德冈之间依靠城市建筑的华丽、节日以及宗教表演的盛况来相互较量，据一位19世纪的观察者估计，这些表演占据了居民生活近三分之一的时间。加德满都的普拉特普·马拉王在其针对西藏的政策中彻底贯彻了俾斯麦的现实政治理论，但他同时也是谷地中最为戏剧化的人物之一。他亲自参与敬神的舞蹈表演，这场表演在王宫里举行，但很多百姓被允许前来观看。在哈奴曼神庙中一尊1673年的毗湿奴神像上刻有碑文，记述了普拉特普在仪式上扮演神灵之后被神灵附身，并且被要求建造这尊塑像，以供驱魔之用。普拉特普王还下令建造了"拉尼博卡里"（Rani Pokhari，意为"王后的池塘"），并修建了自己的塑像，使之面对着马拉国王的保护神——特卢俱女神的神庙，这种塑像很快在谷地的国王们之间蔚然成风。

不论是在谷地内部还是在其之外，国王们都认为自己是传统印度教帝王的形象标准，并互相攀比竞争；他们还视自己为文人，编写剧本并亲自参演；还以能够引领奢侈的风尚为豪，而这种风气是从南部的莫卧儿皇帝那里传来的。尽管莫卧儿帝国的统治者不是印度教徒，但他们的确是次大陆最有权势的人，能够与他们结交，在谷地的国王看来是一种荣耀的体现。因此，不论历史上是否确有其事，关于马亨德拉·马拉王向德里的皇帝申请许可铸造货币以及廓尔喀的罗摩·沙阿王受到德里赐予的新封号之类的传说，我们必须将其置于这样的背景下才能理解。

对于一位18世纪的本地人来讲，他一定会断言喜马拉雅地区的国家将一如既往地保持着这种相互竞争的状态，即使有什么波澜，亦不过是诸如山区的小国宣布独立之类的小事情。然而，1743年廓尔喀一位新国王的登基，却将给整个地区的态势带来根本性的转变。

---

① 这一概念最早被克利福德·吉尔兹（Clifford Greetz 1980）用以描述19世纪印度尼西亚的城邦国家，而大卫·盖尔诺（David Gellner 1983）则指出，此概念同样适用于中世纪的尼泊尔谷地。

第二章　地区统一与梵化
（1743—1885）

廓尔喀征服：扩张及其后果

谈到近代尼泊尔史,令人印象最深刻的一幅画面莫过于出征的廓尔喀王普利特维·纳拉扬·沙阿了。他整装待发,以手指天,双目流露出一抹坚毅。这幅形象出现在数不胜数的印刷材料中,同时也作为普利特维王的标准形象而被制成雕像,伫立在加德满都的政府秘书处大楼外。历史学家们一贯反对把"伟人"作为历史学的考察重点,但就普利特维·纳拉扬来讲,这一个体的确在整个历史进程中扮演了重要的角色。廓尔喀的国王们长久以来一直渴望对外扩张,普利特维的父亲纳尔布帕·沙阿就曾经试图从加德满都手中夺取努瓦果德——这座小城邻近廓尔喀的东部边境翠苏里河——但以失败告终。然而,普利特维·纳拉扬是唯一一个既有实力又有决心来实现这一愿望的国王。从他 1743 年登基以来,普利特维不断地发动针对加德满都谷地的战争,于 1768 年 9 月 25 日攻入加德满都,并于当年 11 月攻陷巴德冈。接下来一直到他去世的日子里,他指挥廓尔喀军队控制了整个尼泊尔东部以及现今锡金邦的大部分地区。

普利特维的胜利,一部分要归功于万全的后勤筹策,但主要还是依

36

图3　普利特维·纳拉扬·沙阿的雕像。这位传奇人物是尼泊尔近代国家的缔造者,他的这尊塑像现在矗立于加德满都狮子宫(政府秘书处所在地)之外。

靠他将让步与威胁并用的、老奸巨猾的政治手腕。他从平民百姓中征召军队,并亲自许给士兵土地,而不是让手下的军官们提拔、奖励他们。更重要的是,普利特维利用了加德满都谷地内城邦之间的斗争和城邦内部的暴动,此时所谓的"泛涅瓦尔民族"概念即使存在于谷地内,也没有任何政治上的影响力。谷地中非涅瓦尔人的外来势力早就存在,而卡萨人自17世纪早期就参与到谷地城邦的事务中了。廓尔喀本身也在很久之前就成为加德满都谷地地缘政治的重要影响因素,三座城邦的马拉王们起初还能平安无事地利用廓尔喀军队来对付自己的对手,就如同他们几个世纪以前利用多雅人那样。因此,加德满都、帕坦和巴德冈仅在1757年联合起来作了短暂的抵抗,随后就分道扬镳,独立地寻求与廓尔喀人的合作。

除了城邦之间的不睦以外,城市统治者的内斗也很严重。贾亚·普拉卡什·马拉王一直以来都为如何牢牢掌控住加德满都而头痛。他的卡萨族部下总是看他不顺眼,而1746年当他以收复努瓦果德失败为名处死了一名军事将领后,其弟弟居然叛逃到了普利特维·纳拉扬处。自那以后,贾亚普拉卡什开始更多地依赖于由来自湿地地区和西部山区的士兵所组成的军队。出于对普利特维征服其仆从国马克万普尔的愤怒,孟加拉王米尔·卡希姆于1763年派遣军队援助加德满都谷地方面。而战争爆发导致的贸易中断,驱使英国东印度公司也干涉了这场战争。然而这些远征性质的军事行动根本无法对廓尔喀构成威胁,真正值得惊叹的是,贾亚普拉卡什·马拉居然以一城之力撑了那么久,却没有选择早早投降。

普利特维·纳拉扬·沙阿的扩张与新王国的建立,事实上构成了当时遍及亚洲的建国-扩张政治模式的一部分。新的地区性权力中心开始出现,譬如1757年控制了孟加拉的东印度公司。在普利特维死前几个月写就的政治遗嘱《智慧箴言》中,他将自己的国家形容为"两块石头中间的芋头",并建议他的后来者们在中国和英国之间采取防守姿态。他始终对南方怀有强烈的警惕之心,这大概是由英国早先流产了的、对马拉王朝的援助计划所造成的。如今许多尼泊尔人认为,普利特维对英国的忌惮由来已久,而廓尔喀征服事实上是一场针对殖民者侵略喜马拉雅地区企图的、先发制人的行动。我们事实上找不到任何证据来支撑这种看法,而且这个观点也忽视了在传统的印度教视角下,一位信奉印度教的国王拥有发动扩张性战争的合法权力,他不需要为自己找诸如"防御其他地区可能发动的侵略"这样的借口。

早期的英国史料和方济各会传教士的记载都强调了普利特维是一位冷酷无情的国王,而主流的尼泊尔历史学家则拒绝相信廓尔喀王朝统治的残忍,并声称这是一种偏见。英国人最初把廓尔喀人视为来自山区的野蛮人,认为他们威胁到了自己的涅瓦尔贸易伙伴。而方济各

38

修士们一度受到普利特维的热情款待,但后来由于被认为挑唆英国人侵略而遭到驱逐。所以,不论是英国人还是传教士,二者都有理由讨厌廓尔喀王朝,但我们仍然认为那些神父们不太可能编造了他们自身苦难的记录①。廓尔喀人在谷地的暴行中,最臭名昭著的就是在 1766 年柯提普尔(Kirtipur)投降以后,下令将全城居民的嘴唇与鼻子割掉——这个传说至少被两份尼泊尔的史料所证实②。普利特维·纳拉扬还下令将抓到的每一个试图走私物资的犯人在路边吊死,以加强他对尼泊尔的封锁。然而站在普利特维的立场上来看,贾亚普拉卡什·马拉也经常残暴无情地对待他的臣民。而且,如果要将今天的人权观念带到历史中去的话,许多民族和国家的英雄都会变成战犯:英国的亨利五世就是一例,他曾经在阿金库尔大肆屠杀战俘。

图 4　廓尔喀王国沙阿王朝的旧宫殿,位于加德满都以西 80 英里处。

---

① 参见 Kirkpatrick 1811：380 - 386 中对约瑟佩神父记录的转述。
② 两位诗人:拉丽塔巴拉跋与孙德拉难陀,他们的诗作对此皆有提及。参见 Vaidya 1993：159.

尽管廓尔喀的最终征服目标可能远至西部的克什米尔地区,但普利特维总是小心翼翼地避免触怒山区之外的强权。1771年,他从莫卧儿皇帝那里获得了"巴哈杜尔·沙姆沙大君"(bahadur shamsher jung)的封号,而这位皇帝在1764年就被东印度公司架空了实权。这种来自莫卧儿的、有名无实的封号事实上并未对普利特维的政治活动产生任何限制,但在那个时代,被上级权力承认就意味着这个国家国王的正统性大大加强了。同时,普利特维推行自给自足的经济政策,并鼓励本国的而非来自印度的商业活动。普利特维在廓尔喀与河谷城邦展开战争期间所扶植的"歌赛因"(印度苦行僧)商人团体于这一时期全部遭到驱逐,而东印度公司通商并借尼泊尔接触中国西藏的提议也被回绝。这种行为与现今尼泊尔国内对印度经济控制的不满是一致的,在当时也为普利特维赢得了谷地尼泊尔人的好感——尽管在其他方面他们依然认为他是个封建暴君。

自1775年1月普利特维之子普拉特普·辛格继位以来,廓尔喀宫廷不断出现严重的派系分化。1777年普拉特普死后,他的王后代替年幼的拉纳·巴哈杜尔王摄政,并与普拉特普的弟弟巴哈杜尔·沙阿争夺权力。1785年王后去世,巴哈杜尔·沙阿摄政并大肆杀害这场权力斗争中的失败者。普拉特普颇有政治影响力的涅瓦尔妃子被迫举行了"萨蒂"仪式并被烧死,而在1778年王后的一位大臣以及她传言中的情人也遭到处决。

在巴哈杜尔·沙阿治下,除了位于甘达基谷地与格尔纳利谷地的山地国家之外,廓尔喀王朝还控制了库玛昂与加尔瓦尔,这两地现在隶属于印度北安恰尔邦(2000年以前属于北方邦)。由于过于强势的贸易与边境政策招致中国的不满,廓尔喀王朝向西部的扩张被迫中断。1792年,中国军队从吉隆越过边境,经由翠苏里谷地挺进努瓦果德,在尼泊尔被迫同意放弃其之前从西藏获得的所有利益、并向北京缴纳五年岁贡之后,中国才将军队撤回。然而,这次失败对于尼泊尔来说并非是毁灭性的,因为这种对中国皇帝的投降与归顺同样也只是名义上的。

1791年秋天时,尼泊尔方面已经得知中国即将进攻的消息。巴哈杜尔·沙阿顶着朝臣忧虑的压力与英国方面签订了贸易协议。面临来自北京和加德满都双方的请援,英国总督尽可能地拖延时间,并于1793年中国撤军几个月后才派遣威廉·柯克帕特里克上校率军进入加德满都。这种"马后炮"一般的行为使巴哈杜尔·沙阿又羞又气,因此柯克帕特里克很快就撤回了印度。连年的军事活动削弱了摄政王的势力,使得拉纳·巴哈杜尔王于1794年夺回了朝政大权。在向中国求助无果后,巴哈杜尔·沙阿遭到囚禁并于1797年在狱中死去(可能是郁郁而终,也可能是遭到了暗杀),享年39岁。

　　吉尔万·尤达是拉纳·巴哈杜尔与一位迈蒂利族婆罗门寡妇坎缇瓦蒂的私生子,1799年,拉纳·巴哈杜尔让位给了年方两岁的吉尔万。

　　图5　努瓦科特以南,位于翠苏里河边的贝特拉瓦提,1792年,中国军队在对尼作战中最远曾到达过这里。

这场非常规的权力更替,是因为拉纳希望通过虔诚地投身宗教来拯救这位罹患天花的母亲,同时也是为了保证他的私生子不会因为出身而受排挤。他拟定了一份宣布吉尔万才是合法国王的文件,并获得了大部分朝臣的签名同意,但在此后不久坎缇瓦蒂就过世了。她死后拉纳·巴哈杜尔粗暴地处置了一众婆罗门以及若干神庙,因为他认为这些神职人员背叛了他。他也试图重新建立对政府的控制,但遭到了他儿子手下大臣们的一致抵抗。1800 年拉纳不得不出逃至处于东印度公司控制下的瓦拉纳西,以寻求政治庇护。关于拉纳接下来的行动,有一种说法认为他故意放出其与英国人合作的假消息来恐吓对手,驱使他们先于自己同东印度公司缔约,再利用尼泊尔国内的反英情绪来颠覆自己的政敌。事实上,许多拉纳自己给东印度公司的提议都是针对他的对手和英国方面已经达成的那份协议的。不管怎样,拉纳成功地在加德满都政府内部制造了分歧,而 1801 年加德满都方面与英国签订的 41 贸易条约最后也成为一纸空文。由条约指定的英国代表诺克斯上校在不到一年后就撤回了国内,而这位前任的国王拉纳·巴哈杜尔于 1804 年胜利回国。他处死了自己最大的对手达摩达尔·潘德,但随后就于 1806 年被他同父异母的弟弟、普拉特普·辛格那位涅瓦尔妃子的儿子狮子巴哈杜尔所刺杀。

此时,随同拉纳·巴哈杜尔前往瓦拉纳西的一位年轻大臣比姆 42 森·塔帕迅速控制了局面,并处死了包括拉纳的几个妃子在内的 93 人。比姆森将这些女子在拉纳的火葬典礼上烧死,以确保摄政权落在自己的政治伙伴、正宫王后特里普拉·孙达里手中。尽管比姆森的权力并非从未受到挑战,但他总体而言在接下来 30 年里保持了政治核心的地位。

廓尔喀王朝向西部的扩张一直持续到 1809 至 1810 年的那个冬天,尼泊尔的军队在萨特卢俱被旁遮普的统治者朗杰特·辛格(Ranjit Singh)将了一军。在这种情况下,廓尔喀的将军精明地接受了东印度公司提出的、从旁遮普平原上被征服的部落中撤军的要求。但这次撤军只不过是把同东印度公司开战的日期推迟到了 1814 年。在比姆

图 6 比姆森·塔帕。此人于 19 世纪前几十年里把控
着尼泊尔的朝政。画像由迪尔嘉·曼·奇特拉卡所作。

森·塔帕的坚持下，尼泊尔拒绝了关于从东部边境争议区布特瓦尔
(Butwal)与须拉杰两处撤军的最后通牒。

　　这场战争的导火线背后的问题是十分复杂的。山地区的帕尔帕邦
国从平原区的奥德王国那里获得了布特瓦尔与须拉杰的征税权，因而
占有了这两个地区。然而如前文所述，征税权的转让往往会产生司法
权和行政权归属的问题，因此这片区域的归属很容易纠缠不清。类似
的问题在整个低处湿地区到处都存在，而当实际持有土地的某本地家
族试图通过向几个不同地区的统治者同时申领封赏，以确保自己在这
片土地上的权利时，情况就愈发地复杂，因为这些受了封赏的家族又会
同时向随便某一个封赏国的当地臣民宣称自己的统治。英国人希望看
到一种清晰的、不会因归属模糊而导致纷争的边境体系，因而对湿地

区普遍存在的流动性极强而又十分随意的划界方式感到十分不适应。而廓尔喀王朝的统治者也时常表现出同英国人一致的诉求,在1783年拉纳·巴哈杜尔致华伦·哈斯汀的信中,国王这样问:"一个政府怎么能存在于另一个政府的内部呢?"①而在实际情况下,廓尔喀政府和英国人在不同地区边境问题的申辩中,所采用的论据往往彼此都是互相矛盾的。

尽管英国军队人数众多,而廓尔喀王朝在新征服的西部地区也不得民心,但是依靠着对自然环境的熟悉,尼泊尔军队成功地连连挫败东印度公司的进攻。然而在1815年,英军奥斯泰隆尼上将成功迫使尼泊尔将军阿玛·辛格·塔帕从马哈卡利河以西的山区撤军。双方就战争结束后的安排展开谈判,所产生的提案于1815年12月在比哈尔邦的赛哥里(Sagauli)得到签署通过。《赛哥里条约》要求尼泊尔放弃任何位于其如今边境以东和以西的领土,割让整个塔莱(低处湿地区),并在加德满都常设英国特使。尼泊尔政府最初拒绝所有的条约,但在奥斯泰隆尼占据了离加德满都只有30英里的马克万普尔山谷后,他们不得不同意了这些条件。

吉尔万·尤达王与他的王后于1816年年末去世,新上任的拉金德拉王也是个小孩子。特里普拉·孙达里继续执政,这使得比姆森·塔帕得以保持对最高权力的掌握。尽管有人怀疑吉尔万与其王后的死事有蹊跷,但与比姆森之政敌交好的英国特使却认为,两人皆是自然死亡。比姆森凭借高超的谈判技巧,在《赛哥里条约》签订的一年以内就为这份条约争取到了有利的附加条款。英国人不再向将湿地地区作为自己封地的尼泊尔贵族发放补偿金,而是直接归还了中部与东部湿地区,但西部湿地不在此列(包括今天的甘琼布尔、凯拉里、班刻与巴蒂亚等地),这一地区已经被英国人赠予了奥德王国。

比姆森意识到与英国人进行合作的必要性,但国内的反英情绪同样十分高涨,因此多年以来他一直在东印度公司和朝廷众臣之间打太

---

① Michael 1999：286.

极。他一直谨慎地遵守着 1816 年《赛哥里条约》的内容,并促使英国人将他视为和平的保障者。另一方面他又在国内维持着庞大的军队,并在国人面前把自己塑造成防止英国干涉的堡垒。在他掌权期间,国家对印度的商贸总体上是不开放的,而加德满都人民与英国特使的接触也受到了严格控制。特使与东印度公司对此并不反感,直到 1832 年布莱恩·霍奇森成为新特使,这种局面才被改变。此前几个月,比姆森的地位已经因为特里普拉·孙达里的死去而被动摇了。

霍奇森就职前一直在尼泊尔国内,并在较低的职位上工作了许多年。他认为尼泊尔目前的政策将会对长久的和平造成威胁,而解决这一问题的途径是鼓励商贸,并将尼泊尔国内"过剩的军事人力"征召到东印度公司的军队中去。自 1815 年奥斯泰隆尼组织了一支流亡者的部队协助进攻阿玛·辛格·塔帕时起,英国人就开始招募"古尔卡"(Gurkha,廓尔喀的讹拼)雇佣军了,但尼泊尔政府一直禁止在自己的领地上募兵。霍奇森说服自己,比起在比姆森手里,尼泊尔处于拉金德拉王统治之下会使形势转好,因为前者太过依赖于军队。因此他开始转而支持比姆森的政敌,而当比姆森试图通过和英国人走得更近来加强自己的地位时,霍奇森让他碰了一鼻子灰。比姆森的失势来得比想象中的更快,他于 1837 年被以参与毒杀国王幼子的罪名逮捕,那个可怜的孩子误把本来是给他母亲——太后沙姆拉贾·拉克诗米(Samrajya Lakshmi)所准备的毒药喝下去了,而太后又是比姆森主要政敌蓝琼·潘德的支持者。

这场政变并没有带来霍奇森所希望的那种形势的改变,不论是拉金德拉王还是蓝琼·潘德集团,都准备以国内和其他印度国家中广泛存在的反英情绪作为政治资本。霍奇森为这种情况感到担心,并于 1838 年夏天开始支持蒲蒂亚(Poudyal)兄弟,这两人来自一个与蓝琼集团长期对立的婆罗门家族。1839 年比姆森在狱中死去后,蓝琼集团开始展开政治报复和经济压榨,一时间朝廷上人心惶惶。紧接着,在 1840 年 2 月,中英鸦片战争爆发的消息传到加德满都后,蓝琼被任命为唯一的"木刻提亚"(mukhtiyar,大臣)。在尼泊尔军队占据了湿地英

44

占区近 200 平方英里的土地后,形势进一步恶化,而在加德满都甚至发生了一场短暂的军队哗变,几乎威胁到了特使本人。

当年成功迫使尼泊尔撤军的那位总督奥克兰勋爵,此时授权霍奇森向国王施压,以促使其任命亲英的顾问大臣。由于大量的英国军队被投入阿富汗战场,奥克兰勋爵并无能力同尼泊尔展开全面战争,然而边境上的军队集结和霍奇森的大力斡旋成功促成了"英国事务部"(British ministry)于 1840 年底的成立,这一机构全部是由尼泊尔国内的特使亲信们所组成的。接下来在 1842 年,英国对尼泊尔的政策发生了重大转变,继任的总督艾伦博勒勋爵命令特使不得插手尼泊尔内政。霍奇森算得上是不折不扣地执行了这个命令,但此时的宫廷政治被皇太子苏伦德拉神经错乱的行为搞得乌烟瘴气,他发疯一般残忍地处置了主要的办事大臣们。苏伦德拉的精神问题可能具有遗传性,他的种种异常似乎预示了在未来的 2001 年,他的后代皇太子狄潘德拉枪杀全家的那场更为血腥疯狂的悲剧。然而也有可能,他最初是受了他身为国王的父亲的唆使;国王希望能够借太子之手来恐吓不听话的大臣们,同时又不用担心有人把这笔账算到自己头上。

这场惨剧立即导致了"1842 年国民运动"——这是霍奇森心血来潮所起的名字。这一运动由绝大多数贵族协同发起,并获得了军队的支持,意在迫使国王拘禁苏伦德拉(一年前苏伦德拉的母亲死去)并放权给王后拉琪亚·拉克诗米。这场运动起初看上去是成功了,但并未带来任何权力的重新分配,而在同年年末,国王与王后批准了比姆森的侄子——马特巴尔·辛格·塔帕回到尼泊尔。马特巴尔于 12 月份被任命为办事大臣,就在霍奇森最后一次离开尼泊尔几天之后。

从英国对尼泊尔的长期政策来看,霍奇森在 1840 至 1842 年间所扮演的角色是颇为反常的。位于加尔各答的英国当局希望加德满都的政权是亲英派的,但又拒绝为此付诸实际行动。霍奇森于 19 世纪 30 年代曾受到明确指示,不要参与到尼泊尔内部事务中去,而艾伦博勒 1842 年的政策转变尽管突然,但事实上也是在走之前的老路。然而,英国长达两年的公然支持尼泊尔某一政治派别的行为,导致尼泊尔

45

并不相信英国之后发表的中立声明。这导致了尼泊尔国内相互对立的派别加强了寻求英国帮助或是谴责对手寻求英国帮助的倾向,而此二者经常同时发生在一个派别身上。这也导致尼泊尔历史学家在考察自己国家历史时,会认为从 1840 年开始至拉纳政权失势为止,尼泊尔的每一件重大历史事件都有英国特使的干涉。英国在尼泊尔宫廷中留下的政治遗产立刻影响到了马特巴尔·辛格,由于霍奇森未能在 1839 年救下比姆森·塔帕,因此马特巴尔一直对他疑心重重,但又费尽心力去培养他的继任者亨利·劳伦斯(Henry Lawrence)。正如劳伦斯自己所认为的那样,马特巴尔向其他尼泊尔人传递的是他很重视英国特使的支持这一消息:他的政治宣传被记载于 19 世纪尼泊尔编年史中,其中声称他才是最先说服英国人派劳伦斯来加德满都的。然而事实上这一时期特使并没有参与到宫廷争斗中去,而是尽职尽责地做了一个旁观者。马特巴尔最初试图支持王后的行为失败后,转而投身太子苏伦德拉麾下,并遭到了国王与王后的联手算计,1845 年 5 月被刺杀于王宫入口处。

杀死马特巴尔的那枚子弹是由他的亲外甥忠格·巴哈杜尔·昆瓦尔射出的,但忠格在事后声称他是受人胁迫才这样做的。昆瓦尔是一个古老的廓尔喀家族的姓氏,而忠格的曾祖父是在普利特维·纳拉扬时期一位功勋卓著的将领。在世纪之交时这个家族与比姆森·塔帕结成亲家,忠格的母亲就是马特巴尔的妹妹。忠格本身是一位果敢的军队将领,也是苏伦德拉暴行的受害者,备受马特巴尔关照。作为对他转换阵营的奖励,忠格加入由国王和王后相互妥协而于 1845 年 9 月成立的"联合政府"。联合政府名义上由法塔赫·忠格·查乌塔里亚领导,但其中最有权势者当数王后的心腹与传闻中的情人:加甘·辛格。

46

拉纳政权的建立

1846 年 9 月 14 日晚,加甘在自己家中祈祷时被枪杀,这场刺杀行动很有可能是由拉金德拉王、法塔赫·忠格与忠格·巴哈杜尔·昆瓦尔共同策划的。刺杀发生后,王后立即将所有内政与军事大臣召集到

"阔特"(Kot)——一处位于王宫旁的军火库处,并命令他们找出刺客。在这之后,枪战很快爆发了,开火的命令可能是由昆瓦尔派系中某个人临时下达的,他可能觉得昆瓦尔以及整个派系都处于危险之中,因而决定先下手为强。也有可能,这场冲突是事先早就策划好了的。不管怎么说,昆瓦尔派冲入了军火库,血洗了反对派,而在这场屠杀中王后任命了自己的"首相"——自马特巴尔以来,尼泊尔政坛开始采用"首相"这个英语职称,而放弃了原来使用的"木刻提亚"这一阿拉伯语借词。在这场冲突中,包括法塔赫·忠格·查乌塔里亚在内的30位主要大臣遇害,他们的家眷与追随者共计6 000余人,被尽数驱逐出国。随后,忠格·巴哈杜尔·昆瓦尔开始将自己的亲属与派系的亲信安插到这些权力空缺中去。

王后想利用忠格·巴哈杜尔来打倒苏伦德拉,将自己的儿子立为太子并最终扶上王位。但忠格有着自己的打算。他决定笼络苏伦德拉,同时处死或囚禁了一批他声称要"刺杀自己"的王后派成员。随后,他说服了苏伦德拉与国王,使他们同意放逐王后。国王在军火库事件达到混乱的顶点之前就撤回并保存了自己的力量,也同意了忠格·巴哈杜尔随后的一干安排,然而当王后出走时,国王竟突然决定放弃一切陪同自己的妻子远走瓦拉纳西。在接下来的1847年,拉金德拉王曾试图重新控制尼泊尔政治,但他和他的随从们一越过边界即遭到逮捕,他随即被软禁在自己的家中,并在那里度过了余生。苏伦德拉继任为王,但他被忠格·巴哈杜尔牢牢控制,这种控制更多地基于苏伦德拉对忠格的恐惧,而不是因忠格帮他上位而产生的感激。

忠格·巴哈杜尔一心希望与英国建立良好的关系,很大一部分原因是他需要英国人帮忙控制身在印度的、被流放的政敌们。至今为止,尼泊尔国内依然认为英国参与了忠格的夺权过程,但事实恰恰相反,英国人最初对这个篡权者持有一种颇为怀疑的态度。尽管如此,他最终克服了这种怀疑,并打破了高等种姓印度教徒对于"卡洛帕尼"(Kalo Pani,"黑水",即海洋)的禁忌,横跨大洋造访了伦敦。亲眼见证了不列颠的军事与工业力量之后,在1857年印度民族起义中,忠格·巴哈杜尔更坚定地站在了英国人一边,并亲自率军参与夺回了叛军占领的拉克瑙地区。作为回报,英国将1816年夺取的西部湿地地区归还了尼泊尔,并授予忠格·巴哈杜尔荣誉骑士的头衔。

尽管忠格下定决心与英国就战争与发展展开密切合作,但他对英国人的意图始终保持怀疑。他维持了前任尼泊尔政府的闭关政策,禁止欧洲商人入境,拒绝了英国"修建一条连接加德满都与印度的铁路"的提议,并且严格限制英国大使与其随从的行动。他也试图阻挠英国人将本地人招募进印度军队廓尔喀军团的行为。

南部边境安定以后,忠格在1855至1856年间试图向西藏扩张,两地之前就因尼泊尔商人待遇问题而存在嫌隙。与上次尼泊尔实行"前进政策"时不同,由于中国此时内患严重,西藏基本不会得到北京的援助。然而1855年的侵略很快就陷入了相持不下又极端耗资的僵局中,因而谈判仅仅为尼泊尔争取到最低限度的特权,战争就不得不结束了。

忠格急切希望能够长久地保持其家族的统治,为此他于1849年颁布了一道法令,宣称昆瓦尔家族为拉其普特人,进而将其置于与王室相等的种姓地位上。此举开创了拉纳家族与沙阿王朝的联姻时代。忠格的子女们与苏伦德拉王的孩子们结婚,而忠格自己则迎娶了法塔赫·忠格·查乌塔里亚——那位在军火库屠杀中遇害的联合政府领导者——的妹妹和侄女。两个家族之间的联姻一直持续到拉纳政权倒台以后。

忠格·巴哈杜尔的下一步行动出人意料。他于1856年辞职并将权力交给了他六位亲兄弟中最年长的那位——他的大哥:班姆·巴哈杜尔。几天后,王室颁布了一道法令,授予忠格·巴哈杜尔以卡斯基与蓝琼"马哈拉扎"(maharaja,大王)的头衔。卡斯基与蓝琼两地均位于中部尼泊尔,曾经是独立的公国,与沙阿王室以及忠格自己的家族都有很深的渊源。这道法令授予新任"马哈拉扎"在自己领地内以全权,并给予其对"马哈拉扎第拉"(maharajadhiraj,众王之王,是尼泊尔国王的王号)与首相的监督权。忠格·巴哈杜尔此举的意味很明显。"马哈拉扎"这一封号及其全部的权力是直接世袭的,能够传给他的直系后代,即儿子。而他之前所担任的首相,这一职位是父系继承,即首先要传给前任的兄弟,而前任首相的侄子们也与儿子同样享有继承权。通过这一步棋,忠格·巴哈杜尔显然希望能够既确保兄弟们对自己的忠诚,又为自己将来开创王朝奠基。

48

忠格的最终目标是彻底地颠覆沙阿王室,从"马哈拉扎"晋升为"马哈拉扎第拉",但这一野心在英国人那里受挫了,因为他们在尼泊尔只认可王室与首相的权力。因此,在他辞职之后,忠格无法再继续干涉英尼之间的关系。可能是出于这一原因,在 1857 年班姆·巴哈杜尔去世后,忠格·巴哈杜尔再次出任首相,而此时爆发的印度民族起义危机也使他急需将全部的权柄把持在自己手中。

图 7　忠格·巴哈杜尔·沙阿(图中坐在椅子上)与他的兄弟扎戈·沙姆沙(左)及儿子巴伯(立于身后)在军营中,摄于 1871 年。

忠格想要把"马哈拉扎"之位传给其长子的打算最终落空了。在他于 1877 年一次远行狩猎中不幸逝世后,他在世的兄弟们迅速地发动政变,将他们中最年长的拉诺蒂普推上了"马哈拉扎"的位子,并同时让其继承了首相职务。忠格的儿子们认为自己受到了欺骗，并密谋筹划推翻拉诺蒂普，阴谋败露后，长子扎戈·忠格即被剥夺了首相继承权。尽管如此，在忠格·巴哈杜尔最小的弟弟迪尔·沙姆沙死后，沙姆沙的儿子们依然担心拉诺蒂普会在其第二任妻子的说服下特准扎戈·忠格继承首相之位。扎戈一旦成为首相，他们所有人的性命都将难保，因为扎戈向来都十分热切地希望向沙姆沙家族寻仇。

1885 年，迪尔·沙姆沙的长子比尔·沙姆沙决定先发制人，带领自己的兄弟发动了政变。这场宫斗中，比尔冷酷地杀死了他父亲的兄弟拉诺蒂普以及扎戈·忠格本人。忠格·巴哈杜尔的其他家人至英国大使处寻求庇护，通过大使的介入，他们安全逃往印度。在达尔班加的马哈拉扎的秘密支持下，这些被流放的人随后对尼泊尔的新任统治者发动了一场武装进攻，但惨遭失败，而这些人本身也遭到了印度相关部门的监控。从此，尼泊尔被沙姆沙·拉纳家族所牢牢控制。

国家与社会

尽管在规模上有所差别，由普利特维·纳拉扬的征服所建立的政治体制，本质上来讲就是廓尔喀以及其他加德满都谷地以西山地国家政体的一个延续。印度的国王在国家中处于中心地位，但正如这一时期南亚大部分地区一样，尼泊尔的行政与文化体制都在很大程度上模仿着莫卧儿帝国。莫卧儿的政制可以宽泛地定义为"封建式"的，但"世袭家长制"这一术语可能更为准确：这个词是指，当处于这一制度下时，国家政制是统治者家庭结构和家法的延伸。在 1768 年前后这一阶段，尼泊尔的政制有三个尤为重要的特点：其一，强调个人对国王的服务与忠诚；其二，国家每年召开帕扎尼会议，在这一会议上将对过去一年里任命的官员作出评议和考核；其三，国王会以将土地授予个人的方式向公务人员发放工作薪酬，这种作为工资替代物的封地称作"扎吉尔"，而某个人的"扎吉尔"总是处于频繁变动中的。尽管这种以土地代替工资的发薪方式今天已经废止，但"扎吉尔"依然作为现代尼泊尔语中的一个词而被使用着，这个词现在指有薪酬的政府工作岗位。

从传统上来讲,首相通常也应具有王室的旁支血脉。"王室"在尼泊尔语中称作"乔塔里亚"(chautaria),这个词过去也指在尼泊尔统一之前,各个邦国内部存在着亲属关系的政府要员们。"乔塔里亚"的词源来自在山地区广泛存在的巨大石质平台的名字,这种平台通常被当地背夫作卸货之用,也承担了为全村居民的集会提供会场的职能。在廓尔喀国家,除了首相以外的其他行政职务通常由众多卡萨-切特里家族与婆罗门家族的成员担任,据称这些家族曾经帮助德拉比亚·沙阿于 1559 年建立王国。然而,在扩张战争以及随之而来的派系斗争期间,其他家族渐渐崛起。获取影响力的关键因素是作为军事长官控制军队,或至少取得军队的支持,而卡萨-切特里众家族在这一方面拥有优势。尽管玛嘉人与古隆人为军队提供了近一半的士兵,且他们早期也曾担任过高级指挥官的职务,但卡萨-切特里人一直构成着尼泊尔主要的军事力量。至于普通的士兵,他们在早期并没有什么政治影响力,但普利特维·纳拉扬制定了授予士兵土地的政策,提升了他们的地位。而比姆森在 1816 年以后对加德满都禁卫军的重视,无疑使他们成为潜在的政治角色。在 19 世纪 40 年代国内政治不稳定期间,这些士兵试图另起炉灶,成为独立的政治力量,但到头来却总是跟随他们的资助者站到某一位大臣的派别中去。

尽管东印度公司在孟加拉的军队大多是由婆罗门组成的,但在尼泊尔的山区,婆罗门往往并不参军,也不接触军事。他们能够在政治上获得举足轻重的地位,是因为他们时常承担着为统治者正名、解读印度教法典(即《摩奴法典》)、占星等宗教和社会职务,而他们也是王室和塔库里、切特里家族成员的导师。进一步而言,三个"拉杰古鲁"(意为"皇家导师")家族与南部平原地区,尤其是博纳里(瓦拉纳西)的渊源,也使得这些人比其他大臣们更容易同山区以外的世界产生联系。因此他们被重用于同英国人谈判方面,在 1840 至 1842 年英国积极干预尼泊尔政治时期,蒲蒂亚家族在国内权势极大。拉杰·潘德在 1846 年时已经成为"达尔玛帝卡尔"(dharmadhikar,首席宗教法官),而他选择与忠格·巴哈杜尔结盟,这为他赢得了最高皇家导师的头衔。

50

整个政治体系的效能，往往取决于处于体系中央的那位王者的能力。普利特维·纳拉扬的继任者们的软弱无能导致了政局不稳，直到比姆森·塔帕与忠格·巴哈杜尔·拉纳先后填补了中央权力的空缺，一切才安定下来。今天尼泊尔国内学界往往把拉纳家族的统治视为一段独裁的政治插曲，穿插于 1846 年以前沙阿王室的"人本"统治与 1950 至 1951 年间在王室的资助下由尼泊尔大会党带来的民主政治之间。对这段历史的此种诠释，很大一部分是因为拉纳政权就是由沙阿王室与尼泊尔大会党的政治活动家联手推翻的。尽管如此，对于普罗大众而言，1846 年并不是一个彻底的转折，而是一个单一家族统治的体制化，这种体制化是以牺牲包括沙阿家族在内的其他传统统治精英为代价的。拉纳家族的统治者们的确加强了尼泊尔的中央集权程度，但这种权力的强化在比姆森统治时期就初现端倪，至于诸如强化种姓等级之间的壁垒、削弱地方自治权等其他变化，也早在拉纳统治之前就已经开始出现了。尼泊尔早期对英国谨慎的战略合作态度，这一时期也开始向着一种对英属印度诸王的深切利益认同转变，但这种转变要到 1885 年才发生，而并非 1846 年。

51　　这一时期，尼泊尔的经济主要依赖于对农产品征收的税款，这也是山地区与低处湿地一直以来的经济传统。其他的收入来源包括海关税收、垄断供货商提供的回扣（比姆森·塔帕与忠格·巴哈杜尔都曾将某些商业领域的垄断权赐予其信得过的手下），以及后来印度铁路建设时出口木材的所得。虽然如此，土地税收在 19 世纪依然占到政府收入近四分之三的比例，更早期的比例应该更大。这些收入一般会通过税收官员或包税制的条款而直接充实国库，但正如前文所述，一片土地及其上所有收入也可能作为"扎吉尔"而暂时被转让出去，或是永久性地授予个人或宗教机构。上述的土地分配方式在尼泊尔语中通常被称为"比尔塔"或"古提"，其中第二种永久性的土地授予在今天的尼泊尔依然被法律所承认。如果某位前统一时代的邦国旧主与廓尔喀统治者达成了和解的话，那么他可以继续在自己原有的土地上征收部分或全部税款，并每年向加德满都谷地进贡，这种体制直到 1961 年还存在着。

不论处于哪种体制,地方上的基层官员(譬如被称为"穆吉亚"[mukhiyas]的村落头人们)总是处于权力金字塔的最底层。同统一之前相比,他们与尼泊尔国家的政治联系在某种程度上加强了这些人在当地的权威。举例来说,被尼泊尔与莫卧儿帝国的居民称为"苏巴"的林布头人,就从原来部落的代表转变成了现在地方上的大地主。多拉卡区的吉莱尔人是一个规模较小的基兰蒂族群,他们在 1795 年被公认成为吉里谷地的主人,但随后即被帕拉芭蒂亚移民抢走了大部分土地。在这里,一个吉莱尔部落很可能会通过牺牲其他部落的手段来提高自己的地位。在今天的尼泊尔全境范围内,许多地方上最富有的人依然是 18、19 世纪那些持有税收权的包税者的后代。

忠格·巴哈杜尔在他掌权的时期里曾千方百计地寻求加强税收的方法。这种中央对税收的控制趋势从 19 世纪 30 年代开始就有迹可循,总体来说,税收的主体逐渐从地方包税者演变为中央直接派遣的官员。在平原区,忠格·巴哈杜尔设立了一套新的、称为"吉米达"的官员体系,以便控制每一个"毛扎"(mauja)——这一时期已知最小的征税单位——内的税收情况。这些官僚最终没能如忠格预想的那样,成为一个"改良的地主"阶级。但他们的确构建了一张与拉纳家族关系密切的基层权力网,执政者借他们来打击和控制早先在地方上得势的"乔杜里"们,以及依附于他们的众多农民。

第一章里已经讲过,信仰印度教的国王们授予婆罗门与国内宗教机构以土地,是为了通过他们使自己获得政治合法性。而当某些统治者的政权得来得不那么正大光明的时候,这种做法就变得更加重要。可能正是出于这样的原因,印度教的苦行僧团体才得以在 18 世纪后半叶于贾纳克布尔获得大量的封地,因为此时廓尔喀在无度地对外扩张,而这里的众多邦国都在担心自己的命运。类似的情况还发生在忠格·巴哈杜尔掌权之后。在他统治初期,忠格恢复了对婆罗门授予"比尔塔"封地(永久性的免税土地)的制度,这一制度是在 19 世纪初拉纳·巴哈杜尔建立尼泊尔军队时废止的。不久之后,忠格认为自己已经稳操权柄,于是便再度废除这个制度,但他的继任者拉诺蒂普比忠格更虔

52

诚地信仰印度教,他在 1877 年又把这些封地归还给了婆罗门。

宗教信徒享有较高的社会地位,不仅因为统治者依赖其获得政治合法性,也因为他们能够帮助国家在中央权力较弱的地区维持当地的组织结构,这种现象在南亚乃至整个世界都屡见不鲜。19 世纪末期,在诸如白拉吉与歌赛因托钵僧等北印度的教团中,大部分信仰毗湿奴和湿婆的僧侣同时既是军队的中坚力量,也是杰出的实业家。在包括了贾纳克布尔的毗湿奴派封地、德昂谷地中乔盖拉瑜伽(Chaughera Yogi)湿婆派寺庙等地的尼泊尔广大地区,每个歌赛因托钵僧都能获得一块位于低地的个人领地。虽然在毗湿奴派内部产生了强烈的平等主义思潮,并在后来推动了几场致力于提升低等种姓者地位的社会运动,但尼泊尔的僧侣们大体上来讲对印度教国家的等级结构还是感到满意的。

在 19 世纪中期,正常的税收所得要么直接收入国库,要么经由领主或其他包税者转手,这些实物税在西部山区和低地区平均要占到地区粮食总产量的三分之一,在东部山区则要达到一半左右。然而在税率比较低的地区,税收的负责人总会将部分土地转租出去,因此这些地区实际上也有一半的粮食被征缴上去。在本章所述的这段时期内,尼泊尔的大量土地处于闲置的剩余状态,尚未获得任何资本价值,这就导致农民很可能离开他们耕作的土地搬去别处生活,而收税者也可能携带着上缴的税款潜逃出境。在忠格·巴哈杜尔掌权初期,他尤其担心第二种情况的发生,1850 年在伦敦时,他试图与英国协商签署一份针对于此的延伸性引渡条约,但这一尝试最后失败了。

53　　政府既要用利益安抚农民和国家之间的那些中间人,又不能让他们获得过多的资本来反抗政府本身。这一原则在 1781 与 1807 年两次被白纸黑字地写入政府的政令中去:"人民的财富要么归于国家,要么留给人民自身,绝不能让奸猾的小人从中牟利。"[1]忠格·巴哈杜尔本人——至少从理论上讲——就十分关心国内那些不合理的压迫,他于

---

[1]　M. C. Regmi 1999:96.

1850 年在伦敦写给兄长班姆·巴哈杜尔的信中讲过"上帝将我们置于保护人民的要职上"[①]。这种对善意的传达有些时候真的收到了实效:一位 1851 年从加德满都回国的英国旅行者听他的导游说,这位向导就是得知了忠格惩罚一名酷吏之后,才从东印度公司的领地搬到尼泊尔境内的。1883 年,拉诺蒂普·辛格在收到了仅仅 18 位农民的上访信之后,便废除了在东部低地劳塔哈特区的加税政策。尽管如此,对每一位收税官和包税人行为的严格监督是不可能做到的,尤其是在交通不便的情况下,从加德满都发出的命令信函要一个月才能到达西部国境上。因此,纳税人所承担的税款在不同地区和不同时间都大有差别。

除了上缴的实物税外,国家同样也可以在百姓之中征发徭役。在某些情况下,农民们被要求永久性地承担某些特定的劳动,包括为政府运送信件与补给等任务,而政府则通过授予他们小块的无地租农田来犒赏这些农民。在其他时候,徭役会减轻一些,但要叠加于正常的农业税之上。在加德满都周围山区居住的塔芒人承担着尤为繁重的劳役,包括放牧国家的牛羊、从国有农场上把畜牧业的产品运送到王宫里去等杂项。这种徭役一直维持到 1952 年,最近收集出版的塔芒族老人回忆录可能较好地反映了那个时代的种种情况[②]。奴隶制与强制劳动也屡见不鲜,尤其是在西部山区,这里的居民常常被当作奴隶卖到印度去[③]。在 19 世纪初,当局担心连婆罗门和切特里家族的成员也会沦为奴隶,于是在 1803 年出台了在帝国全境禁止将高等种姓者变卖为奴的规定。在 19 世纪晚些时候,在其他几个族群中也同样取消了奴隶制,但对于中西部山区的玛嘉人而言,他们还得额外交税才能避免变为奴隶。至于大部分的低等种姓,他们直到 1921 年奴隶制彻底被废除才得以脱离悲惨的命运,而强制劳动直到 2001 年才完全消失。

拉纳政权的早期阶段也是尼泊尔国内土地关系开始发生重大变化

---

① Whelpton 1991: 258.

② Holmberg and March 1999.

③ Vaidya 1993: 283.

54　的阶段，但这种变化不是突然发生的戏剧性剧变。在 1854 年忠格·巴哈杜尔颁布的《木禄基·阿因》(Muluki Ain,民法典)中，规定了除"比尔塔"封地以外，所有土地上的耕作者不能仅因为拒绝缴纳上涨的地租就被驱逐出去。在 1854 至 1868 年持续的精细土地丈量与统计之后，1870 年颁布了修订后的《阿因》，允许为任意一块土地付税的纳税人注册成为这块土地的所有者。尽管在实际执行中，官员们并不总是严格地遵照国法，但这些法律条文的变动事实上的确在东部山区对已经存在的土地市场作出了认可，而此时在西部山区和低地区，土地已经在公开出售了。这种买卖的行为随着新田开垦的减少而愈发火热，而政府在 1854 至 1868 年间逐步把土地税率固定下来，这也使土地买卖没有了后顾之忧。

　　拉纳政权的当权者对于农业税总是持宽松的态度，因此国家的农业年产量一直在不断增长着。从普利特维·纳拉扬的时代开始，国家就以减免税款的方式来鼓励这种农业增长，但始终都面临着税收上的问题。早期对军队的投入引发了恶性循环，因为征服土地就需要更多的士兵，而增多的这些士兵又需要更多的土地来供养。在《赛哥里条约》签订以后，这个问题延续了下来，国内时不时发生因日渐萎缩的资源而产生的争执。尽管如此，拉纳家族的执政者们还是做到了实现稳定的税收增长，1850 年的年税收在 140 万卢比左右，而到了 1900 年，税收则增长到了 1 200 万卢比。即使考虑到通货膨胀，这种增长也是惊人的[①]。在忠格的政敌们被驱逐出境之后，尼泊尔上层对"扎吉尔"封地的抢夺出现了短暂的平息，这使得经济上的压力顿减，而最终是耕地面积的不断增大解决了税收问题。在此过程中，1860 年西部低地的回收尤为重要，这一地区一开始时基本无人定居。尽管西部低地中很大一部分土地都被拉纳家族的成员以"比尔塔"封地的方式纳入囊中，但国库依然因在这一地区收获的税款而殷实起来。

　　被"吉米达"税收官们带到低地区的农民们，很大一部分人来自印

----

① M. C. Regmi 1988：56 - 59.

度。这是因为山区的人们对平原的环境不熟悉,而季节性的疟疾和高温也让他们尤其不想在夏季留居低地区。在南部东印度公司的领地上,地主可以随意驱逐农民,这种与尼泊尔正相反的严酷政策使得当地农民们更倾向于北上塔莱区。这一问题在 19 世纪五六十年代被英国官员们自己所承认,而讽刺的是,威廉·柯克帕特里克上校在 19 世纪末还充满信心地预言说,随着东印度公司建立起永久统治,尼泊尔的农民将很快蜂拥而至印度。

政治局势一旦稳定下来以后,19 世纪的拉纳政府便成功而高效地实现了包括维持法律与秩序、征收赋税等传统的政治目标。但是这些政府经济上的成功仅仅是依靠现存的种植技术和扩大农业生产面积而取得的。尽管忠格·巴哈杜尔一度想过从英国进口农具,而他以及他后来的"马哈拉扎"们也曾小规模地进行过种植农业的改良实验,但尼泊尔始终没有出现大范围、持续性的提高农业单位面积产量的尝试。与此同时,资源枯竭的现象也已经开始出现。山区现存的大量森林退化问题有时被认为是 20 世纪人口压力所导致的,但这些问题事实上在廓尔喀征服中大规模开垦荒地时,便已经埋下了祸根。位于古尔米-巴格隆的铜矿和辛都巴尔恰克的铁矿使尼泊尔自 1790 年以来能够自主生产国内的军需装备,但落后的开采技术使得许多矿坑都不得不被废弃,而到了 19 世纪 60 年代,尼泊尔所需的铁和铜都要从印度进口。在这一时期,尼泊尔开始逐渐对印度产生经济依赖,依靠印度进口的产品不仅包括王室贵族喜爱的奢侈品,也涵盖了百姓使用的大量日用品。

身份认同的困惑

在今天的尼泊尔,有一个问题不仅为历史学家所关注,也是政坛上热议的焦点,那就是:在廓尔喀人控制的所有地区中,有哪些实现了对"尼泊尔人"的身份认同而成为国家的一部分,又有哪些单纯地保持着"被征服地区"的状态。我们必须承认,政治上同属于一个国家,在大多数情况下并不能为人民提供一个首要的身份认同。现在看来,在尼泊尔,家庭、部落、村庄,以至于种姓和民族都要比国家认同更重要。即使

55

当人们确实认为他们都是同一个国家的子民、都臣属于同一个国王，这个国家的名字在人们的脑海中也并非"尼泊尔"。这个词直到 20 世纪早期才取代"廓尔喀"成为国家的官方名称，而在那之前，"尼泊尔"一直保持着"加德满都谷地"的本来含义。

不论怎么说，尼泊尔国内依然存在着某种可以赖以构建大一统的思想基础。最显著的一种认同就是，大家都承认自己是"帕哈里"人，即"山区人"。在 1743 年普利特维·纳拉扬造访瓦拉纳西时，一位"乔比希"邦国的君主对他说，在平原上，当地人只会把他们都视作"山地来客"①。在众多"帕哈里"人中，帕拉芭蒂亚人因具有共同的语言和共同信仰一种较之平原地区更为宽和的印度教派别而产生了相互的身份认同。由于那些山区"本地的"婆罗门与切特里家族往往享有更高的地位，这使得尼泊尔山地同库玛昂和加尔瓦尔也相区别开来。然而，这种基于特权和地位的认同是否也包括那些帕拉芭蒂亚人中的"不可接触者"，这是颇值得怀疑的，这些种姓较低的人比大部分藏缅人更加受到排挤。

印度教君主制本身也可以被视为另一种认同纽带。在《智慧箴言》中，普利特维·纳拉扬将自己的王国视为印度教的乐土，并与"莫卧拉纳"（Mughlana，印度）形成鲜明的对比，因为他认为后者已经被莫卧儿帝国和后继的英国统治者们所玷污了。在这种情况下，国王有责任将印度教的道德观在"王畿"范围内推广。至 19 世纪中叶为止，按照这种宗教观所定义的"王畿"可能并不包括廓尔喀王朝实际控制的每一片土地，而是局限在一片更小的、在教义上十分重要的核心地区。沙阿王室是涅瓦尔君主制的继承者，对于他们而言"王畿"则指加德满都谷地。尽管如此，国王们也应该在中央势力控制的所有地区推行诸如禁止屠杀黄牛等一些关键性的印度教价值观。稍后在 1854 年，《木禄基·阿因》法典的颁布使得"王畿"（desa，德萨）和"国土"（木禄克）的区别进一步深化了。这部法典的核心意义在于它将整个国土范围内的社会置于一个基于种姓等级制的、统一的道德框架之下。尼泊尔国家的边界在

---

① Pradhan 1982：16.

1816年《赛哥里条约》之后就已经失去了原有的流动性并固定下来,而此时,这条边界在民众心中的意义愈发重要起来。

至少对于那些与中央权力走得较近的人来说,国家本身也是身份认同的一个重要来源。在帕拉芭蒂亚族的统治精英之间,很久以来就存在着一个"敦嘉"(字面义为"石块")或"邦国"的概念,这个概念有别于处于统治中心的国王。进一步而言,尼泊尔一直存在一种现象:朝臣们在情势危急时,有权利和责任联合起来监督国王的行为,这种现象进一步强化了"国家"和"国王"概念的分离。在精英群体中普遍存在的一段筚路蓝缕、武装建国的共同奋斗记忆,也为这些人提供了另一种联系与纽带,这条纽带甚至能延伸至下层军士及他们的家人中去。这种拥有共同情感的团体的确被英国人察觉到了,正如布莱恩·霍奇森所提到的那样,尼泊尔存在一种"显著的民族主义精神"。

在尼泊尔存在着的所有不同价值观和文化体系中,高等种姓印度教徒对其他文化群体的同化——这一过程往往被称为"梵化"——一直在缓慢进行着。印度教是一种灵活的宗教,能够与某一当地的民间信仰相适应,因此那些希望得到廓尔喀人支持的尼泊尔本地族群不必放弃自己原有的信仰。但他们至少要在表面上对其忠诚有所表示。一种方法是参与每年秋天的达善节,这一节日能够令国王和臣民之间的纽带焕然一新。就是因为这样的原因,今天尼泊尔国内排斥君主制与印度教的人群往往会发起对达善节仪式的抵制运动。另外一个例子则是全国各地的非帕拉芭蒂亚族群,他们大都开始使用梵语的名字,并邀请婆罗门来举行宗教仪式。而对于西部山区那些尚未接纳圣线并成为切特里人的卡萨人,他们中间也开始出现这样做的潮流①。然而,本地人表面上对仪式的逢迎并不代表其内心真正信奉印度教,这使得国家大力推行的种姓等级制往往无法贯彻落实,也有一部分人一直在印度教

57

---

① 然而,依然存在尚未成为切特里人的卡萨人,这些人被称为"马特瓦里卡萨人"。"马特瓦里"(意为"喝酒的人")常用来指那些非帕拉芭蒂亚的"部落"居民。在传统印度教社会等级观中,他们的地位要低于高等种姓印度教徒。

价值观和本土信仰之间游移。例如西部山区信仰马斯塔神的教团便一直崇尚平等主义，并始终挑战着婆罗门教的社会秩序。

自然而然地，对于新国家的认同在加德满都谷地最为强烈，因为这里的政治与社会结构与旧有的廓尔喀国家最为相似。而在从杜德戈西河以东至佩里河以西的基兰蒂地区，廓尔喀人对于本地人则更为陌生一些，当代尼泊尔一位顶尖的历史学家曾将廓尔喀王朝在这一地区的统治描述为"殖民式的"①。基兰蒂人一直以来在名义上臣服于低处湿地区的诸森氏王国，但事实上这些王国放任他们行使自治。1792年，很多基兰蒂部落发动了暴动。19世纪中叶，对这些部落忠诚度的质疑一度减少，忠格·巴哈杜尔于1847年颁布征召基兰蒂人士兵合法的命令，并于1863年在这一地区废除了奴隶制。尽管如此，整个19世纪中，由于帕拉芭蒂亚人不断迁入这一地区，基兰蒂人与他们的矛盾不断升级。由于国家允许基兰蒂人保留他们原本由部落共有的"基帕特"自留地，因此新来的帕拉芭蒂亚人一开始只是他们的佃农。但由于帕拉芭蒂亚族对国家的法治系统与半货币化的经济体系更为熟悉，这使得他们逐渐开始控制原属于基兰蒂人的土地。

基兰蒂人找到了反抗的另一种方式，那就是沿着喜马拉雅山向东进行迁移活动。当时这一带尚有许多无人居住的处女地，1839年东印度公司在大吉岭地区建设了一处山中避暑地，随后在这一地区，茶叶种植出现持续增长，至1871年茶园面积已经达到70万英亩，这在当地创造了巨量的劳动力需求。有统计数字表明，东部山区基兰蒂人中12%到15%的人口在1840至1860年间越过国境前往印度②。颇为讽刺的是，基兰蒂人在大吉岭地区与其他来自尼泊尔的民族杂居后，他们发现将尼泊尔语作为通用语的需求反而比在国内时更甚，这样一来，他们自己的语言势必要受到影响。1847年霍奇森收集到的一份塔米语材料中显示，在那时的塔米语中，尼泊尔语的影响要大于今日在尼泊尔辛都

---

① M. C. Regmi 1999.

② Pradhan 1991：192.

巴尔恰克区与多拉卡区使用的塔米语。

在格尔纳利盆地及更远的西方,沙阿王室刚刚获得帕拉芭蒂亚人的臣服,但这些新的臣民还不太适应被他人所统治。居姆拉邦国是一度强大的卡萨帝国中心所在,这个国家曾顽强地为了自己的独立同廓尔喀人战斗,且随后也同她的邻居多蒂与阿卡姆邦一起,在1792年发动了暴动。中央在这一地区的暴力镇压和提高税率,使得此处出现外向移民与人口流失。一项针对税收记录的研究显示,居姆拉的人口被吞并前大约有12.5万人,而到了1860年只剩下了8万人,而直到20世纪30年代,人口才出现一定的回升①。在廓尔喀王朝对马哈卡利河以外地区25年的统治中,这一地区的情况急转直下,尤其是在库玛昂地区。接下来英国在这一地区的统治远远谈不上尽善尽美,但与居姆拉的人口缩水形成鲜明对比的是,整个19世纪此处都有稳定的人口增长。

塔莱区(低处湿地区)从某些意义上来讲也是一个殖民区,当然这个区域被管理得更加井井有条。在这里,大部分农夫都来自南部的平原,而在拉纳家族掌权以前,许多税收的中间人和包税者也是南方的外来者。然而,平原区的马迭什人向来被排除在朝臣群体的核心之外,而当忠格·巴哈杜尔引入主管税收的吉米达官员体系时,那些被任命的官员主要也都来自山区②。《木禄基·阿因》法典事实上使得山区的民众在尼泊尔国内享有较高的地位,它明确规定了帕拉芭蒂亚人中的婆罗门要比马迭什婆罗门更加尊贵。既然将本族与平原人区别对待已经成为山区人的共识,马迭什人很自然地就会认为自己是被冷落了的局外人。反之,尽管马迭什人十分赞成尼泊尔政府的土地终身持有制,但他们中很少有人能产生对廓尔喀国家的深刻认同感。

在中部山区,塔芒人(此时被称为穆尔米人)也于1792年发动了大规模叛乱。其后,这些塔芒人开始在新政权下做搬运工和苦力,但被排除在军队系统之外。他们比大部分玛嘉人族群更少受到帕拉芭蒂亚人

58

---

① Bishap 1990: 122 - 146.
② M. C. Regmi 1988: 84 - 85.

文化的同化，直至今天，一大部分塔芒人还在使用他们本族的语言，这一使用率要比其他藏缅少数民族更高。他们对国家的认同感同样很弱，但他们内部关于塔芒族的身份认同直至现在也不强。对于塔芒人个体来说，某个部落的成员身份比民族更为重要，而一些部落的名字与古隆人及夏尔巴人的部落名是重叠的。塔芒人和古隆人这两个民族之间并不存在语言学意义上的清晰边界，而塔芒人作为喇嘛教的信徒，也常常和其他讲藏语方言的人群一同被贴上含有轻蔑意味的"蕃提亚"人标签。我们还不能确定是否是因为尼泊尔政府对塔芒人作出了清晰的定义，才使得他们认识到自己的身份，并为塔芒人的民族性构建提供了一个基础。但我们知道，塔芒人的确认识到了自己与"加尔提"（jarti）——他们对高等种姓帕拉芭蒂亚人的称呼——之间的区别。在一个广为流传的塔芒神话中（现在也在夏尔巴人中流传），讲到婆罗门的祖先诱骗他的哥哥，也即第一个塔芒人，吃掉了他们二人圣牛母亲的肉，而圣牛的内脏化为了婆罗门的圣线。

与塔芒人不同，古隆人和玛嘉人一直以来都是尼泊尔军队的一部分，不论是在廓尔喀还是其他的"乔比希"邦国都是如此。玛嘉人一直到 18 世纪都享有随时被政府提拔至切特里种姓的殊荣，这种情况在古隆人方面要少得多。1806 年比姆森·塔帕在肃清国内政敌时，处死的一批人中就包括了纳尔辛格·古隆。种姓之间的界限不是如通常所认为的那样，随着拉纳家族掌权才变得壁垒分明，而是在廓尔喀对外扩张结束后就已经固化下来了。截至 19 世纪 30 年代，英国人已经记载尼泊尔的官员主体是由帕拉芭蒂亚人构成的。此时依然存在着一些重要的玛嘉族朝臣，譬如在军火库惨案中遇害的阿比曼·辛格·拉纳等人，但这些人往往被视为"荣誉帕拉芭蒂亚人"，而且这一时期，"玛嘉人"和"切特里人"往往是互不相容的两个身份。尽管如此，许多玛嘉人依然视自己为廓尔喀人中的一员。玛嘉人可能在廓尔喀征服前就开始逐渐放弃自己的语言，并转而使用帕拉芭蒂亚人的语言（尼泊尔语）了①，在

① Lecomte-Tilouine 1993：31 - 32.

1801 至 1804 年间,弗朗西斯·汉密尔顿访谈过的人都认为玛嘉人最终将成为帕拉芭蒂亚人中的一个种姓[1]。在忠格·巴哈杜尔死前不久,一位玛嘉族人自称是拉坎·塔帕神的转世,并领导了一次短暂的暴动,但不久就被抓住并处决。当地民间对反叛者持同情态度,但有趣的是,民众针对的恶人却不是忠格·巴哈杜尔本人,而是那些帕拉芭蒂亚族的转生者们,据称他们有意拖延,不将忠格的缓刑命令传达到行刑机构那里去。由此可见,玛嘉族与他们邻居的紧张关系之中,也包含着他们对尼泊尔国家的认同感,尽管这个"祖国"距离他们可能比帕拉芭蒂亚人更遥远。

最后我们要讨论的是最为复杂的加德满都谷地涅瓦尔种姓群体,他们在 1769 年之后似乎完全接受了新的统治者。1793 年一位英国的观光客将这些人描述为"征服他们的人在他们颈上强加了一道锁链,他们却容忍着与这锁链达成了和解"[2]。涅瓦尔人中最主要的情绪大概是对漫长战争终于结束的解脱感,而至于那些在普利特维·纳拉扬时代之前就已经小规模定居在山区的涅瓦尔商人们,他们此时发展得人数众多,居住地区也十分广泛[3]。在谷底内部,涅瓦尔人没有任何想要反叛的迹象。在 1846 年忠格·巴哈杜尔夺权后不久,当涅瓦尔外交大臣拉克诗米·达斯向英国特使透露,只要他一声令下,涅瓦尔人马上就揭竿而起时,特使即刻判断此人应是密探,忠格派他来打探自己的口风,以核实英国早先声明的中立政策是否属实。

60

尽管如此,涅瓦尔人和廓尔喀人之间同时也存在着巨大的分歧。特里布凡·普拉丹是一位著名的朝臣,他在比姆森的清洗中被杀害。从那以后,尽管一小部分涅瓦尔人被给予了政府职务或利润颇丰的商

---

① Hamilton 1986 [1819]:26.

② Kirkpatrick 1811:186.

③ 有些情况下,涅瓦尔人从加德满都谷地中搬出去,是为了躲避战火,譬如那些从巴德冈迁至博克拉西南边山区的人们。参见 Jest et al. 2000:61。在向神庙还愿的羊骨上发现的涅瓦尔文字铭刻,证实了涅瓦尔人早至 1703 年左右就已经来到了这一地区。(Ramirez 2000b:136)

业合同，但他们再也未能参与到国家政治核心中去。两族之间也几乎没有任何社交上的联络，普利特维·纳拉扬·沙阿本人曾赞美过涅瓦尔女子的美貌，他的儿子拥有一位颇具影响力的涅瓦尔情妇，而他也对作为涅瓦尔宗教重要组分的怛特罗密教(tantricism)十分感兴趣，但涅瓦尔人与帕拉芭蒂亚人之间的通婚事实上是被禁止的。帕拉芭蒂亚人似乎尤为蔑视"本瑞人"(banre)，也即释迦和金刚师种姓的涅瓦尔人：柯克帕特里克曾记录了一份他与一位"拉其普特人"(可能是塔库里或切特里种姓)的对话，他说他的种姓从来不去斯瓦扬布大寺，而上述的"本瑞人"和山区来的藏缅人倒是常常去参拜①。这种态度当然对一个同一性国家认同的形成是不利的，反而强化了涅瓦尔人的民族认同，但涅瓦尔人本身对加德满都谷地却有一种归属感，而沙阿王室作为谷地的统治者，的确收获了涅瓦尔人的耿耿忠心。

尼泊尔社会上的梵化潮流在国家急速扩张的时候达到顶峰，但在19世纪，这股潮流缓慢下来。如果汉密尔顿能在拉诺蒂普·辛格统治时期造访尼泊尔，那他肯定不会说"帕拉芭蒂亚人正在飞速灭绝着当地的土著语言"②，但尽管如此，变化依然在缓慢发生着。社会和经济上的变化在转变着族群间的界限，在中部山区莫雅格迪(Myagdi)与巴格隆两地矿区生活的尚特尔族(Chantel)，他们的增长就是由于这一原因。这个民族最初的核心可能只是一个小部落，讲与塔卡里语相近的一种方言③。他们最初大概在19世纪进入了这一区域，而当他们获得了开采铜矿的特权后，另外十一二个部落很快成立起来，这是因为外族人(可能是玛嘉人或低等种姓的帕拉芭蒂亚人)开始逐渐加入这个群体。对于大多数尼泊尔人来说，变化的脚步是缓慢的，但很快就将在下一个世纪里，变得迅猛起来。

---

① Kirkpatrick 1811：152-153.

② Hamilton 1986 [1819]：16.

③ 另一种解释是，没有预先存在的民族核心，只是因为矿场的老板通常都是塔卡里人，所以受雇于他们的矿工们逐渐都学会了塔卡里语，尽管这些人本身的民族和文化背景存在巨大差异。

第三章　沙姆沙·拉纳家族治下的尼泊尔(1885—1951)

　　沙姆沙·拉纳家族从 1885 年开始控制尼泊尔,他们的统治长达
66 年。在这一时期,尼泊尔的人口开始大量增长,造成山区的土地压
力剧增。与此同时,尼泊尔与印度的经济联系越来越紧密,而尼泊尔人
也开始逐渐接受来自印度以及外部世界的、新鲜的世界观。然而,尽管
社会上存在着这样的转变,但它们大都是长期而缓慢的,在沙姆沙·拉
纳时代的早期,这些转变并未对政治建设造成重大影响。那些更为重
要的影响因素包括权力在拉纳家族内部的行使方式,以及拉纳政权与
英属印度的关系。自从忠格·巴哈杜尔执政以来,与英国合作就成为
尼泊尔的外交范式,而随着新一代拉纳家族成员掌权,这种合作得到了
进一步的加强。这些年轻人大多在英国受过教育,尽管他们还保持着
对英国人意图的一丝谨慎,但忠格·巴哈杜尔及其当政以前的尼泊尔
国民对外国人那种深深的怀疑态度,此时已经消弭于无形。1857 年印
度民族起义危机过后,英国就其对印政策作出了极大的调整,这也使新
任尼泊尔执政者们更坚定地采取了对英国更为信任的新态度。虽然在
早些时候,这些继任者曾经表现出想要将原有的政治体系完全摧毁、并
以他们自己的势力取而代之的倾向,但后来他们则开始越来越谨慎地
进行统治,而英国人也希望能够维持而不是彻底撤换掉旧有的政制中

剩下的那些成分。随着在世纪之交时印度民族主义运动的兴起,上述这种谨慎的政治态度得到了加强,原因是次大陆的这些统治精英们——无论是印度的"王公"们还是尼泊尔的拉纳执政们——都自然而然地反对政治上的根本性剧变。

从比尔到比姆：拉纳家族统治的高潮

在 1885 年以后,父系继承制继续在尼泊尔沿用着,国家首相与"马哈拉扎"(maharaja)两个职务依然集于一人之身,而这一时期上述两职则由迪尔·沙姆沙的五个儿子与两个孙子轮流担任。按照忠格·巴哈杜尔设下的惯例,国家的重要部门都由拉纳家族的成员主管,这些成员往往都拥有"马哈拉扎"的继承权,因而此举可以让他们攀上权力金字塔的顶端。在这些主管官员中,资历最高、权势最大的是被称为"总指挥"的官职,这一职务担任着对内政部的监督工作。在他之下的一级官职是"西区司令将军",他们实际上掌控着军队,因而又被称为"章吉拉特"(jangi lat,军阀);再往下还有东区、南区和北区司令将军。拉纳家族继续承认国王在理论上的最高地位,国王素来有着"斯里·潘琦·沙卡尔"(Shri Panch Sarkar,"五重荣耀之王")的称号,而"马哈拉扎"则被称为"斯里·提恩·沙卡尔"(Shri Tin Sarkar,"三重荣耀之王")。

即使迪尔·沙姆沙的长子"马哈拉扎"比尔·沙姆沙与早前的统治者一样对外国人抱有深刻的怀疑,与英国人的深度合作依然是不可避免的。在比尔掌权的早期,忠格·巴哈杜尔的儿子们试图发动对印度的武装突袭,而比尔不得不绞尽脑汁确保英国人不会支援印度。在沙姆沙家族政变前不久,英国人刚刚决定要将东印度公司的廓尔喀雇佣兵数量从五个团增编到十个团;比尔为了帮助英国方面达成这一目标,特意立法使得入伍的士兵能够保持他们对土地的控制,并允许在家休假的士兵们复员。到了 1890 年,英国人对双方的合作感到十分满意。

尽管曾经发生过至少两起针对比尔的政变阴谋,这些阴谋还牵扯到了他的几位亲兄弟,但比尔始终牢牢把持着尼泊尔的权柄,直到

1901 年 4 月他自然死亡为止。为了纪念他,今天人们把尼泊尔边境上的一座城市命名为比尔根杰,这座城是印度的旅行者前往尼泊尔必经的门户。另外有一处较小的定居点,也被尼泊尔政府扩建并重新命名,以纪念 1890 年比尔被英国当局授予印度之星骑士团最高骑士团长的头衔。

提夫·沙姆沙继承了比尔的衣钵,他是一个极端奢侈(即使相对于拉纳家族的权力和财富而言亦是如此)的自由主义者。他提议建立一套由使用本国语言教学的学校组成的教育体系,并试图解放那些在加德满都谷地和卡斯基及蓝琼两处"马哈拉扎"属地的女性奴隶们。他在自己居所的大厅里举行了史无前例的公共集会,来听取民众对改革的意见,也设立了常设性的公共论坛,为人民提供申诉的途径,他甚至还创办了尼泊尔的第一家报社:《廓尔喀新闻》(Gorkhapatra)。然而,提夫的自由主义倾向可能并没有今天某些历史学家所描述的那样激烈与彻底:这位"马哈拉扎"从来不允许人们在他举行的"集会"上讨论他自己的势力与特权。尽管如此,提夫的这些举动让他的那些更保守的兄弟们颇为不满,于是他们团结起来,在提夫接任仅四个月后便逼迫他退位了。提夫被流放于国内,并在随后前往印度;大多数他的改革提案都 ₆₃ 被废止,但《廓尔喀新闻》保留了下来,尽管这家报纸演变成了政府的公报,而不是像提夫所设想的那样作为申诉的渠道而存在。今天,《廓尔喀新闻》依然是政府主办的最主要的尼泊尔语报纸。

提夫的接任者是钱德拉·沙姆沙,他在 1901 至 1929 年间任"马哈拉扎",是一位经验丰富的行政官,同时也是个老练的阴谋家。尽管他至少参与了两起针对比尔的密谋颠覆活动,但在东窗事发后,他却总能巧妙地脱开干系。钱德拉是众兄弟中唯一曾在加尔各答大学深造过的,他的个人生活也十分简朴,一生拒绝饮酒并坚持一夫一妻制。国内 ₆₄ 的人民与其说爱戴他,不如说是敬畏他;据说他很少微笑,但一旦他笑起来了,与他谈话的那个人就要遭殃了。他最显著的两项成就,一是于1919 年建立了特里香达大学,二是修筑了狮子宫,这所宫殿现在是尼泊尔政府各大部门的所在地。他还在全国范围内正式废除了奴隶制和

图 8　钱德拉·沙姆沙·拉纳，1901 至 1929 年间
为"马哈拉扎"。

"萨蒂"仪式，并对尼泊尔的行政机构进行体制化——在这之前，政府即
使是在很小的事情上也要依仗于"马哈拉扎"的个人决断。

　　对于钱德拉来说，与英国人的深度合作是经过深思熟虑的战略决
策，而非一时冲动作出的决定。在开展颠覆提夫的行动之前，钱德拉就
在致前任英国特使的一封信中暗示了他的意图，而且历史学家们通常
也认为，在他与总督柯曾勋爵在低地区打猎时，钱德拉也曾探听过后者
的口风，以确定英国对这一阴谋的态度。在掌权后，钱德拉积极地参与
到柯增勋爵对中国西藏的"前进计划"中去，并主动警告英国方面，使之
提防俄国对中国西藏的干涉。在荣赫鹏 1904 年对中国西藏的远征侵

略中,尼泊尔方面提供了后勤方面的援助,而尼驻拉萨的代表也在提供信息和作为中间人、协助英国同中国政府谈判方面起到了巨大作用。

在第一次世界大战期间,钱德拉为印度军队的廓尔喀军团招募了5.5万名士兵,并派遣1.8万名尼泊尔本土军人进入印度充当当地的卫成部队。如果将诸如缅甸地区的宪兵队等其他尼军事力量都计算在内,尼泊尔共有10万人参与了第一次世界大战,至少有1万人阵亡,1.4万人受伤或失踪[①]。当今某位尼泊尔历史学家曾宣称,"就参战人数与总人口比率而言,尼泊尔比其他所有国家在第一次世界大战中投入与损失都更大[②]",尽管这一言论显然失之偏颇,但在这场战争中,这个国家的牺牲也不可谓不壮烈,贡献也不可谓不非凡。

作为参战的报酬,钱德拉希望英国能够归还尼泊尔在《赛哥里条约》中失去的所有土地,但这在政治上显然是不可能的。反之,他实际上收到了英国人给予的每年100万卢比的补偿金。在他之后的几任"马哈拉扎"继续为了收复失地而努力,但他们也只能获得英国特使的同情,而印度和不列颠当局则认为这些土地的意义要超过拉纳政权在战争中表现出来的价值,因而坚持每年支付给尼泊尔补偿金的政策。

英国与尼泊尔在1923年签订的条约中明确承认了尼的独立性,这在某种程度上也是尼泊尔参战得到的回报。然而英国人对于这一条款还别有用意,他们需要确保廓尔喀雇佣军对他们的忠诚,因为他们要依赖这些勇猛的士兵来镇压在印度的骚乱。如果尼泊尔彻底从印度独立出去,那么这些廓尔喀人将不会再感到他们与印度的民族主义者之间有什么关系,因此就能更忠于英国人的命令。即使是在1923年以前,尼泊尔也从未承认过其并非完全独立,而英国人也一度接受了尼泊尔的主张。但在19世纪末期,英属印度的官员们开始宣称,尼泊尔对于

65

---

① 以上总服役人数与死亡人数是古尔德给出的估计(Gould 1999:197, 126)。而当时英国驻尼泊尔特使欧康纳在1923年的一场演讲中,将尼泊尔士兵伤亡总数说成24 000人。他同样还将参战人数极大地高估成20万人,这可能是因为他将许多军队中的非战斗人员也包括在内了。

② Shaha 1990:Ⅱ,49.

英国王室而言,处于介乎完全独立的阿富汗与印度的诸多"公国"或"邦国"之间的一种状态。

钱德拉于 1929 年去世,留给他的兄弟比姆·沙姆沙一套入侵中国西藏的计划,在这部计划中,钱德拉试图以逮捕一位尼泊尔与中国西藏的混血儿作为导火索,进而引发战争。1856 年条约规定,这类混血儿全权归于尼泊尔政府管辖。然而,通过英国政府的介入,双方的敌对局势最终得到了缓解。比姆对于尼泊尔社会产生重要影响的决策,在于他建立了每周六天劳作、周日休假的工休制度,并固定了每天从早 10 点到下午 5 点的工作时间。这套体系直到 1999 年才被公务员五天工作制所取代。

从朱达到莫汉：旧政权的末日

在比姆短暂的执政期间,朝野一直充斥着拉纳家族内部的权力斗争。沙姆沙众兄弟一生拥有许多妻子和情人,他们留下了人数众多的后代,使得首相继承权的次序混乱不堪。而这些子嗣们根本就等不及要在他们感情淡漠的兄弟和表亲之后,才能继承最高权力。1920 年,钱德拉曾试图把拉纳家族划分为三个等级以解决这一问题：甲等拉纳族人的父母种姓地位相当,在结婚时也经过了完满的宗教仪式祝福；乙等族人的母亲也是高等种姓者(塔库里人或切特里人),但父母的婚礼只经过了简单的仪式便宣告完成(这通常是因为二者的婚姻不是包办性的,而是在结婚之前便已经有了感情)；丙等族人的父母结合是非法的,这些人的母亲通常出身于低等种姓。钱德拉决定,今后只有甲等的族人有权继承首相之位,但他没有剥夺已经处于继承序列中、但等级不符者的继承权,因此比尔·沙姆沙在 1885 至 1901 年间确立的嫡系子嗣们依然保留了他们的继承权。钱德拉死后,比姆将自己处于丙等的后代塞入继承序列,破坏了前任摄政的努力。

比姆之后的摄政是朱达·沙姆沙,他是迪尔·沙姆沙最小的儿子。朱达上任之初便面临着灾难性的情况。1934 年 1 月 15 日,一场大地震摧毁了尼泊尔大部分地区,并波及了相邻的印度地区。全国有约

7 000人在这场灾难中丧生,不计其数的房屋被摧毁。灾难过后,人民表现出来的淡定以及拉纳家族的高官的积极态度让英国大使馆全体成员都刮目相看。地震发生时,朱达本人正在低地区狩猎,直到震后三周才回到加德满都谷地,但他随后马上接手救灾工作,并在未接受任何国外援助的情况下成功完成了灾后重建。在这一过程中,朱达作出了很多为民减负的行为,包括暂时冻结高达1 000万卢比的、国家向个人贷款的账目,并随后免除了每个人的债务。这些条款甫一出台,民间反应热烈,有些人甚至拒绝消债、坚持偿还贷款,因为他们认为偷走国王的钱财是种罪恶的行为。包括特里香达大学院内的钟楼、比姆森·塔帕所建的光塔等在内的、国内意义重大的纪念建筑都得到了重建,加德满都市中心不幸被毁的区域被朱达利用起来,在重建中修筑了一条朱达·沙达克大道(字面意义为"朱达的街"),一直贯通整个市区。时至今日,这条大道周围的城区依然是加德满都的商业与社交中心区。

地震两个月之后,国内政局出现动荡之势。朱达继任首相后,任命了比尔的私生子楼陀罗为总指挥以及内定的下任首相继承人,此举在继承权序列中引入了丙等族人,因而降低了钱德拉的后代和朱达自己的子嗣的地位。二者之间的紧张气氛越来越浓厚,终于在1934年3月18日,楼陀罗以及其他在序列中的丙等拉纳族人被召入宫参加会议,他们到达之后才发现自己被军队团团包围。几分钟之后,朱达本人出现在大厅里,双手持两把手枪,下令将楼陀罗和其余人从继承权序列中剔除。这些遭到夺权的人几乎都被迁出加德满都,但他们中包括楼陀罗的几个人最终担任了地方行政长官。

朱达做出这一举动多少有些不情愿,因为楼陀罗年纪与他相仿,又是被一同抚养长大,感情深厚。除了考虑自己儿子的地位之外,朱达也考虑到,如果他不解决甲等和丙等族人的矛盾,他将面临与拉诺蒂普·辛格一样的命运——后者在忠格·巴哈杜尔与沙姆沙·拉纳族人的斗争中惨遭毒手。至于为何选择在地震后马上发动政变,显然是因为朱达认为,反正这些人最后也要被驱逐出去,倒不如灾后就这样做,省得还要重建他们的住所。

在这一时期,家族之外的威胁也开始浮出水面。自第一次世界大战结束后,反拉纳的情绪就开始在居住印度的尼泊尔人中间蔓延。在67尼国内也存在这种倾向,但主要局限于在印度或加德满都特里香达大学接受过教育的一小部分人中间。1931年,在比姆任期内,一个有革命倾向的小团体——"廓尔喀之怒"被颠覆,成员大多被捕。在30年代中期,一个尚在胚胎期的政党——尼泊尔"人民大会"秘密成立了,这个政党的成员还想方设法联系到了特里布凡(Tribhuvan)国王。时年五岁的特里布凡王于1911年冲龄践祚,他一直憎恨拉纳家族把他当成工具一样使唤,他本人也参加了至少一个秘密政治团体,这个团体有一个不祥的名字——"杀戮社"。

1939年第二次世界大战爆发之后,正如1914年那样,尼泊尔马上宣布站在英国一方。不像家族中的其他成员,朱达本人坚信即使在1940年失利的情况下,英国最终依然能赢得战争,而尼泊尔也将得到回报。那些在印度参军或是在尼泊尔本国军队服役的廓尔喀士兵再次发挥了重要作用[①]。三个尼泊尔营与斯利姆将军的第十四集团军麾下在缅甸参与了作战,另有大约20万尼泊尔士兵加入了印度军队的廓尔喀分队或印度宪兵队。这一时期尼泊尔没有正式增募兵员,但同第一次世界大战时一样,有很多青年顶不住政府的压力,还是参军并上了战场。虽然前线战事如火如荼,但正如印度国大党拒绝支持战争一样,尼泊尔的异见者们也没有停止为自己的权益而斗争。坦卡·帕拉沙·阿查里雅于1940年当选为"人民大会"的主席,他是一位税收官的儿子,这位税收官曾遭到钱德拉不公的贬斥。身处印度的、倾向于这个政党的活动家们开始帮助这个组织进行政治宣传,而同年9月一台印刷机被走私到尼泊尔,党员们依靠这台机器自己印刷了大量的传单,在加德满都城把这些传单散布下去,以号召人民团结起来、反

---

① 朱达对英国获胜的信心在许多材料中都能体现出来,但廓尔喀军团的一位老兵约翰·克劳斯中校认为,朱达事实上也曾有过动摇。事实上,他曾一度要求将廓尔喀军团撤出缅甸,以免遭到日本的报复(Cross 2002:10)。

抗政府。

相关成员的身份最终被暴露了,1914 年,三位核心党员和一位处于政党边缘的资助者遭到处决。今天人们在加德满都建起沙希门(意为"烈士之门")来纪念这些殉道者。坦卡·帕拉沙和他的其他三位同志侥幸逃过一死,这乃是因为尼泊尔法律禁止处婆罗门以死刑。事实上,坦卡不仅活了下来,而且还在后来当选了首相,并在其后的日子里一直活跃在公共视线中,直到 1992 年去世为止。正如英国特使在试图劝阻尼泊尔当局时预言的那样,这场处刑使得民众愈发憎恨"马哈拉扎",而钱德拉的儿子们之所以大力鼓动朱达将那些党员处以极刑,可能是出于这样的原因: 他们希望朱达失去民心,继而自己攫取权力。

国王与"人民大会"的联系也被牵扯出来,这可能是因为拉纳家族在其中一位被处决的党员家里搜出了证据,也有可能是这位党员自己供出了国王。朱达与他的手下试图逼迫特里布凡王让位给他的儿子、太子马亨德拉,但太子拒绝扮演拉纳家族强加给他的角色,而朱达又不敢太过明显地向王室施压,因为尽管国王手上没有实权,但依然被全体国民视为国家的象征和政治合法性的源头。

在接下来的战争期间,尼泊尔的国内形势逐渐平静下来。1942年,在印度国大党领导的"英国退出印度"运动失败后,一部分印度民族主义者逃往低地区。尼泊尔起初并不乐意配合英国引渡这些活动家,但当萨普塔里(Saptari)的居民暴动、冲毁监狱并释放了贾亚·普拉卡什·纳拉扬及其他囚犯后,这种合作就变得心甘情愿了。在 490 位遭到通缉的国大党党员中,有 465 位最终被俘获并被遣送回印度。1945年,英国当局再次拒绝了朱达关于放弃补偿金并收回失地的要求,但同意将原有的补偿金翻倍;同时由于独立的印度不可能再继续每年为尼泊尔支付这一补贴,英国还建议,将这一项名义上的"年金"中的一部分折合成现款,一次性付给尼泊尔政府。

1945 年 11 月,感到自己时日无多的朱达辞去一切职务,前往印度喜马拉雅山区进行宗教静修,继任者是比姆之子帕德玛·沙姆沙。这位"马哈拉扎"面临着一个难题:英国打算放弃其控制下的印度帝国,而接过权力的印度民族主义者们则对拉纳政权的对手怀着强烈的、理想化的认同,有些人甚至还与这些异见者私交甚笃。1946 年 10 月,一个名为"全印度尼泊尔人民大会"的组织在印度瓦拉纳西成立,其机构全部设在印度境内,成员中有很大一部分是学生。1947 年 1 月,这个组织与加尔各答的"廓尔喀大会"及另一个在瓦拉纳西的组织"尼泊尔联合会"(Nepal Sangh)相融合,一个新的尼泊尔人民议会党诞生了。坦卡·帕拉沙·阿查里雅再次当选为主席,但鉴于此时他还在加德满都监狱服刑,这一任命事实上是荣誉性的:真正的领导人是比希维什瓦·帕拉沙·柯伊拉腊,他是钱德拉·沙姆沙一位老政敌之子。在作为执行主席的柯伊拉腊领导下,人民议会党对位于印尼边境比拉德讷格尔(Biratnagar)的一处麻纺织厂进行了武装突袭,这个城市也是柯氏家族的故乡。比希维什瓦·柯伊拉腊遭到尼泊尔当局的逮捕,但进一步的示威游行在加德满都爆发,运动一直持续到 1947 年 5 月帕德玛·沙姆沙宣布进行改革为止。

在就职演说上,帕德玛称自己为"人民的仆人",这在某种程度上暗示了他倾向于调解国内矛盾,而不是激化它们;但帕德玛不仅比其他拉纳家族的成员都贫穷,而且他一开始就在家族中处于被孤立的地位。他的兄弟与侄子们都在 1943 年那场驱逐丙等族人的政变中离开了加德满都,而他那些甲等身份的堂兄弟们在继承权序列中都占有靠前的位置,并且实际上把持着政府部门里的各种要职。在这些堂兄弟之间,钱德拉·沙姆沙的三个儿子:莫汉(时任总指挥)、巴伯和柯萨尔尤其不愿同他们的对手作出妥协。许多谋士——包括帕德玛一位被召回加德满都的、丙等身份的侄子——都向帕德玛提议,催促他在这群堂兄弟对付他之前先下手为强。尽管他起初同意了这一计划,但突然恶化的神经状况使得他无力付诸实践,最后这个阴谋被其所针对的人得知,这使得帕德玛的地位更加风雨飘摇。

1948 年 1 月,在印度独立五个月之后,帕德玛颁布了新宪法,其中包括了召开由选举产生的议会。尽管这个议会的权限被限制得十分狭窄,但尼泊尔人民议会党表示接受这一结果,他们认为这也算得上是个

图9　莫汉·沙姆沙·拉纳骑在大象上穿过加德满都的街道,庆祝自己成为首相及"马哈拉扎"。摄于1948年。

不错的开始。次月,帕德玛感到自己的生命受到拉纳政权中坚派的威胁,于是以求医问药为理由前往印度,并于4月在印度宣布放弃一切职务。总指挥莫汉·沙姆沙继为新任的首相与"马哈拉扎",权力重新回到钱德拉的后代手中。

新的政权并未完全放弃帕德玛的诸项改革举措,但开始镇压反对派。莫汉先禁止了人民议会党的活动,随后又宣布另一个在加德满都成立的"公民大会"团体为非法组织,后者以贯彻实施新宪法为己任。1950年,一个所谓的"议会"在加德满都召开,其中充满了拉纳政权的支持者,但不久后也遭到禁止。

莫汉的政策归结起来,即在国内保持现状,转而向国外寻求支持。1945年时,英国是唯一一个在加德满都派有官方大使的国家,但在帕德玛执政期间,尼泊尔已经同美国与法国进行了主动接触;莫汉掌权后进一步对外声明,尼泊尔希望与任何乐于作出回应的国家建立外交关系。对于此时的尼泊尔来说,在国际关系方面最为紧要的自然是与新建立的印度达成某些方面的共识，而莫汉发现，尼赫鲁的政府并没有他预期的那般难对付。不论印度有多希望尼泊尔实行民主政治，她也需要一个稳定的北部边境，印度并不想看到尼泊尔此时陷入混乱。1949年，海德拉巴邦(Hyderabad)拒绝并入印度，印度中央不得不对其展开军事征讨，尼泊尔则以廓尔喀部队承担起北印度的治安维稳工作。第二年，莫汉与新德里方面达成了多项军事与商业协定。

莫汉在国内的对手并未因此而安分下来，反之，他剥夺某些丙等族人财产的愚蠢做法更加激怒了这些人。被抢占了家产的拉纳族员中有两位比姆的孙子，苏巴尔纳·沙姆沙与马哈维尔·沙姆沙，他们同时也是帕德玛的侄子。这两人在被洗劫以后，用剩余的家产资助"尼泊尔民主大会"在加尔各答建立起来，并致力于军事颠覆拉纳的统治。1950年春，这个组织与尼泊尔人民议会党融为一体，组成了一个单一的尼泊尔大会党。新的大会党宣称将采用非暴力的斗争方式，但暗中授权比希维什瓦·柯伊拉腊与苏巴尔纳，命他们建立军队。他们招募到的战士中既有学生，也有前英属印度军队中的廓尔喀士兵，还包括了一部分被日军俘虏、随后加入苏巴什·钱德拉·玻色(Subhas Chandra Bose)麾下的"印度国军"协同日军对英作战的老兵。印度政府对于这种募兵持默许态度，但坚称这些军人的武器是从印度以外购得的，以保持自己置身事外的立场。在印度社会党领袖的帮助下，大会党从缅甸置办武器，并通过马哈维尔开办的喜马拉雅航空公司，用飞机将其运入国内。

大会党制定了一份绑架国王并在军队中煽动起义的计划，但阴谋败露，拉纳政权在加德满都掀起新一轮的逮捕高潮。此时特里布凡王的地位已经朝不保夕，他决定从拉纳家族成员的监视下逃离出去。1950年11月6日，国王与大多数王室成员以打猎为名离开了王宫，王子们自己驾车，在路过印度大使馆时，突然掉头驶入使馆区，随行的拉纳政权官员们根本来不及阻止。尽管这一行动在之前被严格保密，但国王已经提前暗示印度使馆将要发生的事情，因此载有王室成员的车一进入使馆，大门马上就关闭了。

马亨德拉太子三岁大的次子贾南德拉被留在王宫，这是出于"万一王室出事,沙阿家族的血脉还能流传下去"的考虑而作出的安排。11月7日,莫汉立贾南德拉为王,取代了特里布凡;经过与使馆的谈判,莫汉同意让老国王同他的家人搭乘军用飞机从加德满都前往印度。

在特里布凡王安全抵达印度之后,大会党发动了数次跨越边境的武装进攻,并成功控制了比尔根杰。印度政府计划从中斡旋,使拉纳政权和特里布凡王达成妥协性的协议,因而于11月末开始制裁大会党的军事行动,拒绝其使用印度铁路运送士兵与物资的请求。此举给莫汉政府以喘息之机,拉纳政权再次夺回比尔根杰。

然而在月底时,印度人也察觉到拉纳政权不愿作出妥协。从12月20日开始,他们不再限制大会党。反政府武装很快控制了比拉德讷格尔,并突进到东部山区内部,占领了德哈土姆(Terhatum)、博杰普尔以及丹库塔(Dhankuta)等地区政治中心。1951年1月的第一周里,戈西河一带有大量政府军投降,而在加德满都以西的山区,丹森(楼陀罗·沙姆沙曾在此地担任行政长官)的关键性驻军叛投到了反政府武装的阵营中去。

在战场之外,虽然有着英国的支持,莫汉的外交政策却运用得十分不得当。英国人始终将拉纳政权视为一个可靠的盟友,而且由于英国持续征召廓尔喀士兵进入不列颠军队,这招致了大会党对其公开的敌意。英国人事实上想要支持新立的贾南德拉王,似乎还获得了美国的支持。他们尽可能避免与印度闹僵,一开始时还曾试图说服尼赫鲁,不要坚持让特里布凡王返国;但当得知一支拉纳政权的代表团将要造访德里(Delhi)时,英国差点就直接单方面承认贾南德拉王了。后来英国方面接受了印度的建议,推迟发表任何形式的认可声明,而且当英国的调查团于12月份抵达加德满都机场时,他们遭遇了大规模的反拉纳游行活动①,这也动摇了他们支持拉纳政权的决定。不论怎样,英国人依

72

---

①　当时尼泊尔驻英国大使声称,英国外交大臣起初承诺过,11月23日之前会作出最终决议,支持贾南德拉为国王。然而,在伦敦的印度高级专员则向英国政府提议,既然莫汉的哥哥和儿子已经于24日抵达德里,那么英国和印度方面都应该再等等,看这场谈判的最终结果是什么。他认为,自己的建议最终会使英国政府动摇,并选择静观其变。

然希望维持莫汉在位,而调查团与政府在加德满都的讨论使双方共同确立了一个政策,即以建立选举制议会和全权政府为长远目标,并为年幼的贾南德拉王设立一个摄政委员会对其进行辅佐。

然而,莫汉并未能将这项政策完全贯彻实施,而印度方面继续就12月8日提出的条件进行施压:他们要求特里布凡王必须返国,而且要建立一个内阁,由拉纳家族成员和大会党代表共同组成。拉纳政权此时处于军事劣势中,无力和印度正面对抗,只能提出更多的改良方案进行讨论,以拖延时间。造成这种局面的一个重要原因在于,许多拉纳家族的实权派成员于英国统治期间在印度进行了大量投资活动,现在他们担心一旦激怒印度,他们的财产就会被没收。1月2日,在德里的拉纳使团暗示特里布凡王的回归"也不是不可以接受",同月8日,莫汉正式接受特里布凡重登王位,并表示将组建由拉纳政权与"人民代表"共同组成的联合内阁。

73 　　这一结果对于大会党来讲是不够令人满意的,他们想斗争到底,直到取得彻底的胜利为止。尼赫鲁政府则担心一旦拉纳政权彻底垮掉,作为反对派的大会党将无力控制局面,而党内有些人也开始怀疑他们是否无法完全控制手下的武装力量①。因此,大会党的领导人最终接受了现状,在就细节进行了进一步谈判结束后,特里布凡王于2月15日胜利回国,而王室在1846至1857年间赋予拉纳家族的超然权力也被收回。尽管莫汉还担任着首相的职务,成了内阁领袖,直到11月才卸任,但现在权力不论是名义上、还是实际上都收归国王所有了。

经济、人口与政治

　　拉纳政权最终垮台的原因不是广泛的人民运动,而在于统治精英

---

　　① 在接受拉杰什·高塔姆的采访时(《雪山喀巴尔报》,2000年12月31日),克利须那·巴特拉伊称,1950年德里协定对于大会党来说是很重要的,因为当时在武装分子中已经出现了严重的违抗命令现象。

图 10　在反拉纳斗争中,特里布凡王(中)与比希维什瓦·柯伊拉腊(身着尼赫鲁式夹克,未戴帽子)站在一起。

内部的分化;同时,新近独立的印度对尼泊尔的政策也起到了推波助澜的作用。不论怎么说,在沙姆沙·拉纳时代,尼泊尔人民的生活发生了巨大变化。这些变化中居于首位的是人口的急剧膨胀,时至今日这依然是一个重大的社会问题。由于正规的人口普查直到 1911 年才开始,因而当时人口增长的详细统计数据是无法获得的,而且就算是 1911 年以后的数据,也不全然可信。然而,这些现存的统计数据的确显示了人口在 20 世纪初期缓慢地增长着,到了 40 年代则出现爆炸式的激增。现代医药的应用可能是人口膨胀的一个因素,但在山地区,这些药品在1950 年以前并未得到广泛使用。另外一方面,耕作技术的改良也可能与之有关,譬如土豆的引进和玉米种植面积的扩大。但关于这方面最基本的解释,可能是这一时期在尼泊尔,马尔萨斯式的抑制因素消失了,而这些因素在此前一直限制着人口发展。在前统一时代早期,尼泊尔拥有高出生率与高死亡率,二者共同作用,导致国内人口年增长率大致在 0.5% 左右。这一增长速度很可能被自然或人为的灾难所减缓,甚至出现负增长,譬如军事冲突或统一进程中以及统一后收取重税等

74

行为,都会造成人口增长迟缓①。19世纪后半叶相对稳定的社会政治环境,以及回归的西部塔莱区所提供的大量农业用地,使得人口增长速度回升,甚至有小幅度的加快。一系列的因素联合起来,为开垦更多土地提供了必要的资本:人们可以在印度做工来挣得外快,政府的粮食税在作物年产量中占的比率越来越小,而将多余的作物出口到印度市场的机会也日益增多。

1910年钱德拉下令以现金支付形式将地租固定下来之后,农业税款明显下降了;在此之后许多年内,地租水平一直维持不变。在此之前,地租也已经转变为以现金结算,但由于土地丈量结束后一段时间内,通货膨胀每年都在发生,而中央又是将粮食总产量中的政府抽成折换为现金来计算地租,因此实际上的地租一直在增加。新的地租征收办法在某些情况下能够把税款从总产量的20％至25％减少至不到1％,但尽管如此,这一方法并不总是有利于那些实际从事耕作的贫苦农民们。在政府注册的土地拥有者(佃农)在这种情况下总是将土地转让给他人耕种,在交完政府要求的地租之后,摇身一变成为地主,并转而向自己土地上那些实际的耕作者们收取更重的税款。

人口的增长最初伴随一定程度的人民富裕度的提升。譬如在珠穆朗玛峰脚下的夏尔巴人村庄中,很多人在印度做工换取报酬,这些钱使得村庄首次有能力自己建设佛教寺庙并供养僧人。然而随着社会经济的发展,大部分村庄中的资源短缺变得越来越严重。在沙姆沙·拉纳时代开始时,资源的消耗就已经使尼泊尔的土地出现了资本价值;而不断地开垦耕地使得国内终于无地可用。在东南山区的依兰一带,这种情况在19世纪90年代就已经出现,而对于中部山区,则是在两次世界大战中间的某个时候才出现了这种局面。随着土地变得稀缺,人们不得不想方设法地提高原有土地的利用效率。集体劳作的、田园诗式的刀耕火种农业逐渐消失不见,全国各地的私有土地都开始进行尽可能

---

① 关于居姆拉地区18世纪的人口下降以及19世纪大量移民从东部山区的基兰蒂人聚居区涌入的详细情况,请参考第二章第57—58页。

密集的耕种。

　　土地所有制这一时期也发生了重大转变。在"扎吉尔"封赏制中，官员会收到国王封赐的土地，并享有在那块土地上的税收权，作为其为国家工作的报酬；在钱德拉统治时期，这一体制逐渐被公务员现金工资制所取代。尽管"扎吉尔"这一词语今天还在使用着(意为"有工资的政府职位")，但传统意义上的"扎吉尔"封地至 1950 年时已经消失不见。在这一时期，60％的土地实行"莱卡"制，由土地所有者(依然被称为"佃农")直接向政府缴纳地租。另一部分土地属于"比尔塔"封地，这部分土地的税款需上缴给名为"比尔塔瓦拉"(birtawala)的官员(通常由拉纳家族成员担任)，他们则无须向政府交税，抑或只需上交很小一部分名义上的"份子钱"。在实行"莱卡"制的土地上，即使有农户能够上交比土地所有者更高的税额，这位土地所有者也无需担心政府将他的土地夺走并授予那位出价更高者；事实上他们的土地所有权得到了安全的保障。1906 年，钱德拉将这种保障也提供给"比尔塔"封地上的地主们。不幸的是，这种立法上的保障并不总是能得到严格的贯彻执行，而且如前段所述，不论怎样，广大的农民并不一定能尝到甜头。土地的合法拥有者可以将这份土地租出去，并依靠政府地税和自己向农民所征税款之间的差价，舒服地生活下去。

　　另外还有两种土地制度一直存续到拉纳统治的末期，即"古提"制(占土地面积的 2.3％)以及"基帕"制(占土地面积的 4.6％)。所谓"古提"封地，即宗教机构所持有的免税土地；这种土地在实际中不全都是纯粹的神庙属地，也有可能是一个普通的家庭将自己的土地捐给神庙，随后又自任为庙宇护法而取回的，人们往往以这种方式来获得土地免税权。而"基帕"自留地则是从前统一时期残存下来的、某些山区中藏缅少数民族所持有的土地，这种土地不可转让给部落以外的人，因为部落是这些土地最高的、集合性的所有者。这种所有制在拉纳政权时期逐渐萎缩，于 1940 年在阿伦河(the Arun River)以西的莱人部落中彻底消失。然而，在位于东部地区、团结更为紧密的林布人部落中，这种制度则成功地保留了下来。在 1886 年颁布的一部法案中，林布人获准

75

向非林布族的农民出借土地,这种被租出的土地可以转化为"莱卡"耕地,以便自由买卖;但在 1901 年时这种转化停止了。从那以后,林布族的土地依然可以作为贷款抵押而转让给外族人,但只要还清贷款即可随时赎回。随着土地资源紧张起来,林布人可以将已被抵押出去的土地转手卖给出价更高者,以偿还原有的贷款。尽管林布族的"苏巴"头人此时已经失去了部分权威,也不再是政府任命的税收官了,但这种对"基帕"制的保留使林布族人多少保留了一种安全感。

大范围的人口迁移在沙姆沙·拉纳时代时有发生。低地区的土地依然处于被开垦的进程中,但在这些荒地上工作的人大多并非本地人,而是从印度迁入此地的移民。许多山区人沿着喜马拉雅山向东迁移,尤以讲藏缅语的部落为甚,这种迁移不仅出于对政府压榨的逃避,更出于对发现新土地的渴望。1872 年时,英治下的大吉岭地区已经出现大量的尼泊尔移民,而到了 1891 年,锡金邦的人口中 65％都是尼泊尔人。从 1864 至 1865 年英缅战争开始,直到 20 世纪 30 年代为止,移民开始涌入不丹南部,这一地区一直不受居住于北部的本土雷布查人(the Lepchas)的重视。也有很多尼泊尔居民在印度寻找长期或短期的合同工作,以赚取外快来补贴每年的种田所得。即便在土地资源尚还充裕的时期,这种时不时的外出务工就已经成为许多山地居民的谋生之道了,而每个前往印度打工的人最终还是希望回归故乡的。尽管如此,这些人最后可能就留在当地成了永久居民,例如在第一次世界大战中参加英属印度廓尔喀军的战士们,有三分之一在战后并未回归尼泊尔,而是留在了原来他们驻扎的地区。战争时期,由于国外军事或民用方面需要大量的雇员,这一雇佣高峰产生的人口及劳动力流失是如此剧烈,以至于尼泊尔国内的农业劳动力发生短缺,而尼泊尔自己的军队也出现兵员不足的情况。钱德拉·沙姆沙甚至不得不请求英国方面,禁止尼泊尔人出国从事诸如茶园劳工之类的生产性工作,以为国内创造劳力。但在 1918 年以后,廓尔喀骑兵的雇佣数量恢复至 1800 年的水平,而从长远角度来看,两次世界大战造成的人口变化,不过是尼泊尔长时性人口增长中的一点小波折罢了。

如同移民一样,尼泊尔的外贸在很早以前就开展起来,但随着印度经济的发展,贸易也发生了根本变化。促成这种变化的关键性因素在于,印度于 1885 至 1898 年间将铁路修到了边境的尼泊尔根杰(Nepalganj)、贾纳克布尔、比拉德讷格尔及比尔根杰四座城市。随着铁路的出现,将粮食与其他商品出口到印度变得更为方便。而且由于修筑铁路需要大量枕木,比尔·沙姆沙更是抓住机会,兴建了一处木料加工场来处理尼泊尔出产的木材,并将其出口。但另一方面,贸易的发展也意味着印度商品更容易抢占山地区的本地市场。举例来说,中国西藏的盐在几个世纪以来一直是这一地区的重要商品,人们通过当地的盐粮交换网络来进口这些必需的调味品;但在这一时期,印度出产的食盐开始逐渐取代中国西藏的食盐,成为本地的流通货物。而在 19 世纪 80 年代印度开始建设石油化工业之后,燃灯和烹饪用的煤油也开始成为尼泊尔日益重要的一种进口商品。

加德满都几百年来一直具有泛喜马拉雅商路的货物集散地这一功能,而新的贸易模式却让这种职能瓦解了。这种城市功能的衰退从 1860 年英国控制锡金邦时发端,当时英国人正在建设一条取道春丕河谷、经由亚东进入中国西藏的新商路。1881 年加尔各答-大吉岭铁路建设完成之后,从加尔各答到拉萨只要三周,这是原来取道加德满都时所耗时间的一半。加德满都作为区域贸易中心,其地位最后丧失是在 1904 年荣赫鹏远征期间;这次侵略迫使中国西藏全面开放,直接与英国进行贸易。尽管如此,尼泊尔与中国西藏之间的区域性贸易依然十分重要,尤其是盐粮交换;就贸易问题以及涅瓦尔居民在拉萨特权问题产生的分歧,在 1890 与 1930 年几乎两次将这两个地区推向战争的边缘。

对于尼泊尔的经济来说,更重要的问题在于国内市场正逐步被外国商品所占领。加德满都的统治精英们长久以来一直穿着国外制造的服饰,但在这一时期,穿着进口衣物在平民百姓中间也开始变得普遍起来。与此同时,家用器皿和农业用具也开始从国外进口。由于技术落后,很多本地铜矿与铁矿的开采与出产变得代价昂贵,这也使得进口商

77

品的潮流更甚。就这一趋势何时开始发生、其速度有多快这一问题，我们似乎能够找到一些前后矛盾的证据。贸易逆差应该是在贸易城镇最先发生的，在这些地区也发展得最快：在廓尔喀以西的一处商业集镇上，本地的涅瓦尔商人从 19 世纪中期就开始大规模进口英国织物，并用所得的利润开展高利贷业务。早至 1861 年，英国特使就记述道："尼泊尔本国工匠生产的货物数量正在急剧萎缩。"[①]然而在 1879 年，另一位特使又认为印、尼之间的贸易提升空间很小，因为尼泊尔当地人很大程度上能够自给自足[②]。我们认为，尼泊尔本地工匠可能直到第一次世界大战之后还在与外国商品进行着斗争；而 1923 年条约允许外国商品免税进入尼泊尔市场，随之涌入的一大批日本货物才彻底冲垮了本国商品的最终防线。

不论尼泊尔的贸易逆差在多早的时候便已发生，我们可以肯定的是直到两次世界大战之间的时期，拉纳王室才注意到这一问题。从忠格·巴哈杜尔执政时期开始，外贸就被作为政府税收的重要来源而大力扶植。由于政府授予了很多涅瓦尔商人某种进口商品的全权垄断，拉纳家族的成员便建立了与这些商人良好的合作关系；因而，这些拉纳族人也把外贸视为敛财的绝好手段。在大战期间，尽管这种对待外贸的鼓励态度并未彻底消失，但政府开始鼓励国货的生产和销售。印度的民族主义者当时热衷于生产和穿着"家纺"的衣物，受到这一潮流的影响，钱德拉与朱达开始鼓励棉纺织业发展，为纺织工提供技术培训，并竭力保障原材料的充足。另一方面，朱达也大力支持民间创办大规模的实业公司，并号召本地人与印度人进行私人投资，于 1936 年在位于东部低地的比拉德讷格尔利用募到的资本开办了一家麻纺织厂。不久之后，在这一区域，火柴加工厂、卷烟厂、榨油厂与稻米加工厂等实业如雨后春笋般涌现出来。

78　　尽管第二次世界大战扩大了某些特定商品——尤其是麻袋的需求

---

① Whelpton 1991：228.
② Stiller 1993：113.

量,但上述发展实业的努力并未给尼泊尔经济带来太大的促进。在某些情况下,这一局面是由统治者意志不坚定、又缺少恒心所造成的。譬如在班迪普尔,涅瓦尔商人们于 1943 年建立了一处小型的纺织厂,但由于随后政府迫于英属印度当局的压力,不再提供印度出产的纱线,这家工厂很快就关闭了[①]。然而即使拉纳政权不畏惧英国的强权,尼泊尔与印度漫长的边境线也会为发展民族工业带来严重的问题。首先,政府在当时(现在也是)不可能完全掌握商品在边境上的流动,因此朱达"彻底禁止印货"的决策从一开始就是镜花水月。其二,由于尼泊尔工业制造的绝大部分原料也是从印度进口的,因而失去了印度的支持,完整的工业体系不可能被构建起来。对于尼泊尔来说,在当时想要获取这种支持是很困难的,因为在印度民族主义者的压力之下,英国当局开始逐渐注重保护印度自己的工业体系,1924 年时,英国已经在担心进口到尼泊尔的大量日货会使印度的关税蒙受损失。1937 年,朱达向印度提出,凡是在加尔各答海关被予以免检的商品及原料,应该直接运至低地区投入工厂进行加工生产,不应再运至加德满都并接受英国大使的检视,但这一要求遭到了英国方面的拒绝。1938 年,另一份提案建议印度对自己出口的商品征收税款,也未被接受。1950 年,莫汉的权力已经在反拉纳革命者的冲击下摇摇欲坠,直至此时,双方才终于达成了一份关于贸易规章的协定。这份协定允许印、尼两国进行自由贸易,但规定尼泊尔的进口关税与印度关税进行锁定,这样一来就剥夺了尼泊尔商品进入印度市场竞争的机会。

　　除了工业化的蹒跚尝试以外,沙姆沙·拉纳时代的执政者也致力于建设现代化的基础设施。1889 年,比尔·沙姆沙在加德满都建立了比尔医院,这所医院至今依然是尼泊尔国内顶尖的医疗机构;他还雇用了一位英国工程师,在首都内建设管道供水工程。自来水被接入了拉纳家族的宫殿,而在大街上,公用的水龙头也开始为平民百姓提供饮用水,人们相信从那些"比尔龙头"下取水饮用,能够治愈腹泻。钱德拉在

[①]　Mikesell 1988: 189 - 190.

位时所主持的最昂贵的工程当数修建狮子宫了，但他也在山区的几条大路上架设了悬索桥，并于 1926 年建成了从低地边缘的比姆佩蒂一直通到加德满都谷地的大索道，还在加德满都建设起了电力系统。钱德拉也考虑过修建一条通往低地区的公路，但如他之前的忠格·巴哈杜尔一样，他最终在周围保守派的反对之下放弃了这个计划。在两次世界大战的中间期，加德满都谷地的大街上出现了汽车的影子，但为数不多的几辆汽车居然是拆解成零件并靠人力搬运到此地的。首都与国家其他地方的通信受到印度铁路建设的间接影响，变得更加便利了。从前若想到达南部地区，只能沿着地平线一路走下去，而现在则可以翻过一道河谷到达平原，乘上火车向西或向东走，下车再越过一道河谷，就能到达目的地。这样一来，从加德满都到莫朗区（Morang，比拉德讷格尔周边地区）的时间可以缩短四到十天。尼泊尔在 1942 年终于进入了航空时代，是年英国特使在比尔根杰北部的锡姆拉仓促地建设了一条飞机跑道，用以同在"退出印度运动"中受到波及的加尔各答城恢复通讯。随后，一座印度的军事机场在加德满都以东建立起来，这便是今天特里布凡国际机场的前身。

有些批评尖锐地指出，拉纳政权试图发展经济的尝试往往受到他们只顾自身的狭小眼界所阻碍。莫汉的儿子辛加在 30 年代早期所宣称的论调，也许能佐证这种批评的合理性：他声称应该"通过政府的恩赐予补助来实现人民生活水平的稳步提高"，但同时强调"任何举措都不能以牺牲独裁政权的利益为代价"①。父系继承制也成为开展大规模公共建设的阻碍；为自己后代谋利的想法，驱使着每一任"马哈拉扎"都疯狂地敛财，丝毫不将资金留给自己的兄弟或侄子，而后者又可能是下一任的掌权者。不论怎么说，拉纳时代也算是为尼泊尔的现代化打下了基础，而 1951 年以来的经验让我们认识到，社会问题之所以长期拖延得不到解决，并非由于某个特定政权无所作为，而是由于这些问题

① 'Report on the Addas and the Industrial Development of Nepal' (1933?), quoted in Edwards 1977: 233.

本身是十分棘手的。

新神与旧祇

反拉纳运动的思想基础,是由西方的民主主义和经由印度传播的社会主义思想共同构成的。而新的"主义"往往又同更为古老的、强调平等与友爱的传统价值观混合在一起。尽管印度教将等级制度置于其观念的核心,但这种平等主义思想也构成了该宗教的一个重要组成部分(所有宗教其实都多少包含有这种思想)。19世纪早期在印度孟买发端的"雅利安·萨马吉"运动,致力于推动宗教改革,并建立"新教"式的印度教派别。这一运动中产生的教义于1893年传至加德满都与博克拉,传教者是一位涅瓦尔学者,名叫马达夫·拉杰·乔希。这些改革后的宗教思想,与本地活跃已久的苦行僧团"月司玛尼·桑"的所思所想竟不谋而合,后者同前者一样,也反对正统印度教的等级制度。比尔·沙姆沙急于为自己低等种姓的妻子正名,因此对乔希十分热情,但这位宗教革新者最终还是在钱德拉执政时期被捕,随后被流放至大吉岭。他的两个儿子于1920年回国,继续自己父亲的事业,但旋即又遭到驱逐。在此之后不久,乔希的三子舒克拉·拉杰·沙斯特里以"非法讲授《薄伽梵歌》(Bhagavadgita)"的罪名被逮捕;这部《梵歌》记载了毗湿奴神有关正义道德的教条,是印度教最重要的宗教典籍之一。随后,由于他的追随者被牵扯进了"人民大会"的阴谋活动中去,连累他也遭到了处决。

尼泊尔人在印度接受了大量的新鲜观念,这些观念既有宗教方面的,也有政治方面的。那些在印度找到了短工的山区民众以及曾在印度军队服役过的战士,他们回到自己村庄时肯定已经被新思想所改头换面了,但这种变化尚未能够在他们中间引发任何政治行动。更加重要的变化发生在那些家境优越、去印度接受教育的富家子弟们身上。对于婆罗门来说,这种思想上的变化尤为关键,他们本身肩负着延续几千年传统文化的职责。然而,尽管以前他们前往印度是为了学习梵语、波斯语以及印度教文化,但在这个时期,英语教育成

为首要目标①。那些出身低微、在印度定居下来的尼泊尔贫民们也受
到了新思潮的影响,但在某些时候他们沉湎于传统文化,有时甚至会同
尼泊尔政府就种姓等级问题发生争执,这使得英国官员大为惊奇②。
虽然如此,这些移民们在意识到自己的身份并拥护印度教式的社会结
构的同时,也开始关注尼泊尔持续落后的国内情况。在由前政府官员
组成的小团体以及他们手握军权的家族之中,新的政治意识正在觉醒。
1924 年,"全印度廓尔喀联盟"在德拉敦(Dehradun)成立,《廓尔喀青年
报》(*Gorkha Sansar*,后来改名为《廓尔喀世界报》[*Gorkha World*])开
始出版发行。"联盟"一直对印度民族主义者们所走的道路坚信不疑,
尽管在 30 年代他们也曾放下姿态同拉纳政权进行过合作。

　　大吉岭的尼泊尔人社团并非反拉纳运动的前沿阵地,但其在此地
的种种发展预示了尼泊尔国内即将发生长期性的变化,而上述社团也
在这种变化中起到了一定作用。基督教传教士从 1842 年开始在这一
区域传教,1870 年,苏格兰教会更是在此处建立了永久性的布道所。
转信基督教者为数不多,而教会也始终未能在尼泊尔国内建立一座传
教的桥头堡;但那部分皈依基督的尼泊尔人大多放弃使用自己的本族
语言,转而使用尼泊尔语。而与此同时,如同在南亚其他地区一样,传
教士在这一地区对非基督徒的教育进展飞速。大吉岭的学者们在 20
年代成功推动尼泊尔语成为这一地区公办学校的教学用语,这使得这
种语言的地位得到了进一步的提升。在这些学者中,苏尔雅·比克拉
姆·伽瓦里(Surya Bikram Gyawali)成为首位采用民族主义历史叙述
的尼泊尔史学家,他强调了在国家建立和扩张阶段廓尔喀所取得的辉

81

---

　　① 直到 1835 年,北印度的穆斯林统治者们所带来的波斯语,依然是印度的主要官方语
言;而 19 世纪 90 年代时,尼泊尔与印度的英国当局依然采用这种语言进行书面上的交流。
拉尔·辛格·卡特里中尉向英国特使霍奇森学会了英语,并于 1850 年陪同忠格·巴哈杜尔
前往伦敦,此人可能是在英语出版物中第一个被提到的尼泊尔人。《伦敦新闻画报》于 1850
年 7 月 27 日刊登了一封卡特里所写的、有关中尼边境问题的信件(Whelpton 1983:244)。巴
拉曼·辛格在拉诺蒂普及比尔统治时期任外相,据说他是第一个从加尔各答大学毕业的尼泊
尔人(Shaha 1990:Ⅱ,18)。
　　② Mojumdar 1975:53.

煌成就,1951 年后,这种历史叙事成为官方标准,在课堂上被教授给学生们。

早在这些声名显赫的历史人物之前,一个借由出版物团结在一起的、讲尼泊尔语的社团便已初现雏形。瓦拉纳西是尼泊尔学生最常前往的留学圣地,同时也是最早的尼泊尔语出版物发行中心。据官方统计显示,在 1896 至 1920 年间,共有 218 种、共计 298 257 本尼泊尔语书籍于此付梓,而真实的数量应当比这还要庞大[①]。宗教书籍——尤其是巴努巴克塔在 19 世纪中期翻译的《罗摩衍那》——往往是最受欢迎的,但爱情诗歌集和军中豪杰的传记同样也很畅销。在晚些时候,这些文学作品可能被某些人利用,来服务于政治目的。

在 1950 至 1951 年革命期间,反政府军的领导由那些在印度度过了部分或整个童年可塑期的精英所担任。在这群人之中,最重要的领袖当数比希维什瓦·帕拉沙·柯伊拉腊。在比希维什瓦的父亲触怒钱德拉·沙姆沙并遭到贬黜后,他和他的长兄马特里卡·帕拉沙便前往印度接受教育。在童年的时光里,比希维什瓦在印度、尼泊尔和英国文化的交替教化下长大。周围的政治气氛也极大地影响了他的思想,他开始信奉甘地的非暴力主义,亲近国大党中的社会主义分子,并参与到印度的独立运动中去。尽管他时时刻刻记得自己是尼泊尔人,但这种经历使得比希维什瓦对印度也会有认同感,这也是他的政敌对其大为攻讦的一点。在后来的大会党就职典礼上,他甚至说了一番令人尴尬无比的话:"由于在种族、经济和宗教上都存在着密不可分的联系,尼泊尔和印度原本并非分为两个国家;我们今天看到的政治分歧,大多是由自私的外交官和政治家所造成的"[②]。

除了都对印度怀有好感之外,反拉纳运动的许多领导人都出身于同一显赫的精英团体,这个团体内大约含有 200 个家族,基本垄断了拉

---

① Statements of Publication for Nepali-language registered publications in the United Provinces, cited in Chalmers 2002: 45 – 47.

② Uprety 1992: 94.

82　　纳政权下的政府官职。1931 年比姆·沙姆沙上任之初,柯伊拉腊的父亲便再度得宠。直到 1943 年因庇护印度民族主义逃犯而被捕之前,他的生活一直再没有什么重大变故。而在此期间,他还曾后知后觉地向朱达提议,不要效仿前任拉纳摄政,把钱都浪费在给自己的儿子修建宫殿上面。钱德拉·沙姆沙也很敬重此人,在他被流放期间,钱德拉曾派人给他送去书籍和药品。另一位因在加德满都从事反拉纳活动而被捕,后越狱逃往印度的运动领袖伽内沙·曼·辛格,他的家族中有一位备受王宠的老臣拉特纳·辛格①。这种贵族一般的出身,也许造成了这些政治活动家从未能成功争取到现役廓尔喀军队的支持;因为许多山区的藏缅人往往把他们同拉纳家族的斗争视为两个主子之间的争执,同他们自己没什么关系②。

　　尽管新思潮在尼泊尔人中一时风靡,但传统的价值观依旧十分重要。瓦拉纳西的尼泊尔活动家中有一位名叫提夫·帕拉沙·提夫科塔的人,他在政治上的出发点即是在 19 世纪就已经出现了的"民族感情"。此人曾在外交部任职,在荣赫鹏远征期间,力争尼泊尔不应支援这次侵略、否则将会违背 1856 年尼泊尔和中国西藏签订的条约,结果触怒钱德拉,遭到罢免。种姓等级的观念无法完全与民主范式相契合,但传统的爱国主义就与民主配合得天衣无缝,这一点在"杀戮社"——一个在第二次世界大战时期活跃在加德满都的异见团体——所印发的宣传册中有着很好的体现。宣传册中的内容基本上是在附和俄国无政府主义者的言论,并将自己的组织吹嘘成同俄、日政府都有联系,但下面这段话却明显是站在婆罗门的立场上对朱达作出的指控:"只要行政权……还把持在那些肮脏的低种姓者手里一天,在这个印度教国度里,你就一天不得和平和安宁。根据我们的圣典,我们都不应同他们一起

————————

　　① 现今很多居住在加德满都的涅瓦尔人都相信,如果不是拉特纳·曼为其求情的话,伽内沙·曼·辛格肯定会被处死。

　　② DesChene 1991：174 - 176。他在研究中提出的这一观点,本来是用以论述"全印度廓尔喀联盟"的领导与拉纳家族几位异见者的情况,但相同的逻辑也可以运用到柯伊拉腊家族与他们在瓦拉纳西的支持者们身上。

吃饭喝水……这些禽兽专抓年轻貌美而纯洁的婆罗门姑娘,强迫她们做自己的情人。"①坦卡·阿查里雅作为"人民大会"的领导人,成功地将一种近似于马克思主义的政治观点与英式的议会体制融合在一起,但即使是他也虔诚地信仰着印度教。在入狱服刑期间,他及其婆罗门狱友每天坚持吃素,因为他们担心,狱卒会把他们的食物跟他们的涅瓦尔同志们所食用的水牛肉搞混②。

　　拉纳家族另一个更古老的敌手,是对帕拉芭蒂亚人统治心怀怨恨的少数民族群体。据拉纳族人对英国人所说,"公民大会"基本上都是由涅瓦尔人组成的。事实上,尽管异见者领导人们都自命为尼泊尔人、而非某一个种姓或民族的成员,但涅瓦尔人长久以来的积怨的确在某种程度上推动了这个组织的建立。后来成为"人民大会"四烈士之一的达尔马·巴克塔,在他首次招募涅瓦尔人伽内沙·曼·辛格时,便直截了当地告知他,政变的阴谋是针对全体帕拉芭蒂亚人的。坦卡·帕拉沙·阿查里雅在狱中时更是发现,许多涅瓦尔族狱友直到那时依然认为自己是受到帕拉芭蒂亚族侵略的被征服者,并希望与日本人展开合作,共同抗击英国人和帕拉芭蒂亚人。然而,民族优越论事实上在东部山区的林布人中间才最为强烈。1950 至 1951 年间,林布人有过独立的计划,但从未得到彻底地实施。尽管如此,这一区域还是出现了迫害婆罗门的现象,迫使一些婆罗门逃往低地区避难。作者的一位婆罗门朋友在当时年方五岁,但他依然记得在德哈土姆街道的上空飘飞着的烧焦书页、图书馆的熊熊大火,以及林布人高举起的写有"四重荣耀之王胜利万岁"的巨大标语牌。这一标语意味着林布人宣布,自己既不归"五倍荣耀之王"特里布凡王管辖,也不臣属于"三倍荣耀之王"莫汉·沙姆沙·拉纳③。

83

---

①　这本小册子于 1940 年 9 月 7 日开始印制发行,并在人们手中秘密流传;乌普莱提(Uprety 1992:189)将其翻译成了英语。朱达有一个习惯,会将大街上任何他看得上的女子绑回来做自己的小妾,这一恶习在英国领事馆处也有记载(Shaha 1990:II, 127 - 128)

②　Fisher 1997:58.

③　Abhi Subedi (personal communication).

尽管全国范围内少有真正的大规模起义，但农民对摄政的普遍不满，最终还是令反拉纳武装轻易地越过边界并攻占了战略要地。大会党成功地在加德满都谷地以北的塔芒人聚居区煽动了一批人参加革命①，而昆瓦尔·辛格则在西部低地区争取到了大量的支持。事实上，尽管国外势力的干预是这场内战中最具决定性的因素，但全国上下对拉纳政权的不满和憎恶，也对最后革命的胜利起到了一定的推动作用。

在注定徒劳无用的最后挣扎中，拉纳执政者决定，首先要防止在教育体系中产生企图颠覆自己的学员。据说钱德拉·沙姆沙曾亲口对英王乔治五世讲，英国在印度面临严重的民族主义威胁，这都是由于东印度公司为印度人兴办教育造成的，英国根本就不该教化本地人。提夫在其短暂任期内建立了30多所尼泊尔语学校，而钱德拉亲自将其中的大部分予以关闭。这些学校能够为尼泊尔人提供基础教育，因而一位历史学家将其视为提夫·沙姆沙反对精英论的明证②。尽管如此，提夫此举也有可能是因为，他认为使用本土语言教学比使用英语授课在政治上更安全一些。在40年代晚期，另一位比较开明的拉纳执政者——帕德玛·沙姆沙在位期间，又有人向他提议，效仿甘地在印度建立的"基本学校"，来建设本国的尼泊尔语教学机构；这一提议在当时的加德满都人看来无疑是为了拘束人们，使之不能放肆。钱德拉（在他晚年的时候）以及朱达都支持建设甘地式的教育机构，而钱德拉还保留了少数几个用英语教学的中学。他在1919年建立了特里香达大学，并将其建设成加尔各答大学的一个分校，原因是钱德拉既想让学生们接受印度式的教育和考核，又不希望他们暴露于印度大学校园中日益浓厚与极端的政治氛围。沙姆沙家族允许一定程度上的学术自由，但大学出版的文学刊物《沙拉达》（*Sharada*，创刊于1938年），却必须经过政府的严格审查。

① Holmberg and March 1999.
② Stiller 1993：136－137.

接下来,拉纳政权在意识形态方面展开了主动反击,支持并宣扬那些自尼泊尔城邦诞生以来就一直支撑着当地社会的古典价值观。首先,沙姆沙家族将自己封为印度教社会秩序的卫道者,这些秩序被尼泊尔的法律视为神圣而不可侵犯的。这就要求沙姆沙家族严格恪守印度教教规,尊重婆罗门与黄牛,并全面歧视低等种姓的人群。举例来说,如果婆罗门在从商店买糖回来的路上碰到了一个"不可接触者",那么他有权要求这个可怜人全责赔偿之前买到的糖,因为这些糖已经被"不可接触者""污染"而不能食用了。拉纳家族的统治精英们认为,他们能够将甘地的某些理论融入这一社会秩序中去,但十分排斥他提出的平等主义思想。尽管拉纳政权的这种做法激怒了激进派,但的确获得了国内保守派那些老古董们的支持,也使得印度的一些教徒承认了他们的正统性。尽管在 1951 年后,国家宣布所有公民一律平等,但正如 2003 年贾南德拉王曝光度极高的印、尼两国朝圣之行所显示的,沙阿王室依然在利用印度教来获取自己的政治合法性。尽管如此,拉纳政权此举依然存在致命的弊病:从传统意义上来讲,被视为毗湿奴化身、拥有最高正统性的是国王,而并非"马哈拉扎";因而一旦王室转而对付拉纳政权,他们便失去了印度教这张底牌。

正如过去的涅瓦尔国王们试图站在谷地政治舞台的最前端一样,此时的拉纳执政者们也在寻求在整个南亚范围内建立威信。想要做到这一点,拉纳家族不仅需要无瑕的印度教信仰,还要得到在这片大陆上拥有最高权力者的认可,这个权力中心便是英国。拉纳执政者们开始醉心于努力获得英国授予的封号,或细致而反复地讨论英国特使的准确社会地位等,这其实是因为他们急切希望英国对其作为"独立国家统治者"的超然权力作出承认。甚至于有人认为,比尔·沙姆沙大力从事基础设施的建设,其目的不在于为人民谋求福祉,而是希望以此打动英国人[①]。类似的,有人指出,尽管钱德拉解放奴隶的举动使其国际地位有所上升,但国家划给这些人的土地位于低地区环境恶劣的阿姆莱克

---

① Stiller 1993: 136 - 137.

根杰(意为"解放之城")，耕地质量很差；而被解放的 6 万余名奴隶中，只有很小一部分收到了这些土地，大部分人依然被迫依附于原来的奴隶主①。但无论怎么讲，外国人的看法并不是拉纳政权唯一关心的事情。"统治者应该爱民"这样的教条也构成了印度教式的统治原则的一部分，尽管在实践中这一原则并不总能得到遵守。

85　　沙姆沙家族的统治者们也力图将自己塑造为帕拉芭蒂亚人中天然的高等族群，而在沙姆沙家族自身所属的塔库里-切特里诸族中，他们更加强调这种优越性。可能正是这种心理倾向导致了在 1905 年以后，尼泊尔的法庭规定只有以尼泊尔语写就的书面材料才可以被视为有效的证据②；这也促使沙姆沙家族将国内的暴动和反对声浪都归咎于涅瓦尔人。廓尔喀人在征服涅瓦尔王国时产生的优越感在国歌中也有所体现，在 1967 年以前，尼泊尔国歌中始终存在对"在全尼泊尔维护廓尔喀统治"的描述。玛嘉人与古隆人在 1769 年以前就同廓尔喀邦国交往甚密，他们可以宣称自己是"廓尔喀人"，但不能逾越太多。他们可以加入英属印度的军队，但当某个玛嘉人或古隆人单独获得某项荣誉或特权时，沙姆沙家族就会对其进行制裁。桑塔比尔·古隆是一位在英国军队任职的廓尔喀军官，因为替爱德华七世守灵有功而被英国授衔，但随后就被尼泊尔政府拒绝入境，并被从自己的种姓中开除出去。尽管这引起了新王乔治五世的不满，但沙姆沙家族依然维持这一决定。与之类似，自 1926 至 1936 年，尼泊尔禁止廓尔喀人通过勤王制前往英国，因为这一体制可以让印度军队中的官员与英国王室建立关系。

　　另一方面，沙姆沙家族在这一时期也在尝试建立一个统一的尼泊尔身份认同；当然了，这种认同是以他们的统治为中心的。1930 年时，王国的官方名称从"廓尔喀"换为了"尼泊尔"，而官方语言也改作"尼泊尔语"，这应该是塑造身份认同政策的重要一步。不过，这也可能是沙姆沙家族对身处印度的那些廓尔喀政治活动家们的强烈呼声作出的让

---

① Whyte 1998.
② Malla 1989：457.

步,而且这种举措也遭到了同处印度的涅瓦尔族政客的强烈抨击,因为这些涅瓦尔人向来将涅瓦尔语称为"尼泊尔巴沙",意即"尼泊尔的语言"。政府对统一身份认同的推行——包括了在全体尼泊尔人中推广尼泊尔语——一直持续到拉纳家族倒台以后,而对这一政策的批评也持续了下去。

第四章　君主专制的强化：国内政治与国际关系 (1951—1991)

在拉纳家族倒台后的 40 年里,尼泊尔国内政治主要受三股力量左右:其一是王室成员,并且有一部分传统势力,包括拉纳家族自身,围绕着这些贵族重新聚拢起来;其二是诸多政党,这些团体最初的群众基础较为薄弱;其三是印度政府,这个政府在理论和情感上同情尼泊尔大会党,但依然以印尼边境安全为主要考量。在 20 世纪 50 年代,尤其是马亨德拉王于 1955 年继位以后,王宫成为国家的政治中心,这与 2002 年以后的情况是一致的。然而,这一时期的政党依然能够自由活动,而且包括国王在内的全体国民都赞成政党民主制——至少在口头上是如此。1959 年议员选举终于得以进行后,权力短暂地转移到了由选举产生的政府手中,但马亨德拉王很快于次年废除了民主制的实验,并将国家权力全部收归他一人所有。马亨德拉王十分精明地维持在印度和中国之间的平衡,而直到 1972 年他去世时,王室统治(对外号称"无政党的潘查雅特民主")一直十分稳固。然而,尽管他的继任者比兰德拉王最初想要维持这一旧有体制,但很快就遇到了困难。尼泊尔的社会在比兰德拉王统治时发生了极大的变化,尤其在推广教育方面取得了一定成功,但政府又未能按社会期望提供更多就业机会;这些变化制造了广泛的社会矛盾。另一方面,随着印度在 1971 年击败巴基斯坦并确立了其南亚霸主地位,尼泊尔在地缘政治上的外交斡旋空间遭到进一步挤压。在 1979 年骚乱之后,比兰德拉王针对修宪问题发动全民公投,而由于王室对农村地区的紧密控制,这一公投最终支持了"潘查雅特"制度。然而,公投结果也显示城市地区是支持政党政制的,而在 1990 年,受到与印度分歧的刺激和东欧社会主义阵营瓦解的激励,尼泊尔国内开展了大规模抗议示威活动,致使比兰德拉王屈服并恢复了多党制。在 1991 年的大选中,大会党胜出,终于收回了被比兰德拉王的父亲在一代人之前就剥夺了的权力。

87

第一次多党制尝试, 1951—1960

大会党与拉纳家族组成的联合政府在一开始就遭遇了重重困难,国内很多地区此时骚乱尚未平息,而合作的双方本身矛盾也很尖锐。1951 年 2 月,联合政府刚一接权,就不得不请求印度军队进入位于低地的白拉哈瓦地区,协助逮捕大会党革命者昆瓦尔·辛格,他在德里协定之后仍拒不停火。4 月时,印度军队再次前往低地区镇压一处农民起义,而在 7 月则又应邀去再次追捕成功越狱的辛格。在加德满都,拉纳家族中的一部分强硬分子组成了被称为"廓尔喀达尔"的团体,而在 4 月 2 日,听闻有人正在密谋政变后,柯伊拉腊下令逮捕了政府的秘书长巴拉特·沙姆沙·拉纳。关于政变的传言很可能是假的,但巴拉特的追随者们依然十分愤怒,他们冲进监狱救出了巴拉特,并随后向柯伊拉腊的住所发起攻击,且直到柯伊拉腊将一名追随者头目击毙后才撤退。随后,巴拉特没有听从这些盲目的追随者的意见并夺取权力,而是悄悄地溜走了,而幸得钱德拉之子基沙尔的维持,军队依然忠于政府一方。

在袭击柯伊拉腊的众多暴徒中,很多人都曾经是巴拉特的祖父巴伯的宫廷侍卫,受此事牵连,巴伯被逐出内阁。时任首相的莫汉·沙姆沙至少在名义上同"廓尔喀达尔"的活动有联系,而这场政府内部的危机最终经由印度人作为中间人安排的、在德里举行的双方对话而得到了缓解。原本被安排在首相府邸狮子宫的士兵被换防到王宫中去，而大会党也获得了名正言顺地维持武装力量的借口，这些党派的直系武装以地方警察部队的方式建立起来。这样一来，便造成了在尼泊尔国内军队忠于国王而警察忠于执政党的局面，这种模式在 90 年代将会再度出现。"廓尔喀达尔"的活动所留下的另一份遗产便是《公共安全法案》，这一法案在政变流言甚嚣尘上时得以通过，允许当局在不加审判的情况下拘押任何人员，最长拘禁时限可达一年。最终，巴拉特·沙姆沙和他的父亲姆利坚德拉转而采取在宪法框架内的手段进行斗争并于 1952 年成立了新的政党——"廓尔喀议会"。这一政党的核心成员大都来自拉纳家族旧时的支持者们，但并不局限于此：政党的领袖拉纳迪尔·苏巴就是一位基督教徒，他自 40 年代以来就活跃在大吉岭政界中。

88　　　　联合政府同样遭到了来自其他派系的反对。迪利·拉曼·拉格米领导的尼泊尔人民议会党于 1947 年夏从比希维什瓦·柯伊拉腊领导的政党中分离出去，原因是在柯伊拉腊于加德满都服刑期间，拉格米被任命为人民议会党的执行主席，而当柯伊拉腊被释放后，拉格米拒绝交权。1952 年，柯伊拉腊领导的人民议会党与尼泊尔民主大会融合成为新的大会党后，拉格米所领导的派系保持了原有的名称，并反对大会党诉诸暴力的革命方式。同年 1 月，当特里布凡王和大会党主要领导还滞留在印度时，拉格米及其随从便已率先回到加德满都，这使得人们怀疑拉格米所领导的派系是否与莫汉·沙姆沙存在着合作关系。另外，尼泊尔人民议会党也保持着对其母政党的强烈批判态度，尽管这种批判和敌意往往没有什么实际的来源。同样反对联合政府的还有先前成立的"人民大会"以及尼泊尔共产党，这两个政党于 1950 年 7 月结成了统一战线，来抵制印度对尼泊尔政治的影响。7 月，拉格米遭到逮捕并被投入监狱，罪名是蔑视法庭、公然批评新上任的最高法官，这使得拉格米所领导的政党以及统一战线联合起来，在加德满都谷地发动了抗议示威活动。这场抗议最终导致了当局按照《公共安全法案》的规定，逮捕了"人民大会"的领导人坦卡·帕拉沙·阿查里雅，及其他几位重要的政治活动家。

8月，特里布凡王下令成立了由35个人组成的顾问团，这使得反对者的牢骚声达到了顶峰。尽管这一决定是在5月大会党与拉纳家族会谈上由双方协商作出的，但最后任命的顾问不是大会党的支持者就是中立派人士，竟没有一位拉纳家族的代表。紧张的局势持续升温，11月2日，游行示威的学生们包围了位于老城区中心哈努曼多卡宫的警察局总部。接下来，正如在以后几年中不断上演的、突发事变中的戏码一样，有人在混乱中试图抢夺警察持有的武器，警察随之开火并击毙了一位示威者。比希维什瓦·柯伊拉腊时任内政大臣并总管全国警务，在莫汉·沙姆沙通过一家电台隐晦地批评柯伊拉腊监管不力后，柯伊拉腊与他的大会党同僚们主动站出来，集体承担了责任并递交了他们自己的辞呈。

4月，与《公共安全法案》同时通过的法律，还有《临时政府法案》。在这一法案下，临时政府以国王的名义掌握权力；而此时政府的崩溃便使主动权转移到特里布凡王的手中。特里布凡王保证将很快召开大选，以产生议会并决定国家长期的发展走向，但事实上，真正得到实施的是另外一套施政方案：王室处于权力中心地位，印度对尼泊尔政治有着较大的影响，而政治家们则两极分化，一部分激烈地反对这种状态，另一部分则殷切地希望从王室那里得到一官半职。

特里布凡王邀请大会党组建一党制的政府，但他不愿让比希维什瓦·柯伊拉腊成为首相，而这位领袖在政党内部人气十分高涨。比希维什瓦同父异母的哥哥马特里卡·柯伊拉腊于1950年成为党主席，这是人民议会党与尼泊尔民主大会融合时双方妥协的结果；此时，特里布凡王坚持要让此人为相，并公开威胁大会党，如果大会党方面不接受这个提议，那他就任用他的妻弟基沙尔·沙姆沙·拉纳，并由自己进行直接统治。特里布凡王的这一主张部分是因为印度方面不信任比希维什瓦，但同样也出于马特里卡曾在拉纳政府中任职并更愿意接受王室权威的考虑。

由于比希维什瓦已经获得了党中央工作委员会的支持，马特里卡

89

的任职事实上开启了今后尼泊尔政制的一种模式，即党组织本身与在政府内部任职的党员之间互相争夺权力。比希维什瓦坚持认为政府应该听从党的指挥，而不是独立行动；这种斗争愈演愈烈，以至于有段时间，人们不得不请来印度的老政治家贾亚·普拉卡什·纳拉扬做仲裁。大体上来讲，这一争端起源于政客之间的个人权力斗争，但两派之间的确也存在政治哲学上的差异：马特里卡·柯伊拉腊视自己为国王的代表，并认为政府没有权力采用过于激进的手段达成目标；但他的弟弟比希维什瓦·柯伊拉腊则坚信党有其自身的"革命合法性"，并力主即刻推行土地改革。为了在两种极端之间取得和解，马特里卡同意比希维什瓦担任 1952 年大会党会议主席，但斗争仍旧未能停止，而马特里卡与他领导的内阁于 1952 年 7 月从议会中被驱逐出去。

除了党内斗争之外，新政府在 1952 年 1 月时也面临着由党领导的武装——"罗刹军"所发动的一场叛变。这些暴动者从监狱里劫走了昆瓦尔·辛格以及一个基兰蒂分裂组织的两位领导；随后辛格同他的追随者们出逃，拒不接受叛军领袖的职务。时任首相与印度驻尼大使一度都认为尼泊尔必须借助印度的力量才能成功平叛，但当局最终在没有任何外来势力介入的情况下成功控制了局势。接下来，政府遣散了"罗刹军"与警察系统中的基兰蒂人，并在印度的建议下，也宣布了共产党为非法组织，而此前共产党对暴动者一直持同情态度。另一方面，印度也组织了一次军事行动，旨在增强尼泊尔军队的战斗力。

尽管印度已经在多方面对尼泊尔产生了重要影响，但印度政府依然对尼国内的派系斗争和频繁的权力更迭感到厌烦。因此 1952 年夏，时任印度总理的贾瓦哈拉尔·尼赫鲁建议国王废除议会，并借助"顾问团"进行直接统治。同年 8 月，特里布凡王采纳了这一建议并解散了议会，但基沙尔·沙姆沙——此人在马特里卡·柯伊拉腊的内阁中担任国防部长——同样被任命为顾问团的一员，这说明新制度与旧有的体制之间存在某种程度的连续性。50 年代早期基沙尔在国内政治中扮演的关键角色，突显了沙阿王室与拉纳家族事实上为一个统一的贵族集团中的两个权力分支，而 1951 年的突变不过是二者之间权力高下转化的过程。

在政坛之外，马特里卡·柯伊拉腊始终与他的弟弟存在分歧，他于1953年4月组建了自己的"国民民主党"。特里布凡王很快厌倦了直接管理全国政事，而马特里卡又拥有了自己独立的政治基础，因此特里布凡王于6月重新任命他为首相。1952年从比希维什瓦领导的政党中独立出来的左翼尼泊尔大会党于该年8月与国民民主党合并，使得政府的权威得到加强。接下来在1954年2月，坦卡·帕拉沙·阿查里雅与拉格米领导的两个党派同意与执政党联合组成统一战线。另一支1952年自比希维什瓦党派分离出去的"尼泊尔人民党"很快也加入了这一联合阵营。这种联合明显地反映了这一时期主导政坛的思想是权力政治，而非单纯的理想主义，因为坦卡的"人民大会"与左翼尼泊尔大会党先前都以其激进的理念为荣，而现今他们却放下身段与更为保守的柯伊拉腊兄弟合作起来。当然，这些合作者之间的关系时而会十分紧张，而首相不得不经常面对来自党内的各种矛盾。在第二次尼泊尔顾问会议——这一会议的与会者大部分都是执政党党员——拒绝了马特里卡的预算提案后，他于1955年1月辞去了首相的职务。由于特里布凡王当时正因健康原因在瑞士接受治疗，太子马亨德拉担任摄政王，他于3月同意了马特里卡的辞职申请。几天过后，特里布凡王的死讯便传回了加德满都谷地。

老国王在尼泊尔四年的执政生涯并不是毫无建树的。连接加德满都与平原地区的一条弯弯曲曲的道路——特里布凡王道即是由印度军队在这一时期开始修建的，到1955年已经大体完工了。另一项更具争议性的、由印度方面承建的项目是在东部的戈西河上修筑水坝并兴建灌溉工程，这一项目于1954年正式动工。同时，从1953年开始，地方"潘查雅特"(行政委员会)制度也逐渐建立起来。然而，在立宪方面，后拉纳时期的王室始终未能取得任何成果，甚至一直都无法建立一个稳定的临时政府，而1951年时当局热切期盼的经济与社会进步也迟迟未能实现。随之而来的沮丧与怀疑，以及党派之间为了争夺权力而互相倾轧，这些因素都加深了局势的动荡。

91

早在代病父执政期间，马亨德拉就显示出对大会党"尽早进行选举、召开立宪大会"这类要求的支持倾向，但很快他便转变了想法，致力于将权力控制在自己手中，并不露声色地利用一个政党去压制另一个，使得它们互相牵制。特里布凡王是在受到印度方面的鼓动之后，才在国内政治中扮演了一个干涉主义式的角色，而马亨德拉王则显然是自觉地沿袭了这一做法。起初他依靠一个"第二王室顾问团"的帮助进行统治，这一模式延续到1956年1月。接下来，在大部分政党都拒绝由国王指定参与组建多党联合政府的成员后，马亨德拉王任命坦卡·帕拉沙·阿查里雅为首相，并组建了一个由坦卡领导的"人民大会"成员以及王室心腹共同构成的内阁。与中国首次正式建立外交关系后，马亨德拉王任用了这样一位反印倾向强烈的政客，这一举动暗示了他决意打破自其父亲时代以来尼泊尔对印度的依赖关系。同时，马亨德拉王也利用坦卡淡化了特里布凡王在1951年作出的、关于召开由选举产生的立宪会议这一承诺。在6月的一场演讲中，坦卡·阿查里雅指出，马亨德拉王承诺的、定于1957年10月举行的大选只是为了产生议会而已。这意味着宪法是由君主"赐予"人民的，而并非要将君主制本身的命运交给由选举产生的代表们去决定。在以后的岁月里，坦卡本人坚称他的本意是要议会而非国王来掌握国家最高权力，并强调立宪会议可能会受到印度的操纵，而这将威胁尼泊尔国家的独立性①。然而在当时，他的提议遭到了大会党和他自己党派的一致质疑。

1956年4月，1952年时颁布的、对共产党的禁令得到了解除。这可能是马亨德拉王为了进一步扩大自己政治斡旋的空间而作出的决定，也可能是出于坦卡·阿查里雅自己的政治信仰。作为解除禁令的条件，共产党的领导人秘密保证不会反对君主专制，这一妥协遭到了党内一些人的反对，他们宁可继续从事地下活动。事实上在此之前，共产

---

① 坦卡·阿查里雅在20世纪80年代将这一争论重述给了他的传记作者。对印度操纵制宪会议的担心，可能是受到了锡金事件的影响：在那里，当地的尼泊尔族和雷布查统治者们之间经常发生矛盾和冲突，最后导致1974年印度吞并该地。

党的这种秘密活动是十分成功的,而名义上与其无关、事实上由其支持的几位候选人在 1953 年加德满都市政选举中还获得了胜利——这与 1951 年以来进口商品价格上涨所造成的大众不满情绪不无关系。

自其行政伊始,坦卡·阿查里雅便面临着来自党内的诸多问题。在一年前马特里卡·柯伊拉腊政府倒台之时,两支由异见分子组成的团体从大会党中分离出来并加入了坦卡领导的“人民大会”。其中一支的领导者巴卓卡里·米什拉曾经是在印度方面的大力支持下,才在 1951 年政府中担任部长一职,而此时他居然与强烈反印的阿查里雅结成了同盟。尽管如此,1957 年夏天米什拉当选为“人民大会”主席,在国内普遍发生了由食物短缺所导致的示威游行的情况下,米什拉与以他为核心的执行委员会向阿查里雅提出了一个不可能实现的要求,即令其剔除内阁中由国王直接任命的所有成员。米什拉的这一举动也促使同年 7 月政府官员集体辞职。

数天之后,马亨德拉王转而开始支持另外一个组织:联合民主党;这个党派可能就是受国王本人资助而成立的。党主席由昆瓦尔·辛格担任,这位斗士在 1951 年大会党接受停火协议后,依然在中西部湿地区继续进行武装斗争,而在“罗刹军”的暴动分子将其从监狱中救出后,他于 1952 年自我流放到了中国的西藏地区。1955 年秋,辛格回到尼泊尔,此时这位昔日的反印先锋已经转变了立场,“开始提防来自中国的威胁”。通过任命他为首相来替代亲华的阿查里雅,马亨德拉王小心地维持着尼泊尔在其两个巨人邻居之间的平衡,这一平衡策略后来成为他施政的标志性特点。辛格所具有的激进的、“罗宾汉”式的形象也使他成为国王用以制衡温和派政治家的有力工具,甚至在他越狱之前,特里布凡王就已经思考过在这一点上利用他的可能性。类似这种国王对政治的操控持续了很多年,这也能够解释为什么在 1996 年开始的“人民战争”早期阶段,许多尼泊尔人都认为王室事实上支持着毛主义者的活动了。

辛格政府的寿命是较为短暂的。但在此期间,昆瓦尔·辛格宣布将原定于 1957 年 10 月举行的大选无限期延后,并试图将尼泊尔语作为教学用语在湿地区大力推广，以取代这一地区先前广泛使用的印地语，这些举动都产生了较大的争议。更重要的是，辛格本人粗鲁、急躁的性格导致了摩擦的产生，从而阻碍了他所领导的政党与其他派系进行联合的尝试。1957 年 11 月 4 日，在收到的收音机广播中，辛格吃惊地获知马亨德拉王竟顺水推舟地批准了他的辞呈，而他的本意不过是通过假意辞职，在公务员任命上获得更多的影响力而已。

在辛格建立政府后不久，大会党便同尼泊尔人民议会党、"人民大会"联合组成了民主统一阵线，1957 年 12 月，统一阵线发动了"萨缇亚格拉哈"运动（satyagraha，意即人民抵抗运动），以促使大选在六个月内展开。这一运动遭到了辛格的联合民主党、拉纳家族主导的"廓尔喀达尔"以及其他小党派的抵制，这些党派一致提出将大选推至 1959 年 12 月 12 日。最后，马亨德拉王提议将日期定于 12 月 18 日，也即特里布凡王从德里返回加德满都的纪念日；而大会党与其他党派均同意了这一方案。除共产党外，全体政党还一致接受了马亨德拉王于 1958 年 2 月发表的声明，在这份声明中，国王宣布次年 12 月的大选将产生议会，而由各党派代表组成的联合委员会将同时对议会作出监督。大会党此时放弃了召开立宪大会的要求，这可能是因为"萨缇亚格拉哈"运动并未获得预期中的大多数人的支持，也有可能是因为民主统一阵线在 1 月中旬加德满都市政选举中表现惨淡。不论如何，立宪会议的问题在接下来一代人的时间里再未被提起过。

1959 年 5 月，一个名为"部长议事会"的权力机构成立了，这一机构在大选结束前暂时行使行政权，其中包括各党派的代表以及两位被王室直接任命的成员。从名义上来讲，宪法草案应该由立宪委员会来起草，这一委员会应由政党政治家组成；但事实上这一草案却是由英国律师爱华·詹宁斯（Ivor Jennings）爵士根据马亨德拉王的意愿独立制成的——这位詹宁斯爵士此前曾帮助其他新成立的亚洲民主国家进行立宪工作。宪法草案终于在 1959 年 12 月 12 日制作完成，而此时距大选开始仅剩六天。草案规定议会由两院组成，下议院（the Pratinidhi Sabha，普拉提尼狄萨巴，或称众议院）由直接选举产生 109 位议员，上议院(Mahasabha 摩诃萨巴,或称参议院)由 36 人组成,一半从下议院中选出,一半由国王任命。同时草案还清晰地申明国家行政权归于国王,并且"应由国王直接掌权,或由国王通过大臣及其他从属于国王的官员来执政"。最后,草案第 55、56 条赋予国王"宣布国家进入紧急状态"的权力,在此情况下国王的权力可凌驾于除最高法院外所有政府机构之上。也许我们不应该在此过度强调这些条款,因为此时影响国内形势的关键并不在于宪法的措辞,而在于国家机关——尤其是军队——依然唯王命是从,而并未倒向某个政党领袖。但这些条款的确使国王强加自己的意愿于国家之上的行为变得完全合法化了。

直至 1959 年为止,政党之间的权力斗争在很大程度上仍然依赖于他们获得王室或印度当局青睐的能力,以及在他们的影响力下、于加德满都街头纠集起来的示威者的数量;而 1959 年大选则考验了一个政党在全国范围内的受拥护程度。在此情况下,至少三个参选政党在各个方面都给出了完全不同的政策方案——尽管他们在理论上都一致支持彻底的土地改革。作为"极左派"的代表,共产党此时尚未受到中苏分裂的影响,他们强烈反对英国在国内招募"廓尔喀士兵"、主张废除1950 年同印度签订的"不平等条约",并力图摆脱"美国影响"。大会党可被视为温和"左派",他们于 1955 年开始采取与印度的尼赫鲁主义相似的"民主社会主义"路线。这一路线重视国家的重工业建设,但也提倡引入外国资本(尤以印度资本为佳)。而廓尔喀议会尽管和共产党一样有着反印主义倾向,但在其他方面则采取了右派立场,坚决拥护王室统治,并强调私有企业和外企在经济中的重要地位。

除上述三党外,另有六个政党参与了选举。昆瓦尔·辛格领导的联合民主党支持君主制,而且与廓尔喀议会一样,这个党派的支持者大部分来自塔库里与切特里种姓阶层,而不像大会党及共产党那样,主要由受过良好教育的婆罗门阶层构成。同辛格一样,"民主议院"党的领导人也是坚决的亲印派,这一党派在楼陀罗·沙姆沙的两位丙等亲属的资助下于 1957 年成立,据说在成立的过程中还受到了王室的支持。另外,维达难陀·加(Vedananda Jha)建立的颇具地方主义色彩的塔莱

94

大会、迪利·拉曼·拉格米领导的人民议会党，以及分别由巴卓卡里·米什拉和坦卡·帕拉沙·阿查里雅领导的两个"人民大会"均参与了选举竞争。

　　尼泊尔大选的选民大部分都是目不识丁的农民，对于他们来说，某个政党宣言的具体内容和实际含义并没有多大意义——与其他工业化国家的选民相比，他们对这些内容是不怎么关心的。因此，尽管大会党致力于没收林布族的"基帕"自留地，而廓尔喀议会则承诺保留它们，但前者还是轻易地赢得了尼泊尔东区全部八个议席。在这种情况下，政党获得支持的关键即在于他们能否与地方上握有实权的个人或团体建立亲密的联系。由活跃分子组成的关系网络十分重要，但其规模肯定比每个党派官方宣称的要小得多：廓尔喀议会在1953年宣称其成员已经达到80万人，而1956年大会党则声称其拥有60万党员——而尼泊尔的总人口在当时仅有900万。现在看来，廓尔喀议会的统计数字应该纯属编造，而因为大会党允许任何人只交一卢比便成为其终身党员，所以他们的统计中也包含了很大的水分。尽管如此，大会党的确在全国范围内建立起了有效的国家机器，而其支持者的性质和支持方式在每个地区都有所不同。在东部湿地区，柯伊拉腊家族在比拉德讷格尔的势力对于大会党而言十分重要，柯氏兄弟的父亲克利须那·帕拉沙将这座城市建立成为大会党乃至尼泊尔全国的重镇，这与新加坡的开埠者史丹福·莱佛士(Stamford Ruffles)爵士所做的工作十分相似。在某些地区，如加德满都河谷西部与北部的塔芒人聚居地，大会党声援处于悲惨境地的佃农们，并获得了他们的拥护，但在其他区域，该党也得到了地主们的支持。在山地区，1950至1951年为大会党冲锋陷阵过的退伍军人们现下依然支持该党，然而其在西部湿地区的旧部下们却转投他人，这大概是因为1951年大会党曾借印度的军队在此围剿昆瓦尔·辛格及其追随者们。更重要的是，大会党吸引到了许多投机分子，这些人将该党视为当时国内最强大的政治力量，并希望与之结盟以维护自身利益。

　　大选的工作人员总数不多，而山地区通讯也十分困难，这意味着投票程序在此要持续数周之久。选民们最多要步行 28 英里才能到达最近的投票点并投下他们的选票,但尽管有各种各样的困难,大会党在此依然赢得了 43％的得票率。大选的最终结果于 5 月公布,大会党取得了决定性的胜利,赢得了总票数的 37％,这使得该党获得众议院 108个议席中的 75 个(详情参见表 4.1)

表 4.1　1959 年大选结果

党　　　派	竞争席位	获得席位	得席率	得票率
尼泊尔大会党	108	74	67.9	37.2
廓尔喀议会党	86	19	17.4	17.3
尼泊尔共产党	86	5	4.6	9.9
"人民大会"(坦卡)	47	4	3.7	7.2
"人民大会"(米什拉)	46	2	1.8	2.9
尼泊尔塔莱大会	36	1	0.9	3.3
尼泊尔人民议会党	21	0	0.0	2.1
"民主议院"党	20	0	0.0	0.7
	68	0	0	
无党派人士	268	4	3.7	16.7

数据来源：Gupta 1993:146.

注释：提夫科塔(Devkota 1979:99 - 111)给出了每个选区投票的详细统计。事实上大会党本来赢得了 75 个席位,但苏巴尔纳·沙姆沙放弃了他赢得的两个议席其中一个,而大会党在接下来的候补选举中未能胜出。

　　正如一位英国外交官于 1955 年预言的那样[①],于选举中输掉的党派很快便指责获胜党操纵选举,而几个小党派还将大会党告上法庭,希望能宣布选举无效,但未能获得胜诉。在某种程度上,大会党的确使用了值得质疑的手段。如今,一个塔芒人村镇宣称,1954 年时他们"付了3 000 卢比来贿赂马特里卡·柯伊拉腊以及大会党",以便确保政府对于他们制造的纸张的收购价格能够上涨——如前文所述,塔芒人一向

---

① 　Proud to Foreign Office, 12 May 1955 (Public Record Office).

受到强制徭役的压迫,这项造纸的工作便是徭役中的一种,一直持续到大选前后①。这项指控存在着夸大其词之处,因为马特里卡在 1954 年时任国民民主党主席,在大会党中没有担当职务,但这种事件在当时应该确实存在,而且较为广泛,而大会党也的确接受了来自许多个人和团体的贿赂,这些贿赂中甚至还有来自外国人的"资助"。尽管如此,我们不应怀疑,大会党能够赢得选举的最主要原因,是大量在地方上有影响力的人们认为该党代表了他们对未来最美好的期望。

几经拖延之后,比希维什瓦·柯伊拉腊终于在 5 月 27 日接到了国王组建政府的邀请。在此之前,由于任命一再延期,包括比希维什瓦自己在内的许多人都以为马亨德拉王想要任用另一个大会党政客为首相。尽管开局不利,比希维什瓦与马亨德拉王的关系在初期还比较和谐,而政府也得以实施了三项重大改革措施。第一项即废除"比尔塔"封地体系:这种免税的个人封地长久以来一直令拉纳家族成员及其近臣获利颇丰。这项措施并未能让底层农民切实受益,因为在这一封地体制内,一种作为中间阶级的地主团体已经建立起来了,但这的确显示了大会党有决心开始实施全国范围的土地改革。第二项重要改革则是废除了"拉杰幺塔"封地体系:在这一体制下,尼泊尔中部与西部那些先前独立或半独立的地方王公们需要每年向中央缴纳岁贡,以换取他们对自己领地的实际控制。最后,大会党开始继续推行先前已经尝试过的森林国有化政策(这次是有偿地将森林收归国有),这些林地很大一部分都是国王亲兄弟的私人财产。

在外交方面,大会党与印度当局一直保持着良好的关系,但比希维什瓦依然极尽可能地避免将尼泊尔卷入日益紧张的中印局势中。西藏暴动爆发后,达赖喇嘛于 1959 年 3 月乘机出逃印度,这使得本已恶化的中印关系雪上加霜。当政不久后,柯伊拉腊政府便宣布将国防预算翻倍以确保北部边境的安全,同时准许了这条边境线上印度军事观察员的活动。然而随后,柯伊拉腊政府拒绝了与印度达成防御共同体的

---

① Holmberg and March 1999: 50.

提议,但又故意在珠峰问题上大做文章,以便抵消国内公众对"印度威胁论"的过分担忧。尽管有着上述重重的政治困难,尼泊尔政府依然与印度成功达成了共同开发甘达基河流域的协定,并克服了国内关于"此举将损害尼泊尔独立性"的反对声音。柯伊拉腊政府还同印度签订了一份新的、争议较小的贸易条约,使尼泊尔有权独立决定本国货币的对外汇率,并可以独立制定关税体制。同时,尼泊尔也获得了中国方面的保证,承诺中国将会如美国和印度一样开始对尼泊尔提供发展援助款项。

　　尽管大会党未能为尼泊尔带来如其承诺的(事实上所有党派在竞选时均如此承诺过)、彻底的社会转型,但其改革措施还是震动了一批既得利益者,尤以拉纳家族的旧臣为代表。第一场针对税收改革提案的抗议示威于1959年12月爆发,稍后于1960年4月,公共福利协会成立,该组织很快发动罢工并要求王室干预政府改革。"国家民主统一阵线"于1959年6月由阿查里亚领导的"人民大会"、联合民主党与"民主议院"党共同组建,这一团体也在加德满都频繁组织示威游行。"阵线"指控政府腐败、对印中两国外交上软弱,并试图将权力"大会党"化(即在行政机构中排除异己、只任用大会党支持者的行为),这些罪名在1991年复行议会制时再次成为反对派指责的焦点。在涉及中国问题以外的时候,"阵线"的活动往往都能得到共产党的支持。

　　比希维什瓦将大会党控制得较以往任何一位领袖都更加紧密,1960年5月的党代会上,他再次以压倒性优势当选党主席。尽管如此,党内依然存在着反对声音,由27位心怀不满的议员组成的小团体不赞成比希维什瓦的诸多举措,而他的亲哥哥马特里卡更是时不时地突然发难。马特里卡于1956年加入大会党,但此时转而公开支持"国家民主统一阵线"的反政府运动,并痛斥比希维什瓦身兼党主席与首相两职的行为。而在1951至1952年间马特里卡自己同时担任这两个职位时,比希维什瓦也曾不遗余力地攻击他。最严重的不满可能来自两位内阁大臣:图尔斯·吉里,比希维什瓦的门徒,于1960年8月失望地辞去政府职务;以及比什瓦班度·塔帕,他投靠到了王室那边去,一直任职至国王重新掌权,并在此之前不断向国王告密自己同事的动向。

在某种程度上,对于政府而言,最主要的反对党廓尔喀议会所造成的威胁还没有其他小党派来得严重。与其余党派形成鲜明对比的是,该党领导人巴拉特·沙姆沙接受大选的公正性与合法性,而在议会中,巴拉特与其同事们的意见愈发变得激进,这使得以前存在于廓尔喀议会所持的保守主义与比希维什瓦的"民主社会主义"之间的鲜明界限越来越模糊。同时,廓尔喀议会在外交上的观点也发生了突然的转变。1960 年 1 月的一场演说中,巴拉特放弃了该党一直秉持的反印观点,并声称应与印度结盟来抵御来自中国的威胁。可以见得,在这一方面廓尔喀议会竟走得比亲印的大会党更远。

尽管巴拉特本人的观点开始向大会党靠近,但在全国范围内,有大量廓尔喀议会党员对这种立场的转变持反对态度。与此同时,在加德满都谷地以西的努瓦果德与廓尔喀地区——这两个地区在国会的代表均为廓尔喀议会党员——爆发了两党之间的严重冲突,主要原因在于大会党干部试图颠覆廓尔喀议会对这些地区的控制。尽管在两年前,大会党曾于塔莱区支持较富裕的农民与共产党支持的穷苦人展开斗争,但此时他们却转而利用上述两地的无产者反抗地主与放贷人。种族因素也在这场冲突中起着一定的作用,一部分无家可归的贫民是高等种姓的帕拉芭蒂亚人,尽管他们中并不是每个人都侵占了塔芒人的土地,但还是被满腹怨气的塔芒部落赶了出来。1960 年马亨德拉王结束环球旅行并回到尼泊尔后,这些难民设法觐见,大吐苦水并向国王求助,于是马亨德拉王裁决政府不能维持国内秩序与稳定,并有腐败滋生、"纵容反民族主义成分滋长"等渎职行为,并于当年年底解散了由大会党把持的政府。

公共秩序问题也许并非马亨德拉王解散政府的真正缘由,而仅仅是一个借口,因为国王亲自出资组建了至少一个印度教保守政治团体——纳拉哈利纳·瑜伽领导的"业报会",这一组织鼓动"拉杰幺塔"的领主们抵制政府收回他们的封地,并参与了 1960 年 10 月廓尔喀地区的暴动。其实一直以来,马亨德拉王都希望由国王直接控制政府,而他之所以同意举行 1959 年大选,可能是因为他相信大选只会产生一个悬浮议会,而国王本人将能够轻易控制这一议会。当竞选结果是大会党在议会中占了大多数而首相本人又是个铁腕人物时,马亨德拉王开始寻求廓尔喀议会的帮助,并希望利用政党倾轧将政府赶下台去。而当这种党争的乱局显然也不会发生的时候,国王最后不得不动用了紧急权力,控制军队于 12 月 15 日在一场公共集会上逮捕了比希维什瓦·柯伊拉腊与他的同事们。然而,我们不应该将这次政变视为由纯粹的个人野心和权力欲望而导致的结果,因为如同比希维什瓦一样,马亨德拉王也具有一种使命感,相信只有他自己的独特能力才能正确领导国家。正如一位印度的观察家所说:“对于马亨德拉而言,尼泊尔是一种理想,只有他自己才能将这种理想按照‘正确的’道路变成现实。”①

君主制接管政权：1961—1979

国王接过政权的最初一段时间里,国内并没有反对的声音。从 8 月份开始,政坛上就流传着国王干政的猜测,10 月份时马亨德拉王亦亲口告诉苏巴尔纳·沙姆沙自己的打算,但内阁的大臣们认为,组建党的直属武装来对抗国王,只会加速国王对他们的打击。此时加德满都街头没有任何抗议示威活动,而国内受过教育的精英阶层中,许多人也倒向了马亨德拉王一边,其中就包括了大会党 74 位议员中的55 位。

政变发生时,苏巴尔纳·沙姆沙正在加尔各答旅行,因此成了唯一一位未被拘捕的内阁大臣,但即使这样,起初他也并不情愿反抗国王。在他人的反复劝说下,苏巴尔纳才开始进行对抗性的政治活动。在这些说客中,印度总理贾瓦哈拉尔·尼赫鲁起到了至关重要的作用,他自1950 年开始便反对尼泊尔的独裁政治,这不仅是因为个人独裁与尼赫鲁的政治理想相悖,更是因为他认为这种政体可能会导致印尼边境形

① Chatterji 1997：110.

势不稳定。1961 年底,廓尔喀议会领导人巴拉特·沙姆沙抵达印度并促成了"议会"与大会党的融合,此举使党内要求反抗国王的呼声愈发高涨。尽管此前也有些许小动作,但从 1961 年秋天开始,大会党才真正着手筹划大型的军事行动。在流亡印度的政客们的资助下,一支超过 3 000 人的游击队成立并跨过边境向尼泊尔发动了攻击。在 11 月战斗开始之时,马亨德拉王刚刚与中国方面签订了一项协议,在中国的援助下修建一条从加德满都到中尼边境的公路。这一协议被印度政府视为潜在的威胁,所以可能导致新德里默许了反政府武装的行动。当然,也有可能是迫于印度对于自己对手的支持程度日益加深,马亨德拉王才转而寻求与中国合作。

反政府武装并未试图建立处于自己控制下的据点,而与一代人之后尼泊尔国内爆发的"人民战争"相比,这场战斗的伤亡则少到几乎可以忽略不计。根据政府的统计,一年之内共有 31 名反政府武装的战士及 22 名平民死于战火。然而,到了 1962 年夏天,这些伤亡所带来的国内政治压力已经迫使马亨德拉王开始考虑,是否要向反政府武装妥协以停止战争。而同年 9 月印度实行的、非官方性的经济封锁,使得马亨德拉王的处境更加岌岌可危。10 月份时,中印边境自卫反击战爆发了,这使国王肩上的压力稍轻。印度需要尼泊尔的合作,因此在尼赫鲁的要求下,苏巴尔纳停止了这场武装冲突。

101　　　这样一来,马亨德拉王便得以专心建设那种他自己在 1963 年宪法中提出的无党派政制:"潘查雅特民主"。尽管这一设想在帕德玛·沙姆沙夭折的 1948 年宪法中就已初具雏形,但在马亨德拉王的谋划下,该制度的具体细节大量参考了此前已在巴基斯塔、埃及、印度尼西亚和南斯拉夫建立起来的类似政体。在此制度下,基层村庄和城镇的议事会(即"潘查雅特")是由直接选举产生的,这些议事会的成员组成了选举团,并选出某一地区的代表。所有的地区代表再依次从他们自己中选出国家立法机关,即"民主议事会"的一部分成员,而其余的民主议事会成员则来自政府资助的"阶级组织"以及王室任命的宠臣。这些"阶级组织"理论上应来自并代表国家人口中各个不同的群体,如工人、农民、青年等。但在实际操作中，这些组织便退化成了规模较小的、成员由政府指定的中央委员会。民主议事会的权力有着很大的限制，而这一整套体制尽管在政治中引入了人民代表的成分，但其前提始终都是让国王能够在不受议会民主干涉的情况下进行统治。

1980 年时，马亨德拉王之子比兰德拉王才终于将民主议事会的产生方法由这种复合式的间接选举改为直接选举，而在此之前，这一制度维持了近 20 年没有改变。尽管如此，1967 与 1975 年通过了两份宪法修正案：第一份修正案主要是文字细节上的修改，但将 1961 年 1 月以来对某些政党活动的禁令添加到了宪法中去。第二份修正案某种程度上是为了平息 1972 年比兰德拉继位以来的社会动荡而作出的，增加了地区代表的人数——这些地区代表有权力选举民主议事会成员——并取消了之前"不得向大众公开民主议事会的工作细节"这条禁令。然而，也许是受到 1975 年甘地在印度暂时禁止多项民主权利一事的影响，比兰德拉王在这份修正案中确立了一个由政府任命的成员组成的机构，并赋予这个机构类似于共产党政治局一样的权力，使他们可以审查民主议事会竞选人，并直接任命各个地方议事会的成员，借此来加强中央对国家的控制。同时，比兰德拉王还取消了民主议事会中的"阶级组织"成分，这样一来，政府便不必面对毕业生选民将异见代表选入立法机关的尴尬局面了。

表 4.2　1962 年宪法规定下"民主议事会"的构成

由地方议事会选举产生	90
农民群体代表	4
青年群体代表	4
妇女代表	3
退伍军人代表	2
工人代表	2
毕业生选区	4
国王任命	16
总人数	125

1962 年秋,印度与尼泊尔间的外交正常化,印度政府终于接受了尼泊尔王室统治的事实,并恢复对尼泊尔进行全面的发展援助——即使是在马亨德拉继位之后那段时间,印度也未曾完全中断支付这些援助款项。但是,两国的关系还是时有起伏,在尼泊尔的关税政策和该国在印度境内的第三国外货转运权上(参见第五章),双方常常无法达成

102 一致。在国家安全方面,印、尼之间也存在争端。尽管尼泊尔名义上是不结盟国家,但印尼两国在国防方面还存在着一定程度的合作。1965年 1 月,马亨德拉王甚至与印度方面达成了一份秘密协定,在能够从印度购买到某一款军事装备的情况下,尼泊尔不会优先考虑他国的同款装备。然而,在 1969 年,尼泊尔要求印度方面撤回部署在自己国境上的军事观察员,时任首相基尔提尼迪·比斯塔也在一次采访中暗示,尼泊尔不再承认 1950 年《友谊条约》的有效性,并公开否认了 1965 年秘密协定的存在。这些问题的根源,在于印度依然想要尼泊尔承认其处于印度势力范围之内,然而不论这种承认有多么委婉,马亨德拉王或比兰德拉王都不愿意作出。因此,尽管不愿与印度公开决裂,国王还是想令尼泊尔获得最大程度的自主权,而在外交上反抗印度压迫的行为也能使国内的民意更倾向于国王本人。

1971 年末,马亨德拉王去世几周后,印度在战场上击败巴基斯坦军队,使东巴基斯坦独立并成立了孟加拉国,这种形势的变化使得尼泊尔在外交上的斡旋空间顿时严重缩水。由于中国方面除了口头声援巴基斯坦之外并未有任何实质性的行动,印度在南亚大陆顺利建立了主导。令尼泊尔更加惊慌的是,1974 年印度吞并了锡金王国,在此前尽管外交上受制于人,但锡金至少是政治上独立的主权国家。这一国际形势的变化是由在锡金居住的尼泊尔人促成的,作为当地的少数民族,他们认为此举能将其自身从锡金蕃提亚统治者的奴役中解放出来。然而在尼泊尔国内,这一行为却被视为印度赤裸裸的扩张主义的表现,加

103 德满都街头的示威者们纷纷打砸印度的建筑与车辆来泄愤。第二年,在为参加其就职典礼的宾客们举行的告别演说上,比兰德拉王号召国际社会将尼泊尔作为"和平区"看待,希望以这种方式来强调尼泊尔在

中印之间的战略性中立政策。这一含糊的声明得到了与尼泊尔建交的大部分国家的承认，然而印度认为这是比兰德拉王试图偷偷否认1950年条约的计策，因此拒绝接受。最后，此举只能以在印尼间再度造成不快而收场。

1983年，南亚区域合作联盟成立，将印度、尼泊尔、巴基斯坦、孟加拉、斯里兰卡、不丹及马尔代夫联系在了一起。然而，这一组织并未使尼泊尔获得更有利的外交条件，因为印度始终坚持，任何双边问题都不应在这一组织内讨论。虽然如此，因为该组织的秘书处最终选址在加德满都，这一组织还是提升了尼泊尔的国际形象。

除了与印度的分歧之外，尼泊尔王室的外交总体来讲是成功的。1967年尼泊尔曾就中国外交官在加德满都的活动问题与中国发生争执，而据说在尼泊尔北部驻扎的"坎帕"游击队曾进入中国的西藏劫掠，这也使得中尼关系有过非常短暂的紧张期。这些同中国的争端得到了印度以及（尼克松访华之前）美国中央情报局的支持，直到1974年尼泊尔军队发动了一场为期三个月的战役后，"坎帕"游击队才被剿除。不过，总体而言，尼泊尔同南亚的其他国家以及外部世界都保持着良好的关系，也不断收到来自私人捐助者和国际组织的大笔经济援助金。在援建尼泊尔问题上，印度与中国、印度与美国之间都存在着竞争，但这种他国之间的竞争却使尼泊尔收到的援助总量大幅提升了。然而，这些钱是否都用在了尼泊尔的长远建设方面，却是一个值得探究的问题，将在下一章里给予详细的考察。

在国内政界，政党政治家发动过一些小规模的反抗运动，地方上也时而发生骚乱，这些混乱通常都是由土地争端引发的。然而，直至1979年以前，国内并未发生足以威胁到王室统治的政治事件。这一现象反映了政党政治并未在尼泊尔建立起牢固的基础，这可能是因为受过教育的中产阶级在尼泊尔总人口中所占的比重依然微不足道。不论怎么说，王室的确承诺了在不牺牲传统的情况下为国家谋求发展，也确实施行了几项重大改革（将在第五、六章进行进一步讨论）。颇具讽刺意味的是，马亨德拉王沿用了大会党之前提出的改革方案："比尔塔"与

104   "拉杰幺塔"封地体系在 1959 至 1960 年间通过立法被废除，但废除的
具体过程实际上是在王室掌权之后才得以实施的。1964 年颁布的《土
地改革法案》在某种程度上也与比希维什瓦·柯伊拉腊提出的方案有
很高的相似性。因此，"潘查雅特"政体不应被简单地视为保守派政治
势力的胜利。国王小心地避免触碰大众的既得利益，而地方上的权力
结构很大程度上未受到波及；但有些大地主的影响力的确被降低了，而
在加德满都谷地内，佃农们的地位得到了很大的提升。因此，至少在早
期阶段，很多人对于这一政体的态度都是赞同多于怀疑的。

　　另一方面，尽管王室的统治表面上光鲜无比，但其背后却潜藏着危
机。政府未能解决那些隐含的、根本性的经济问题，这些问题虽然一时
并未为政治带来重大的压力，但对于国家的长远发展却是至关重要的。
更加明显的乱局来自"潘查"们(panchas)，也即活跃在体制之内的政客
们之间的派系分化：政府的宣传攻势总是强调要用政客之间的团结一
致来取代议会制时期的党争，但团结这件事说起来容易，做起来难。同
时，另一个社会问题开始变得越来越显著：尽管知识分子阶级整体都
接受了王室统治的政治现实，但"潘查雅特民主"的真正信仰者却少之
又少。1960 年以前的知识分子们坚持了他们原有的想法和观点，而
1967 年以后民主议事会内部出现了重要的思想变化，这一机构的文件
开始使用"左翼分子"和"右翼分子"来区分政治信仰不同的议事会成
员。"潘查雅特民主"在教育大众化方面十分成功，但受教育人数的上
升也意味着会产生更多持不同政见者，而当一度因国际援助而急速扩
充的官僚机构无法继续为受过教育的年轻人提供与他们的期望相符的
工作保障时，这一问题便愈发严重起来。

　　权力内部的分裂最先是从与国王密切合作过的政治家中间开始
的。李希凯什·沙哈在 60 年代曾担任外相及财政大臣，也是 1962 年
宪法的主要起草人，1967 年时他却领导一群立法机构的成员率先发
难，要求改用直接选举产生民主议事会，并希望议事会有权任免首相。
1969 年，沙哈又攻击首相，指责其在未经立法机关同意的情况下就私
自中断了与印度的国防合作关系，他因此入狱了一段时间。然而，与

1967 年的运动应者寥寥不同的是,这次共有 64 位议员共同签署了一份请愿书,通过积极斗争使沙哈得到了释放。1972 年比兰德拉王继位后,一位"部长议事会"的前任主席苏利亚·巴哈杜尔·塔帕再次发起运动,要求国王进行由沙哈提出的改革,但结果是他也锒铛入狱。

　　那些从一开始就坚决反对"潘查雅特民主"体制的异见分子们,此时采用了与上文略微不同的方式来继续斗争。1968 年,流亡海外的大会党领导苏巴尔纳·沙姆沙发表声明,宣布与国王进行"忠实的合作"。比希维什瓦·柯伊拉腊此时还在加德满都的监狱里服刑,他不满于这种似乎是妥协的态度,并拒绝发表相似的声明。但马亨德拉王算计着他不会彻底反对苏巴尔纳的新政策,所以还是释放了他。重获自由后,比希维什瓦马上多次发表了不利于国王的演讲,在苏利亚·塔帕提醒他可能会再度入狱以后,他于 1969 年初逃往印度。为了与这些异见者重新达成和解,马亨德拉王下令作出修正案,让宪法更加自由宽松,然而这项工作未竟时,马亨德拉王便去世了。尽管有苏利亚·塔帕在民主议事会中不断斡旋,而爆发的学生游行也波及了尼泊尔整个国家,但继位的比兰德拉王最初并不想改变他父亲指定的体制。在这样的形势下,比希维什瓦选择了发动军事进攻,尽管与 1950 及 1961 年不同,这次印度不会在背后支持他们。接下来,一些小规模的行动陆续开展起来,譬如 1973 年异见者们劫持了一架飞往偏远的比哈尔简易机场的飞机,以及同年 3 月失败了的刺杀比兰德拉王的活动。这些行动基本不具有任何军事意义,但也许的确触动了比兰德拉王,促使他于 1974 年 12 月组建了修宪委员会。

　　尽管 1975 年修正案的最终版本事实上并未带来宪法的宽松化,反而更收紧了中央的权力,比希维什瓦还是于 1976 年 12 月同他的老战友伽内沙·曼·辛格回到了加德满都,但刚到机场两人便遭到了逮捕。比希维什瓦宣称他之所以回国,是想为尼泊尔的统一作出贡献,防止出现会威胁到国家独立的局面,这里应该是暗指两年前印度吞并锡金的事件。然而,真实的原因可能是在 1975 年英吉拉·甘地实施紧急法案后,比希维什瓦的日子越来越不好过了。逮捕后的法律程序进展缓慢,又被比希维什瓦两次因癌症保外就医的行程所打断。1977 年 10 月，在加尔各答就医的比希维什瓦于病床上会见了苏巴尔纳·沙姆沙，后者为他带来了收到的党费。但苏巴尔纳的旧部下们很快对他的领导感到不满，到 1978 年夏天时，这些人已经在巴坎·辛格·古隆的领导下组成了另一个反对党。1978 年秋，尼泊尔方面终于撤销了对比希维什瓦的全部指控。比兰德拉王可能是真心地希望同自己父亲的老政敌实现和解，但这种宽大处理有一部分原因也在于，国王意识到，1977 年 3 月取代英吉拉·甘地执政的印度人民党对尼泊尔国内的压迫行为是无法容忍的。

106 　　尽管在 70 年代末，大会党因为更现实的理由而改组成两个党派，但这一时期共产党却因政治信仰的分歧而至少分裂成了七个派别。每一派都自称是 1949 年建立的尼共的正统继承者，但使它们分裂的原因不仅是对待王室和大会党的不同态度，更在于对中苏交恶的不同看法。坚决支持苏联的一派由基沙尔·忠格·拉亚玛希领导，此人在 1960 年共产党尚未分裂时曾任总书记，他支持王室掌权并准备同其展开合作。其他更激进的共产党干部很快与他分裂开来，但这些人自身也未能团结一致。普什帕·拉·施莱斯塔至今依然被大部分尼泊尔共产党人视为尼泊尔共产主义运动之父而受到缅怀，他当时在某种程度上倾向于北京，但不愿与莫斯科方面公然决裂，而且始终如一地倡导与大会党保持战略上的一致。曼·莫汉·阿迪卡里的追随者们组成了第三个派别，他们明确支持北京，并疏远大会党和印度政府。另一个更具现代性的派系由纳拉扬·曼·比朱克切（"罗希特同志"）领导，他先前曾是普什帕的追随者，但当普什帕在 1971 年孟加拉独立战争中对印度的干涉表示支持时，比朱克切表示无法认同并与之决裂。尽管这一派别的支持者局限在巴德冈一地，但比朱克切的手下们成功地将当地佃农组织起来并渗透到了地方议事会的机构中去。

　　对于国家未来的历史走向来说，更加重要的是另外两个派系：尼共（马列主义）由"贾帕里"极端组织的前任成员于 1978 年建立。"贾帕里"组织在 70 年代早期曾效仿印度的纳萨尔派分子，在东部塔莱区的贾帕一带村庄中暗杀"阶级敌人"。地方安保力量很快行动起来,在伤亡人数还是个位数时便挫败了他们的暗杀活动,于是这一组织便转为地下活动,开始非暴力地煽动平民展开抗议。尼共(第四公约)由莫汉·比克拉姆·辛格于1974年建立,在70年代更具影响力,但这一派系以毛主义为政治信仰,并重新提出一代人以前的关于召开立宪会议的要求。

尽管大部分共产党员被迫展开地下活动,一旦身份暴露便面临着牢狱之灾,但王室从来都将大会党视为一个比"左派"共产党更重要的威胁。在某些情况下,政府还试图利用共产党来钳制比希维什瓦·柯伊拉腊以及他的追随者们。大会党的支持者经常不能从事教师等行业,而另一方面,有证据显示政府官员在背地里还时不时地汇钱给诸如尼共(马列主义)这样的激进组织。就这样,尼泊尔的政客又一次不得不时常提防着身边的同事们。

107

尽管官方禁止了政党政治,教育机构中的学生会选举却为之提供了一处舞台,在这里,政党政治依然得以繁荣发展。这里的竞争通常发生在支持北京的共产主义者与大会党支持者之间,后者通常称呼自己为"民主党人"。支持"潘查雅特"制度的学生们也时常参与到竞选中去,但通常只能排在第三名。直至1975年民主议事会被废除之前,这一机构的毕业生选民群体同样也为反对派提供了言论阵地。60年代后期,李希凯什·沙哈曾以此为政治攻势的基础,而另一位政治家拉姆拉扎·普拉沙·辛格曾在1971年选举中获胜,但最终因为其对"潘查雅特"制度的批评而被从立法机关中驱逐了出去。当局对这类政治活跃分子的容忍程度时常发生变化,这种政策的改变大多是由体制内的几位有权势者所决定的,但也可能来自王室对形势的判断。根据都尔嘉·波克莱尔(Durga Pokhrel,此人现任妇女事务委员会主席)等人的回忆录,那些公开表达对政体不满的异见分子们时而遭受残酷的刑罚。然而,在受过教育的人群间,大家似乎达成了一致,认为私下里抱怨是安全的,只要不在公共场合发表这种言论就不会招来祸端。这种尼泊尔人敢于向彼此以及向外国人表达对社会不满的行为,证明了那种在真正的极权社会中存在的、对无所不在的告密者的恐惧,此时并未在尼泊尔广泛出现。

体制受到挑战：1979—1988

1979 年,两位大会党的斗士被指控于 1974 年谋杀国王以及于 1975 年领导武装暴动,在 2 月被处以绞刑,这件事成了引发大规模抗议的导火索,而这些抗议示威最终带来了"潘查雅特"政体的第一次重大变化。王室方面——不论当时是国王本人还是国王的几位重要顾问在拿主意——似乎笃定地认为虽然之前宽大处理了比希维什瓦·柯伊拉腊,此时面对这些示威游行则必须拿出一点强硬的态度来。然而,政府的蛮横做法却招致了学生群体间更加高涨的愤懑情绪,而在此之前他们就已经因为近来教育系统的诸项变化而心怀不满了(参见第六章)。1979 年 4 月 6 日,学生游行至巴基斯坦使馆前,表面上是抗议巴政府处决前任首相佐勒菲卡尔·阿里·布托,实际上则是针对尼泊尔国内 2 月份的处决事件。警察对示威者的暴力镇压引发了在加德满都谷地以及某些湿地区村庄内更大规模的抗议活动,也迫使政府开始同"学生行动委员会"展开谈判,这一组织基本由大会党以及拉亚玛希和普什帕·拉领导的两个共产党温和派所控制。二者达成了某种程度上的协定,政府承认"委员会"的大部分要求,并在高等教育界切实推行相应的政策。这些要求包括：通过高中毕业考试的学生一律平等地获得大学入学资格、建立"爱国学生独立协会",废除支持"潘查雅特"制度的学生团体,以及在全国范围内建立一个独立的学生联合会。然而,尼共(马列主义)与尼共(第四公约)中较为激进的"左派"分子拒绝承认这一协定,认为这是革命者对革命的背叛,并继续煽动加德满都的抗议活动。进一步的示威于 5 月 23 日达到顶峰,示威者冲进了政府报社,放火烧毁了整栋建筑。由于连日的抗议导致警力紧张,在不得已之下,军队开上了加德满都街头。

此时的局面尚未达到失控的程度,与同时期的印度以及稍晚时候的尼泊尔自身相比,当时的伤亡数量要少得多。尽管如此,这次抗议事件依然是自"潘查雅特"制度建立以来,对政治秩序威胁最大的一次骚乱。与此同时,比兰德拉王担心印度方面会对尼泊尔内政加以干涉,而他也不想重蹈 1979 年伊朗巴列维王朝的覆辙。在连夜的咨询会议后,次日早晨比兰德拉王在大多数王室成员均不赞成的情况下,通过尼泊尔广播电台宣布将召开全民公投,以决定国家未来是在"潘查雅特民主"体制的基础上进行"适当的改革",还是重启多党民主制。1979 年12 月时,他又指出"适当的改革"包括了将民主议事会的选举方式改为普选,这一点是李希凯什·沙哈与苏利亚·巴哈杜尔·塔帕等人长久以来一直为之斗争的。在此情况下,塔帕本人被王室任命为首相,以期提高改革方案获胜的可能性。

尽管柯伊拉腊发表声明,希望这次公投是公平与透明的,但包括巴坎·辛格·古隆领导的温和派在内的大部分大会党人都同意"左派"共产党的意见:应该首先确立一个过渡政府。比兰德拉王的确取缔了"全国返乡运动"的中央委员会,因为这一机构对"潘查雅特"体制的监督管理已经产生了极大的民愤,即使在民主议事会内部成员间也是如此;但旧政府的其他部门依然保持正常运作。不论怎么说,大部分反对党都支持多党民主制,尽管尼共(马列主义)与尼共(第四公约)依然对公投进行抵制。在旧体制中任职的某些政客也转变了自己的立场:一部分显赫的民主议事会要员以及某些地方上的"潘查雅特"全体成员都抛弃了原有的阵营。

1980 年 5 月 2 日,在公投举行之前的一次政治运动中,反对派终于获得向公众传达自己观点的机会,但在尼泊尔广播电台的节目中,只有对"潘查雅特"制度支持者一方的宣传,而国王所谓的"中立性态度"也不过是名义上的姿态而已。另外,塔帕也充分利用了一切他所能接触到的政府资源来影响公投的结果,据称他将能带来暴利的伐木业特权许诺给商人们,以换取他们对旧制度的"捐赠";同时他还鼓励山区的居民向低处湿地区移民,因为塔帕认为这些居民能够"更正确"地进行投票。公投的最后结果是"潘查雅特"制度的支持者们以 240 万比 200万的比例获胜。该结果公布后,许多多党民主制的支持者都认为投票过程中存在大规模的舞弊现象,而北部边远选区中呈现出的高投票率与极低的废票比例则显示出这种不正当的行径也许的确发生过。但考虑到当时尼泊尔许多地区的地方精英阶层依然效忠于王室统治,这一结果应该不是单纯地由不良手段修改而成的,而是真正反映了尼泊尔的民意。另一方面,为多党民主制投票的人也为数众多(尤其是在主要城市中),这也说明了国民对议会制度的渴望将会在以后愈发强烈起来。据传,比兰德拉王曾亲口谕示一位"潘查雅特"制度的坚定支持者巴哈杜尔·昌德(此人后来真的出任了尼泊尔首相),令他为在未来 10 到 20 年间一定会出现的多党制竞选做好准备。

在 1980 年通过的宪法第三修正案规定下,民主议事会扩编到了140 人的规模,其中 112 位议事员由直接选举产生,另外 28 人则由国王任命。所有的竞选人都要宣誓效忠于"潘查雅特"制度,并成为政府"阶级组织"中的一员。政府直接向立法机构负责,但只有当民主议事会中 60% 以上的人通过时,政府才能任命首相,否则民主议事会必须提供一个三人名单,由国王选出一位来担任首相之职。整个体系也受到"潘查雅特政策与评估委员会"的监督管理,这一机构的职权范围与已废止的"全国返乡运动"中央委员会十分相似。

比希维什瓦·柯伊拉腊宣布认可这次公投的有效性,这使他在其大会党同僚们一片"公投无效"的呼声中显得格外孤单。他也试图参与到新制度之下的第一次大选中去,但遭到他自己领导的派系的阻止。规模最大的几个左翼政治团体同样也拒不承认新体制,但其他一些派系的确派遣了代表参加选举——尽管在无政党体制的要求下,所有的竞选者必须以个人的名义参加大选。在 1981 年 3 月的投票中,两位由巴坎·古隆领导的温和派所支持的候选人与三位左翼代表获得了胜利。后者中的一位来自"罗希特同志"领导的尼泊尔工农党,他成功赢得了巴德冈的席位,而在此前工农党已经在地方政府内巩固了自己的地位。

110　　　五年之后,尼共(马列主义)已经赶超了莫汉·比克拉姆·辛格领导的尼共(第四公约),成为规模最大的共产主义党派。在这样的情况下,该党决定参与到新政治体制中去,有四名党员及其一名支持者在当年的大选中顺利当选。工农党保住了巴德冈席位,而拉亚玛希派别的一位候选人与两位独立的"左派"代表也赢得了选举。这两位独立代表中有一位涅瓦尔文化活动家,名叫帕德玛·拉特纳·图拉达,他赢得了享有殊荣的加德满都席位。柯伊拉腊领导的大会党派别依旧抵制全国普选,但成功地赢得了加德满都市长的选举。不幸的是,这位大会党员市长在上任几个月之后就被赶下台去,因为他拒绝在"潘查雅特"制度诞生纪念日那天参与庆祝活动。政党就这样以较小的规模持续不断地渗透到民主议事会中去;另外,直接选举的实行意味着,竞选低地区席位的候选人们不必再获得山地区代表们的投票。这使得低处湿地区更多的中等种姓群体——尤其是雅达夫种姓——获得了更多参与竞选的机会。

　　总体来讲,王室依然持有首相任命权。大选结束后苏利亚·巴哈杜尔·塔帕的上任以及1983年巴哈杜尔·昌德接任首相一职,这些安排都是由国王操纵的。然而,当国王私下里授意塔帕辞职以便昌德能够继任时,苏利亚·塔帕拒绝接受这一要求。与之相反,苏利亚一直坚持出任首相,直至国王组织的一场毫无置信度的投票表决将他免职。在这之后,塔帕继续将公开化的政治斗争引向了一个宪法外组织:"地下帮派",因为他认为这一组织在国王针对他的免职策划中起到了推波助澜的作用。事实上,我们认为一开始那些倾向于塔帕的民主议事会成员,在最终都被比兰德拉王的两个兄弟:贾南德拉和迪蓝德拉策反,并最终开始反对由塔帕出任首相。王室一直以来都是通过赞助与操控政治的方式来为所欲为,而并未直接以权力否决立法机构的决议或干脆推翻立法机构本身,这一点在某种程度上与英王乔治三世在18世纪时的策略相似。另外一点与英国的类似之处在于,这一时期在尼泊尔的立法机关内部出现了某种"两党制"的雏形,也即存在"当权派"和"在野派"两个派系。

　　与此同时,柯伊拉腊于1982年在他去世前,将大会党的权力交接给了"三巨头"——由他的三位老战友:伽内沙·曼·辛格、克利须那·帕拉沙·巴特拉伊以及比希维什瓦的弟弟吉里贾组成的政治团体。这三位都是老资格的大会党党员,50年代之前就开始活跃在政坛上。吉里贾的资历相对浅薄,但从1976年开始他成为大会党的总书记,在加德满都以外的地区吸引了一大批支持者。1985年,尽管吉里贾对此心存疑虑,但"三巨头"还是决定再次发动"萨缇亚格拉哈"运动,以促使王室恢复政党的全部权力;与此同时,几个共产党派系也联合起来发动了另一场与之平行的相似运动。大会党的运动于5月正式展开,但6月份时,加德满都发生了四起爆炸袭击案,三位安纳普尔纳酒店的员工(the Hotel de l'Annapurna,该酒店归国王的姑姑所有)以及一位当时身在东南边狮子宫广场的议员在爆炸案中遇难。这些恶性事件发生后,国王全面禁止了此次运动。拉姆拉扎·普拉沙·辛格曾是一位支持大会党的民主议事会议员,此时他流亡印度并组织了一个反对王室统治的极端团体,该团体宣布对这些爆炸案负责。然而,国内也流传着未经证实的另一种说法,即国王的亲兄弟也参与到了爆炸案的策划中,事后为了脱罪,他付钱给拉姆拉扎,让他站出来顶替罪名。

除了上述这种直接对抗性的活动以外,大会党与其他没有转入地下的政治团体一样,也采用了"宣称自己并非政党性团体"的伪装方法,这样他们就得以照常集会、辩论并招募新党员。大会党的活动地点尽人皆知,但党员们通常十分谨慎,没有人能把他们的活动与媒体宣传中的"非法行为"(尼泊尔语称"普拉提班蒂"[pratibandhit])联系在一起。记者们常常遭到政府的骚扰,但即使遭到权力机关的明令查封,新闻人们也会换一个名字将报社继续办下去。同时,国内政界出现了数量众多的"公民社会"团体,这些团体不参与政党政治,但对国家的政治建设进程显示出浓厚的兴趣。然而,在80年代,政治高压并非令知识分子最为诟病之处,因为在这一时期,尼泊尔人民中出现了对政治与经济建设方向愈发高涨的反对声浪,而腐败也日益严重,据说已经蔓延到了王室内部。1987年,国内事态发生了戏剧性转变,迪蓝德拉亲王的一位旧幕僚:巴拉特·古隆,与其他几位老牌政治家一起遭到指控,罪名是参与偷运毒品活动,并于1986年夏试图杀害一位调查此事的新闻记者。这一案件事实上反映了王室内部的纷争：当时迪蓝德拉亲王正在与他的妻子闹离婚，这位王妃是艾什瓦尔娅王后的姐妹。这场纠纷最后以亲王放弃王室的头衔和地位而告终，他随后前往不列颠，与他的英国爱人组建了家庭。但艾什瓦尔娅王后自己并未逃过流言的困扰，据称她利用自己作为尼泊尔国家社会服务协调委员会资助人的身份，私吞公款，为自己谋取了极大的利益。

与此同时，在全国范围内，"潘查雅特"议员之间也出现了问题。1986 年大选结束，马利克曼·辛格·施莱斯塔就任首相；当针对他发起的一次不信任投票被强行制止后，上述问题变得严重起来。自普利特维·纳拉扬 200 年前征服涅瓦尔王国以来，辛格是首位成为国王首辅的涅瓦尔人。但他的家族在几代前便离开加德满都在外定居，因此当时辛格并没有合适的人脉，让他得以建立自己的派系并对抗不支持他的全国地方"潘查雅特"议员们。

除了国内的种种乱象之外，比兰德拉王还要面对南亚其他地区尼泊尔人的反抗潮流。1986 至 1988 年，在大吉岭地区的尼泊尔少数民族开展了暴力运动，目的是推翻位于加尔各答的西孟加拉邦政府对他们的管辖，并在印度联邦中建立自己的"廓尔喀邦"。这场运动的领导者们最终同意留在西孟加拉邦，以换得有限的自治权，而印度中央政府可能将这场运动利用起来，以打击印度共产党(马克思主义)在加尔各答的组织机关。然而，这起事变在印度国民中引发了对尼泊尔少数民族的怀疑。尽管"廓尔喀邦"的支持者们反复强调，他们希望留在印度联邦中，而不是合并到尼泊尔去，但印度人依然质疑尼泊尔人是否还抱有建设一个囊括整个东部喜马拉雅地区的"大尼泊尔"的梦想。这种质疑也影响到了控制不丹政权的卓巴人(Drukpa)，使得他们愈发敌视不丹南部人数众多的尼泊尔语使用者。

在印度东北部几个乱象频生的邦中，尼泊尔人也遭到了不平等对待。在米佐拉姆邦(Mizoram)，早至 1967 年，就发生过本地民族将 8 000 名尼泊尔人驱逐出去的事件，而 1979 年，新一轮的"种族清洗"运动又在阿萨姆地区展开。在这里，种族主义学生运动开始时针对的是

112

孟加拉人（如同"廓尔喀邦"运动一样），但后来尼泊尔人也受到牵连，被赶出阿萨姆。这场运动的形势是较为复杂的：我们尚不清楚遭到波及的尼泊尔人究竟是真正的印度公民，还是按照 1950 年《友谊条约》"两国公民可以在对方国家自由生活与工作"的规定留在印度的移民者。不管是哪一种，这种驱逐行为均是不合法的，而面对这一地区普遍存在的种族冲突，印度政府并未能有效维护这批尼泊尔人的权利。

尽管有些尼泊尔人依靠去印度寻找工作来谋生，但使得两国交换劳动力成为可能的《友谊条约》相关条款却遭到了其他尼泊尔人的反对，因为同时也有很多印度人利用这一政策去尼泊尔找工作。1950 年的条约中有一条含糊不清的条款，称如果涌入尼泊尔的印度人数量太多时，应制订"特殊政策"来缓解这一情况；因而施莱斯塔政府于 1987 年单方面宣布，日后来尼工作的印度人必须先申请务工许可，得到审批后方可进入尼泊尔。同时，政府也决定从中国采购一小批武器装备，这两件事使得印、尼关系出现了裂痕。

113

"人民运动"与民主的恢复，1989—1991

尽管存在着各种各样的问题，但至 1989 年初，大部分观察家都认为，"潘查雅特"政制还能够再坚持几年。体制的迅速崩塌，首先是由当年 3 月印度决定对尼实施的半封锁政策促成的。这一制裁是因为比兰德拉王领导的政府拒绝同印度签署一套合并的贸易与转运协定，而此前印度人民党政府于 1978 年曾同意与尼泊尔签订贸易及货物转运方面相互独立的两份条约。与 1962 年的封锁相同，此次印度官方也没有正式发表声明，而是以"行政因素"为借口开始阻碍商品的流通。印度方面作此决策的真正理由不仅在于经济问题，也出于对此前"工作申请"政策以及从中国进口武器一事的报复。在这种情况下，新德里方面认定，有必要通过施加压力，使尼泊尔政治回归到 1950 年与最后一任拉纳执政达成共识时的状态。制裁造成的多种物资——尤其是煤油——短缺在尼泊尔造成了很大的困难，而公众意见起初只是单纯地责怪印度方面。然而，尼泊尔国内对于自己政府的不满情绪很快便开始积累,而当亲尼的维什瓦纳特·辛格于 1989 年 11 月取代拉吉夫·甘地成为印度总理后,加德满都依然未能和印度达成和解,这使得国内的批评迅速增长。

同时,东欧剧变给尼泊尔的政治活动家带来了希望,而有些共产党派系的想法也开始转变。1989 年 8 月,在尼共(马列主义)党会上,该党彻底放弃了毛泽东思想,并决定同大会党开展合作,将建立议会制民主作为其短期目标。在此背景下,1990 年 1 月,大会党于伽内沙·曼·辛格在加德满都的住所召开会议,宣布将于 2 月 18 号(后拉纳时代第一个临时政府建立的纪念日)发动恢复民主运动。在此次运动中,由几个共产党派系组成的"联合左翼阵线"宣布支持大会党,这一"阵线"由尼共(马克思主义)领导人萨哈娜·普拉丹任主席。尼共(马克思主义)于 1987 年融合而成,其中既包括由萨哈娜去世的丈夫普什帕·拉·施莱斯塔所领导的派别,也包含曼·莫汉·阿迪卡里的追随者们——此前莫汉已经同萨哈娜的姐姐结婚了。"阵线"中的其他派别包括尼泊尔工农党、尼共(第四公约)以及最重要的尼共(马列主义)。在这一时期,马列主义者们已经超过了尼共(第四公约)成为最为壮大的共产党派别,因为"第四公约"组织此前分裂成了若干部分。1983 年,"第四公约"的创立者莫汉比克拉姆·辛格失去了对该派别的控制力,并创立了新党派尼共(马萨尔);随后,"马萨尔"又反过来同普什帕·卡迈勒·达哈尔(即普拉昌达)的追随者们分裂开来,后者采用了与"马萨尔"十分相近的名字:尼共(马沙尔)[①]。这两个分裂出来的派别并未参加"联合左翼阵线",但与其他较小的党派共同成立了"全国联合人民运动",并宣称将自行发起示威活动。

尽管缺乏统一的组织,所有的反对党起码做到了同时对王室采取行动。另外,这场运动中也有来自国外的援助:包括人民党党员钱德拉·谢卡尔(Chandra Shekhar)在内的几名印度政治家出席了大会党

①　在尼泊尔语中,这两个名称更容易混淆;对于大部分尼泊尔人来说,转写成"s"和"sh"的两个尼泊尔语字母发音是一模一样的。

此前召开的会议，这使得政府给大会党加上了"里通外国干涉尼泊尔内政"的罪名——尽管在"潘查雅特"制度建立之际，反印主义一度并未对国内政治产生太大的影响。

以学生为主的大会党支持者们率先发动抗议示威，拉开了这场运动的大幕。示威者与警察之间发生了冲突，导致数人死亡，在加德满都和全国各地有数千人遭到逮捕。各党派高层领导人要么被收监，要么在家遭到软禁。低层的主事者通过 BBC 印地语广播以及全印广播电台发布行动指令，并借此依然维持着某种程度的组织协调，但到了 3 月中旬，整个运动进入了低谷期。然而不久后，一位学生在尼泊尔东南部梅吉(Mechi)地区的校园中遭到杀害，这起惨案为学生运动注入了新鲜的活力；而运动发起者们号召大众于晚间固定时间熄灯的行为，使得运动得以更加顺利地开展下去：自 3 月 29 日开始，这场"熄灯行动"使得大量人员得以安全地展开示威活动，而漆黑的街道也让不幸遭遇警察的示威者有勇气与之对峙。专业团体、人权组织以及地方"潘查雅特"议员们自身同样参与到了抗议中去，尼泊尔十分依赖的几个经济援助国也表示了忧虑，这些无疑都增加了政府方面的压力。

3 月 31 号，运动迎来了一次转折：对政府随意向平民开火的愤怒，使得帕坦居民自发成立了公共安全委员会，将警察逼退至中央广场老王宫内，并挖开沟渠，阻塞了一切通路。此地居民之所以会这样行动（巴德冈的情况也是如此），是因为城中心居住的大部分都是涅瓦尔人，他们中间存在着错综复杂的亲属关系和种姓联系，使得权力机关针对任何一个个体的惩罚，最后都会被视作对整个社区的威胁。游行示威持续在加德满都谷地的其他城市开展，随后在 1990 年 4 月 6 日，比兰德拉王向全国发表了一则颇具戏剧性的广播声明。在声明中，他免除马利克曼·辛格的首相职务，并任命巴哈杜尔·昌德为新相。后来的研究显示，昌德是在几位前首相都表示不愿再任该职务后，才被国王任命的。国王还承诺与反对派展开对话，并建立一个宪法改革委员会。这些让步均是在印度提交了新条约草案后作出的，这份条约极大地加深了 1950 年条约所建立的印—尼安保合作关系，而印度方面把时机挑选在此时，就是为了诱使国王接受条款，以便其在对抗国内反对声浪的过程中取得印度的支持。在当时的政治环境下，要比兰德拉王直接接受这份提案几乎是不可能的，而印度方面又不愿将条约的内容写得含蓄一些，因此国王很自然地选择向国内妥协。

然而，王室的承诺再也无法满足公众意见的要求了。当日晚些时候，20万市民自发涌上加德满都街头进行示威，要求立即解禁政党活动。一部分人向王宫进军，直接把标语的攻击目标指向国王本人。使用催泪弹无效后，由于害怕王宫最终会被攻陷，军警界的长官下令士兵戴上面具并向人群开火。当日的统计数字声称有50人遇难，尽管这有些夸大其词(后期研究显示，在整个运动全过程中只有63人死亡)，但这次枪击事件的确起到了决定性的作用。谷地的城市开始全面实行宵禁，另一方面，政府又开始同政党领袖进行接触，并同意他们集体展开商讨。

在伽内沙·曼·辛格病床旁的会议结束后，大会党领导克利须那·帕拉沙·巴特拉伊、吉里贾·柯伊拉腊以及尼共(马列主义)代表拉特纳·克利须那·迈纳利于4月8日进宫，与国王直接谈判。他们暂时同意了国王取消对政党的禁令，这一命令于当天晚上向全国广播。巴特拉伊在采访中称"运动还未结束"，但9日晚，各城市街头都举行了盛大的庆祝活动。然而，昌德依然希望将政党简单地合并到他已经组建的内阁中去。进一步的示威要求彻底废除"潘查雅特"制度(8日时"左派"政党支持这一制度继续存在)，4月16日，昌德被迫辞职。在伽内沙·辛格以健康问题为由拒绝出任首相后，巴特拉伊于19日上任，内阁由三位来自大会党及"阵线"的政治家、两位自由派分子和两位王室支持者组成。这届临时政府被赋予了原由民主议事会(现已解散)掌握的立法权，并于次年春大选召开之前执掌国家政权。

在接下来的几天里，有人声称，"潘查雅特"体系的武装支持者(被称为"军团")制造了几起暴力事件，而地方上也存在对警察动用私刑的行为。在国家内部不同的地区，法律与秩序持续性缺失，这是由公安机关的道德败坏与对现实不满所造成的。工业上也出现动荡的局面，尤

116

其以公务员罢工最为严重,雪上加霜的是,此时的物价并未像大众预期的那样下降,反而上升了些许。在这种不安定的情况下,大会党尤其不愿意处理镇压"人民运动"的守旧分子,当一个质询委员会指名建议大会党尽快指控几位重要人员时,该党也没有采取任何措施。尽管如此,巴特拉伊设法将不同党派的联合维持了下来,虽然有些人批评他是靠着"不作任何艰难的决定"才达成这一点的。

为了取回失去的权力,比兰德拉王绕过了部长们,自己成立了一个宪法改革委员会。但他最终没能得逞,委员会还是由大会党、"阵线"和国王方面的代表共同组成,并致力于从零开始制定一部新宪法。在王室尝试扩大国王残留的权力并失败之后,这一立宪工作于 11 月份正式开始。同 1959 年一样,新政体采取了两院制,下议院含 205 个席位,以简单多数制进行选举。按宪法规定,只有当下议院多数通过任命方案时,国王才能任命首相与政党领导——以及决定国会中的政党比例;而当出现悬浮议会情况时,国王有权力任命最大党派的领导人。

以这种方法建立宪法起草委员会本身是有争议的,因为一些"左派"政党希望如 1951 年旧例一样,通过普选产生修宪会议。由于尼共(马萨尔)与尼共(马沙尔)继承了尼共(第四公约)的传统,这两派在修宪会议的问题上坚决要求进行选举;但其他更温和的"左派"政党则认为必须抓紧时间召开这一会议以尽快制定宪法,而任命的方式无疑比选举效率更高。在修宪会议内部,政党代表占到了大多数,但由于共产党正确预测到大会党将赢得即将举行的大选,这种观念多少影响了立宪过程。最后的结果是,尽管国王在宪法的规定下必须依据大臣们的建议正当行事,但宪法草案中同样也保留了国王宣布国家进入紧急状态以及在首相的建议下解散下议院的权力,以为国王保留一些政治自由。共产党依旧坚持较为激进的主张,并反对大会党维护宪法草案中某些政制的倾向:比起大会党提倡的多党民主制与君主立宪制,共产党更希望看到彻底废除君主,以及在尼泊尔建立起中央政治局。最终,大会党成功保持了这些制度,并宣布尼泊尔并非无神论国家,其官方信仰为印度教。然而,大会党还是作出了一些让步,譬如同意任何条约的签订都必须得到下议院三分之二议员的同意——这可能是因为在这些问题上，大会党自己的律师代表团倒向了"阵线"那一边。

宪法的起草者在某种程度上也满足了关于"正视除尼泊尔语外其他语言的地位"这一要求，该要求由民族主义政治活动家提出，一直以来尤为激进"左派"政党所强调。最终的宪法定稿规定，尼泊尔是一个"多语言、多民族"的王国，尽管依然将尼泊尔语作为"国语"，但也称其他语言为"民族语言"，这在一定意义上的确承认了这些语言的地位。宪法还允许地方小学以这些"民族语言"授课，但并未明文规定政府需要投资这类教育。

在全国上下准备举行大选的同时，不断有前任"潘查雅特"议员加入大会党。这种入党的行为在某种程度上是"回归"大会党，因为在 40 年前支持大会党的一批人中，绝大部分后来都选择了同王室合作而成为上述议员。尽管如此，这使得大会党越来越难以同旧政权划清界限并坚决反对其统治，不断"回流"的成员也瓦解了某些大会党由来已久的戒备，并最终亲手造就了被反对党所利用的舆论武器。共产党中较温和的几派可能原本就想在大选中与大会党结盟，但在 1991 年 1 月大会党的全国代表大会上，这种可能性被否决掉了[1]。即使获得了临时政府中两派的支持，决定哪个党派代表哪个选区也是一项极为艰难的工作。

这种联盟的困难在"左派"政党中间也确实存在。虽然尼共(马克思主义)与尼共(马列主义)于 1 月份成功合并为尼泊尔共产党(联合马列)，但与其他小党派组成一个联合竞选派别的尝试最终失败了。在某一党派尤为强势的选区内，其他"左派"政党往往会选择退让，但联合马列派要求自己在 205 个议席中占有 180 个，这是其他小党派无论如何也无法接受的。

118

---

① 安德鲁·尼克森(Andrew Nickson 1992：371-372)认为，巴特拉伊很可能希望将这种联合进行下去，但美国方面明确知会伽内沙·曼·辛格，美国支持大会党的前提条件是该党与"联合左翼阵线"划清界限。

图 11　1991 年大选期间，"左派"分子打出了这张宣传画，以彰显自己反印度的立场。图中将大会党的三位领袖：吉里贾·柯伊拉腊、伽内沙·曼·辛格以及克利须那·帕拉沙·巴特拉伊描绘成猴子，而作为耍猴人的印度政治家钱德拉沙卡尔正在对他们说"来，跳起来，再说一遍'河流是共有的'！"这一辛辣的讽刺性话语事实上引自巴特拉伊自己曾经讲过的一句话，这句话经常遭到反对者集中火力的攻击。他们称巴特拉伊将尼泊尔的水资源拱手让与他人。

　　所有党派的竞选政纲中都承诺了将为尼泊尔带来经济发展与社会稳定，但除此之外，各个党派的具体政策却有很大区别。共产党长篇大论地阐释他们的政治理想，而大会党则强调他们对"民主"的坚持以及为实现民主而奋斗的党史。一直作为反对党的国民民主党此时由先前忠于"潘查雅特"的政客组成，这一党派一分为二，时任领导人为巴哈杜尔·昌德以及苏利亚·塔帕，他们采取了比大会党更靠近右派的路线。两人都与共产党一道，声讨大会党在临时政府期间向印度作出了太多的妥协。巴特拉伊尤其处于被攻击的风口浪尖，因为在他执政期间，政府曾使用"共有河流"这一术语来描述发源于喜马拉雅山地、流经尼泊尔并最后经由印度平原注入印度洋的诸多水系（如上图所示）。民族、宗教与种姓问题在立宪会议召开期间曾占到上呈意见的大部分，而此时也成为讨论的焦点。反抗帕拉芭蒂亚人的统治是"沙巴伐尔纳"党成立的目标所在，而民族解放党则致力于为山区讲藏缅语的少数民族谋求福祉。提升非帕拉芭蒂亚民族地位与待遇的行为通常也为左翼政党所支持，尽管如同大会党一样，这些左翼政党通常也是由帕拉芭蒂亚族的婆罗门所领导的。

当尼共(联合马列)还在君主制与议会制民主之间犹豫不决时,大选的参选党中最为激进的一派:联合人民阵线,声称参加大选的唯一目的就是要"揭露"这些制度的"真面目"。联合人民阵线是由"团结中心"党组建的,而后者又是由尼玛尔·拉玛领导的"第四公约"派与普拉昌达的"马沙尔"派于1990年融合而成。拉玛与普拉昌达的派别均曾是由莫汉·辛格于1974年创立的尼共(第四公约)的一部分,但此时辛格领导的尼共(马萨尔)并未参加此次选举,并号召抵制大选。

大部分选民并未清楚地认识到这些党派政策之间所有的细节区别,但在大选日前一天进行的一项调查显示,大部分尼泊尔国民至少能将保守的党派与更加激进的党派区别开来。具体而言,在国家的大部分地区,人们都认为大会党代表"有产业者",而共产党代表"无产者",这种认知在更发达的东部地区尤为流行。

大选的整个竞争过程十分激烈,许多大学生都争取到了一个月的假期,以便回到他们的家乡参与投票活动。在这一过程中也不断有人指控他人腐败或作弊,譬如一个较小的"左派"政党就声称尼共(联合马列)故意煽动工人罢工,并向企业主收取贿赂以召回工人。的确有党派收取了来自企业的捐助,而压迫现象在选举中也存在。两派国民民主党的候选人经常遭到其他党派活跃分子的联合打压,而吉里贾·柯伊拉腊在莫汉·辛格的大本营——皮乌坦地区被禁止参与竞选活动。在这一时期,每个党派的支持者们都已经表现得如同即将展开械斗的私人军队一样,而不是作为说服者去心平气和地竞争。不论怎样,竞选期间依然发生了小规模的流血事件,总共有12人死去。按照西欧或美国的标准而言,这一数字是难以置信的,但与同时代的南亚其他国家的竞选情况相比,尼泊尔的伤亡却算是较少的。

诚然,大选的结果与事前小规模民意调查所呈现出的意见是相符的。大会党轻松赢得65%的得票率,但尽管此次得票高于1959年大选,该党却并未赢得与当时数量相当的席位(参见表4.3)。此前预计,昌德的国民民主党将在发展较落后的西部山区获得巨大优势,但结果

表 4.3　1991 年大选结果

党　　　派	竞争席位	获得席位	得 席 率	得 票 率
尼泊尔大会党	204	110	53.7	37.8
尼共(联合马列)	177	69	33.7	28.0
国民民主党(昌德)	154	3	1.5	6.6
国民民主党(塔帕)	162	1	0.5	5.4
联合人民阵线	69	9	4.4	4.8
沙巴伐尔纳党	75	6	2.9	4.1
尼共(民主)	75	2	1.0	2.4
尼泊尔工农党	30	2	1.0	1.3
无党派人士	193	3	1.5	4.2

注释：另有其他十九个小党派也参加了竞选,但未能在国会赢得席位。

121　却是大会党在此处表现优异。我们认为,这可能是因为许多国民民主党的潜在支持者最后认为大会党能够为他们提供更好的帮助与保障。与之对比鲜明的是,尼共(联合马列)成了最大的反对党,该党依靠其在发达的东部地区以及加德满都谷地获得的支持取得了胜利,"联合马列"派的领袖马丹·班达里(这个名字直到"人民运动"之前还不为人所知)在竞选中也击败了大会党的领袖、老牌政治家巴特拉伊。因此,巴特拉伊并未出任首相,最后获得这一职位的是吉里贾·柯伊拉腊,他继承了他两位哥哥的政治使命。现在,他和他的党派正面临着一个巨大的挑战：如何在尼泊尔实现去年春天时人们所期望的前景。

第五章 对"发展"的探索:经济与环境(1951—1991)

人口迁移

在拉纳政权的最后几年里,统治者就曾经宣布要为提升尼泊尔平民的生活质量而肩负起责任;自 1951 年以来,这项宏愿成为每一任成功政府的核心目标。接下来的 40 年里,国家的确就实现这个目标作出了一些努力,尤其在提升平均寿命和消灭文盲这两个方面。在许多村庄中,生活条件也确实得到了改善,人民用上了自来水,公共厕所也得到了广泛使用。尤为戏剧性的是,在加德满都谷地,可供人民使用的公共设施数量出现了巨大的增长。然而,在更为广阔的范围内,所有这些进步都被不停增长的人口所湮灭。在拉纳政权的末期,人口增长趋势已经出现,但在本章所述的时期,增长速度开始急速上升。1954 年人口普查时,全国有 840 万人,到了 1991 年,这一数字变为 1 850 万。按照世界的平均标准而言,尼泊尔人处于极度贫穷中,而由于农业技术长期以来没有任何进步,人口的增长使得人民的处境更加糟糕。到 20 世纪 80 年代为止,尼泊尔已经从粮食净出口国变为粮食净进口国,而租种土地的碎片化,也使得底层农民家庭养活自身越发困难。结果就是,国内人民的负债率大幅上涨,而暂时性及永久性移民也增多起来。造

122

137

成这一局面的关键性问题不仅在于可耕种土地越来越少,同样也在于平民进入出产木柴和牲畜饲料的林区变得越来越容易。

1960 年以来,学界传统一般将喜马拉雅山区森林退化视为水土流失的结果,并认为这一进程使得流向恒河平原的水系中含沙量增多,并引发了较高的洪水风险。这种说法忽视了一个事实:在地质学上相对年轻的山脉地区,即使没有人类活动,水土流失也会自然发生。更何况,在山区的传统梯田耕作系统能比原始森林更为有效地阻止水土流失。实际上的森林退化的面积也比通常认为的要更少,而 20 世纪末那种"尼泊尔将来会变为山区荒漠"的预言,现在也被证明是无稽之谈。但不论怎么说,山区的确出现了森林的减灭,而在农耕十分发达的低处湿地区,从 1964 至 1965 年间开始,仅 14 年间,森林面积便缩减了25%。在尼泊尔全国范围内,在"潘查雅特"政体末期,每年共有 5 万英亩的森林冠层(直接被树冠覆盖的区域)消失殆尽,即使算不上生态灾难,这也是严重的森林资源消耗。

如同水土流失一样,为了追求更好的生活而发生的移民活动,对于尼泊尔来讲也早已不是什么新鲜事情了。山区的居民们依靠耕田只能勉强维生,因此经常去平原区从事长途贸易以及打零工。举例来讲,20世纪 50 年代末,据美国在山地某一区域进行的一项调查显示,此地近87%的男性希望离家从事季节性的临时工作,而对于尼泊尔整个国家而言,60 年代末有大概四分之一的人口处于长期流动中。这些统计数字——尤其是在移入地永久定居的人口数量——呈现持续增长态势,截至 1991 年,超过 100 万人离开了山地并移居塔莱区[①]。这些移民大部分是自发的,而并非政府安置工程的受益者。向东部湿地区的移民潮于五六十年代达到顶峰,而从 70 年代开始,尽管东部依然备受移民欢迎,但西部湿地区因其存在有更多的未开发耕地,而变得日益重要起来。到了 80 年代,只有 45%的人口依然居住在山区,而在 20 年前这一数字是 60%。

---

① 数据来自 Mishra, Uprety and Panday 2000:tab. 18。

　　加德满都谷地以及湿地区城镇(尽管规模比首都要小)等地区集中的资源和丰富的经济机会的确吸引了一批移民,但移民潮的主体方向还是在农村之间迁移。1991 年时,尼泊尔仅有 12％的人口居住在城市中,但为数众多的公路沿线居民可被划归为"半城市人口"。加德满都的人口数从 1952 年的 40 万增长至 120 万,这与全国范围内的人口激增是相符的;同时,以博克拉和比拉德讷格尔为代表的其他城市的繁荣发展,导致加德满都在全国所占的城市人口百分数从 1961 年的 36％下降到 1978 年的 25％。

　　图 12　比尔根杰以北、塔莱区的帕尔萨,一个帕拉芭蒂亚家庭站在他们的新家中。20 世纪 50 年代以来,成千上万的人从山区搬往低地区定居。

还有许多背井离乡的山区居民去了印度，寻找工期或长或短的差事。1991 年，印度国内共有 150 万尼泊尔公民，而在印度境内出生的尼泊尔裔印度公民更是达到了几百万之众。这些人中，有一部分在喜马拉雅山区讲尼泊尔语的地区安顿下来，但大部分人去了别处，并开始从事保安工作——考虑到印度曾经存在雇佣廓尔喀军队的传统，这项职业对于这些尼泊尔人倒也合适。向印度的移民活动开始得较早，1950 年条约规定了尼泊尔人可以自由地在印度工作与生活；但正如第四章讲到的，这项权利时而受到来自印度东北部的、地方保护主义政治活动家的挑战。持续涌入的尼泊尔移民也引起了尼泊尔裔印度人的不满，因为他们逐渐开始感到周围的印度本地人并未接受他们，而是把他们与这些外来的尼泊尔人划到了一起。

1950 年条约也赋予了印度人在尼泊尔同样的权利，而在印、尼边境上也一直存在着移民的反向流动。印度人经常倾向于去规模较小但发展迅速的城市碰运气，通常从事诸如电工、泥瓦匠和蔬果经销商之类的工作。雇主们——尤其是印度雇主——都愿意从印度国内选拔有经验的技工，而不愿在尼泊尔本地人中挑选雇员并加以训练。即使对于技术含量较低的工作，印度工人也更受欢迎，因为他们更适应枯燥的重复性工业劳作，需要的法律保护更少，而且不会窃取工业机密并成立自己的公司。一大批印度人涌入了湿地区，这些移民的具体数量并不清楚，而早在 50 年代尼泊尔移民潮开始之前，此地在文化和语言上就已经印度化了。在这样的背景下，考虑到这些移民中大部分人都没有出生证明或其他的身份证件，政府几乎无法区分"真正的"尼泊尔人。尼泊尔的外国籍居民数量从 1961 年的 337 620 人骤降至 1981 年的 234 039 人，这种转变可能意味着湿地区的人口中，很大一部分未经法律规定的冗长审查程序，便成了尼泊尔公民。事实上，现在有很多人认为，在 1980 年决定"潘查雅特"制度命运的那场修宪会议上，大量非尼泊尔人被包括在了选区的选民中。两年后，统计表明尼泊尔的外籍居民数开始以每年 4.2％的速率上涨，这些新增的移民中约有一半人前往了城市地区。如果在统计中算上临时工和季节性短期务工人员的

124

125

话,这一数字还会显著上升。

另外,这一时期南亚国家出现了集体向外移民的现象。移居世界其他国家的尼泊尔人数量相较于印度人要小得多,但自 80 年代以来,这一数字也开始稳定增长。中东是这些移民的首选目的地,而日本与韩国也越来越受欢迎。这些人中很大一部分成了非法移民,但这些非法移民的具体数量尚不清楚。

建设计划与外界援助

尼泊尔政府热衷于经济改革,于 1955 年成立了国家计划委员会。在此之前。莫汉·沙姆沙曾于 1949 年成立了一个相似的机构:经济发展计划委员会(Economic Planning Committee)。1956 年以来,尼泊尔政府制订了一系列的"五年计划",这些计划包括了政府自身对国家建设的开支预算、对私人投资建设的指导性意见以及国家经济总体要完成的指标。这一计划是苏联工业化政策的改良版,而尼泊尔自然而然地接受了印度放宽国家控制的经济政策。在国家发展的早期阶段,诸如道路修筑等基础设施建设被摆在了首位,但政府同时也强调通过扩大种植面积、推广高产品种等手段,提高湿地区的农业产量。另外,在由短命的大会党政府提出的第二个五年计划(1960—1965)中,国家对于工业的预算分配亦从 7.5％上涨至 17％。

自 70 年代比兰德拉王即位以来,他更多地将精力投入到了山区农业发展、自然资源保护以及区域经济发展上面。国家被分为五个经济开发大区:东部大区、中央大区(包括加德满都谷地)、西部大区(包括博克拉)、中西大区以及远西大区,每个开发大区内部都涵盖了高山、丘陵及平原等多种地形区。通过促进其他区域小型城镇的发展,此举意在消除资源过度集中于加德满都谷地及东部塔莱区所造成的不良影响。然而,城市化进程及城市建设取得的成果十分有限,人民生活水平并未明显提高,而地方商人阶级似乎成了最大的受益者。开发大区内的行政机构较为软弱,而权力的分散在地方上并不成功。尽管 1982 年权力去中心化法案名义上将所有参与建设项目的技术人员交付予地方

126

的议员管理,但这些技术员依旧听命于他们原来所属的、位于加德满都的母部门。也有人认为,60年代划分出的、75个经济区的方案并不利于整体建设规划,因为每个区之间的边界并不是沿着分水岭划出,而是以河流本身为界的。因此,许多区域并非自然的经济及文化单位。

70年代尼泊尔建设的另一项创新与比兰德拉王个人密切相关,甚至在其登基之前,比兰德拉就已经在策划这一变革了,那便是"新教育"计划。在这一计划下,所有的初级与高级教育机构都将被整合进一套统一的国家教育机构中,处于政府的控制之下。另外,这一计划还试图解决一个在第三世界国家常见的教育弊病,即:高等教育总是希望将学生培养为政府的行政官员而非中层技术人才——而这种技术人才正是国家发展所急需的。然而,尽管国家提倡职业技术教育,并试图提高高等教育的门槛,这些举措在学生中间却遭到了憎恶,他们称其为"萨缇亚尼约查那"(shiksaniyojana,字面义为"教育限制",是由另一个词"帕里瓦尼约查那"[pariwar niyojana]类比衍生而来,后者意为"计划生育")。这项改革于1979年危机时宣告破产,但在此之前,教育改革至少取得了部分的成功:这一改革促成了"国家建设服务"的出台。在此框架下,攻读硕士学位(事实上学术水平等同于英美两国的学士学位)的学生必须要花费一学年时间,在一处村庄中工作以及生活,完成后方可毕业。这一项目最后被政府叫停,因为当届政府担心激进派的学生可能会被激怒,并在即将召开的修宪会议上公开支持那些赞成"潘查雅特"制度的议员们。

总体来讲,经济发展并未达到计划委员会的预期目标,60年代尼泊尔GDP年增长率仅有2.5%,70年代跌落至2.1%,而当时人口年增长率已接近2.5%。第六个五年计划(1980—1985)期间,经济增长的确超过了目标中的4.3%,但随之而来的是国际收支平衡危机。1984至1985年间,进口商品总量达到了1975至1976年间的四倍,而1983年以后外国停止了对尼泊尔的援助与贷款,国内商品出现短缺。尼泊尔的货币储备很快耗光,1985年,卢比开始贬值。论及这些经济问题的根源,一部分在于规模较小但持续增长的中产阶级对消费品的需求持续增长,但同时也在于尼泊尔抵制印度经济控制运动的成功。在寻找进口商品替代物方面也取得了一定的成功,但这无力改变国家经济的颓势,因为除商品以外,尼泊尔同时还需要进口原料与生产设备。

在这种内外交困的处境下,尼泊尔不得不于 80 年代中期向世界银行申请结构调整性贷款,这项贷款的附加条件不仅要求尼政府平衡预算、减少贸易赤字,同时也敦促其着手解决国内贫困问题。在 1985 年的一场演讲中,比兰德拉王承诺,将于 20 世纪末之前使每位尼泊尔人拥有合理的、"符合亚洲标准"的收入水平。作为 1987 年通过的"六五"计划方案的补充,这一承诺被正式化,成为一项致力于"满足人民基本需求"的建设运动。"基本需求"这一术语最初是在 1976 年国际劳工组织的一次会议上被提出的;在被劳工组织自身所强调之前,这种思想就已经开始影响尼泊尔国家建设了。事实上在"潘查雅特"体制的后期,"满足基本需求"已经成为其经济政策的核心所在,但正如早期的几项运动一样,这些政策一样收获甚少。1991 年时,据估计全国 1 900 万人口中,有 700 万至 900 万人不能满足日常温饱所需。两年之后,联合国人类发展报告(这一报告是根据各个国家的经济发展指标以及其他诸如文盲率之类的因素所制定的)在 173 个统计国中将尼泊尔位列于第 152 名。

128

有些人认为,"满足人民基本需求"运动之所以成果不尽如人意,是因为该运动并未能将政府提出的过于宽泛的目标细致化并落实这些目标;另一些人则称,尽管尼泊尔总体上作出了许多发展建设的努力,但关键的问题在于地方上的精英阶层控制了这些建设项目,并利用它们为自己谋利。的确也存在真心致力于实现政府发展目标的公务员,但他们往往无力说动富裕的(往往还是高等种姓的)家庭为国家献出自己占有的资源,而穷人们也认为自己努力工作而好处竟被他人占去,因而怨恨这些公务员[①]。这一切都使那些有心于建设的行政人员感到十分沮丧。然而,我们也可以认为任何一个国家的建设项目最终都会使地方精英获利,这样看来,尼泊尔政府也许应该设计一个能够扩大受益群

---

① Khadka 1994：326-327.

体、将更广泛的穷人也包括进来的发展规划。

尽管自 1950 年以来，尼泊尔就持续受到外界大量建设援助，但贫穷在国家大多数地区依然挥之不去。截至 20 世纪末，援助金总数已达到 52 亿美元，人均算来，这一数值已经超过了任何其他南亚国家所获得的援助。尼泊尔建设中的外国资本包含无偿捐赠与软性贷款两部分，这些资本占到了政府"建设预算"超过一半的分量，后者包括新项目的建设用费以及某些重复性消耗。对援助的依赖于 80 年代达到顶峰，此时外国资本达到了尼泊尔建设预算的 80%（相当于政府全部预算的40%，或总 GNP 的 14%）。外国政府的捐助金额在五六十年代一度更为巨大，此时也正是该区域发生由地缘政治因素引发的矛盾的高峰期。在那以后，国际组织，诸如亚洲发展银行、联合国开发计划署以及世界银行等，开始起到更为重要的作用。1974 至 1975 年间，国债只占 GDP不到 0.1%，而到了 1987 至 1988 年，这一比例提高到了接近 1%；净负债总额已从 3.46 亿卢比上涨至 210 亿卢比（大概 4 亿美元）①，尽管与其他第三世界国家相比，这一债务增长速率已经较低了。

外国援助的时代自拉纳政权接受"德里协定"时便开始了。1951年 1 月 23 日，尼泊尔签署了一份协定，接受美国在"第四点计划"下对其进行的援助，并收到了第一笔 2 000 美元的援助款。美国的这项援助计划主要是针对可能会受到共产主义影响的国家和政府，其模板是大获成功的"马歇尔计划"，这项援助方案成功地在第二次世界大战后稳定了西欧的形势。美国人希望，能够如同在欧洲那样，以一点资金和技术的注入在尼泊尔激发一种自持性的经济建设进程。美国早期的努力在尼泊尔颇见成效，他们帮助尼泊尔扩展了国家教育系统，并建立起教师培训机构。另一项成就是 1959 年尼泊尔工业建设集团的成立，这一集团于建立不久后便在位于加德满都北部郊区的巴拉珠（Balaju）建设了尼泊尔第一片工业区。

---

① 'Foreign Aid, Nepal', http://www.Iupinfo.com/country-guide-study/nepal/nepal74.html (Consulted Is October 2003).

但后来的事实证明,在尼泊尔传统农民之间促成重大转变几乎是不可能的,这比在欧洲国家中促进经济恢复要困难得多,因为那些国家拥有受过教育的工人群体,并且已经完成工业化,时间长达几十年。在农业增产与扩大耕地面积方面,美国在援建早期就投入了较多的精力,但他们的努力被传统的土地租用制化为泡影,因为地主有充足的地税收入,他们缺乏扩大农业规模的动力;而地方上的佃农常常被加以繁重的劳动,导致这些人也没有精力去扩展已经耗尽自己劳动极限的耕地。尼泊尔政府最终未能将土地改革体制化,这使得美国于1962年撤回了对尼的农业援助项目。

而援助尼泊尔的技术人员们则陷入了两难的境地:如果他们仅仅是作为顾问,对尼泊尔方面的人员进行指导,建设的效率将极为低下;而当他们想要直接自己代劳时,又会激起尼泊尔人对他们的不满。美国的技师们一开始选择前一种"指导性"的方案,但1954至1958年间,他们则试图通过"合作"体系来援助建设,在这一体系下,美国与尼泊尔双方的人员名义上是平等地共事,但事实上是美国人在控制一切建设进程。而在接下来的1958至1963年间的吊桥施工项目中,尼泊尔人再次主导建设工作的进行,美国人则仅提供原料以及在工程初期的指导和监督。该项目最初的目标是在两年之内建成70座桥,但结果是五年中只建成了一座[①]。1958年开始的另一项安装无线电的项目则较为成功,但在培训本地人员对设备进行维修方面,同样出现了问题。

不论采取怎样的责任制,援建工作在50年代以及1960年马亨德拉掌权后这两个时期,依然不断受到频繁更换政府的干扰。美国人抱怨他们关于改革的建议遭到尼泊尔人的反对,尤其针对在政府要害部门核心增设顾问职位这一设想。不过,这些所谓的"顾问"通常也由美国人自己充当,他们也犯了不少错误,例如在太过广阔的面积上施用过少的杀虫剂导致控制疟疾的努力失败,以及引入新的植物品种但未经控制造成生态破坏等。

130

---

① Mihaly 2002［1965］: 148.

美国的援建项目同样受到这一区域中其他势力的阻碍，而正是与他们的竞争促使美国开始了在尼泊尔的建设事业。1958 年，马亨德拉王从莫斯科访问回国，并透露苏联方面将要在航空领域展开对尼泊尔的援助，美国方面立刻决定将资金暂时转投向建立尼泊尔皇家航空公司上，这一航空公司在建立之初拥有由三架道格拉斯 DC－3 型客机组成的机队。然而长期以来，美国在尼泊尔面临的最严重的问题，是与印度方面的摩擦——尽管两国对尼泊尔援助的初衷都是为了减少中国在此的影响力。在农村建设方面的竞争是如此激烈，以至于美国从 1958 年起实施了在此领域的"三年内撤出"计划。然而，1961 至 1962 年，在马亨德拉王解散了选举政府并引发印、尼关系紧张后，尼泊尔要求印度全面撤出其经济建设领域，而美国便独占了其先前放弃的农村建设领域。美国与印度在道路修筑方面的合作尝试同样于 1962 年末以失败告终，在此后五年内没有一条可用的公路建设完成，而美国留在此处的重型建设设备后来则被中国方面再次使用，以建筑从加德满都通向西藏边境的公路。

虽然有些美国人对于以技术性的手段"快速修复"尼泊尔建设依然满怀信心，但越来越多的援建项目工作人员开始强调尼泊尔方面的决心和执行力的重要性。因此，美国援外使团负责人于 1961 年 5 月在尼泊尔发动了针对土地与税收制度进行改革的号召，而当改革最后未能施行时，美国方面削减了对尼泊尔农业的援助力度。此前美援相较其他国家援助，在尼泊尔建设预算中占到了最大的比例，这一情况又持续了一段时间，1960 至 1966 年间最高可达全部外援的 46％。然而，70 年代早期中美邦交正常化后，喜马拉雅山地对于美国的战略意义有所下降，因此 1980 至 1990 年间，美国援助的比例下降到 10％。尽管如此，在 1976 年世界银行成立的尼泊尔援助团中（这一组织最初成立是为了协调西方国家、日本及联合国组织对尼泊尔的援助），美国依然掌握着分量较重的话语权。美国对尼泊尔留学生授予的奖学金包括傅尔布莱特奖金以及其他一些奖学金计划，这些奖学金也构成了其对尼援助的重要部分。

尽管印度密切地参与到了尼泊尔 1950 至 1951 年的政治事件中去,但直到 1952 年 1 月马特里卡·柯伊拉腊首相正式请求后,印度政府才开始对尼泊尔进行全方位援建。首批的两个项目于 1953 年动工,包括了修建通过比尔根杰连接印度的特里布凡公路,以及在加德满都修筑国际机场。这些工程的开支一开始是作为贷款批准给尼泊尔政府,随后才转成完全免费的经济捐助。农村建设项目于 1956 年启动,这是因为美国率先进入了这一建设领域,而印度方面则需要作出相应的反应。印度甚至将 1947 年尼美建交也视为美国对其在尼泊尔影响力的威胁,因此新德里希望美国和苏联人用印度人员来实施他们对尼的援助,这样既保留了印度的战略利益,也为这个国家节省下资源用于自己国内的建设。丝毫不令人吃惊的是,这两个超级大国都拒绝接受印度的安排。印度对于尼泊尔农村建设的援助持续了下去,并在 1959 至 1960 年大会党政府期间达到顶峰,但此后不久便遭到马亨德拉王的驱逐。

为避免在"合作"制度下,尼泊尔人和外国专家在理论上享有同样的权威,印度人出台了他们自己的"联合董事"制,令尼泊尔人正式负责建设工程本身,但要求进一步的援助款项每三个月都受到印度方面的审批。事实上,印度保有了对援助的控制权,而这种"老大哥"式的做法自然引发了许多尼泊尔人的不满,因此当马亨德拉王于 1962 年废除这一体制时,肯定有很多人是十分欣慰的。印度之所以未能在尼泊尔人内部赢得他们所期望的那种好感,可能还因为许多尼泊尔人发现,印度方面只对那些直接服务于其战略利益的项目十分积极,对其他建设项目则漫不经心。因此特里布凡公路很快建成通车,而翠苏里水坝及发电机组(由于技术难度,这一工程完全由印度把持)则在计划的九年后,也即 1971 年才得以完工。

印度援助项目中最富争议性的,当数利用尼泊尔主要河流进行灌溉和发电的工程了,因为这些河流同时还全部流经印度。这些工程牵扯到两国之间的利益分配,而尼泊尔民族主义者尤其反对新德里在这一问题上的说辞:印度始终坚称尼泊尔与其共享的不过是"眼前的利

131

132

图 13　比尔根杰街景,摄于 20 世纪 30 年代早期。这座城市是以沙姆沙家族的第一位"马哈拉扎"——比尔·沙姆沙命名的。1950 年以后,随着通向加德满都公路的修通和工业的发展,比尔根杰的重要性日益提升。

益",而非"长久发展的需要"。1954 年共同开发戈西河的条约在加德满都反对派之间激起了千层愤怒的声浪,因为作为印度在尼泊尔国土上修筑水坝(这一水坝明显是服务于印度利益的)的条件,尼方只得到能灌溉 3.3 万英亩耕地的水渠系统以及一座 9 000 千瓦的小电站。尽管印度随后同意增加工程量将灌溉系统扩展到 18 万英亩,但这一条约还是被视为卖国者的背叛。同样,1959 年大会党政府与印度签署的甘达基河流域开发协议也激发了人们的反对,这一协议中,印度将从工程中得到覆盖 500 万英亩耕地的水渠系统,而尼泊尔仅得到 34.3 万英亩的灌溉面积以及另一座 1 万千瓦的发电厂。从那以后尼泊尔拒绝再"交出"任何一条河流的任何权利,因此 1990 年开发格尔纳利河及其他西部河流的意见甚至没能通过可行性评估阶段。

印度于 1976 年拒绝了加入尼泊尔援助团的邀请,但始终保持对尼的援助,尤其在公路、灌溉系统建设以及供水方面。1990 年时,印度的捐助在总援助中的比重已经下降至 6.5%,但正如美国方面一样,这种比例的下降并非出于援助力度的减小,而在于总援助量出现了上涨。

中国参与援助尼泊尔的主要目的,是在不过分激怒印度的情况下(当然,1962 年中印边界自卫反击战除外)在此地区获得一定影响力。当周恩来于 1960 年向比希维什瓦·柯伊拉腊解释为何中国的援助少于印度时,他将这一点表达得很清楚。事实上在四年前,亲华的坦卡·阿查里雅政府在任期间,中国的援助就已经开始了;最初一批援助包括了 420 万美元的现金以及 840 万美元的信用贷款,用以购买中国货物。这些贷款并未被使用,因为不会有其他的外国政府甘愿提供专家来帮助建设中国援助的工厂,而尼泊尔政府本身又面临资金短缺,无力在本地自行建设工厂。而现金援助一部分用作与美国合作建设美国援建的项目,另一部分则被注入了市场,来试图维持尼泊尔卢比的价值,但这一尝试失败了。接下来中国投资在尼泊尔建设了一家制鞋厂,并于 80 年代再度建造了造纸厂与制糖厂。另外,中国也在道路建设方面支援尼泊尔,尤其是修筑了通往中尼边界城镇科达里(樟木)的公路——这条路的战略价值远大于其可能带来的经济效益;以及修建更实用的、连接加德满都与博克拉的普利特维公路。中国也曾提议援助修建东西贯通公路的一部分,这部分道路距印度边境只有几十公里;但在印度和美国的强烈反对下,尼泊尔只能拒绝中国。但中国对加德满都谷地的援建工程有着十分显著的成果:在其帮助下,一条围绕整个谷地的环线公路建设起来;中国还在加德满都及巴德冈(位于加德满都北面 9 英里)之间架设了无轨电车路线。尽管如此,中国对于尼泊尔的援助总量远不及美印两国,1977 年时中国援助达到顶峰,占总援助量的 28%,并在此之后逐年下降,在"潘查雅特"体制的最后两年里,中国并未对尼泊

133

尔投入任何援助金。然而,中国的企业在尼泊尔境内多次成功竞标,而与 60 年代不同的是,这一时期中国人可以自由地在低处湿地区工作,这一政策也加深了印尼之间危机的程度,并促成了王室独裁的崩溃。

苏联对尼泊尔的援助开始于 1959 年,即马亨德拉从莫斯科回国的那一年。由苏联建设的重要项目包括比拉德讷格尔农具及制糖厂、贾纳克布尔卷烟厂以及加德满都的一座医院,所有这些工程的款项全部为贷款,这意味着尼泊尔最终应该予以归还。所有上述项目均于 60 年代完工,并作为国企由政府营运。作为援助协议的一部分,苏联承诺将要对东西横贯公路的施工设计作出考察,而此前美国与印度都认为这一工程的成本效益过低。这条公路最终由不同国家分别建成,苏联负责锡姆拉与贾纳克布尔之间的区段。1962 年时苏联援助金额达到最大,占全部援助量的 23.6%,但在 1972 年公路竣工后便停止了一切支援,时间长达五年。1978 年援助恢复,但从此再未超过总量的 3%。苏联希望将中、美两国的影响限制在这一区域内,但自 70 年代以来,苏印在国防领域的关系愈发密切,苏联开始心满意足地隐没于印度身后。

作为援助的重要部分,苏联向尼泊尔学生提供高等教育阶段的奖学金,尤其是在工程与医疗领域;这也是在 1991 年苏联自身解体后唯一持续下来的苏援项目。自 70 年代开始,每年有 60 至 65 名学生得到奖学金并被苏联院校录取,而截至 1990 年,共 2 000 余名尼泊尔学生在这一项目中受惠。他们在苏联留学的时间通常要比印度或美国的同类项目时间更长,因为这些学生至少要先参加一年的语言课程,才能进入以俄语授课的大学进行深造。

从 50 年代开始,尼泊尔也收到了其他国家的支援,包括英国、澳大利亚、新西兰以及以色列。瑞士自 50 年代以来参与了一系列规模较小但十分成功的援建项目,包括建立用牦牛奶加工奶酪的乳制品厂、浮桥以及位于多拉卡区吉里地方的一座示范农场。以色列在大会党政府内部提供工作帮助,设计了山区牧民移居低地区的方案,并协助建立了尼泊尔建筑集团。

来自众多小国的援助从 70 年代开始出现激增,并最终使超级大国以及印度的援助相形见绌。在 80 年代,日本是最大的援助国,第二位则是联邦德国。在 1968 年建立大使馆后不久,日本就开始了一系列的援助建设工程,包括农村供水系统、医疗体系及农业建设,水电系统贷款以及其他基础设施建设,还包括了森林保护工作。北欧国家从 60 年代中期开始也成为重要的援助国,挪威曾帮助尼泊尔建设布特瓦尔水电站。英国的援助一直在增长,其中包括建设富有争议性的、位于布达尼堪特的"尼泊尔伊顿公学",以及其他教育体系上的投资。英国项目同样也关注那些退役廓尔喀士兵的安置问题:在博克拉附近的卢姆莱(Lumle)以及位于东部尼泊尔的帕科里巴(Pakhribs)地区,传统上征召廓尔喀军人的中心地区,农业研究所被建设起来,这些建筑同样也是外展人员宣传新作物品种及新型农业技术的主要场所。这种安排是对廓尔喀骑兵数量逐年缩减的一种补偿,但在后殖民时代,裁编这一军事力量本身就是对尼泊尔的一种援助(尽管形式有点奇怪)。1947 年廓尔喀军团尚有 1 万人编制,至 1990 年已缩编为 7 400 人,并且在未来还有将其进一步裁撤为 2 500 人的计划。尽管如此,约有 2.1 万名退伍军人靠补贴金过活,这些补贴金对于英国来讲是个小数目,但对尼泊尔经济依然是可圈可点的贡献。

到了 1987 年,尼泊尔援助团已经扩展到包括 16 个独立国家与六个国际组织[①]。早在 1952 年,国际组织就参与到对尼泊尔的援助中去了,当时英联邦的哥伦布奖学金授予范围将尼泊尔涵盖了进去;50 年代晚期,世界卫生组织在湿地区开展了根除疟疾运动,此举为日后大量山区居民涌入此处奠定了基础。然而,直到 80 年代,这些国际组织的援助总量才开始经常性地超过国家援助。尼泊尔方面的类似组织也逐渐增多,因为这些国际团体在进行援助建设时,常常更愿意与尼方的非政府组织打交道,而不是政府官员。尼方的非政府组织通常不是按照西方规制建立起来的宣传社团,而是一些私人的咨询团体;这些组织被置于国家社会服务协调委员会的统一管理和

---

① 'Foreign Aid, Nepal', http://www.Iupinfo.com/country-guide-study/nepal/nepal74.html (Consulted Is October 2003).

调配之下，艾什瓦尔娅王后是这一机构的赞助人，但协调委员会通常比国家公务部门行事更加灵活。国际非政府组织也扮演了重要角色，但这种参与同样不是什么新鲜事。天主教的修士会自50年代早期便开始在加德满都开办学校，而新教各派的联合组织——尼泊尔联合教会也大概在同一时期开始提供医疗服务，后来又将其活动扩展到水电厂建设以及在布特瓦尔开办工业技能培训等多个方面。尽管有众多组织在不同程度上参与到了对尼泊尔的援助中去，但毫无疑问的是，那些主要的国际团体——尤其是世界银行与国际货币基金组织——对尼泊尔政府发展政策制定的影响最为深远，因而他们也应肩负一部分建设失败的责任。

对于50年代及60年代早期国际援助的一项重要研究显示，这些援助在很大程度上并未起到作用，因为援助的主体没有意识到，尼泊尔的普罗大众并不愿改变现状，而统治精英也不愿推动社会改变[1]。一些尼泊尔人认为这种观点具有太强烈的文化主义色彩，因而是不公平的；而且即使我们假设，社会上以前曾普遍存在那种某些人设想的"宿命论"态度，但到了"潘查雅特"制度的末期，教育覆盖率的上升和人民政治意识的觉醒意味着上述的态度肯定已经不存在了。尽管如此，在高层人员中是否存在对改革的热忱以及全面的投入，这是值得怀疑的。君主需要借助知识分子中的保守派来反对那些强烈要求改革的激进分子，而国家机器的力量在大部分地区较弱，使得不论是马亨德拉王还是比兰德拉王，都难以实现自上而下的改革。土地资源开始变得短缺，但地主们纷纷抬升地价，而非想办法增高土地单产量，也不愿意放弃农业成为工业企业家。而政府工作人员则要么寻找赞助人以创业，要么充当赞助人以扩充自己的财富。总而言之，尼泊尔的体制使得这个国家仅一味地吸收由国际援助带来的额外资源，而不会将其转化为推动国家变革的资本。

这样一种情况又因为援助体系内部的缺陷而进一步恶化。早期的尼泊尔会在不同的援助国之间制造竞争氛围，而非使他们联合起来，因

---

[1]　Mihaly 2002 [1965].

为尼泊尔领导人认为这样既能使其最后获得的援助款最多，又能最大限度地保证尼泊尔的政治与经济自由①。这种竞争被尼泊尔援助团的成立所打破，虽然在后期越来越多的援助组织使得这一援助团内部又隐约产生了分歧；另一方面，主管援助项目的外国政府部门只关心某一项目的预算，却不顾这一项目是否真的满足了当地人的需求，以及从长远来看这一项目的影响。当外国政府发现援助款又以与尼泊尔的商业合约的形式回流到国内后，这种趋势就愈发显著。而外籍顾问与尼泊尔本地顾问薪水之间的巨大差距可能也在国内造成了一定的不满。当援助国本身是如印度或中国那样的发展中国家时，这一问题多少能够得以减轻，而发达国家从诸如美国和平队、英国海外志愿服务社、德国发展服务机构以及日本海外企业志愿者协会等组织雇佣廉价劳动力时，情况也得到了一定的改观。然而，无论是发达国家还是发展中国家的援助，对于志愿者来说，在援建项目中也只是以一个相对较低的费率工作。因此尽管援建项目在某些领域获得了成功，但这些成功无法在更大的尺度上得到复制，因此无力推动这个国家进行彻底转变。

援助款常常只是用来维持政府的正常运作。1956年，政府预算得到了中国420万美元的援助，才得以避免过大的赤字；在1959年苏巴尔纳·沙姆沙一次近乎绝望的呼吁后，美国也开始扮演类似的角色。70年代以前，这些援助款项还促使政府机关的规模急剧膨胀，以为大多数受过教育的青年提供一份工作。然而，尽管实际情况是这样，我们也不能武断地得出结论，认为将援助切断并任由受教育阶层失业率上升能够使国家向好的方向发展。事实上，这些做法也许只能令30年后威胁国家的那场危机提前到来。

137

建设道路上的成功与失误

尽管1951至1990年的经济记录可能会被简单地解释为"失败

---

① Rose 1971.

的建设"(这正是尼泊尔国内一位杰出发展经济学家的著作标题的一部分)①,但实际的建设成果在不同领域都有所不同。1971年以后,教育系统开始了飞速发展,1950年时全国只有不到 2 000 人进入高中或大学学习,而 1989 至 1990 年间接受高等教育的学生数量已经达到 50 万。同时,在基础教育方面,小学学生数量达到了 300 万人,而识字率也从 1952 至 1954 年间的 5% 飙升至 1991 年的 40%(男性识字率更是已经达到 56%)。医疗服务在尼泊尔的大部分地区依然非常基础,全国只有 1 200 名医生和 3 000 名护士,而人口数量已经达到 1 900 万人。因此,在广大农村地区,医疗和护理的任务就落到了清洁工的头上。尽管如此,婴儿死亡率从 70 年代开始便一直下降,到 1990 年时降至 10%,尽管这一数字依然较高,但已经减为先前的一半。总死亡率也从 1953 至 1961 年间的 2.7% 减半至 1991 年的 1.3%。根除疟疾运动、疫苗接种与卫生知识的普及,以及基本医疗保障体系的建立,这些都使得人口死亡率有所下降。

1951 年以后,国家建设上取得的最令人瞩目的成就,便是基础设施建设的完善。公路系统出现了极为迅速的扩张,拉纳政权倒台时全国只有 276 公里的道路,而到了 1990 年,公路长度已经达到 7 330 公里。尽管 75 个经济区首府中有 24 个依然不通公路,物资不得不通过人力或航空来运输,但此时所有主要的人口中心都已经被道路连接了起来。50 年代,除了印度出资建设的、连接加德满都与印尼边境的特里布凡公路以外,还有英国及美国援助的两条道路得以开工建设,前者连通了位于东部尼泊尔的比拉德讷格尔与英国在尼泊尔的募兵中心——达兰,而后者则通过奇特旺谷地将纳拉扬嘉与海陶拉相连。60 年代,通往中尼边境的阿尼柯高速公路、连接加德满都与博克拉的普利特维公路,以及从博克拉以南通往印度的悉达多公路纷纷建成,而东西贯通公路(又名马亨德拉公路)也开工修建,后者贯通了整个低处湿地区,由多国联合援建而成;这条公路直到 70 年代才通车,但考虑到其长

---

① D.R. Pandey 1999.

度,反而是上述所有道路中施工最快的。大会党动乱时期,由于交通情况限制,马亨德拉王无法在全国实现快速的军队调动,这种窘境使得东西贯通公路成为尼泊尔重大战略项目而得以优先建设。另一项国家公路网的关键性工程,是将普利特维公路从玛格琳沿着纳拉扬谷地(即下甘达基谷地)稍微延长,使其与纳拉扬嘉相连。通过向东稍作折返、穿过奇特旺谷地并取道海陶拉,这条延长后的公路为旅行者们提供了一条连接加德满都与比尔根杰的、更为安全的路线。尽管这一路线的路程比直接通过特里布凡公路驾车要更长,但避免了经过该公路弯弯曲曲的中段,这使得驾驶夜间长途汽车的风险降低了许多。

这些交通干线的建设,其重要性是不言而喻的,即使它们并未带来当初预料中的经济繁荣。然而,当政府着手修筑主干线的分支、以便将次一级的地区中心相互连接时,这些工程却引发了争议。尼泊尔雨季的大量降水经常引发大规模山崩,这使得许多地区地形崎岖,难以施工;在这些地区修筑并养护现代化公路,其成本极为高昂,而效益也值得怀疑。通往加德满都的特里布凡公路是最为繁忙的主干道,但即使如此,该公路1990年日均行车量也仅有1600台。而对于瑞士修筑的拉玛桑古-吉里(Lamasangu-Jiri)公路,这一数据可能只有二三十台。因此,尽管山区的居民普遍要求修通公路,但这些工程会极大消耗时间与金钱,导致其他更加重要的建设工程资金不足。有一种解决这一棘手难题的方法,那就是修筑简易的沙土路,这种道路的修建不要求大规模的地表整改,而且只需大量地方劳动力即可进行施工,也不需要外国的先进筑路设备。这种方法一直以来都仅仅被作为备选方案,而未能成为尼泊尔道路施工的标准;但依靠德国工程师的帮助,这种沙土路于80年代末在加德满都以西的达定地区得到了铺设,而费用只有传统筑路技术的五分之一。

除公路以外,尼泊尔还发展了其他三种交通系统。1951年时,国内尚有两条铁路线在运营,分别于拉克索(Raxaul)与比尔根杰两地之间,以及贾纳克布尔与杰纳贾尔(Jaynagar)两地之间越过边境,进入印度。50年代特里布凡公路通车后,比尔根杰线向北通往阿姆莱克根杰的区段被关闭,铁路网规模缩小。铁路系统的功用是有限的,因为尼泊尔铁路的建筑规格与印度不一致,因此无法实现火车直通,导致印度的货物在边境上要卸下并转运到另一列火车上,才能进入尼泊尔。另一种交通方式是通过连接加德满都与低地区边缘的索道来运输。拉纳政权时期的旧索道于 1925 年便已投入使用,但 1964 年被美国修建的、连通海陶拉与加德满都的新索道所取代。然而这条索道并未发挥其全部的效用,部分是因为政府疏于管理,使得其对于个体商人而言太不可靠了。

139　　　第三种也是最重要的一种交通,便是航空了。50 年代初,印度修建了特里布凡国际机场之后,印度航空公司开始运营由加德满都到比哈尔邦巴特那(Patna)的常规航班,而 1958 年以前,这一公司也承运尼泊尔国内航班。尼泊尔皇家航空公司 1958 年接手国家航空业,到 1990 年时,每年飞行旅客人数已达 60 万人,国际航线遍布南亚、东南亚、欧洲及中国大陆的主要城市包括香港,而国内航线则通往 42 座机场。这些机场许多不过是一片草坪加上一个简易的指挥室,但对于那些有承担飞行的经济能力的旅客来说,快速发展的航空业将全国各地更为紧密地联系在了一起。国内旅行以往常常耗费数天之久,但现在只需几小时即可到达目的地。

　　尼泊尔国内通信状况也得到了改善,这同样弱化了距离的影响。1951 年邮政服务只对一小部分人开放,到了 1990 年,邮政系统得到了极大的扩展,尽管国内还有几个边远地区尚未被覆盖。同一时期,电话线路的数量也从 25 条激增到 6.3 万条。尼泊尔国家广播电台于 1951 年开始广播,在 80 年代中波段全国覆盖工程开始后,90％以上的国民能收听到他们的节目。1985 年,在法国技术人员的帮助下,尼泊尔电视台成立。该电视台最初只在加德满都谷地内放送节目,但 80 年代末时,通过比拉德讷格尔、海陶拉和博克拉等地的中继站,电视信号已经覆盖了城市人口的 25％。到 1990 年,电影院在各个大城市也建立起来,并且与印度的情况相似的是,电影很快受到了人们的喜爱。对于没有生活在影院覆盖区域内的人们来说,卫星电视和录像带租赁服务也备受欢迎。

如同交通建设一样，对尼泊尔蕴含量巨大的水能资源的利用也招致了大量非议。在"潘查雅特"体制的末期，公众都承认电力除了供国内使用之外，也应在合理限度内供给印度；而且大家也一致同意，为了发电，应该建造大型水坝来增大水头，同时也能减轻下游的洪涝灾害。而争议的焦点则围绕在两个问题上：发电必要的基础设施由谁来建设，以及在建设及获取能源的过程中，尼泊尔需要割让多少自然资源。正如前文所述，这些问题在尼泊尔与印度之间屡屡造成摩擦，而且为政府在国内的反对势力们创造了联合一致的理由。这些争论一直在持续，但自80年代以来，世界范围内都掀起了对大型水电站能效的怀疑，尼泊尔国内外都出现了这样的意见：认为对于尼国内电网来说，小型的、沿河而建的水电站效益更加明显，而大规模向印度输电则是不可取的行为。这些争论并未能阻止几个大型水电项目的完工，这些水电站主要用来提供城市用电，至1990年为止，国内发电量已上涨至160兆瓦，而1951年时这一数字还只有可怜的1.1兆瓦。

公共卫生条件的改善导致了人口的加速增长，70年代，人口年增长率达到了2.6%。1965年政府出台了计划生育政策，试图减缓这种增长速度，但收效甚微，1990年时增长率依然稳定在2.3%。尽管大量海报在村镇中显眼的地方一波又一波地被张贴出来，但在全国大部分地区，推行计划生育受到了重重阻碍，信息不畅和缺少医疗条件往往是罪魁祸首，而计生宣传员们和村民之间又存在着文化上的鸿沟。而那些选择采用避孕措施的夫妇，往往在这之前已经有了四五个孩子。

在至关重要的农业方面，粮食产量增长的速度几乎和人口增长一样快，但这主要是因为新的土地被开垦出来，而冬耕（主要是小麦）也在大量土地上得到了施行，这些土地此前秋收后就被闲置下来。所有作物综合来看，每英亩的粮食单产量在1961至1963年间以及1991至1993年间两次出现下降，而因为在此期间玉米大规模减产，小麦和水稻的单产量反而略有提升。国家发布的统计数字掩盖了这样一个事实：粮食总产量在低地区有所提升，在山地区却下降了。在其他南亚国家,水稻产量平均提升了四倍,而小麦则提升了九倍之多,因此起初尼泊尔是区域内农业产出最丰的国家,到了建设期结束时,却成为产量最低的了。某些经济作物,尤其是甘蔗的产量有显著提高,但经济作物产量只占农业总产量的四分之一(而种植面积则只有 10%)。这种不尽如人意的农业产量使得尼泊尔国内的作物种子短缺越来越严重。

森林退化对农民生活造成了日益增长的压力,他们不得不走更远的路去收集木柴,而先前由森林提供的、牲畜食用的干草现在也越来越难以获得。而冬耕使得牲畜口粮的问题愈发严重,因为再没有空闲的土地可以用来放牧了。虽然农民们可以减少养殖牲畜的数量,但这也会导致庄稼肥料的减少,以及肉类和乳制品的产量下降。为了应对这一问题,60 年代以后,水牛、绵羊和山羊的养殖数量增多,这些动物比黄牛的养殖效益更大。

141 在剩余农产品销售方面,农民们得到的钱往往较少,这也使他们的生活愈发紧张。这一现象有时是因为与粮食商人相比,农民们讨价还价的本事实在是太差了;但有时也因为政府有意压低了粮食的收购价。在南部边境附近,政府无力阻止农民将农产品走私至印度,以换取较多的利润。而在其他地区,农夫则不得不以低于市场价的价格出售粮食,这样一来尼泊尔粮食公司便得以以较低的售价将粮食出售给城市人口。在乡下,粮食公司以特价出售的农产品主要都被有政治影响力的个体所占有。1960 至 1982 年间,印度农业与非农业地区之间贸易法规的改革使得农村人口生活出现好转,而在尼泊尔,情况则进一步恶化。

土地所有制结构造成的压迫是尼泊尔社会另一个严峻的问题。50 至 60 年代初,许多农民,尤其是低地区的农夫们,最多要上交 80% 的粮食作为地租。地主们大多心满意足地靠收缴地租生活,从不会积极地管理并改良他们的土地;而农民们因为自己所得少得可怜,所以也不愿自行从事这些活动。因此,不仅是共产党,大多数其他党派也都开始宣传"还地于农",而在加德满都的美国外交官们也直接公开宣示,支持这一口号。美国人认为,土地改革不仅已经是大众的正式诉求,而且这一改革的实施也能夺走共产党用以团结下层人民、获得政治支持的主要武器。这一时期,拉普提谷地因为根除疟疾运动的成功而变得宜居,美国在此资助一个移居项目时,曾尝试直接实行农民个人土地所有制。拥有自己土地的农民在最初的三年内被禁止销售他们生产的农产品,但在这一制度试行之初,便有许多农民将刚刚得到的土地转手卖给了加德满都的政治精英们,这使得这些人后来成了"不在地主"。一部分小地主依然存在,但他们的生计别无来源,只能从大地主手中以高得离谱的利息租来土地,因此他们常常欠下无法偿还的债务,并在实质上成为新的佃农。到 1963 年为止,这一"改革区"依然是按照传统的制度进行农业耕作。1965 年以后,尼泊尔政府组织的移居工程中同样也出现了相似的问题,这一工程牵扯到 7 万户家庭与 7 万公顷的土地,如果算上非法占地者,那么涉及人数就更多了——这些占地者毁林开荒,在未经政府允许的情况下占地进行农业生产。

迫于外国的压力,马亨德拉王在 1964 年出台了土地改革法案,将低地区、加德满都谷地以及山地区的个人土地持有面积上限分别规定为 16.25 公顷、2.5 公顷与 4 公顷[①]。法案还要求佃农进行注册,并规定佃农可以合法地拥有其所耕种土地的四分之一。这一法案的确成功破除了某些大面积土地占有现象,但很多地主只是将土地的所有权分散到家族成员以及受信任的仆人之间去了,而他们还保持着对这些土地的实际控制。在某些地区,政府的精确统计受到了地方政治精英的干扰,譬如在居姆拉,土地改革调查的数据从未被发表,也没能得到进一步的分析处理。另外,因为低地区的地主们大量使用来自印度的农夫,这些农夫不受土地改革法案的保护,因此许多佃农根本就没法注册[②],这使得地主们的处境更为轻松。即使政府因为土改而给予了地主们一定的补偿,在最后的改革成果中,可供无产者分配的土地也只有

142

----

① 根据拉格米(D. L. Regmi 1976a：201)给出的农业土地面积计算得出,未包括一小部分额外的居住用地。

② 据估计,未注册的比例可能达到了 60％—80％,但这一数据可能偏高。(Chaitanya Mishra,私下交流)

3 万公顷。基于上述原因,1977 年政府颁布的统计数据应该是不可靠的,因为这组数据称山地区 90％的土地以及低地区 80％的土地都为农民所有①。而 50 年代农民土地占有率的估计值是 50％,因此这一时期,真实的土地占有率应该介于这两个数字之间。

尽管在大部分山地区,土地的确是由农民所有的,但在分配土地的过程中也存在着严重的误差。1991 年一项由世界银行进行的调查显示,这一区域 40％的土地被 5％的人口所占有。在建设期的末尾——1986 年时,有 45％的土地所有者人均土地面积为 0.9 公顷,而集中在中部山地区的另外 54％的所有者仅有 0.18 公顷的人均占有面积,这一点土地根本无力支撑一个家庭的一年所需。当然,如果大面积农业用地的持有者想方设法提高产量,或者非农业用地的地主以合理的工资水平大量招工,那么这一问题也就迎刃而解了;然而遗憾的是,这两种情况在尼泊尔都不曾存在过。

土地制度在某种程度上的确稍微有所变动。那些在政治意识较强的地区生活的农民们逐渐通过斗争,争取到了更为有利的政策。到 1990 年,保护农民的各项法案迫使地主宁愿将一块耕地空闲下来,也不愿冒让自己的佃农获得这块地永久所有权的风险。然而,土地的一再细分,使得每份土地变得越来越不宜用于农业生产。政府尝试促进在农业领域的公众投资增长,而农业投资占五年计划总投资的比率的确从“四五”(1970—1975)期间的五分之一上升至“七五”(1985—1990)期间的超过 40％。政府资助的农业生产活动在 1990 年达到了超过 50 万公顷的规模,而 1951 年这一数字只有 6 000 公顷。政府也投入巨资用来做化肥补贴,但这些补贴款大部分落到了富农手中,而且 90％都集中在了加德满都谷地及低处湿地区。大量经济作物被走私到了收购价较高的印度去,但政府的政策的确有助于提高这些作物的总产量,在东部尼泊尔,这些政策的作用尤为显著。除甘蔗外,油料作物、黄麻和马铃薯产量也大为提高。种植这些作物一直以来都是尼泊尔的优势所

143

---

① 参见 NESAC 1998:118。

在，而印度又提供了现成的、购买力极强的市场。

70 年代以来，多项"农村综合发展计划"陆续得到实施，这是政府提高农业产量的又一项尝试。与五六十年代建设农村与城市社区的项目相似，这项计划也得到了大量外国援助，截至 1988 年，在指定领域的大量行业中，援助总额达到了 18 亿卢比。不幸的是，大部分投资并未被用到合适的地方去，而瑞士资助的吉里"发展计划"(1974—1991)受到了严重的批评，因为这一计划过分关注道路修筑而忽视了其他方面的建设。由世界银行和英国海外发展管理局联合开展的研究显示，没有其他领域发展的配合，公路体系本身无法促进农业增产，而某些道路的养护费用对于尼泊尔来说昂贵到无法承担。这些道路产生的经济效益很小，而且大多被农村的权力精英们收入囊中。1985 年一份吉里项目的对外报告称，项目唯一合理的地方在于建立"图基"体制，即让地方农民自己充当农业技术推广员；而这一制度产生的费用只占总投资的一小部分。"发展计划"最后的问题在于，这一计划通常会拉大贫农与富农之间的差距。因此，有些人甚至认为美国资助的(西部)拉普提建设项目①事实上为毛主义者在此发动暴动铺平了道路，这一项目结束后几个月，暴动就爆发了。

对 1950 至 1990 年尼泊尔农业总体情况的研究给了我们唯一的一条积极结论：农业上的变化阻止了先前预测的人口爆炸灾难。尽管农业产值始终低下，但 80 年代的农业增长速度确实十分迅速，而在树林旁耕作小块农田的生产方式，或多或少也弥补了对森林的破坏。政府与捐助国主导的农业宣传主要集中在农业基础原本就较好的地区，但在这一时期末，主要作物的改良品种已经在全国大部分地区推广开来。外向移民以及海外劳动力创造的收入使国家经济得以喘息，而全国——尤其是低地区——的农业产量仍有很大的提高空间。

144

————————

①　在尼泊尔境内，有两条河流的名字叫作拉普提。东部的那条属于甘达基河水系，流经奇特旺谷地，60 年代美国曾于此处援助了另外一项安居工程。西部的那一条则是果格拉河的支流(前者汇入格尔纳利河)。参见地图 2。

尼泊尔对森林的经营与管理情况，与其农业发展状况一样复杂，但总体而言是比较积极的。近几任政府对"社区林业"的宣传力度不断加大，在这种体制下，由地方居民组成了"用户组"来共同管理森林资源。这一政策一段时间内受到了国内意见的支持，一些援助国也在大力推行这种理念。这种变化某种程度上可被视为1951年森林管理制度的回归，在当时的体制下，森林资源要么由个人持有，要么被置于各种各样的地方机构管理之下，这些机构中有一部分是直接听命于拉纳政权的①。1957年，大部分森林都实现了国有化，被中央所控制。1959至1960年的大会党政府强化了森林国有制，而在索卢昆布等地设立的国家公园使得这一体制进一步变得牢固。国有化制度在某些区域造成的变化并不明显，可能是因为当地居民不知道政府的新政策，也可能是因为国家在这些地区的控制力较弱。但在其他一些地方，森林的所有人担心自己的林地受到收缴，因此通常很快砍掉树木，将其转化为农业用地。

长远来看，森林国有化的中央管理情况不能令人满意。负责保护森林的政府工作人员与负责伐取木材的官员之间时有冲突，而林业部的执法常常效率低下，或者是由于软弱无能，或者干脆是因为腐败。尼泊尔木材公司同样滥用职权，将木材以市场价五分之一到三分之一的低价售给关系过硬的顾客。据传，苏利亚·塔帕在为"潘查雅特"体制支持者参加1980年修宪会议筹集资金时，曾出售大量伐木许可证，这使得本就不佳的森林状况进一步恶化。在这种情况下，地方上的居民更不会将森林视为自己拥有的资源而加以保护。70年代晚期，通过将地方"潘查雅特"议事会纳入森林资源的管理圈，政府尝试解决这些问题，但由于议事会自身缺乏经验，以及政治上的不信任，这一方案也失败了。随后，政府的注意力开始转向规模更小的"用户组"模式，以及其他一些仍在正常运作的"传统"森林管理体系。这些体制某种程度上避

---

① 史蒂芬（Stevens 1993）认为，索卢昆布地区的夏尔巴人著名的森林管理体制，事实上就是这种情况。

开了地方政府的干预,而讽刺的是,这正是外部的援助国们希望看到的,因为这一时期援助国们都希望绕过中央政府,与非政府组织打交道。

新的体制依旧留下了一系列问题。"用户组"可能被地方权力精英们或是地方政府控制,另外,来自山地的无产者们(被称为"苏库巴斯"[sukumbasis])经常侵占林地,并毁掉森林将其开垦为农田,他们与希望将林地保留作商业用途的政府之间一直以来都存在很深的矛盾。尽管如此,通过直接向林业投资,地方居民的确在保护森林与开发森林资源之间取得了更好的平衡。

从理论上来讲,解决日益增长的土地压力的一个可行办法,即提供更多的非农就业机会。然而,尽管1951年以来国内一直期盼能够实现快速工业化,但这条道路上依然险阻重重。正如所有其他的农业社会一样,尼泊尔国民将占有土地视为保存财富的可靠方法,而那些有能力购买现代消费品的富人们则已经习惯于购买外国货了。由于尼泊尔政治上起伏动荡剧烈,拉纳家族的成员一直以来都倾向于在印度购置产业,作为经济上的"保险"。而当一段时间繁荣过后,尼泊尔的民族工业因战争导致的物资短缺而崩溃后,持有大量地产的精英团体对投资工业愈发谨慎起来。这种保守主义也并非没有道理,因为在缺少煤炭和大量矿物资源的情况下,尼泊尔在与印度已经完善的工业体制的竞争中明显处于不利地位。

三四十年代建立起来的尼泊尔工厂大部分是由加尔各答的马尔瓦尔商人出资的,他们通常与拉纳家族成员进行合作,以寻求政治庇护。在1951至1990年间为数不多的工业建设中,马尔瓦尔商人团体依然是最成功的投资者。这些商人最早发源于印度西北部的拉贾斯坦,他们一直以来在南亚经济中都扮演着重要角色。17世纪时,他们斥巨资帮助莫卧儿帝国控制了现在的孟加拉地区①。他们在这一区域的作用,与犹太人在东欧所起的作用类似,而且也可能招致相似的敌视与仇

---

① Eaton 1993：156 - 157.

恨。但在拉纳政权时期，他们与统治阶级展开合作，统治者们欣赏他们作为纯粹商人的精明，而作为"外来者"，他们被视为尼泊尔长期的合作伙伴，在政治上没有太大的威胁。

尽管没有马尔瓦尔商人们那样成功，商业界活跃着其他企业家：涅瓦尔人自尼泊尔统一以来就控制着国家的多种商业活动，但由于其经营的家族产业活动性较小，他们未能成功地转换到新经济模式中去。第三支商人团体主要由 1959 年以后离开中国的西藏人组成，他们率先从事地毯制造业，这一产业在后期变成了尼泊尔的经济支柱。而来自北部甘达基谷地的塔卡里人则大多从商业转行从事其他行业，尤其是建筑工业。

政府对私人企业的鼓励与援助始于 1951 年《公司法案》的颁布。这一法案在 1936 年法案批准建立公共有限公司的基础上，进一步使私人有限公司合法化。1957 年，多个党派联合部长议事会发表了对工业政策的声明，但这份声明事实上反映了"廓尔喀议会"党市场导向的理念，欢迎国内外对私企的投资。在王室接管政治之后，1961 年《工业企业法案》为私企提供了从建立开始十年的免税期等便利条件，而 1981 年另一份法案则作出了针对税务和关税的优惠。1962 年，尼泊尔方面与印度最大的企业比尔拉集团（马尔瓦尔）签订了合作协议，而在巴拉珠（Balaju）与海陶拉两地分别于 1961 及 1965 年建立的工业园区，则为私企提供了基础设施。1966 年以后，印度方面同意转运至尼泊尔的货物免除印度关税，这使得尼外贸形势进一步优化。

尽管如此，私人企业也存在诸多问题。能否获取原料与保住执照，这是企业赖以生存的两个关键，然而不论官方政策理论上多么自由化，这两点都很难实现。80 年代的工业企业家时常抱怨，如果没有同政府的特殊关系，那他们不得不去黑市高价购买原料及执照，而无法通过官方渠道获得。这一时期日渐缩水的外汇储备使得工业的境况更加艰难。政府监管的原意是制止私企运作中的权力滥用，这种情况的确在较大规模上时有发生，甚至于有些原材料的采购并非用于工业生产，而是被私人企业家转手倒卖出去。然而，这种政府介入的结果却是导致了对诚信企业与奸商的二者并罚,而且也为腐败创造了条件。更糟的是,如果印度方面认定存在同本国货物的不正当竞争,那么将货物出口到印度的企业家们将会失去全部的市场。

金融业和劳动力市场也问题频发。证券行业发展缓慢,1990 年 4 月,在股票交易所上市的只有 39 家公司。尼泊尔银行提供的贷款绝非资金的理想来源,因为这家银行的存款率与贷款率之间存在巨大差距(6%—10%);而不论是从这里还是从尼泊尔工业发展公司申请贷款,一般都需要贿赂其员工才能得到审批。大量的劳动力对工业技术并不熟悉,而熟练的工程技术人才一直供不应求。1985 至 1990 年间,这样的技术人员预计需要 7 800 人左右,但国内只有 4 800 人符合要求。在这样的情况下,商人们通常都避免长期投资一项实业,而往往倾向于短期内更换不同的产业进行投资。

147

私企缓慢的发展导致了为数众多的国有企业的成立。1961 年时国企数量仅为六家,而 1988 至 1989 年间则增至 64 家。这些国企通常由政府官员及与王室有关系的人组织建立,这为那些投机分子创造了机会。包括贾纳克布尔卷烟厂、尼泊尔皇家航空、石油公司、电信公司及电力公司在内的一些国企的确有一定盈余,但总体而言,国企一直在亏损。1988 至 1989 年间,政府投入国企的资金占到了建设预算的13%。因此,在 1985 至 1986 年的工业发展计划中,国企的私有化成为重点;这一计划还简化了私企的注册手续。这些手段事实上是世界银行以及国际货币基金为尼泊尔贷款的明确条件,但早在 1980 至 1985 年的五年计划时期就已初见雏形,这可能是为了响应国际金融组织对私有化愈发强烈的呼声。私有化进程在实际操作中较为缓慢,直至 80 年代中期,私企的企业家还常常抱怨国企与之竞争,并声称国企以能够更方便地利用外汇等条件,制造不正当的优势。马利克曼·辛格政府联系了尼泊尔援助团,并提出将 20 个国企全部或部分私有化,但这一提案在私企中间却应者寥寥。在"潘查雅特"政体结束之前,该政府正在考虑按比例缩减国企规模。

如果算上棉纺织业及其他规模较小的工业,尼泊尔国内 10%的劳动力以全职或兼职的方式受雇于工业生产。然而,政治注册的工业公司的雇员数仅有 16 万人,而国内经济上活跃的人口共有 1 000 万之众;这些雇员创造的价值也仅占 GNP 的不到 5%。这些企业主要被限制在比尔根杰—海陶拉—加德满都走廊以及东部塔莱区,前者垄断了四分之三的大规模制造业,而后者则是轻工业的集散地。1986 至 1987 年间的政府统计显示,全国制造业雇员共有 15.2 万人,而塔莱区受雇于建材加工业的工人共有 4.5 万人,占到了总数的很大一部分[①]。各式各样的农产品加工业在工业中也占有一席之地。工业企业中近一半都是谷物研磨与加工公司,但这些企业只占总雇员的 10%。蔬菜与水果加工也同样潜力巨大,对于喜马拉雅山区而言尤其如此,因为此处有着某些品种的蔬果生长所要求的独特条件。然而不幸的是,尚不能在这些蔬果腐烂之前及时地全部将之运到工厂中。

尽管如此,“潘查雅特”体制下最显著的工业成就,还要数服装与地毯制造业。60 年代,国际红十字会接纳了一批藏民,藏式地毯加工业在尼泊尔最初是为了安置这些藏民而开展起来的。随后,瑞士国家援助组织将第一批地毯进口到了欧洲,这一产业开始发展,这一过程中也受到了欧洲掀起的藏文化热的推动。编织地毯所用的羊毛最初从藏地购买,但后来变为从澳大利亚与新西兰进口。到 1985 年,这一产业已经成为尼泊尔外汇收入的主要来源,雇用了三分之二的藏民以及许多其他的非藏族劳工。1986 至 1987 年间政府统计显示,从事纺织、地毯与服装业的工人只有 2 万名,大多数集中于加德满都谷地;然而,那些兼职做工、外包工作在家进行纺织的临时劳工数量按估计可达 100 万之众,令人难以置信[②]。1990 年时,这些行业的雇工总数估计在 1 万人到 25 万人之间。行业中存在的问题包括对加德满都谷地的河流造成

[①] 卡达(Khadha 1994, 238 - 240)重新制作了一张数据表,显示工业企业共有 9 359 个。许多这些企业都是在政府 1981 年计划下成立的,机器设备的投资不超过 20 万卢比,而固定资产则不超过 50 万卢比。

[②] 齐维茨(Zivetz 1992: 187)引用《廓尔喀新闻》1986 年 3 月 21 日文章。2 万这一数字是根据卡达(Khadha 1994, 238 - 240)提供的 1986 至 1987 年间数据所计算的。

的污染,以及滥用童工——1990年三分之一的工人均为童工。出口量上可能也存在夸大,因为统计将那些在印度制造、走私到尼泊尔又贩回印度的地毯也计算在内了。一度有传言声称,内阁的大臣们也参与了这种走私—回贩的勾当。而那些合法地从印度进口的高质量地毯,从长远来看对尼泊尔地毯制造业也是一个威胁。但不论怎样,与尼泊尔总体的经济建设进程相比,工业的发展证明了,将地方上的自助行动与国外的技术支援相结合,还是可以取得成功的。

第二个出现重大增长的产业即成衣制造业。1983年美国减少了从印度进口的总额度,致使印度商人纷纷去其他南亚国家从事生产经营,这样一来,尼泊尔的服装业得到促进,从而实现了快速发展。尽管这些商人按照惯例依然与尼泊尔方面展开合作,但他们带来了大量印度劳工,在加德满都引发了种族矛盾,也促使尼泊尔政府要求印度工人在进入尼泊尔之前申请工作许可,以保护本国劳动力市场。1985年9月,美国同样强加尼泊尔以进口限额,这使得一大部分印度人回到国内,但尼政府依然坚持要求印度人申请工作许可,这一许可造成的风波于1989年与其他因素一起导致印、尼关系恶化。由于美国支援政策的变化,许多刚刚开工的工厂被迫倒闭,而政府于同一时期开始对从印度进口的原料人造丝征收税款,又延迟分配企业生产定额,这使得情况进一步恶化。一段时间以后,工业出现了一定程度的恢复,但整个行业对于美国贸易政策变动的抵抗力依然很弱。在"潘查雅特"政体末期(1989—1990),服装业和地毯制造业在官方外汇收入中占据了81%,而出口量也达到了总量的71%；如果算上政府未对外公布的贸易与支付的话,这一百分比会有所降低。上述两个行业带来的外汇收入大部分用来进口消费品,通常这些商品随后又会被非法出口到印度。不管怎样,这两个行业对于尼泊尔经济而言都是支柱产业。

这种出口导向型工业的重要性,与供给国内市场的小规模棉纺织业那惨淡经营的业绩形成鲜明的对比。1991年掌权的大会党政府发布的一份报告显示,在4.3万家从事这一行业的经济单位中,有70%最终无法经营下去。纺织技术培训的作用值得怀疑,因为即使有着先

149

进的设备和技术,家庭手工业者的制造力也很难同大规模工业生产相抗衡。

与之相对,旅游业则大获成功。尼泊尔一直以来都吸引着印度的朝圣者们,前往帕苏帕蒂那寺及其他寺院参拜,但50年代以来,越来越多的欧美游客开始造访这个国家。托马斯·库克于1955年组织了第一个前往尼泊尔的旅游团,而游客流量从1960年的400人每年上涨至1976年的10万人每年,到了1990年,又进一步增至25万人每年。50年代时,尼泊尔典型的游客是那些参加壮游的欧洲贵族子弟,而到了60年代,加德满都则成为西方嬉皮士们的圣地,这些人一般称呼自己为"环游世界者"。在比兰德拉王加冕典礼的准备阶段,尼泊尔驱逐了这些人,宣告着嬉皮士时代的结束。尽管尼泊尔一直是穷游旅行者们的首选目的地,但游客质量的确有所提升,而1990年当年,旅游业创下的外汇收入达到了6 350万美元。游客的这些花销中,一大部分是在加德满都消费掉的,因为这一时期吸引旅行者的不仅有历史名胜,还有位于首都的尼泊尔赌场。这家赌场的顾客大部分是印度人,有谣言说他们还从事洗钱活动。另外,也有越来越多的游客前来尼泊尔进行徒步越野或者是激浪漂流的户外活动。

150　　如同服装与地毯制造业一样,旅游业的成功不是没有代价的。前所未见的游客流量增长造成了加德满都酒店行业的供给过剩,而旅游业创下的很大一部分外汇被用来购买为游客提供的消费品,因而又流失掉了。而在山区,尤其是诸如珠峰大本营地区这样的徒步热点地区,"厕纸线路"这一谑称反映了游客们正在摧毁他们来此享受的自然环境。蜂拥而至的外国游客也可能抬高如鸡蛋这一类商品的市场价格,使本地居民无力购买。但从另一方面来看,旅游业带来的经济效益又的确提高了大量尼泊尔人的生活水平。

对外贸易与贸易多样性问题

1951年,尽管存在着与中国西藏的边境贸易,而且在拉萨的尼泊尔商人数量越来越多,但尼泊尔此时最主要的贸易伙伴还是印度。在马亨德拉王与比兰德拉王时期,尽管以优惠条件进入印度市场依然是贸易的重要部分,但外贸的另一个目标则是追求贸易对象的多样化,提高尼泊尔对外贸易中第三方国家所占的交易比例。这个目标是基于政治而非经济原因制定的,但实现起来困难重重,因为大部分国家与尼泊尔的贸易要由印度进行商品转运。1966 年,印度在原则上同意去往尼泊尔的中转货物在印度海关免检免税,而尼泊尔的公司也开始在加尔各答修建仓库。以尼泊尔原料生产制造的商品在印度市场上是免税的,而 1960 年贸易与转运协定使尼泊尔重获制定对外税则的自由。然而,在贸易的其他方面,印尼两国依然争执不断,而对贸易与关税体系每一次重新审议的尝试,都会使双边关系产生危机。

这种贸易上的紧张态势,一部分原因是印度与尼泊尔都时常把经济问题作为政治武器利用,但两国之间也的确存在真正的利益冲突。印度在立国之初已经拥有成型的工业体系,通过限制进口,印度政府希望保护国内的制造商,并鼓励国货发展。尼泊尔也希望建立自己的工业体系,但眼看成为同印度一样经济独立的国家无望,尼政府便采取了更为自由的政策。因此,在尼泊尔的印度或印度裔商人都愿意购买第三国商品,再将其通过合法途径或通过印度许诺尼泊尔商人的特殊渠道销售回印度。不管尼泊尔政府是否存在故意纵容,其外贸多样性政策都在事实上助长了这种行为。

60 年代中期,尼泊尔实行了新政策,允许黄麻商人保留其出口所赚得通货的 60%。在这一政策下,印度政府不愿尼泊尔商人进行买进该国黄麻、再卖回印度的倒卖活动,因此在从尼泊尔进口的黄麻商品上附加了额外税款,税款的价值等同于印度对国内黄麻加工商收税的额度。1968 年 11 月,印尼双方达成协定,允许尼泊尔在缴纳印度关税 80% 的税额以后,让尼泊尔商品免税进入印度市场。然而,因为尼泊尔商品的生产成本更高,因此即使有了这 20% 的税务减免,尼泊尔商品依然无力同印度商品竞争。

1966 年的"礼物包裹"方案也在印尼之间制造了摩擦,这一方案使得尼泊尔可以从中国香港或新加坡购买商品,然后走私到印度境内。

151

虽然尼泊尔政府指出，这些走私贩子中大部分都是印度公民，但印度方面仍然认为这损害了其在进口与外汇控制方面的利益。

1964 年尼泊尔引入了"礼金券"体制，允许尼泊尔出口商保留在出口中赚到的 90% 的外汇，这使得印尼双方矛盾进一步升级。在该政策的激励下，大量工厂沿着边境线建立起来，加工从印度进口的不锈钢及人造纤维，再将成品出口。这些成品要么售往第三国以换取外汇，要么被卖回印度；而由于原料低廉的价格和尼泊尔的税务减免政策，使得商品成本较低，因此在印度市场上这些再加工后的商品比同类商品售价要低一些。因而，尼泊尔的人造纤维织物出口量五年连续增加，从每年 5 700 码上涨至 230.5 万码①。但印度对此的反应十分激烈，1969 年，印度政府没收了一批禁运的、价值约 600 万卢比的织物和不锈钢制品。激烈的谈判最终将尼泊尔出口上限固定在 1967 至 1968 年间的水平上，因而这些边境上的工厂大多逐渐倒闭了。

尽管如此，尼泊尔贸易多样化运动依然如火如荼地进行着。70 年代中期，"礼金券"体制的改良版——出口商外汇授权方案在经济领域运作了一段时间，但随后就被一套双汇率体系所取代。1981 年恢复单一汇率后，政府开始奖励出口商直接出资的行为。最终，这些努力都收到了回报：1988 年的官方统计数据显示，尼泊尔每年只有 38% 的商品出口到印度，而印度商品的进口量也仅占尼泊尔总进口值的 30%。然而，如果算上边境上那个没有记录的贸易行为的话，这些统计数字可能会有很大变化，因为这些贸易估计可达外贸总额的一半之多。更重要的是，尽管政府历尽千辛万苦在国内建立起了新的市场体系，但在某些情况下，向印度出口商品的利润比在国内从事贸易的利润要大得多。

在被加工成商品、享受免税待遇进入印度之前，进口到尼泊尔的原材料需要附加一定价值。在这一附加值的具体数量方面，尼泊尔方面不断推动着更为宽松政策的出台。1978 年，印度的人民党政府终于满足了尼泊尔长期以来签订两份贸易与关税的独立条约的要求，在这场

---

① Mahendra Lama, 'Clash of Images', in Baral 1996: 187.

谈判中,尼泊尔提出将出口附加值减少至80％以下,并在1986年后一直试图进一步将其减至60％。此时的印度政府左右为难,一方面新德里希望通过经济建设维持尼泊尔局势的长期稳定,另一方面国内的工业资本家又要求政府保护民族工业,抵制尼泊尔商品的不正当竞争。

虽然印度于1960年承认尼泊尔拥有将外汇业务分离的权利,但印尼两国之间的货币关系也是分歧和摩擦的来源之一。印度卢比长期以来在尼泊尔正常流通,尤其在塔莱区,这一情况尤为显著。但1961年马亨德拉王制订了一套阶段性计划,以逐步使尼泊尔卢比成为国内唯一的合法货币。1966年中,新德里突然令印度卢比贬值,尼泊尔试图维持尼卢比与其他货币的汇率,导致这一计划被暂时中断。印度货币的贬值严重影响了边境贸易,因此该年尼泊尔以英镑贬值为理由将自己的货币也实行贬值,从而使尼卢比与印度卢比恢复了先前的汇率。

货物转运一直以来都是一个严重的问题。最初,印度坚持唯有通过铁路系统运输的尼泊尔进口货物才能享受免除关税待遇,否则对于印度的国家安全与经济利益都会造成损害。随后,有限的公路运输也被划入了免税行列,但尽管印度在原则上作出了让步,但事实上尼泊尔基本上无法使用这条经过东孟加拉的拉迪卡普尔的新线路(尼泊尔与巴基斯坦政府在1962年10月达成了东孟加拉段货物转运协议)。面对这种情况,马亨德拉王借助了国际论坛的平台,在1964年日内瓦以及1968年新德里召开的两次联合国贸易和发展会议上,尼泊尔慷慨激昂地发言,积极争取内陆国家的权利。印度方面最终作出回应,在重新审定1960年贸易与转运条约期间,对尼泊尔实行半经济封锁,并威胁将要彻底封闭边境。在孟加拉战争中印度彻底击败巴基斯坦,及英吉拉·甘地大选获胜后,马亨德拉王不得已接受了修订后的新条约,这份条约在货物转运限制方面未作任何改动。1978年人民党取代英吉拉执政后,印度同意将转运条约与双边贸易协定分开,但十年后拉吉夫·甘地又对尼泊尔采取了强硬的态度。1989年,货物转运问题只是两国之间更大分歧的一小部分,但这一问题的确是边境关系纷争的最后一幕,为"潘查雅特"政体崩溃的命运画上了句号。

153

尽管尼泊尔尽力扩展海外贸易,但通过北部边境与中国的商业来往同与印度的商贸相比,则要少了很多。一些粮食和乳制品被贩卖到中国西藏,尽管在印度的压力下,向西藏地区的粮食出口一度被禁止。同样遭到禁止的还有从印度进口、转而贩卖到西藏地区的一切商品。六七十年代中,一部分托运的中国消费品得以在尼泊尔出售,但售价通常较低。不论怎么说,货物还是要经过加尔各答,再通过中国制造的电车运入加德满都谷地,不然的话便通过海运,尼泊尔出口到中国内地其他地区的黄麻售价将比陆运至西藏地区的产品更为低廉。

与中国展开大规模贸易的前景在这一时期的后期的确出现了,此时在邓小平的领导下,中国实行了对外开放政策。然而,在中尼边境上展开更多贸易活动的做法,遭到印度以国家安全为名义的强烈反对。同时,印度还认为尼泊尔创造优势条件,让中国货物比印度商品更方便、更大量地进入尼泊尔国内市场,这些因素一同导致了 1989 年的危机。同中国以及其他国家的贸易活动,远没有获得印度的谅解或是纠正尼泊尔经济自身的结构性问题更为重要。

第六章 生活方式、价值观与身份认同：尼泊尔的社会变革(1951—1991)

尽管 1951 年以来尼泊尔各界所期望的经济飞速发展并未得到实现,但社会上的确出现了显著且影响深远的变革。教育系统得到了进一步的扩展,尼泊尔国内和国际通信水平也有所提高,这意味着 1990 年的尼泊尔人——尤其是年轻人,他们的世界观、人生期望同 40 年前的人们已经大不一样。社会理想与现实成就之间的巨大差距,也许是"潘查雅特"政体最终被推翻的最重要原因,而这种差距也使后继的体制屡屡陷入危机。

城镇与乡村

自然而然地,社会变革在城市化中心以及距这些中心较近的乡村地区发生得更快,也更为深刻。加德满都谷地是最先受到影响的地区,毕竟从经济角度来看,这一区域的发展建设最为成功。但相似的变革也影响了其他主要城市,尤其是位于中西部山区的博克拉,以及低地区的城镇。进一步而言,城市地区与内陆腹地之间的屏障尽管真实存在,但并不是密不透风的,那些在城镇中流行的新观点在全国范围内都或多或少地产生了影响。

1951 年以后,加德满都政府的官方政治术语出现了变化,这是在首都新旧思想交锋的最初预兆。拉纳政权的执政们和沙阿家族的国王均称呼他们的子民为"timi"(与法语中的"tu"或德语中的"du"意思相近)。而在新的民主政体下,平民被称为"tapain",这是尼泊尔语对成年男子的敬称。莫汉·沙姆沙·拉纳觉得,用这种尊称与他的涅瓦尔大臣伽内沙·曼·辛格谈话简直令人恼怒不已,所以他干脆就一直用英语同辛格讲话。尽管继承了拉纳家族的独裁权力,特里布凡王与马亨德拉王还是乐于使用"tapain"。但比兰德拉王与他的父亲和祖父不同,他在国外接受过现代化教育,因此即使是在同婆罗门讲话时,他也更倾向于使用"timi"。意识到这一说法可能会令某些人感到备受轻视后,比兰德拉王采用了莫汉的方法,改用英语或使用更客观的表达法进行谈话。"人民大会"元老坦卡·阿查里雅于 1956 至 1957 年间任马亨德拉王的首相,他对比兰德拉王的这种做法愤愤不平,晚年时甚至还暗示,国王身边有些不怀好意的人故意助长比兰德拉王的这一习惯,以在民间激起对君主制的不满[1]。然而,比兰德拉王这样做的真实原因可能在于,尽管他期望能够保持君主制在传统上的宗教神秘氛围,但更希望将这一制度塑造成国家寻求现代化的关键所在。

王室在这一时期始终掌握着权力,但对于加德满都谷地本土的涅瓦尔社会来说,发生变化的不只有称谓体系,还有其内部的权力关系。从事农业生产的摩诃罗腱人占到涅瓦尔人总数的一半以上,他们在土地改革过程中收获了属于自己的权利,并日益从印度教的施莱斯塔种姓以及佛教的金刚师、释迦种姓等"高等"群体中独立出来。在巴德冈,这些摩诃罗腱人主要支持比朱克切领导的尼泊尔工农党,因为该党在新的立法体制下不懈地代表这些人斗争,以期为他们争取权利。工农党成功地控制了地方的"潘查雅特"议事会,尽管有些人称比朱克切自己高等种姓的出身背景与旧体制有莫大的关系,但这依然是一项了不起的成就。

---

[1] Fisher 1997: 196.

尽管摩诃罗腱人并未如其他高等种姓族群一样,虔诚地皈依印度教或佛教,但这一时期,他们越来越倾向于把自己描述成印度教徒。这一变化使得谷地中最有势力的佛教种姓——金刚师与释迦族的地位遭到了进一步的打击。地租收入的减少使得上述两个种姓群体难以继续维持密宗佛教那庞大而繁复的仪轨,而群体内部的团结也受到了一定程度的破坏。贫穷的释迦族人无法再如以前那样,依靠富裕的族人提供的"社会保险"来生活。另外,密宗在当时也面临着上座部佛教的威胁,这一派别与其他佛教支系相比具有"新教"式的特点。上座部佛教曾在斯里兰卡盛行,而于殖民时代的最后十年内,该派别在整个南亚大陆开始复兴。上座部信徒最初于两次世界大战期间开始在加德满都谷地扎根,与近代涅瓦尔民族主义第一次兴起处于同一时期。同时,金刚师种姓内部开始出现关于"是否能接受乌磊种姓的人用手递过来的米饭"这一问题的争论(乌磊是最高等的佛教世俗种姓),这一内部意见分歧加速了种姓群体的分化。而上座部佛教徒们反对种姓等级制度,尽管这种抵制在涉及低贱的底层种姓时往往不那么明显,但在1951年以后自由化的国内政治文化氛围中,这一主张为他们博得了较高的声望。

涅瓦尔人中的印度教高等种姓群体与帕拉芭蒂亚族中的对应人群之间依然存在着清晰的界限,然而从70年代以后,这些宗教贵族们以及其他一少部分种姓的涅瓦尔人纷纷开始放弃涅瓦尔语,而转用尼泊尔语与自己的孩子们对话,以使下一代能够适应中级教育中尼泊尔语的授课环境。另一方面,涌入加德满都谷地的移民潮使得涅瓦尔人在地区总人口中的比例有所下降,这也使居住在城市中心的非涅瓦尔族居民越来越难以学到这门语言。在此,王室内部的习惯变化似乎再一次代表了更广泛的社会剧变:特里布凡王与马亨德拉王都会讲涅瓦尔语,他们从自己的乳母以及其他宫殿内的仆人们那里学会了这门语言,而且,据说这两位国王有时会使用这门语言与手下交谈,以防止对话里的秘密被印度的谈判代表们偷听过去;这是因为尼泊尔语与印地语同属一个语族,彼此之间十分相像(参见第一章)。与之相反,比兰德拉王则完全不会这门语言。

156

然而，在诸如巴德冈与帕坦老城区等地，由于70年代文化保护政策的实行，这种社会变化并不像加德满都那样显著。在这些地区，人口依然以涅瓦尔人为主，而同一种姓的家庭之间往往相距很近。这种高度团结的社会秩序导致了1990年时，两座城市都爆发了"人民运动"。

对于涅瓦尔社会整体而言，"洁净的"诸多种姓间的分化与差别愈发弱化，不同种姓之间的通婚现象也日益增多，尽管这种行为依然未能得到守旧者们的认同。然而，这些中心群体与社会结构底层"不洁的"种姓之间的差异却依然巨大，而后者中的许多人在搬迁到另外一地居住时，往往会为自己的名字中加上"施莱斯塔"的高等种姓，以此逃过受歧视的命运。那些不能或不愿隐藏自己身份的人则开始了公开的反抗活动，譬如，心怀愤懑的低等种姓妇女们会走上街头并在道路中间游行，而不是低眉顺眼地在街道边缘行走，以给高等种姓者留出一条"洁净的"通路。属于"不可接触者"的擎底种姓清洁工们在这场运动中受益颇多，地方政府开始为他们提供越来越多的付薪就职机会，而随着德国援助的垃圾处理系统的建成，这些人开始驾驶着微型拖车往来于城市与垃圾填埋场之间。

1963年，一部新的《民法典》在尼泊尔颁布，规定尼泊尔公民在法律面前一律平等，并正式废除了"不可接触者"这一概念。城市生活中的人情味淡漠以及伴随着城市化进程出现的社会阶层之间的流动性增强，在任何立法或政治运动之前，就已经使得针对"不可接触者"（1990年以后，这些人越来越倾向于被他人称为"达利"人）的歧视大为减少了。然而，即使是在加德满都谷地内，马亨德拉政府也不情愿将这一法案彻底地贯彻落实下去。就在《民法典》出台后不久，一群"不可接触者"在试图进入国家神庙——位于巴格马蒂河畔的帕苏帕蒂那庙时，遭到了警察的阻拦。官方对此的解释是，法律上的变化并未影响在"宗教习俗上"的个人权利。在2001年9月政府作出寺庙开放通告后，大部分达利人才得以畅通无阻地去这些神祠参拜。

虽然城市生活中出现了民主化和同质化倾向，但加德满都的城市规模使得这些变化的意义在某种程度上被减弱了。尽管按西方的城市

图 14　从斯瓦扬布寺俯瞰加德满都谷地。该寺是一座历史悠久的佛教寺庙，位于加德满都以西的一座小山上。

标准来看，加德满都是一座小城，但其面积也足以让分属不同民族和种姓(在尼泊尔，这两个概念之间的区别通常是含糊不清的)的个体结成界限分明的社区团体，并将自身与其他这样的人群在地理上或是在社会活动中分别开来。用美国社会学界的话来说，这里的社会已经形成了"沙拉碗"模式。在小型城镇中，这种模式很少出现，更多的是"熔炉"式的结构；但这些城镇的传统势力依然强大，并时常出现更保守的社会现象。虽然如此，小城镇的情况与农村依然是截然不同的，因为城市中的种族种姓界限瓦解得更早，而且城镇居民获得的就业机会与享受的政府服务也更为丰富。

158

　　对于城市中的父母来说，包办婚姻十分流行，但他们的子女越来越希望能够通过"恋爱婚姻"(尼泊尔人用这一术语来形容自由选择伴侣的婚姻制度)来找到另一半。然而，80年代以来，这两种婚嫁制之间的界限也开始变得模糊，在父母包办的婚姻中，男女双方往往是事先就坠入爱河了的。个人对配偶的选择可以越过种姓的边界，但总体来说，不

论是尼泊尔族还是涅瓦尔人,高等种姓的双亲一般都反对子女与来自
"不洁"种姓的人结婚。随着在国外工作与留学的尼泊尔人以及在尼泊
尔旅行或定居的外国人人数增多,配偶中有一方不是南亚人的情况开
始变得逐渐普遍起来。尽管这种婚姻比同一个达利人结婚要体面得
多,但偶尔还是会受到家人的坚决反对。身为婆罗门的革命家坦卡·
阿查里雅希望在他的女儿去苏联留学之前为她在国内找一个丈夫,而
当她最终嫁给了一个俄国人时,坦卡花了很长时间才接受这位外国女
婿。对于低等种姓者而言,与居住在尼泊尔的外国人结婚是一种摆脱
卑下的社会地位的方法,但就如同皈依基督教一样,这种行为往往也遭
到高等种姓群体的谴责。尽管如此,传统与自由婚姻并不是完全不可
协调的:针对涅瓦尔族群的人类学研究发现,外国妻子通常能被顺利
地安排进丈夫的家庭宗教秩序中去,而资料显示,至少有一户帕拉芭蒂
亚家庭曾经为家里的英国丈夫新创立了一整套授予婆罗门地位的
仪式。

　　然而,即使是在小城市中,大部分尼泊尔人的婚姻与家庭生活依然
是较为传统的。西方文化中的约会直到 1990 年依然被尼泊尔社会认
为是十分大胆的行为,而"恋爱婚姻"中的双方通常是在日常生活中的
各种场合下结识的,譬如在街区内、学校里或工作单位中等。大多数人
的伴侣是尼泊尔人或者(对于住在南部边境上的人们来说)印度人,而
且与他们归属于同一个种姓。家庭生活按照西方的观念来看是十分保
守的,尽管离婚在法律上可行,但在高等种姓的家庭中事实上很少发
生。重男轻女以及女人应当服从丈夫的观念在大部分的社区内依然根
深蒂固,而女儿通常也无权分得父亲的财产,除非这位女子从未结过
婚。尽管如此,对于城市教育系统而言,男孩和女孩的入学机会倒是基
本实现了均等化。在过去的年代中,女子教育也不是闻所未闻的:19
世纪初,特里普拉·孙达里曾写过一篇关于大额税务的专题论文;20
世纪早期,尼泊尔女性开始写作尼语书籍与文章,并在印度付梓。1942
年,一所女子学校在哈努曼多卡宫附近建立起来。然而,上述所有这些
在当时都实属特例,1950 年时,一位会讲英语的加德满都权势人物可

159

能会拥有一位完全不懂英语的伴侣,而如果是在涅瓦尔社区内,那么这位伴侣很可能连尼泊尔语都无法流利使用。而到了 1990 年,这些政治精英的妻子即使没有自己的事业、专职做家庭主妇,她们也通常已经是大学毕业生了。

对于许多家庭而言,新娘在结婚时还要带着大量嫁妆。有些评论认为,这种习俗对于无法如同她的兄弟那样继承家庭财产的女孩们来说,多少是一种补偿。与印度不同的是,嫁妆风俗与持续增长的家庭消费能力并未在尼泊尔造成索奁焚妻的惨案,但的确对中产家庭形成了不小的压力,也证实了传统印度教认为女孩子是一家之累赘的偏见——这种偏见在之前的乡村地区就已经非常盛行了。

不论受教育程度如何,城市中的女性依然恪守着印度教或佛教的宗教仪轨,尽管有些复杂的仪式在当时已经废弃不用了。受过教育的男性可能没那么热衷于宗教事务,但这一点在每个社区中都有所不同。举例而言,对于涅瓦尔族的摩诃罗腱人来说,尽管他们对佛教的神职人员已经不复传统上的敬畏,但在寺庙中参加音乐表演已经成为许多年轻人生活的一部分了。在加德满都所有主要社区中,重要的生命仪礼依然严格按照传统方法执行,即使是较为世俗化的知识分子们,也坚持在双亲过世的一年内穿白色孝服。不过,家族中时常会出现关于“是否需要为远亲的去世而举行简化仪式”这一争论。

除了禁食牛肉之外,丧期早餐以后不进食水的习俗基本得到废除。截至 1990 年,加德满都谷地内没有几个婆罗门依然坚持不食用洋葱和大蒜,而基本上也没人再担心究竟有谁接触过自己要吃的米饭了。饮酒一度被所有高等种姓的帕拉芭蒂亚人认为是罪恶的行为,但涅瓦尔人与讲藏缅语的山区居民一直以来都有摄入酒精的习惯(拉纳-沙阿统治集团的精英们在私底下也会饮酒作乐)。80 年代时,酒精饮料在加德满都依然没有在欧洲那样普遍,而由醉汉和酗酒引发的问题促使一部分人联合展开对酒精的抵制。虽然如此,适度的饮酒在城市社会中普遍是可以接受的,而酿酒业也成为尼泊尔轻工业中的重要部分。大部分中产阶级家庭的一日两餐依然以米饭和蔬菜为主食,很少食用肉

160

类，但这更多是出于习惯与经济上的考虑，而非严格的宗教性规定。包括面包和奶酪在内的西式食品，以及如方便面之类的速食食品，这些在尼泊尔也日渐流行起来，但更多的人只是将其当作零食，而非正餐。为外国人开设的酒店和餐馆也逐渐开始为尼泊尔本地人提供正式的西餐，但这种饮食并未成为本地文化中的一部分；而与之相反，印度食物在英国本土却十分盛行。

除了餐饮以外，尼泊尔本地居民的服装也走上了东西合璧的道路。与中国及日本不同，尼泊尔及南亚其他国家的女性在这一时期对西方化的服饰较为抵触，而纱丽与旁遮普式的"沙丽克米兹"（salwar-kamiz）依然是大多数女性的首选装束。但学生的校服是欧式设计，而年轻的女孩——尤其是富家女子——也越来越喜欢穿着牛仔裤。对于中产阶级的男性来说，如无特殊职业要求，越来越多的人选择穿着衬衫和西裤，但政府工作人员一般要求穿着"道拉服"——即棉质的短上衣、贴身长裤以及搭配在外的西装外套；公务员（有些时候也包括政府机关的访客）通常也应该戴尼泊尔式的船形布帽子。这一套着装要求，部分是因为政府希望塑造一个统一且鲜明的尼泊尔国家形象，虽然这些要求在山地区以及加德满都谷地大体上都为人所接受，但在低地区则常常遭到抵制。

19世纪70年代，随着城市的扩张，加德满都的道路也在延展，但在主要道路上行驶的机动车数量很少，大部分的城市居民依然步行、骑自行车或是乘公交车去上班，因此公共交通通常是极其拥挤的。1990年时，一半左右的人口依然以这种方式出行，但"笃笃车"（tempos）变得更为普遍，这种公共交通工具以摩托引擎为核心，搭配了驾驶室和小型乘客舱。与此同时，摩托车在中产阶级中迅速普及，代替了原有的自行车。只有那些在本地极为富有的人才拥有私人轿车，而他们往往也会雇用一位司机来帮他们驾驶。

161 　私人交通工具的应用以及"笃笃车"的普及使得中产阶级居民有能力离开其在市中心的老旧住所，在市郊修建新房。郊区的土地往往是在城市扩张中从农业用地转化来的城市建筑用地，而大部分人都更喜欢自己动手盖房子，而不是从开发商或前任户主手里购买成品房。随着经济收入的上涨，尼泊尔人更希望将房子建得大一点，通常会建几层楼高。额外不用的房间可以出租，或者当孩子结婚又不想搬出去住时，这些空房间可以给新婚夫妇使用。政府对这种私人所建房屋的控制通常较弱，而公共铺设的道路也很少有直接通向这些新兴住宅区的。不同的房屋有不同的土地编号，但即使是在有成型道路的地区，这些房屋通常也没有分配到门牌号，所以如果是第一次造访，那么游客通常需要记住房屋的外形特征，如果迷路就只能向当地人询问。这种情况在老城区的中心也存在着。

收入较低的家庭则更多地居住在自己的简陋小房子里，而对于那些来自乡村的城市移居者来讲，他们往往租住插间。家在谷地以外的务工人员常常被雇用做富家大户的下人，这些人的待遇各有不同。对于已经跟随一户家庭多年的老仆人，家主事实上已经将其视为家庭的一分子了；但另外一些不那么幸运的仆人——尤其是童工，遭遇就要悲惨得多，常常被强迫长时间劳动，工资很低，而食物也常常不够果腹。餐馆、酒店雇用的"厨师助手"（通常也是未成年人），以及谷地中木材加工厂及服装厂使用的童工，他们的处境也与之相似。流浪儿童成为日渐严重的社会问题，这些孩子要么是离家出走来到加德满都，要么则是遭到了自己父母的遗弃。不过，大部分人的确不至于无家可归，尽管存在一些非法建筑，但加德满都并未出现棚户区比比皆是的情况，而这种状况在大多数第三世界国家的城市中随处可见。

在城市以外，很多上述的社会变化也出现了，但发展得较为缓慢，而且在不同区域，这些变化也有着极大的不同。在全国范围内，按世界平均标准来看中央权力依然软弱，但国家机器多少出现了强化的趋势，这意味着地方自治权力的大幅缩水。另外，随着资源压力的增大，原本在村庄中过着平等的公社式生活的村民们，不得不进入市场经济环境找工作，而他们在这样的经济条件下往往处于弱势地位。

总体来讲，在经济较为发达的东部山区，传统消失的速度较西部落后的区域更快。在梅吉地区，本地林布人曾发动过针对帕拉芭蒂亚人

162 的暴动，借以反抗拉纳政权的统治；在这一区域，1950 至 1951 年间的事件成了社会变革的催化剂。许多婆罗门不得不逃往塔莱区避难，当秩序在梅吉重建起来后，大部分难民重新回到故乡，但这些心有余悸的种姓贵族们还是加速推动了对宗教禁忌的废除。此前的婆罗门在行过入法礼、并佩戴圣线后，只能在自家一个特定的区域吃饭，但现在这一习俗基本上已经被废止。然而，令婆罗门老人们气愤的是，农村年轻一代的婆罗门和城市里的婆罗门一样，开始不顾饮食上的禁忌了。

这些婆罗门青年们与他们的林布族邻居之间开始出现了一种文化趋同现象，因为这两个群体都受到了从大吉岭与加尔各答来到尼泊尔的印度籍教育工作者们的影响。林布人抛弃了一些受到正统印度教徒厌恶的习俗，如献祭水牛、向新郎索要彩礼等，而当婆罗门与切特里人逐渐开始饮用酒精饮料时，林布人也在逐渐减少这一行为。一位婆罗门学者进行了一项调查，意在追踪并记录 1951 年以来，他出生的那个村子在 20 年里发生的变化；调查指出，过去在赶集的日子，街头醉酒斗殴事件常常与林布人脱不了干系，但在调查进行的时代，越来越多的高等种姓年轻人们也开始了酗酒[①]。

然而，尽管在生活方式上出现了相似性，但林布人与婆罗门之间的差别依然是真实存在的。二者都有着较为强烈的身份自觉性，而尤其是在林布人之间，对土地所有权的竞争意识也很激烈。虽然两个群体的年轻人们互相交流的程度更广，甚至有可能参加了同一支学校足球队，并在一起庆祝球赛的胜利；但跨群体的婚姻依然很罕见，而且大部分时候都会遭到两个族群内部的反对。林布人和婆罗门之间的关系，开始变得与西方宗教社团或种族群体之间的关系愈来愈相似：他们把对方视为竞争对手，但并不认为互相之间在宗教仪轨上有本质的不同；当然，他们也更不会觉得双方是在一套自然秩序下互补的两个团体。这一情况在边境以外的印度也有发生，但在那里，多党制的政治环境使得这种身份区别的表达更容易一些。在尼泊尔，即使在"潘查雅特"制

① Upreti 1976.

度的约束下,一套现代的"身份认同方案"依然被提出,并为在该体制崩溃后随之而来的民族主义运动浪潮打下了基础。这份方案将在下文予以详细论述。

　　上述的模式在全国各地都有出现,不同群体之间的文化差别被削弱,但种姓-阶级情况与经济关系大体上还保持了不变。然而,在个别地区,高等种姓人群认为他们在政治与经济领域的统治地位受到了威胁,因此刻意加强了文化上的壁垒。在出现这种情况的地区中,西部山区的居姆拉是较为典型的;在拉纳政权倒台后,原本将不同种姓的人们联系在一起的"米特"(即虚构的亲属关系)制度随之崩溃。当地的帕拉芭蒂亚高等种姓村民们开始自发地停止了同蕃提亚人(他们是讲藏缅语的民族)的粮食交换,以此来逼迫他们改宗印度教。另外,在库玛昂,自英国1815年从廓尔喀人手中接管这一地区以后,相似的情况也有发生;本地人开始强调"加强种姓的界限,延续种姓的传承"[①]。

　　"不可接触者"们和妇女们的境遇,在西部山区可能是最糟糕的。这一地区内高等种姓的帕拉芭蒂亚人与"低等"的多姆人之间,在社会地位上存在着巨大的鸿沟,这可能是由于与其他地区相比,非帕拉芭蒂亚的少数民族在此所占人口的比例更少一些。即使在90年代,此处被暴动的毛主义者控制时,该地对政府允许任何公民进入印度教神庙的政策也存在着强烈的抵制,而这场暴动在某种程度上就是由种姓差别所触发的。即使是高等种姓的妇女,也不得不在月经期间从屋内搬出来,睡在院子里的小棚子中。因此,多姆族妇女肩上承担的双重压力是令人窒息的。

　　在其他乡村地区对女性的歧视也时有发生。对于高等种姓的帕拉芭蒂亚人、认同帕拉芭蒂亚人价值观的其他山地居民,以及许多低地区的人群来说,嫁入某个家庭的女子仍然时常被这个家庭视为污染与危险的源头。因此,那些出嫁女子的境遇远远不如在娘家独身、以家中男子的女儿或姐妹的身份生活的女子。虽然女性所承受的、每月伴随着月经开始的隔离在西部地区最为严重,但在全国范围内,年轻的女孩子

---

　　① Bishop 1990:154.

们在月经初潮的那一天都是要被隔离开来的，人们甚至发明了一个术语"古帕·巴森"（gupha basne，意为"待在洞里"），来描述这一传统习俗。尽管1963年《民法典》规定一夫多妻制的婚姻为非法行为，但1963年以前的婚姻却不受法典的约束；而且，如果结婚十年后夫妻两人依然没有孩子，那么男方还可以娶第二位——而不是第二任——妻子。另外，在国家的偏远地区，法律的权威与强制力也受到了不同程度的削弱。因此，几位妻子之间互相猜疑、嫉妒，依然是妇女们生活的一部分。

164　　　　令人诧异的是，司法体系本身也存在大量问题，这使得女性的处境愈发糟糕。依据传统的印度教法理，尼泊尔继承法规定，一位男子去世后，他所拥有的财产自动被他的儿子们分割并继承。因此，在城市地区，家中的女儿们通常无法获得父亲的遗产。另外，印度教还禁止女子堕胎，任何堕过胎的女性都可能面临着长期监禁的处罚。这使那些未婚先孕的女孩子们陷入了两难的处境，因为如果他们选择把孩子生下来，就会遭到全家人的鄙夷和排挤。

　　最后，农村地区重男轻女的思想更为严重，这就意味着女孩子们通常得不到家人足够的关怀，其受教育的机会也比她们的兄弟甚至城市地区的女孩要少。随着山区农村的经济压力日益变得沉重，女孩们常常面临被自己父母卖掉的危险，而这些中间经手的人贩子们随后又会将她们卖到印度的妓院中去。有些时候，这些人贩子也会欺骗女孩们，承诺在孟买等中心城市为她们提供工作，以诱骗这些可怜的女子自己上钩。但关于沦落风尘的女孩之中有多少是遭到哄骗、又有多少是被胁迫的，以及这些女孩的家庭是否真的是出于经济考虑、在明知实情的情况下接受了人贩子的安排，这些问题依然存在着争议。而不争的事实是，截至80年代，有数万名尼泊尔女性在印度被迫卖淫，遭受着非人的虐待；而且从70年代开始，这些女子感染艾滋病的概率越来越大①。

---

　　① 截至90年代中期，一个非政府组织对在印度的尼泊尔籍妓女数量给出了10万到20万人的估计值，而每年都有5 000名女子进入这一行业（NESAC 1998：108－109）。然而，有些研究者认为这些数据有夸大的成分。

来自山区藏缅人群体尤其是塔芒人中的女性占到了这些人口贩卖受害者的大多数,但在某些情况下,这些女子的处境反而比那些来自高等种姓印度教徒家庭里的女性更好一些。对于这些女子而言,对发动女性运动的限制并没有帕拉芭蒂亚族群中那么严格,而她们通常也得以自由选择自己的配偶,并且有权结束一段不幸福的婚姻。在喜马拉雅山区几个海拔较高的村庄中,一妻多夫制——而不是一夫多妻——十分常见,而妇女们除了结婚之外,也可以选择出家,成为信仰佛教的尼姑。在珠穆朗玛峰附近居住的夏尔巴人中间,对待性的态度较为宽容,而未婚女子生下的孩子多数情况下都能得到承认,并被这位女子的娘家抚养长大。

教育系统的扩展

在拉纳政权倒台以前,受过教育的尼泊尔人通常要么有家庭教师,要么在印度上学。1950 年时,全国只有 330 所各级学校,而国民识字率不超过 5％。但是,在拉纳政权的末期,当权者已经提出方案来改善这一情况,而印度大吉岭地区的教育改革也为尼泊尔提供了现成的模式。40 年代末,政府开始自行印制小学使用的教材,此举明显受到了帕拉斯玛尼·普拉丹以及其他在大吉岭工作的人的影响。1951 年以后,正如上一章论述过的,美国人的援助使得国立学校系统快速发展起来。

不幸的是,尽管招生数量在逐年快速、稳定地增加,但这无法抵消教育体制中存在的重大问题。首先,许多进入初级学校读书的学生不得不半途而废,因为家里面无法失去这样一个重要的劳动力;即使对于那些坚持在学校学习的人来说,教育质量也是值得忧虑的。教师通常工资很低,缺乏授课热情,而学校本身也没有合适的教学设备,因为缺乏管理,班级的规模一般都很庞大。在某些学校,纪律要求过于严格,而在另外的学校,学生则毫无纪律性可言。一位外国的观察家对 1974 年博克拉一所高中的毕业考试作出了这样的描写:

在西部尼泊尔的许多地区，参加考试的同学都密集地坐在拥挤不堪的教室里答卷，互相之间传递答案，而写有答案的纸条又是通过敞开的窗子由教室外的年轻人递进来的。警察们本应在学校外面严密监控，以保证考试真实有效，但这些警察显然对此不感兴趣，这使得递送答案的人能够穿过封锁线。尽管考生们公然作弊，但那些紧张又尴尬的监考人员依旧徒劳地试图维持这场考试表面上的公正性。一位线人（同时也是一名教师）告诉我，1966 年毕业考时，从印度军队退伍的廓尔喀军人们带着军刀和手榴弹参加了考试，从那以后，再也没有监考官敢招惹那几所学校的学生。[①]

并非每一所学校都出现了明目张胆的作弊行为，但舞弊在学生中广泛流行。有些时候，负责批改试卷的学校自己也会篡改考试结果。然而，即便有大量的考生以作弊来通过考试，毕业考的合格率在总体上依然极低：在乡村地区，学生考试落榜是大多数学校中的常态。

1951 年以前，除了为数不多的几所政府建立的教育机构以外，大多数学校都是私立的。在拉纳统治结束以后，政府对私立学校的资助成为更为常见的模式。70 年代通过的《新式教育体制改革方案》显著提高了政府对教育方面的投入，但也加强了中央对教育系统的控制，取缔了先前普遍存在的、学校与地方社区的紧密联系。关键性的决定都由中央指派的区教育官员作出，而全国教育的大小事务都由坐镇加德满都的教育部长最终负责。

大学教育从 1918 年特里香达大学建立便已经开始，且一直是公立教育。1959 年特里布凡大学建立以后，全国各地的高校都成了这一大学的附属机构。在通过高中毕业考试以及随之而来的大学入学测试后，学生首先要参加为期两年的预科课程（《方案》将之命名为证书课程），然后才能继续修习两年的本科课程（学位课程）。这一预科课程大

---

① Ragsdale 1989：170.

致相当于英国第六学级的教育水平，因此本科教育所达到的层次要低于欧洲或北美的学士学位标准。而如果本科毕业的学生继续在特里布凡大学的柯提普尔中心校区修习两年的文科硕士课程，并顺利毕业，他才能达到(或者至少在理论上应该达到)欧美教育体制中学士的水平。上述的体制并不包含传统的梵语与宗教教育——尽管这些科目的讲授也受到政府的支持。事实上，1986 年在德昂建立的马亨德拉梵语大学，正是为了这一目的所成立的。

特里布凡大学与初级教育中的学校一样，也受到资金不足、考试作弊以及教职人员玩忽职守等问题的困扰。另外，由于这所大学使用英语来讲授大部分的课程，这也造成了很大问题。与世界上其他许多地区一样，学习这些课程的尼泊尔学生，他们的英语水平并没有达到能够以英语进行高级知识学习的程度。1979 年，《方案》构建的体系开始崩溃时，由于学校被迫录取任何通过了毕业考试的学生，这一问题急剧加重了。学校的管理层试图通过在正课前加授英语课程来解决该问题，但考虑到班级数量众多，这一举措的效果十分有限；许多讲师选择了独自一人站在讲台上，长篇大论地讲授课程内容，而非与学生互动。另外一些教师则采取了更实在的方法，即将教材上的内容从英语翻译成尼泊尔语。但不论怎么说，越来越多的学生不去上课，而是在考试之前突击复习，以期及格。在这样的情况下，学生们越来越渴望得到出国留学的机会，但通常只有富家子弟或有幸赢得奖学金的人能够做到这一点。

政治是大学生活中重要的一部分，在第四章里，我们已经讨论过学生组织与政党联盟的现象。学生之间意见分歧导致的派别分化在教师群体中也存在着，但政府时常会禁止与已遭取缔的大会党有关的课程。大部分学生不是政治活跃分子，但当学生中间出现不满，或者国家发生了重大事件时，他们会在那些活跃分子背后团结起来。频繁的抗议活动并未影响这些学生在传统上对老师们的尊重：为本书提供材料的一位作者 70 年代早期曾在加德满都某一校区任教，针对学费问题，当时街道上正在举行即兴的抗议游行活动。好多希望参加游行的学生请求

167

这位教师取消当天课程,这样学生们在示威的过程中,就不会因为自己逃课并挑战了这位老师的威信而心怀愧疚。

然而,尼泊尔的教育存在的最大问题并非学校的政治化,而在于教育所培养出的学生们带有一种对生活的期望,这是传统的尼泊尔社会所无法满足的。那些受过基本的教育而摆脱文盲状态的人自然地想要寻求白领阶层的工作岗位,对于尼泊尔而言,这就意味着政府职位。许多这样的求职者因为无法通过高中毕业考试(即使在作弊行为大规模存在的情况下仍是如此)或干脆没能读完高中,而被政府机关拒之门外。而一小部分坚持读到大学的学生,大部分又都选择了文科课程,导致国家缺乏技术型人才,这一点在上一章讨论过。前文也提到了在"潘查雅特"政体期间,国家发展职业教育的努力也因为学生的抵制而失败了。

正因存在着质量较高的私立教育系统,学生们在大学中的学习生活才更加容易。这种情况在今天的印度依然十分常见,而据估计,90年代早期每年从私立教育领域流出国家的资金达到了尼泊尔国家教育总预算的60％。比兰德拉王自己就受益于这种教育机制,他曾在大吉岭地区的圣约瑟夫学院学习,后来又先后就读于英国伊顿公学及哈佛大学。他的儿子狄潘德拉则先于加德满都的布达尼堪特学校读书,随后也被送去伊顿公学。从50年代早期开始,圣玛丽学院与圣泽维尔学院就开始分别为女孩与男孩提供高质量的英语教育;从这两所学校毕业的学生在进入特里布凡大学深造时,通常都因为一口流利的英语而显得鹤立鸡群。公共教育使用尼泊尔语,而私立教育使用英语,这种差异在大学校园内时常造成摩擦,而教育系统的领导们也为此感到忧虑。因此,《新式教育体制改革方案》明确规定,从1974年开始,高等教育阶段以下的所有学校均需使用尼泊尔语授课。当然,这一规定并未影响印度的教育,而当70年代末《方案》失败后,英语授课的现象再度流行起来。80年代,许多新兴的"寄宿学校"(在尼泊尔,这一名称意味着这是一所使用英语授课的私立学校)在加德满都以及国内少数其他城市建立起来,而到了90年代,更多的这类学校开始快速出现。

　　不论我们如何去质疑教育的质量,尼泊尔教育系统的扩展使得用尼泊尔语写作以及写作同尼泊尔有关主题的人数越来越多,这倒是个事实。尤其是随着教材市场的扩大,加德满都超越了瓦拉纳西与加尔各答,成为尼泊尔语出版物的发行中心;而此前在瓦拉纳西和加尔各答印刷的此类出版物主要供给在印度居住的尼泊尔人,但也有一小部分书籍流入了尼泊尔国内。教育的扩张既需要书面语的标准化,也在某种程度上促进了这一进程的发展。虽然尚未完全完成,但标准化的目标在 70 年代时已经大体实现了,采用的方法是由帕拉斯玛尼·普拉丹及其他居住在大吉岭的作家们所提出的。普拉丹采用了一种大量使用梵语借词的尼泊尔语书面形式,这与英语正式书面语中也存在许多拉丁语及希腊语词汇的情况是类似的。普拉丹在这一问题上的对手——帕特里·帕拉沙则更倾向于将书面语尽可能向口语靠近,这一主张在 1950 年以后的尼泊尔也获得了不少支持。然而,梵语化书面语的支持者们最终获胜并将这种书写方式确定下来,今天在尼泊尔,政府文件、公开演讲稿以及文学作品都是以这种书面语写就的。

　　20 世纪上半叶,宗教文学——尤其以巴努巴克塔翻译的《罗摩衍那》为代表——是尼泊尔语出版物中最受欢迎的一种。1950 年以后,这些宗教文学依旧卖座,但轻小说以及诗歌等文学形式也逐渐开始流行起来。虽然如此,教育系统却塑造了一个尼泊尔文学的"官方形象",除巴努巴克塔以外,另外三位作家：莱科纳特·帕迭尔(Lekhnath Paudel, 1884—1965)、巴尔克利须那·萨玛(1902—1981)与拉克诗米·帕拉沙·提夫科塔(1909—1959)也大受追捧。三位作家都不止钟情于一种文学创作形式,但帕迭尔与提夫科塔的诗歌广为人知,而萨玛——此人本来是拉纳家族的成员,1948 年改姓("萨玛"在尼泊尔语中意为"平等")以示对民主政体的接受态度——则以写作剧本著称。1954 年,包括时任首相马特里卡·柯伊拉腊在内的许多诗人效仿涅瓦尔人向长辈致敬的仪式,用那种宗教圣人才能乘坐的花车将帕迭尔推上了加德满都的街头,进行游行欢庆活动,使得这位文学家的声望达到了戏剧性的巅峰。提夫科塔在国外尼泊尔诗坛上享有盛誉，曾出任1957年辛格政府的教育部长，而卧病在床时，他成了全国政治家与文学家关注的焦点。正如其他大知识分子一样，这三位文学家也都被授予了皇家学院成员的荣誉称号，这一学院是马亨德拉王于1957年设立的。在更为晚近的一批作家中，达到了全国尊崇地位的有两位：女诗人帕里迦（Parijat, 1937—1993, 她同时也是位小说家）与诗人谢尔占（Sherchan, 1936—1989）。

与尼泊尔人在学校读到的、梵语化的书面语不同，尼泊尔语口语以另外一种形式发展起来。英语对这种语言的口语影响极大，即使对于不能流利使用英语的尼泊尔人来讲，他们的日常对话中也充满了英语借词。与印度相似，在某些情况下英语对尼泊尔语的渗透如此强烈，以至于与梵语（是尼泊尔语与印地语的共同古语）更相像的书面语反而成了一门比较陌生的"方言"。自19世纪40年代马特巴尔·辛格·塔帕掌权以来，政府首脑就被称为"praim minister"，这与英语的"首相"发音极其相似；尽管后来广播媒体开始使用尼泊尔语单词"普拉丹马特里"来称呼这一职务，但上述名称依然在民间广泛使用。另外一个单词"polis"（意为警察）与英语的亲缘更近，而其正式词语"帕哈里"基本从不使用。在这样的情况下，英语单词被说话者无意识地使用着；而在另外一些情形中，说话者可能故意使用英语，以使受话者产生一种"对方既成熟老练又饱读诗书"的印象。

在印度，即使只有一小部分人完全掌握了英语，这种语言依然在社会生活中扮演着重要角色。与印度不同，英语在尼泊尔既非法庭用语，也不是政府文件使用的记录语言，但在那些需要大量与外国援助者打交道的行政部门，英语变得越来越重要。同时，在旅游业以及自然科学和社会科学研究领域，英语也逐渐成为媒介语言。与印度喜马拉雅地区相比，尼泊尔对待外国研究人员的态度更为开放，因此吸引了一大批学者来研究其国内的文化遗产与民族多样性。因此，具有讽刺意义的一个结果就是，除了与外界沟通之外，尼泊尔人有时也不得不通过英语来了解自己的国家和文化。

现代媒体

在 50 年代的教育系统扩展以前,100 个尼泊尔人中只有不到五个人识字,因此在村庄之间,口语表达是最为重要的沟通方式。旅行者带回来的、关于外部世界的消息,一直以来都是主要的信息来源;而加德满都以及世界其他地方发生的故事,可能会被盖因种姓(这一种姓大部分是歌手)的艺术家们编成歌谣,在盛大的节日里拉着沙兰吉琴(sarangis)唱出来。

在上一章中讨论过的通信发展,使得信息能够通过印刷和电子媒介更为容易地被大众所接触,对于加德满都谷地和塔莱区印尼边界的居民来说,这一变化尤为显著。1990 年,尼泊尔总体的文盲率依然高达 61％,而电视信号也只覆盖了国土面积中的一小部分。因此,广播便成为尼泊尔人了解世界的重要渠道:在一个偏远的村庄中,全村可能只有一两台收音机,但这足够将信息传递至许多家庭中了。在 1990 年以前,由政府控制的尼泊尔广播电台是唯一一家境内的广播电台。这一广播的确在不同的方言区推广了以谷地方言为准的尼泊尔标准口语,而且也使得优秀的歌手有机会被全国人民熟知。同样,尼泊尔广播电台也促使人民关注政府事务,尤其是国王本人的活动和宣言。然而,在政府的手中,这一电台未能完美地起到塑造公共意见的作用。一味使用过度书面化的广播用语,使得许多农村居民无法完全理解外面的世界正在发生些什么;而对于高级听众来说,广播内容中的政府宣传攻势太过明显,以致常常会起到消极的作用。自马亨德拉掌权以来,一直到 1990 年,新闻广播通常是以"王室新闻"开始的,然而这种报道的内容往往是"国王在外国国庆当天发去贺电"等形式上的活动,并没有实际的新闻价值。政党政治活跃分子们反抗王朝统治的行为要么不予报道,要么就被电台笼统地说成"反国家的"活动。这种报道可能对别无其他信息来源的听众有点作用,但即使是对于大多数受教育程度不高的普通尼泊尔人来说,这样失实的报道也只能使他们更加愤世嫉俗、更加厌恶"潘查雅特"政体。1980 年,即使有许多地方上的实权人物为了自身的利益,转而支持尼泊尔电台的广播,这一电台也没能阻止民众投票推翻了"潘查雅特"体制。1990年加德满都谷地的"人民运动"中,尼泊尔广播电台遭遇了更为决定性的失败。

由于被政府所控制的印刷媒体只能接触到少数受教育群众,这一媒体在控制公共言论方面起到的作用更小。尽管这些媒体机构将外国报社的新闻报道翻译成了尼泊尔语,这对不懂英语的国民(以及试图学习尼泊尔语的外国人)有些作用,但与其说《廓尔喀新闻》是一份面向大众的公共报纸,不如说它是一份政府内部刊物。而它的姊妹刊《新兴尼泊尔报》(the Rising Nepal,创刊于1965年)则主要是娱乐——有时也能激怒——外国居民。

与此同时,尼泊尔国内也存在着众多的其他信息来源。口口相传是很重要的信息传递渠道,因为有大量的尼泊尔人在外地或是印度国内打工。50年代以来,私人报社发展迅速,1960年以前政府就试图打压这种异见信息的出版。1960年以后,媒体管制政策变得更加严格,但正如第四章所讨论的,1980年修宪会议后,对这些媒体的限制稍微放宽了一些。这些私人报纸的流通,在很大程度上被局限于加德满都谷地以内;而主要的几家私人报社也开始充当某一党派的喉舌,因而沦为了政治工具。另一方面,也存在所谓的"调查记者",他们挖掘某一政党或某个重要政客见不得光的材料,并向其索要金钱,以换取其对这些材料的保密。不论怎么说,如果有人对政治十分感兴趣,并想要了解到底发生了什么,那么除了政府的官方媒体之外,他还有很多选择以供参考。

最后,我们来谈谈国外媒体,尤其是印度媒体在尼泊尔的发展。这些外媒通常无法对尼泊尔新闻进行细节化的报道,但偶尔也会发表具有重大意义的新闻稿,在这种情况下,政府通常会阻止这一期的报纸流通,而售卖报纸的小贩也不愿经手这种烫手的山芋。例如,1973年某月的《卫报周刊》将"潘查雅特"民主描述成"用来掩盖君主专制实质的装饰物",而英国大使馆的图书馆随后将其下架(虽然这一描述很精当)。当然,这种举措无法阻止报刊在民间的私下流传,而另一方面,外国媒体的广播是政府无论如何也无法阻止的。王室的确是尼泊尔权力的中心，但它并不能决定受过教育的尼泊尔人所生活的文化与知识环境。

　　对于定居城市的居民或是来城市观光的人来说，印地语的电影多年以来一直有着重要的影响。尼泊尔的确有自己的电影产业，第一部尼泊尔语电影于 1974 年上映；但即使算上国外拍摄的此类电影，从 50 年代早期至 1990 年，一共只有 48 部尼语电影被制作出来[①]。在这一时期的末尾，每年只有约 12 部电影上映，这与孟买的印度电影中心——宝莱坞每年的制作数量相比，只是九牛一毛。自从加德满都第一家电影院——扎纳塞瓦影院(the Janasewa)于 1949 年建立以来，印地语影片就占了尼泊尔国内上映影片的大部分。随着 1978 年进口限制的放宽，磁带录像机可以合法进入尼泊尔，电影院遭到"放映厅"(在私人住宅中用录像机播放电影，观众需要花钱才可进入)的冲击，随后在中产阶级家庭中拥有录像机变得越来越普遍，"放映厅"也随之消失。80 年代末期，富裕的家庭已经很少光顾电影院，仅存的顾客主要是以青年男性为主的、收入水平较低的人群。然而，盗版的印度电影在中产阶级中间依然甚为流行。

　　虽然萨蒂亚吉特·雷伊(Satyajit Ray)的"艺术电影"更多地关注印度的穷苦人民，但总体来讲，印度影片更多地表现的是幻想中奢华的场面。这些电影通常都是配有大段音乐舞蹈的情景剧式影片，展现印度中上层居民的生活。性与暴力在这些电影中成了重要的主题，但在五六十年代，身体上的亲密接触并未在电影中得到大量的详尽描写，而是以暗示的手法表现出来。男女主人公在影片中往往追求财富，但也强调宗教和家庭生活中的美德。另一方面，那些将印度教神祇的事迹以戏剧化手法表现出来的纯粹宗教电影，在尼泊尔也大受欢迎。《罗摩的婚礼》(Ramabibaha)在加德满都一家电影院首次上映时，观众竟对着银幕撒下花瓣和其他贡品，好像罗摩神真的从电影

172

---

① Liechty 1998：89.

中走出来了一样。

电影原声音乐也成了尼泊尔流行文化的重要部分,如同在印度一样,这些音乐经常被录制成磁带,并在婚礼以及其他社会活动上播放。这也招来了一些正统主义者的不满,他们一贯认为应该推广尼泊尔自己的传统音乐形式。虽然尼泊尔广播电台始终坚持播放改编过的现代化尼泊尔民谣音乐,但在英国廓尔喀雇佣兵军营里,尼泊尔士兵们最常在英军广播服务中点播的歌曲都来自印度。随着尼泊尔女演员在印度的演艺事业逐渐开始取得成功,印度电影与影视歌曲在尼泊尔国内更加风行。80年代末,比希维什瓦·柯伊拉腊的孙女玛莎·柯伊拉腊已经成为宝莱坞的一位大明星了。

尼泊尔国产电影的情节和模式与印度电影基本如出一辙,但配乐换成了尼泊尔民间音乐。第一部长片尼泊尔语电影《心中的长堤》(*Manko Bandh*)展现了"潘查雅特"政体在农村的正面形象,同时也宣传了政府发动的"全国返乡运动"。故事的主人公是村庄议事会领袖的弟弟,尽管他在城市的女友希望同他结婚,他还是义无反顾地回到了自己出生的村庄,参与修建堤坝的工程。《心中的长堤》与其他几部尼泊尔语影片票房成绩不同凡响,而由于当局加大了打击力度,所以在正版影片上映之前,盗版电影未能出现在市场上,这使得许多习惯于在家观看影碟的中产阶级家庭也前往电影院一睹为快。

尼泊尔的电影院很少放映南亚以外地区摄制的电影,因为观众对这样的影片需求也较小。70年代仅有一部外国影片得以上映,即英语配音版的法国电影《加德满都之路》(*Les Chemins de Katmandu*),讲述的是在这座城市里的西方嬉皮士群体中发生的故事。印度影片《克利须那与罗摩》(*Hari Krishna Hari Ram*)的情节与这部法国电影类似,可能是受到了它的启发;该片在尼泊尔影院中上映的时间则要长得多。尽管如此,到了80年代,对英语影片的需求显著增加,而对于1985年成立的尼泊尔电视台来讲,该台早期播出的节目很大一部分都是对BBC节目的转播。当然,那些付得起电视机价钱的人,他们的英语水平也比去电影院观影的绝大部分人要更高一些。

意识形态与政治文化

1960 年以后,君主制的支持者、大会党与"左派"政治团体构成了三足鼎立的国内政治格局,在这种格局下,三种不同的意识形态尤为显著。"潘查雅特民主"作为官方意识形态,强调国王是国家有实权的元首,并声称君主制在地方上建立起来的"潘查雅特"机构是广受基层人民拥护的。正如下文将要论述的那样,这一思想体系致力于打造的民族主义理念,同样也依赖于印度教与尼泊尔语这两根支柱。尽管在提高农村生活水平这一问题上一再失败,"潘查雅特"理念的倡导者们依然通过官方媒体宣称,这一体系将要通过"阶级协作"实现发展,最终达到"无剥削的社会"这一目标。在比兰德拉王统治的早期,官方对于发展口号的翻译是"释放发展的力量",但这句话在尼泊尔语中事实上是一个生物学上的比喻,更恰当的翻译应该是"让发展根植大地"。

大部分政党的口号也强调民主政治、民族主义以及发展与建设,但没有对君主制和宗教的热情,这两者在尼泊尔的历史上可谓源远流长。左翼政党与"潘查雅特"的支持者们一样相信,社会变革需要由一群精英来引导,但这些精英不应该是"议事员"们以及他们所拥护的国王,而应该是共产党。共产主义者认为,发展不是由"阶级协作"来实现的,而应该通过阶级斗争取得无产阶级的胜利以后,再由这一阶级来领导实现。尽管如此,这只是一种长期的政治理想,这就意味着对于短时期的政治目标而言,手段可以是多种多样的。许多共产主义者——包括在"潘查雅特"政体末期变得尤为重要的几个共产党派别成员——都接受了毛泽东对中国在第二次世界大战以前的形势分析,认为尼泊尔也处于"半殖民地半封建"状态。虽然西方国家依然被视为主要的殖民者,但在尼泊尔国内,占主导地位的外来资本属于印度,因此对于共产党来说,反抗印度以及据称"亲印"的大会党,比反抗作为"封建代表"的君主制更为重要。尼共同样也赞同毛泽东提出的"政治协商制度",即建立一个由无产者(即共产党自身)主导的政府,但也涵盖代表其他阶级的不同党派。毛泽东当初提出这一理论,是为了在抗日战争中更好

174

地同中国国民党展开合作,但这一理论也能应用在尼泊尔,为大会党和尼共开展合作提供可能。然而,1960年以后,更为激进的"左派"分子占了上风,他们认为,"政治协商"意味着共产党首先要占据主导地位,而不是意味着自由竞争的多党制政治。因此,他们不愿通过与大会党携手,重建1959年以前的议会制民主。这一困境直到80年代中期,最大的"左派"政党尼共(马列主义)开始放弃毛泽东思想后才有所改善(第四章有过讨论)。对于最为忠诚的共产党员来说,激进主义的左倾路线意味着要么全部转入地下活动,秘密反抗国家;要么"渗透"到地方"潘查雅特"议会中,让这一议会为自己的目的服务。对于另外一些人而言,"封建的"或者"布尔乔亚式"的大会党要比君主制本身更加罪恶,因为他们只是名义上宣称革命,实际上却依然维持社会现状、不思变革。讽刺的是,这一立场与那些1960年以前尼共领导人们所持的立场基本相同,而这些政治家在宣布支持大会党、重建多党制之后,很快就被自己昔日的同志们视为了叛徒。

1960年以前以及1990年以后,都有人宣称大会党缺乏前后一致的理论基础,而且与印度国大党相似,这一政党不过是由不同的利益集团联合起来组成的,目的是在竞选中获胜。不管怎样讲,从50年代中期到至少80年代晚期,大会党和共产党一样都强调社会主义与经济平等。每一位党员对这些目标的理解都有所不同,大会党领袖、重要理论家比希维什瓦·柯伊拉腊及其他一些人是尼赫鲁提出的"中间道路的社会主义"的狂热拥护者,这一理论强调国家在经济生活中的作用,也指出了重工业的重要性。另外一些人则认同甘地提出的、农村经济自给自足的思想,抵制西方模式的国家工业化。但这一政党最为标志性的观点,则是对多党制民主的强调,这一政治制度在印度及其他一些发展中国家已经得到了施行。基于这样的原因,大学校园里支持大会党的学生普遍被称为"民主党人"。在"潘查雅特"时期,对于个人而言,被发现与政党活动有关可绝对不是什么让人感到光荣的事情;而大会党在当时对自由主义的追求和呼喊,使得一大批政治活跃分子紧紧跟随在其身后。即使在那些不参与政治也未公开反对"潘查雅特"体制的人民中间,大会党也享有一定的声望。七八十年代,国际上独裁政制的解体使大会党信心大增,包括70年代中期南欧右翼统治结束,以及80年代末东欧共产主义政体的解体。但到了1990年,民主在国内取得了彻底的胜利,这意味着一个政党仅以民主制作为自己立党之本,已经是不够的了。

尽管共产主义与民主社会主义通常都被视为在尼泊尔出现的新思潮,这些新思想不断冲击着团结在君主制背后的守旧势力,但新旧观点的交锋并不总是那样界限鲜明。有些时候,一个人可以同时赞成新旧两种观点,即使这两种观点之间没有一点相似性。1991年大选时的一次民意调查显示,联合人民阵线(马克思主义)的支持者之中有20％的人依然相信比兰德拉王是毗湿奴大神的化身。对于更为温和的尼共(联合马列)来说,这一数字上升到了30％,而对于大会党,则达到了45％。

然而,更为基本的一点是,只有当我们考虑尼泊尔人民这一整体时,我们才会发现"进步"政策核心的那些对平等和政治参与的要求是完完全全的新鲜事物。在更小的、基于事实或想象的亲属关系构建起来的社区中,这些概念已经广为人知。这些小规模的人群可能是广义上的家族,也可能是住在一地的、同属一个部落、民族或种姓的成员们。这些群体中可能存在着性别和年龄上的不平等,但人们更加痛恨的是不同血缘族群之间的财富差别。与南亚的其他民族一样,尼泊尔人对于亲属圈与外部社会之间的区别有着清晰的认识,在由自己的血亲组成的小社团中,一切相对而言都更为平等;而外部世界则远没有那么美好。尼泊尔人会对陌生人使用诸如"代矩"(dajyu,大哥)或"巴希尼"(bahini,弟弟)这样的亲属称谓,这在社会学上可以视为分属两个团体的个人在交流过程中打破这一团体隔阂的符号化手段。新的意识形态提倡社会平等,这在许多尼泊尔人看来,不仅是符号性的,而且是真正地填补了不同族群之间的鸿沟。所以,当大会党在1959年大选上提出社会主义的口号,并宣称要将国家建设成"同一个大家庭"时,很少有人怀疑他们。

176

传统宗教中强调人民之间的团结统一,这也为新的意识形态提供了思想基础。在尼泊尔,印度教的确是建立在高等种姓对低等种姓压迫的基础上的,但在繁多的印度教典籍中,依然有很多片段可以被解读为对全人类"手足之情"的歌颂和赞美。尼泊尔的官方报纸——《廓尔喀新闻》,时至今日还在报头的位置上印有对世界公益事业的吠陀祷辞。这种"普济主义"在佛教中体现得更为明显,但从传统意义上来讲,佛教通常被利用来制定那些不平等的社会秩序,而对于涅瓦尔佛教徒而言,种姓阶级也是他们生活中重要的一部分。因为这样的原因,再加之当时佛教的地位日益下降,已经比不上印度教的重要性,所以佛教思想在当时的尼泊尔更容易与激进的社会与政治观点相联系。

有着佛教信仰背景的尼泊尔共产党员们,往往能够彻底地发掘出这一宗教的激进性潜质。70年代中期,在某共产党派别发行的刊物上,刊登了一篇文章,声称不论是佛教还是共产主义,若想在未来的尼泊尔生存下去,唯一的道路便是将这两种思想联合起来[1]。这一派别随即发生了分裂,一部分人公开谴责这种"菩萨共产党员"的荒谬性,但另外一些较为温和的、要求为共产主义和佛教创造共同基础的声音始终未曾停止过。考虑到马克思本人曾激烈地反对一切宗教并将宗教称为"人类的精神鸦片",这种佛教和共产主义的融合趋向是很奇怪的。当然,如果你认为马克思主义本身就是一种准宗教的话,那么这一情况或许更好理解一些。

在第五章我们已经讲过,对于一场大选来说,获取人民的支持不在于政党的宣传如何天花乱坠,而在于在村庄水平上,该政党的微观政策对于人民的影响。农村普遍存在的负债现象以及传统社会习俗中的顺从意识,使得大量的穷苦家庭不得不依靠富裕而有影响力的家族才能生活下去。不论是在多党制民主体制下,还是在无党派的"潘查雅特"

---

① 'Ashok', 'Nepalko Sandarbhma Buddha ra Mao' [Buddha and Mao in the Nepalese context], *Buddha Pravaha*, I, I, 1975, quoted in Rawal 1990–1991: 71.

政体下,候选人往往不会去挑战这种穷人对富人的依赖,而是尽可能去获取在他们选区中世家大族的支持。然而,这种庇护-被庇护的政治关系在不同地区的强弱程度有所不同,而且可能会被个人信念以及种族或种姓内部的团结意识所削弱。当选区的人数众多时,这一情况尤其可能出现。在 1959、1981、1986、1991 年大选以及 1980 年修宪会议上,上述的情形时有发生。

177

在国家的某些区域,地区或种族纽带并未达到十分强烈的程度,导致这些地区不存在普遍上的、介于国家和家庭之间的共有身份认同。因此在这些地方,当地政治精英起到的作用是非同小可的。譬如,在博克拉西南部的阿迦堪奇地区,玛嘉人互相之间的民族认同以及团结精神相对较弱,而"农村潘查雅特"所管辖的并不是一个个界限明确的村庄,而是一大片乡村区域。1950 年以前充当包税人的那些婆罗门家族,在这一时期依然在此处掌握实际权力,经常在议事会的选举中取胜。然而,尽管权力结构维持了不变,但当地的精英阶层并未形成对当局的认同。可能是因为这一地区传统上的宗教纷争,也可能是这些精英对中央夺去了他们很大一部分自治权而心怀怨恨,总之 1961 年以后,阿迦堪奇地方上的权力家族更倾向于认同当时已经遭到禁止的几个政党。这些家族中出现了派系分化,势力较弱的一派支持大会党,而影响更大的那一派支持共产党——当正如上文解释过的,这种立场并未阻止他们与"潘查雅特"体制建立某种程度上的合作,并从中渔利。1991 年,由于阿迦堪奇的两个议席都被大会党获得,地方上这两派世家之间的势力对比出现了 180 度的变化,但婆罗门家族整体在此处掌权的情况没有发生任何改变①。

在全国范围内,"潘查雅特"选举为不同派别的领导人扩大影响力提供了一处政治舞台。但这些领导们通常不愿意看到在竞选过程中所引发的公众冲突,也不满于"潘查雅特"议事会集体投票的决定方式。尤其是在这一体制的早期阶段,一切决议都由议事会集体作出,而这些

---

① Ramirez 2000a. See also Gellner 2001.

决议又时常受到政府代表们的操控。"潘查雅特"制度从整体上来讲受到地方权力精英们的控制，那些有影响力的人物即使没有正式加入这一政体，也通常能参与到决策环节中去。60年代初，在依兰地区至少一个地方"潘查雅特"议事会中出现了这种情况：议员们会邀请地方上的元老参加会议，而且在得到这些人首肯之前，不会通过任何决议。从长远角度来看，这一体制的确允许政客们通过给自己对手扣上"反对'潘查雅特'"的帽子，来促使自己的政策得到通过。不论怎么说，一部分尼泊尔人依旧认为政治就是不择手段以获取绝对权力，另外一部分人则将政治视为反复的谈判与协商，最终是为了达成多方共识。但在"无党派"的政体或多党政制中都存在的、近乎是仪式化了的选举冲突，依然是难以深入理解的。

　　为获取政治庇护或恩惠而付出金钱的行为，被许多人认为是腐败的表现。然而，这一问题在尼泊尔却较为复杂，一方面因为证据难以获取，另一方面则是在现代国家被认为是腐败的行为，在尼泊尔社会——与其他传统社会一样——常常被认为是正常的。在拉纳政权时期，"马哈拉扎"们通常并不区分国库财富与私人财产，而且总是把税收的盈余部分收入自己的腰包。对于公务员阶层来说，中饱私囊的行为要少一些，但在整个社会上都存在这样一种思想：如果一个人有权有势，那他就应该利用自己的权势来帮助自己的家人与朋友；而如果有人想要求助于这些权贵，那他也应该"送礼"给这位权贵以示尊重。这种存在于尼泊尔传统社会中的行为应该被视为"集体腐败"，它产生的金钱流动将个人和团体结成了长期的同盟。然而，1950年以后，社会与政治上的变动、政府活动的迅速增加以及来自外国资金的增长，使得以权谋私的机会越来越多。有些人认为，某些个案——诸如政府在1980年修宪会议之前公开拉票以及60年代从缅甸被驱逐的印度商人们流入尼泊尔境内，等等——暗示了这种腐败趋势的加深。但是，不管这些案例背后的真相是什么，起码对于那些没能从腐败行为中直接获利的大众来说，这种行为变得越来越难以容忍。

民族与民族主义

1990 年"人民运动"的成功,激起了大规模的民族主义运动。这些不同种族群体的代言人们——至少他们自己认为是如此——不断提交请愿,要求获得更多的经济资源,并希望政府正视这些民族的语言与文化。虽然这种呼吁只有在"人民运动"后产生的、更为宽松的政治环境中才得以自由地表达,但其根源在 50 年前就已经初具雏形了。即使在 1950 年以前,民族界限也是十分重要的;举例来说,塔芒人居住在加德满都谷地周边的山区中,尽管他们内部也因为方言和其他差别而出现了分化,但这些塔芒人清楚地意识到了他们与帕拉芭蒂亚人之间更大的区别。但由于塔芒人缺少一种全国范围的、统一的身份认同,所以对他们来说,每一个地区的塔芒社区与当地周边其他民族之间的区别才是更重要的。正如我们在第一章里看到的,塔芒人与古隆人、塔卡里人的亲缘关系比较近,在某些情况下,东部塔芒方言同古隆语之间的差异,的确比同西部塔芒方言的差异要更小一些。三个民族都信仰佛教,在宗教仪式上也都会使用藏语词汇。真正将塔芒人与另外两个人群区分开来的,一是在种姓等级制中的不同地位,这是由尼泊尔国家规定的;二是塔芒人承担的、有几百年历史的徭役。拉素瓦地区居住的塔芒人长期以来经营着由加德满都去往西藏吉隆的商路;在一年一度的歌赛因昆德湖朝圣活动上,他们如此表达自己的处境:

> 加德满都不是我的家乡
> 也未在吉隆那里成长
> 我出生在两地中央
> 衣不蔽体、瘦弱多病
> 饥肠辘辘地徘徊在路上[1]

---

[1]　Campbell 1997: 215.

随着政党政治开始复兴,以及教育系统的不断扩展,这样的群体有了机会来建立一种集体性的身份认同。在这一进程中,那些受过教育的个体起到了关键性的作用,他们的文化水平使他们能够在全国范围内将自己的民族联合起来。因为塔芒人受教育的机会比平均水平更少一些,因此对于他们而言,身份认同建立的过程比较缓慢。在 1960 年发生的骚乱中,居住在今天达定地区与努瓦果德地区的塔芒人将帕拉芭蒂亚人驱赶了出来;这一事件主要是由地方矛盾造成的,但全国性的政党在背后也起到了一定的推动作用(参见第四章)。但在当时,的确存在一个塔芒人的文化组织:国家塔芒人协会,这一组织于 1975 或 1976 年由桑塔比尔·拉玛成立,在骚乱平息之后遭到比兰德拉王的封禁,但 80 年代又被解禁,一直持续活动到今天(2003)。不过,这一组织在城市地区的意义,可能要比在农村更大一些。

在阿润河以东的山区,林布人之间的身份认同则更为强烈,而且这个民族传统上就存在地方上的政治组织。因此,在这一区域,民族感情往往能够弱化庇护制体制。然而,尽管对婆罗门心怀不满,这一区域的农民也接受了“大人物们”对他们的统治,不论这些大人物来自哪个民族。婆罗门构成了当地政治精英中的大部分,但民族并非权力结构中唯一的影响因素。林布人总体上来说比婆罗门更为贫穷,但有些林布族个体也有权有势,尤其是那些在外国军队中爬上高位的人。这样的人一般有着双重身份,其他林布人将其视为同胞,而他们也经常需要和非林布族的权力精英进行合作。婆罗门通常使用“timi”,也即非敬称来称呼林布人,但对于这些林布族的权贵们来说,他们一般也被称为“tapain”,这是同辈之间的敬语。在“潘查雅特”体制建立起来后,这些新兴的林布族权力精英们——而不是老一辈的“苏巴”头人们——参与了地方议事会的竞选,而当 60 年代政府取缔了“基帕”自留地制度时,这些人也给予了默许,而这一制度以往一直被认为是林布人构建民族身份的基石。“苏巴”头人们往往已经在林布人团体内部享有崇高的声誉,他们觉得没有必要再去参加选举——尤其是大多数头人觉得“潘查雅特”体系不过是婆罗门用以控制全国的工具而已。随着他们在“基帕"自留地上收税的权利被渐渐剥夺,作为林布人的象征,这些头人在族群内部的地位反而进一步上升,但实权却落在了其他人手里。对于林布族而言,民族自信心的旧载体正在逐步失去其效用,而重塑一个新载体的道路又十分漫长。

1950年以前,在低地区生活的塔鲁人相比于塔芒人来说,更加缺乏民族观念。11世纪的阿拉伯旅行家贝鲁尼用"森林人"来称呼居住在东部低地米提拉(Mithila)地区的塔鲁人,但这些人在到12世纪之前都不知道在德昂谷地与奇特旺同样居住着另一些塔鲁人。除了名字之外,在不同地区生活的塔鲁人共同点不多,他们都对这里地区流行的恶性疟疾有一定的免疫能力,也可能拥有同一个来自东亚的远祖人群(参见第一章)。"塔鲁"这个词事实上只是用来称呼那些先于北印度雅利安人来到此地定居的森林居民们,这个名称更像是一个标签。又因为塔鲁人经常屈服于后来者的统治之下,这个名称渐渐变为奴隶的统称,含有很大的侮辱性。19世纪的英国特使布莱恩·霍奇森常常被他的尼泊尔政敌们称为"那个塔鲁族的穆斯林外国人"。尽管如此,塔鲁人中也有着一些大地主,40年代时,一群富裕的塔鲁人成立了塔鲁福利协会,这一组织直到拉纳政权倒台前才得到政府的承认。

1951年以后,塔鲁福利协会的活动渐渐有所增加,到1980年时,该组织两年一度的大会吸引了来自整个低地区以及印度塔鲁人聚居区的代表前来参加。在旧体制之下的塔鲁族地主们不仅担任了政府的税收官,同样也承担了管理塔鲁人社会的职务。此类管理事务包括禁止塔鲁族与外族通婚,以及禁止同一区域内地位差别较大的家族联姻等。然而,在拉纳统治结束后,这些政治精英们则开始推翻旧有的禁律,领导建立塔鲁人在全低地区的共同民族身份。事实上,正是这些精英们自己最先开始了跨地域的通婚,但富有家族的后代与农民子女结婚的事例却越来越少,这反映出塔鲁人之间贫富分化的加剧。而在早年,尽管地主的确比农民更为富有,但二者的生活方式大体是相同的。因此,在全国范围内塔鲁人的民族凝聚力的加强,可能伴随着这种凝聚力在

181

地方上的减弱——或者至少在某些地区的确是如此。与此同时,塔鲁人和婆罗门的精英群体之间互动与合作越来越多,但两个人群中的穷人之间的联系却少得可怜。这些塔鲁人的普罗大众依然如林布人一样,将婆罗门视为不请自来的窃贼,把土地从他们的手中骗走了。不论怎样,村庄里的塔鲁族权力精英们都是最关心自己民族的地位和身份的那部分人。在"潘查雅特"制度的末期,最富裕的塔鲁人已经在全国建立起了人脉网络,而且在中央的权力结构中也得到了令人安心的位置;但那些普通的塔鲁族农民依然还在温饱线上挣扎,过着贫苦的生活。相反,那些在两者之间的中产阶级塔鲁人则时刻提心吊胆、谨小慎微,生怕一不小心就跌落回普通农民的行列。

在尼泊尔国家的中心,加德满都谷地的涅瓦尔人依然对他们生活的区域有着强烈的认同,往往聚居在以神庙为中心的街坊中。宗教与准宗教活动的重要性一直延伸到了当代,譬如很多摩诃罗腱种姓成员至今依然同属于一个神庙音乐组织;对宗教的强调也强化了地方性的认同。这种地方主义以及涅瓦尔人内部不同种姓与佛教和印度教的分歧,使得这个民族未能在政治上统一行动。但自20年代起,某种意义上的"民族运动"就已经开始了;这些运动早期是与佛教复兴运动相结合的。另外一个重要特征在于,涅瓦尔人更倾向于在自己的家庭以及亲属群体内部展开合作,而不愿意别的家庭协作——据说这也是限制涅瓦尔企业家发展、使之败给了竞争对手马尔瓦尔商人的重要原因(参见第五章)。也许最重要的是,这些涅瓦尔人已经习惯于帕拉芭蒂亚人的统治地位了。尽管在长途贸易与生产领域,尼泊尔国内存在激烈竞争,但涅瓦尔人在商品零售方面占据着绝对优势;另一方面,很多受过教育的涅瓦尔族青年也愿意在公务员体系中就职。这样一来,即使"潘查雅特"政体没有禁止政治煽动,这种"兴风作浪"的行为也绝对不是涅瓦尔人愿意做的事情。

另一方面,同一时期,在大部分涅瓦尔人中间产生了一种强烈的民族认同,但不包括处于种姓等级顶端的拉卓帕迭雅雅(Rajopadhyaya)婆罗门以及处于这一次序末等的擘底人(Pode),这两个族群对涅瓦尔人都没有太强的归属感。这种民族感情最初体现在文化活动而不是政治诉求上，"涅瓦尔笔友会"、涅瓦尔语言协会等组织于 50 年代早期建立，这些组织在民间掀起了用涅瓦尔语写作的热潮。拉纳政权曾经禁止以这种语言印制出版物，1946 年，这一禁令在出版宗教书籍方面被放宽了；到了拉纳统治的末期，则彻底消失殆尽。在尼泊尔广播电台成立之初，曾经放送过涅瓦尔语广播节目，但"潘查雅特"政体建立不久后，政治气氛发生变化，1965 年时，涅瓦尔语的广播被全面取缔。从那以后，政治活动家们不断向政府提出各种要求，而这些要求大体上也都代表着文化方面而非经济方面的意愿。在一轮轮的请愿浪潮中，意见领袖们取得的最大成就可能要数历法方面的了，他们成功地令政府将官方历法从维克拉姆纪元改为尼泊尔纪元；前者从公元前 57 年开始纪年，而后者则将公元 879 年作为元年。1979 年以后，涅瓦尔人在每年秋季尼泊尔新年的第一天，都会开展环绕加德满都谷地三城的摩托车竞赛，以此来吸引官方对于他们文化要求的注意力①。

　　1979 年，几个小组织联合组成了"合作协会"，不断向政府施压，一方面要求恢复尼泊尔语广播节目，另一方面要求国家允许将涅瓦尔语作为学校中的教学用语使用。反常的是，正如上文已经讲过，在"合作协会"于语言方面提出请愿的同时，很多涅瓦尔人——包括某些政治活动家自己——也开始在家教自己的孩子使用尼泊尔语。在这一时期，约 50％的涅瓦尔人依然是文盲，他们自发地使用着自己的母语——涅瓦尔语，从来没有想过这一语言的濒危处境，更未曾思考过语言式微背后的社会原因。著名政治活动家帕德玛·拉特纳·图拉达之所以能够在民主议事会竞选中获胜，主要是因为他历来有着"坚定站在平民那一边，对抗权力机构"的崇高名声，也因为他获得了"左派"政治集团的支持，但与他在涅瓦尔语言方面的倡议和请愿关系不大。总之，尽管对民

----

① 尽管维克拉姆时代始终都是尼泊尔官方认定的、历史中最重要的时期，但涅瓦尔时代终于在 2003 年也获得了官方某种程度上的承认。

族语言的关注度不断上升，但在当时与其他社会问题相比，这一问题的重要性并不是很大。

与涅瓦尔人相比，玛嘉人更加难以在自己的民族中获取支持，以向政府提出请愿或诉求。涅瓦尔人历来都聚居在以加德满都谷地为中心的一小片区域中，但玛嘉人的足迹遍布整个中部山区，而很长时间以前，许多玛嘉人就已经不再使用自己的语言，而是转用尼泊尔语了。尽管如此，1955年时，一位退伍军人还是组建了第一个"玛嘉人协会"，虽然这一组织不久便不再活动，但1971年时，另外一个组织"尼泊尔玛嘉联合会"成立，时至今日依然运作良好。在大部分的玛嘉人社区内，印度化的程度都已经很深了，这意味着玛嘉族的政治活动家们不得不费尽心思去发掘——有时候也不得不重新发明——属于玛嘉人自己的文化，再诱劝自己的同胞们接受这些所谓的"传统习俗"。然而，这些努力所取得的成效不是很大，至80年代末，大部分玛嘉人依然承认那些拥有婆罗门祭祀的部落在整个族群内享有更高的地位，而且他们也不食用猪肉及水牛肉。当然，有些人也认为即使这种扭转价值观的努力成功了，那些为之努力的政治活动家们所做到的，也不过是将玛嘉人社会中旧的等级制度换成另一套新的制度，在这套新体制中，书写玛嘉人的历史并将古老的玛嘉语印刷出来的依然不是玛嘉人自己，而是那些复兴主义者们。

80年代，民族主义运动的势头急剧增长，一方面是因为政治活动限制的放宽，另一方面也是因为，政府本身希望获得少数民族及低等种姓群体对"潘查雅特"制度的支持。除了一大批新团体组建起来、每个团体各自开始出版刊物来表达诉求以外，不同团体之间也出现了合作行为。早在80年代以前，山区少数民族的非正式联合组织——"玛古莱林"（这一词语是"玛嘉-古隆-莱-林布人"的合称）就已经出现，而在1982年，一个官方的合作机构"尼泊尔全国人民阵地"建立起来。列宁曾在一篇文章中表达过对国家制定官方语言的质疑，在这一观点的影响下，1985年，来自涅瓦尔、塔卡里、塔芒、古隆、莱、林布、夏尔巴、玛嘉和塔鲁族的知识分子共同建立了尼泊尔母语保护协会。该组织的目标在于,促使政府同意在这些民族聚居区的学校里,使用民族语言进行教学①。低等种姓的帕拉芭蒂亚人往往比少数民族遭受的压迫更甚,他们于 1987 年成立了"受压迫人民解放阵地",为自己的权利作斗争。

尽管从长远角度看,这股在知识分子中间掀起的民族主义运动热潮对尼泊尔未来的发展有重要意义,但当时,在政府致力于在媒体和教育界推行统一的国家文化的情况下,这些活动起到的作用其实是微不足道的。这种文化统一化的努力可以在"潘查雅特"体制提出的口号中得到很好的概括:"一种语言,一套服装,一个国家";这一口号事实上是对诗人萨玛的著名诗句"我们的国王,我们的国家;我们的语言,我们的服饰"的改编②。尽管官方的宣传攻势并未说得十分露骨,但这种文化统一的设想的确是以高等种姓帕拉芭蒂亚人的习俗与价值观为基础的,而这些帕拉芭蒂亚人在尼泊尔国家建立之初就占有统治地位。他们的价值观以君主制(以及其对国家建立与稳定的作用)、印度教以及尼泊尔语为核心,这一点在"潘查雅特"时期已经得到了清楚的展示。

184

1955 年,一份地区教育报告中显示,政府作出了一定的让步,允许刚上小学的少数民族孩子在学校用自己的母语口头交流;但同时也提倡尽早停止使用这些民族语言,转而使用单一的尼泊尔语,这样一来"其他语言会逐渐消失,而国家的力量和团结将得到加强"③。这份报告将政府同化少数民族的政策展示得淋漓尽致。然而,这种政策在民间引起的反响却有些含混不清。以尼泊尔语为母语的人数比例(这一数据显然要比以这种语言为通用语的人数少得多)曾经从 1952 至 1954 年间的 49％上涨至 58％,但在 1991 年的调查统计中,却急剧跌落到了 50％。这一情况可能是因为,"母语使用"统计所反映的并不是日常使用该语言的真实人数,而是对该语言或者是对这种语言所代表的民族身份有亲近感的人数。但从另一个角度来讲,即使调查的客体

---

① 大多数情况下,迈蒂利族未被包括在这一组织中。在西部山区,关于究竟是塔鲁语作为迈蒂利语的方言还是迈蒂利仅为塔鲁语的一种形式这一问题,长期以来都存在争议。

② Shah 1993：8.

③ Nepal, National Education Planning Commission 1956：96 - 97.

有意要反对尼泊尔语的推广，他们也很难准确地回答问卷上的问题：有些涅瓦尔族的父母教自己的孩子使用尼泊尔语，但当着孩子的面，他们自己之间却用涅瓦尔语交流，那么这个孩子的母语究竟是哪种语言？抑或，对于一个从小和自己的玩伴们混合着使用古隆语和尼泊尔语讲话的古隆人孩子而言，他又该以哪种语言为母语？在这样一种情况下，不难理解，当政府的政策有意强调尼泊尔语的地位时，这些调查对象纷纷将尼泊尔语作为母语申报上去；而当"潘查雅特"体制于1990年倒台、文化多元主义开始兴起后，他们纷纷又都声称本民族语言才是自己真正的母语。

1962年宪法明确规定，尼泊尔是印度教国家。这种对官方宗教的宣称在形式上是一个创新，但究其实质，只是对自普利特维·纳拉扬以来一直存在的社会现实的重申和强化。尼泊尔宣称自己是"唯一的印度教王国"，这既是对传统印度教文化中"南亚正统"的追求，也是为了将自身与印度区别开来，后者在1947年一直受非印度教的殖民者统治，1947年以后则独立成为一个世俗国家。政府对其他宗教并未施以明显的迫害行为：穆斯林们的宗教信仰并未遭到任何抵制和歧视，而这些人中的穆罕默德·莫沙辛（Mohammed Mohasin）还成了"潘查雅特"体制的重要理论家；从大吉岭移居尼泊尔的基督教徒们，大体来讲也能自由从事宗教活动。而政府甚至还公开支持佛教徒的信仰，于1952年增加了一个法定假日来庆祝佛陀的生日，还在蓝毗尼的佛陀出生地修筑了一系列宗教场所。然而，在全国范围内来看，印度教的寺庙获得的赞助最为丰厚，而政府已通过立法，将其他宗教的信徒试图使印度教徒皈依该宗教的行为视为非法，甚至否认印度教徒有自由选择自己信仰的权利。劝诱改宗的禁令在穆斯林和基督徒少数群体中引起了不满，但总体上并未令大众群起而攻之。然而，越来越多的受过教育的尼泊尔人开始厌恶印度教的诸多教条，因为他们认为这些教义赋予高等种姓印度教徒以统治合法性，并将他们的社会地位符号化了。婆罗门、塔库里-切特里人（他们的印度教信仰比较模糊）以及涅瓦尔人（高等种姓的涅瓦尔人中，印度教徒的数量要远多于佛教徒）加在一起，也仅仅占尼泊尔总人口的三分之一(参见表 1.1)，但在 1951 至 1991 年之间,他们通常占民主议事会议席的 60% 以上。另外在公务员体系中,1989 年时,这三个人群也构成了地方官员的 90%;而 1990 年时,特里布凡大学 81% 的教职员工也来自这三个群体①。

在受教育程度较低的尼泊尔人中间,对这种高等种姓掌权的现状也渐渐产生了不满。但截至 1991 年,政治活动家们对印度教以及国内政教合一的状况所表现出来的那种激烈的反对,依然不能代表绝大多数人的意见。在 1991 年持续数月的世俗化政治运动过后,人口普查显示 86.5% 的尼泊尔人依然信仰印度教;即使到了 2000 年,这一数字依然高居在 80.6% 的程度。很多政客声称这一统计数字有误,非印度教徒的数量应该占到了人口数的三分之一左右。事实上,在尼泊尔,正如在许多其他前工业化社会中一样,不同的宗教信仰之间并非互不相容的,很多人都倾向于将不同的习俗和传统结合起来,而印度教的融合特性使得这一过程尤为容易。对于尼泊尔的普通农民来说,他们的虔诚程度可能远远比不上正统婆罗门,但他们崇拜印度教的神灵,而且愿意把自己当作印度教徒,也希望自己的祖国是一个印度教国家。

与尼泊尔其他领域的建设一样,在民族身份与国家认同的构建上,印度发挥了很大的影响。尽管在尼泊尔国境以东的大吉岭地区,讲尼泊尔语的社区中,很多人都并非帕拉芭蒂亚人;但在"潘查雅特"政府宣传的、帕拉芭蒂亚人主导的民族主义观点中,许多基础性的理论工作都是由生活在这一区域的知识分子们完成的。在这些民族主义先驱中,几位重要的思想家于 50 年代回到了尼泊尔,以协助祖国建设。苏尔雅·比克拉姆·伽瓦里(Surya Bikram Gyawali)就是其中一位,他是普利特维·纳拉扬传记的作者,也正是他将文学家巴努巴克塔提升到了"国宝"的地位上。具有讽刺意味的是,随着尼泊尔民族主义的凝聚力日渐强化,另外一些同样来自大吉岭的异见者们则开始宣称,尼泊尔的文化不属于她自己。苏巴斯·吉辛于 1986 至 1988 年间领导了"廓

---

①　Whelpton 1997: 50.

尔喀邦"脱离西孟加拉邦的运动,他坚信"廓尔喀"才应该是这个国家和这门语言的真实名称,而不是"尼泊尔";他的追随者们甚至故意破坏位于大吉岭的巴努巴克塔雕像,借此反对这位"外国诗人"对尼泊尔的文化影响。但是,尽管大部分大吉岭居民不愿在政治上被统一到尼泊尔国家中去,但在文化上,他们依然认同自己是尼泊尔人。在 1992 年,尼泊尔语——而非"廓尔喀语"——被印度确定为自己的官方语言之一。

　　如果说对于大吉岭的居民而言,建立一种"非尼泊尔"式的身份认同十分重要,那么对于尼泊尔国内人民来说,建立民族身份的关键则在于将祖国与印度尽可能地分离开来。正如前几章讨论过的,早在尼泊尔国家建立以前,山区的居民之间就已经存在着对自身与南部印度平原之间差异的认知,这种认知为在山地区建立民族认同提供了一定基础。这一情况不仅使印度和尼泊尔之间的关系复杂起来,更使在尼泊尔国内生活、工作的有印度血统的居民,时常处于一种尴尬的地位。在尼泊尔经济发展中起到关键性作用的马尔瓦尔商人,经常被视为外国人,并因为这样的原因而招致其他群体的厌恶;即使他们已经拿到了尼泊尔护照,或者(很多情况下都是如此)本来就是在尼泊尔境内出生的公民,情况也是一样。更重要的是,居住在低地区数以百万计的人民感觉到,山地区的统治精英从来不把他们与自己平等对待;而这些山区的精英们(他们现在反而称呼自己为"塔莱人")则一直认为塔莱区的居民是尼泊尔国境内的印度"卧底"。另外一方面,许多在塔莱区出生但没有出生证明或相关文件的本地人无法成为尼泊尔公民,但从印度越过边境前往尼泊尔的、为富不仁的有钱人们却往往能够通过贿赂,从贪婪的地方官员手中买来公民资格,这一情况让低地区居民这种不平衡感进一步加剧。

　　50 年代时,低地区首次成为政治关注的焦点。1957 年,当地政治家发动了一场抗议运动,抵制辛格政府取缔印地语作为当地学校教学用语的政策。严格来讲,印地语是最早发源于德里地区的一种方言,是印度的官方语言之一;这门语言中包含大量来自梵语的借词,并与尼泊尔语一样采用天城体字母书写。印地语并非塔莱区大部分居民的母语,这些人的第一语言在每个村庄都略有不同,是大体上分属于阿瓦第语、博杰普尔语以及迈蒂利语三种语言的不同方言。尽管如此,印地语依然是这一地区的通用语,与尼泊尔语在山地区讲其他语言的居民中起到的作用是一样的。因此,中央政府在尼泊尔境内取缔印地语的尝试,被本地人视为不承认低地区居民文化身份的无理行径。与之相反,山地区的知识分子认为,于全国推广尼泊尔语是在构建国家和民族身份中至关重要的一步。政府的命令得到了较为彻底地推行,以尼泊尔语印刷的教材取代了印地语教材,出现在低地区的课堂上;而 1965 年,印地语终于步了涅瓦尔语的后尘,在国家广播中销声匿迹。尽管如此,教科书上的尼泊尔语与印地语十分相似,因为两者的学术词汇都是从梵语中借来的;而且,印地语口语在塔莱区依然是在非正式场合下沟通交流的主要语言。

　　80 年代,山区与平原地区之间就移民和公民资格问题产生了更大的分歧。除了帕拉芭蒂亚人(可能也有塔鲁人)向平原移民所造成的诸多问题以外,塔莱区的居民还要求政府能够自由地授予他们尼泊尔公民资格,并希望与印度保持开放的边境环境,因为他们与边境以外的居民在文化和语言上都十分相似。而许多在山区居住的尼泊尔人担心移民会蜂拥而至,因此希望看到国家加强对边境的管理,并对印度移民施行公民权管制。尼泊尔政府不愿直接收紧对边境的控制,他们担心这会触怒印度政府,从而损害到在印度境内打工的尼泊尔人的权利。但公民权的发放依然受到严格限制,而入籍的一个要求便是申请人必须熟练掌握尼泊尔语(包括说和写)。1983 年,由前政府部长哈尔卡·古隆领导的移民委员会草拟了一份报告,建议政府对边境加强控制;这份报告使得事态被进一步激化。报告中的建议和看法基本未得到施行,但为"沙巴伐尔纳"(Sadbhavana,意为"善心")委员会留下了一笔丰厚的遗产。这一委员会由葛金德拉·纳拉扬·辛格(Gajendra Narayan Singh)建立,此人曾是一名大会党政治家,后来在"潘查雅特"体制内工作。该组织建立的目的是捍卫塔莱区人民的利益,于 1990 年重组为尼泊尔沙巴伐尔纳党,在中部与东部低地区获取到了一定的支持,并于

187

1991年选举中赢得了六个席位(参见第四章)。

尽管如此，1991年大选时，低地区大部分人并未将选票投给沙巴伐尔纳党，而是选择支持其他全国性政党。另一方面，在选举中，小规模的地方性支持比整个塔莱区规模上的意见一致更重要。人们更倾向于对某一个种姓或民族群体、抑或某个语言学上的地区产生认同。在以贾纳克布尔为中心的米提拉地区，人们对迈蒂利语有一种深切的认同感，这种语言在尼泊尔语之前曾充当了很长一段时间的标准书面用语，而且对于加德满都谷地的涅瓦尔国王来说，也是在法庭上使用的尊贵语言(参见第一章)。迈蒂利语在尼泊尔是全国第二大语言，使用人数占总人口的11%，仅次于尼泊尔语，许多自称讲"塔鲁语"的人事实上讲的都是同一种迈蒂利语方言。然而，迈蒂利人内部也存在着种姓分化，而文字在传统上被视为婆罗门以及卡亚斯塔种姓的迈蒂利人的特权。而在塔莱区的其他地方，人们所认同的地理单位往往比区域本身或区域内部的语言分区要小得多。在这种情况下，投票者选择支持全国性的政党，也就不足为奇了。在这一地区，大会党尤其受到欢迎，因为柯伊拉腊家族的大本营——比拉德讷格尔就在这一区域，而这个家族与当地的塔鲁人和迈蒂利人的首领都维持着良好的关系。

不论是在山地区还是平原区，极多的族群数量都是尼泊尔的特色；而在某一个地区，如果一个族群的人数能占到当地人口半数以上，就已经是很罕见的情况了。这就意味着，尽管民族感情和种姓认同也很重要，但这种认同往往都会受到引导，进而发展成为与其他族群联合构建的、规模更大的身份认同的一部分，而一般不会演变为分裂主义。在1991年以后尼泊尔面临的诸多问题中(包括毛主义者的"人民战争")，民族问题是一个影响因素，但不具有决定性的意义。

第七章　民主的理想与幻灭：
1991 年以后的尼泊尔

政党与政策, 1991—1999

吉里贾·帕拉沙·柯伊拉腊领导的大会党政府于 1991 年 5 月接
替联合政府,成为尼泊尔现任合法行政机构。就任之初,这届政府便面临着来自尼共(联合马列)以及其他共产党小派系的激烈反对;这些共产党派别在"潘查雅特"时期曾经频繁发动抗议示威,此时也把这种手段用来对付大会党,但抗议的规模和频率要比以前小一些。当这些煽动性的政治活动进行到第三轮时,广泛的社会争议开始出现,而柯伊拉腊采取了极为坚决的立场,很多同共产党活动有联系或同情共产党立场的政府员工都遭到了开除。这一事件成为大会党与主要反对党之间根深蒂固的敌对关系之开端,因为尼共(联合马列)正是以这些低薪级的雇员作为自己的群众基础的。然而,不久之后,另外两个问题变得愈发严重,使得这一事件竟一时被人们遗忘了。尽管大会党一直以"民主社会主义"路线自我标榜,但因为受捐助国的影响,这一时期大会党政府事实上采取了新自由主义的经济政策,随之而来的物价上涨造成了人民的普遍不满。另一方面,很多人也指责吉里贾在与印度达成协议、允许新德里方面在马哈卡利河上修筑水坝的过程中,未能为尼泊尔争

189

213

取到最大的利益,使得加德满都方面分到的电能资源和水资源都很少。尼共(马萨尔)以及联合人民阵线领导了针对这些政策的多次抗议示威活动,而在 1992 年 4 月 6 日,就在"人民运动"杜巴(Darbar)大道枪击事件两周年纪念日这一天,这些示威开始演变为暴力运动。至少 12 人在这些冲突中丧生,一部分原因在于抗议者们的装备较差,且训练不足;但也不排除有些警察故意杀死了这些人,以此为两年前他们死去的同事们复仇。"极左派"政治团体顿时作出反应,要求政府集体辞职。联合人民阵线在加德满都谷地的支持者为数不多,在 3 月份加德满都市长选举中,来自这一派别的候选人只获得了 3.4% 的得票率。而该组织在同月发起的一日罢工行动,则几乎将加德满都整个交通系统置于瘫痪的境地。在随后发生的多次抗议示威活动中,因为担心示威者会投掷石头,进而使事件进一步升级,政府机关的工作人员不得不时常对这些示威者表示妥协。

尼共(联合马列)需要维持自己在"左派"中的主导地位,但同时这一政党也需要塑造自己"负责任的反对党"的形象。因此,尼共(联)参与了对流血事件的声讨,但仅要求内政部长谢尔·巴哈杜尔·德乌帕引咎辞职,而非政府的全体辞职;在大会党同意展开针对警察开枪事件的调查以后,尼共(联)便停止了它所领导的抗议运动。然而一年后,该党的两位领导人马丹·班达里和基法拉杰·阿什利特身亡,这使得尼共(联)再次走上街头领导抗议活动。两人当时正乘坐吉普车从加德满都前去纳拉扬嘉,在途经达思敦嘉(Dasdhunga)时,车子一头扎到了纳拉扬河中。政府的调查结果显示,司机当时失去了对车子的控制,而在事故发生后这位司机得以生还,两位乘客不幸遇难。然而,尼共(联)与其他共产党派别都声称,这是一起针对政党领导的刺杀活动,要求政府重新调查整件事的来龙去脉,还要求柯伊拉腊引咎辞职。在新一轮的抗议示威中,警察再度开火,击毙了 24 人。接下来,在尼泊尔全国各地发生的洪水灾情使得政治温度有所下降,而尼共(联)与大会党之间也达成了协定,大会党承诺重新开展调查。另外一些小的"左派"组织则继续进行抗议,并持续了一段时间。两次调查均未能找到任何有关阴谋的证据,而车辆从盘山公路上冲下悬崖又是十分常见而且多发的交通事故。1997 年,最高法院最终裁决,此次事故实属意外,而司机因为过失致人死亡被判入狱,在次年得到释放。尽管如此,在 1999 年大选的演说中,尼共(联)再次重提就此事展开调查;而这位不幸的司机最终于 2003 年被绑架并遭到杀害。当时各政党眼前都有更为棘手的问题尚待处理,否则此事肯定又会掀起一阵风波。

大会党政府一直与印度保持着良好的关系,并于 1991 年 12 月达成了一项新的贸易与转运协定;在新协议的框架内,对尼泊尔出口货物的货源地限制得到了进一步放宽。除了对水资源长期以来的争议之外,大会党政府在外交上又遇到了新困难:截至 1992 年底,约有 9 万名尼泊尔族人从不丹南部地区逃出,流落到尼泊尔东南部的难民营中。不丹政府声称,这些人中很大一部分其实并非从不丹境内逃离;而那些的确来自不丹的难民,他们当初也是自愿离开的。事实上,在不丹政府推行强制性民族同化以及限制公民资格授予的政策以后,这些人便一直生活在高压之下。不丹国王以及许多讲宗喀语的卓巴族群成员都担心,不丹国内的尼泊尔人作为该国中人数最多的群体,将会夺走他们在这个国家的权力。这种担心是不无道理的,因为在邻邦锡金,这一担忧早些时候已经被当地的尼泊尔人变成了现实。尽管不丹和印度之间的条约使得印度对不丹的外交政策享有"督导权",但面对这种情况,印度并未向不丹施压,催促其重新接纳这些难民。尼泊尔政府最终同意将难民营区的居民与那些真正遭到驱逐的难民等同处理,但在这一政策的实行过程中又产生了许多意见分歧,这些争议持续了几年之久;直到 2001 年 12 月,对第一座难民营的"验证"程序才宣告完成。大会党就此事遭到了广泛的批评,反对意见纷纷指责政府办事不力、态度不够强硬。但考虑到印度的态度,留给政府斡旋的余地其实很小。

除了外交上的尴尬以及在加德满都街头重演的暴力事件以外,政府在全国的地位大体来讲没有受到挑战。1992 年,大会党在地方竞选中赢得了超过半数的席位,这使政府的权力得到进一步加强。然而,大

191

会党政府最终还是败在内部的派系分化和意见分歧上。有些分歧的确是缘于某些实权人物对柯伊拉腊的政策感到不满，但大部分还是在党派政治赞助方面的争议，以及党组织本身与在议会中的党员之间的矛盾，后者在50年代就曾经出现过。1991年年末，柯伊拉腊在未经大会党主席巴特拉伊以及元老伽内沙·曼·辛格同意的情况下，就擅自罢免了六位内阁成员；在这样的情况下，议会中的大会党议员们清晰地分为了两派，一派支持柯伊拉腊的决定，另一派则反对。1994年初，马丹·班达里的去世导致国会举行候补选举；值得玩味的是，巴特拉伊曾在大选中败给班达里本人，但在这次竞选中却取得了胜利。巴特拉伊的支持者们愈发热切地希望他能够取代柯伊拉腊成为首相，而共产党方面也宣称，在1993年夏与大会党达成的、停止街头示威活动的协议中，巴特拉伊曾作出口头保证，将免去柯伊拉腊的职务。柯伊拉腊作出反击，宣布不承认巴特拉伊拥有被选举的权利，但此举导致他在接下来的选举中败给了尼共（联）的候选人，这位女士是马丹·班达里的遗孀。

尽管巴特拉伊自己规定，即使有人故意破坏他发起的运动，也不应采取任何行动，但在5月份，议会针对国王的一次演说发起投票的过程中，36位反对柯伊拉腊的议员自发缺席。因此，柯伊拉腊主动辞职，并请比兰德拉王主持期中改选。越来越多的抗议示威活动相继在加德满都街头爆发，抗议者既包括了反对党成员，也包括巴特拉伊与曼·辛格的支持者们。巴特拉伊派事实上控制了党中央工作委员会以及在加德满都谷地的大会党组织，但柯伊拉腊在全国的大会党党员中有着广泛的群众基础，而他本人似乎也做好了最后摊牌、一决胜负的准备。然而，柯伊拉腊最终还是避开了正面冲突，再次与对手达成妥协，使得大会党在选举的过程中再次团结了起来。

在一次不成功的解散议会尝试后，大选终于在1994年11月召开。尽管尼共（联）得到的总票数少于大会党，但该党成了国会第一大党，赢得205个下院议席中的88个，而大会党则得到了83个。这样一来，权力平衡的方向就依赖于巴哈杜尔·昌德与苏利亚·巴哈杜尔·塔帕这

图15　吉里贾·柯伊拉腊就国王于2002年10月接管政权一事进行公开谴责。

两位自"潘查雅特"时代以来就活跃在政治舞台上的老政客了：两人领导的派别于1992年重组成为统一的国民民主党，使得该党的得票率从稍高于10％一跃而至近20％，从而令国民民主党成为国会第三大党。此次选举结果与之前的另外一处重要差别在于，随着联合人民阵线内部更为激进的一个派系分裂出去并公开宣布与议会政治决裂，阵线在大选中未能赢得任何席位。分离出去的这一激进派别，则于两年之后发动了"人民战争"。联合执政的谈判迟迟没有结果，因而尼共（联）组建了少数党政府，曼·莫汉·阿迪卡里任首相，而总书记马达夫·库玛尔·尼帕尔则出任副相。

　　除了缺少明确的多数党之外，尼共（联）政府也没能与过去的政策一刀两断、作出任何根本性的转变。事实上，因为需要安抚外国投资者

193

与印度方面,打消他们的疑虑,尼共(联)政府即使有心这样做,也是无能为力。不过,这届政府的确冻结了大会党政府时开始的经济私有化进程,也就土地改革和非法占用政府土地等问题进行了调研。另外,尼共(联)政府还就上届政府在世界银行的资助下在阿润河上修建的水电站项目进行了评估。这一项目引发了不少争议,一是担忧此举会破坏河流生态,二是怀疑发电的成本太过高昂。尽管尼共(联)政府决定继续将工程进行下去,但1995年秋天,世界银行方面却将资金撤回了。这一决定可能受到了尼泊尔环保主义者游说的影响。

尼共(联)政府在政治上最大的创举,即其提出的"自立建设农村"计划。在这一体制下,农村"潘查雅特"议事会现在更名为农村建设委员会,每年可获得30万卢比的拨款,用于地方发展建设。"自立建设农村"计划本身没有引起什么争议,但政府还在地方上建立了一套由多党派参与的监察机制,此举立刻引发其他党派的不满。尤其是对于大会党而言,这一举措事实上绕开了地方行政机构,而该党在这些机构中一直拥有决定性的影响力。也有批评指出,由"无土地贫民问题解决委员会"最终授予了土地的5.3万户家庭,并不是按照穷困程度和对土地的需求挑选出来的;"委员会"事实上将土地送给了与尼共(联)关系密切的家庭,以换取进一步的支持。另外,还有人指控党在政府内部滥用职权,不考虑某一发展方案的实用性和在民间的受欢迎程度,而是一概盲目地予以赞成和批准。关于最后这一条指控,尼共(联)自己在1999年针对大会党"造福穷人"运动,也作出了类似的批评。

1995年6月,获得国民民主党以及沙巴伐尔纳党支持后,大会党要求下议院召开特别会议,发起对现任政府的不信任投票。曼·莫汉·阿迪卡里则试图再次解散议会并举行大选,来避免这一政治失败。国王同意了阿迪卡里的要求,但与一年前不同,这次轮到大会党及其盟友上诉最高法院,指控首相违宪。法院最终判决阿迪卡里的行为无效,议会重新建立起来。作出此判决的理由在于,从1995年的形势判定,现任议会有能力产生新政府;而且大会党发起不信任投票的权力,在法理学上优先于首相解散议会的权力。

1995 年 9 月,尼共(联)政府遭弹劾下台后,此前已取代柯伊拉腊成为议院大会党领袖的谢尔·巴哈杜尔·德乌帕继任为首相,并领导大会党与国民民主党、沙巴伐尔纳党建立了联合政府。1996 年 2 月起,从联合人民阵线中分裂出去的尼共(毛主义)于中西部山区发动"人民战争";尽管最初只是一个小问题,但对于现任政府来说,这一威胁已经开始变得越来越棘手。1996 年 1 月,德乌帕与印度方面就马哈卡利河开发事宜达成了一项新协议,既在原有协议的基础上增加了供给尼泊尔的电力和灌溉资源比重,又计划在潘切斯沃(Pancheshwor)兴建规模更大的水力发电站及灌溉工程。尽管大部分"左派"政治团体以及一些右派民族主义政治家对此表示抗议,但德乌帕还是设法在9 月份议院的上下两院联合会议上,为这项协议争取到了三分之二的支持率。他同样还沿用了尼共(联)政府对农村建设委员会的拨款方法,并增加了一部分政府拨款,下发给国会议员个人,以便他们建设自己的选区。

德乌帕也花费了大量的精力和资源,以确保这届政府自身的存续。尽管国民民主党主席苏利亚·巴哈杜尔·塔帕坚定地与大会党维持着盟友关系,但该党在议会内的领导者巴哈杜尔·昌德却接受了尼共(联)的提议,与之组成了新的政治联盟,并亲自领导这一联盟。昌德成功地获取了多位国民民主党议员的支持,甚至还将几位德乌帕政府的部长们也拉拢到了自己的麾下。1996 年 3 月与 12 月,昌德的派系针对时任政府发动了两次不信任投票。这期间,两派的成员都忙着买通或策反对手,并努力保持自己派系成员的忠诚;同时,一些无派系的独立议员以及几个小党派党员的投机行为,也使得政局愈发混乱起来。3月份以后,德乌帕史无前例地将内阁的规模扩展到了 48 人,将大部分国民民主党议员囊括在内。12 月份投票开始之前,他将几位靠不住的民主党议员公费送去曼谷进行"医疗康复",又把一位沙巴伐尔纳党的投机分子送去了新加坡,以确保这些"不稳定因素"在投票开始的时候不会出现在议院的议席上。尽管如此,投票结果依然显示,德乌帕政府成了少数党政府,而因为反对票数未能达到宪法要求的 103 票以上,

196 所以该政府在不信任投票结束后依然保持执政①。尽管党内存在反对声音，德乌帕还是不得不开始召回那些先前辞职并投了反对票的部长们，让他们重新参与到政府工作中来。尽管如此，当德乌帕本人于1997年3月发起信任投票时，两位大会党议员被反对者说服，没有出席当日会议，因而投票结果依然是没有改变少数党政府的状态。

德乌帕辞职之后，大会党方面认为吉里贾·柯伊拉腊有能力同昌德展开一定程度上的合作，因此他被推举为议院内大会党的新任领袖。但昌德最终拒绝了大会党的示好，建立了由国民民主党、尼共（联）与沙巴伐尔纳党共同组成的联合政府，并出任政府首相。尽管在这届政府中，国民民主党的党员比例极高，但真正的实权人物是来自尼共（联）的一位铁腕政治家：班姆提夫·高塔姆。当年夏天，高塔姆一手策划了尼共（联）在地方大选中的获胜。毛主义者的暴动导致大选在某些地区不得不推迟举行，而在那些投票照常进行的选区中，由于大会党的竞选人通常都是暴动分子们的暴力攻击对象，因此他们在选举中也往往处于劣势。大选结束以后，高塔姆才着手推动一项扩大安保部队职权的议案在国会的通过，以便尼泊尔能够加强对毛主义者的军事打击力度。尼共（联）的批评者们纷纷以此为理由攻击高塔姆，声称他在有意拖延。

国民民主党在这一时期分裂为两个派别，由昌德和苏利亚·巴哈杜尔·塔帕分别领导。在大部分情况下，这两派各自都如同独立的政党一样进行政治活动，只有在大选的时候才联合在一起参加选举。塔帕成功地赢回大部分民主党议员的支持，而昌德政府在1997年9月一次不信任投票之后也下台了。塔帕随即接过政权，并组建了国民民主党、大会党与沙巴伐尔纳党合作的新联合政府。然而，1998年1月，塔

---

① 尼泊尔1990年宪法（第59条第3款）规定，不信任投票必须得到"众议院中大部分议员"的支持才能生效。这里的"众议院议员"包括了法定205位议员中的每一个人，但事实上1996年12月份时，众议院只有200人。这是因为国会对某些意外去世议员空出的议席还未来得及进行候补选举；而有些政党领导人成功地在两个选区中都成了众望所归的代表，因而不得不放弃一个选区，这也造成了席位的轮空。

帕意识到他所领导的一部分议员再次开始倒向昌德一派，因此他建议国王解散议会，并举行大选。比兰德拉王接见塔帕的当天下午，尼共（联）的几位党员与八名反对塔帕的国民民主党议员一同来到王宫请愿，希望发起对塔帕政府的不信任投票。面对这一情况，国王并未像前几次那样，接受首相的意见，并让反对者们将自己的诉求提交到最高法院寻求裁决。这一次，比兰德拉王亲自将请愿递交给法院，询问他们的意见。此举引发了一部分人对国王再次干政的担忧，但事实上，比兰德拉王的这一做法并未干扰司法公正，反而加快了法院的审判进程。在得到陪审团多数通过后，最高法院裁决，首相在此情况下无权请国王解散议会。当年 2 月，针对塔帕政府的不信任投票正式开始。联合政府最终得以存续，因为塔帕获取到了 11 位国民民主党议员以及两位尼泊尔工农党议员的支持。

197

　　昌德政府的下台在尼共（联）党内进一步引发了争端。高塔姆自 1994 年以来就成了马达夫·尼帕尔在党内的主要政敌，政府倒台后，他与另外一位异见分子迈纳利联合在了一起；后者曾于 1982 年被免去尼共（马列主义）总书记的职务。两人都反对马达夫对德乌帕政府与印度达成的马哈卡利河开发协议的公开支持的态度，围绕这一问题，尼共（联）内部的意见分为了两派。尽管两位反对者与其他"左派"政党一致认为在这份协议中，尼泊尔对印度作出的让步太大，以至于损害了国家利益；但高塔姆在总体政治观念上与马达夫·尼帕尔是大体一致的，他也同意党应该领导国家走民主社会主义之路。与之相反，迈纳利则坚守着传统的共产主义政治思想，他的主张更接近于毛泽东提出的"人民政治协商制度"，而非 1993 年尼共（联）党代会上提出的"多党派人民民主"思想。尽管思想上有所不同，高塔姆和迈纳利都感觉自己在党内被边缘化了，这使两人具有了合作的基础；1998 年 3 月，两人从尼共（联）中分裂出去，组建了自己的新党派。这一党派重新采用了"尼共（马列主义）"的名字，而原来的马列主义派别已经在 1991 年与其他党派一同融合到尼共（联）中去了。萨哈娜·普拉丹曾于 1990 年"人民运动"期间担任"联合左翼阵线"主席，而此时她加入了这个分裂出来的新政党。

另外,尼共(联)约半数的议员和许多政治活动家也都投到了尼共(马列)的名下。在左翼政党分裂之际,尽管没有官方的分裂声明,但大会党和国民民主党在事实上也各自分化成了两派。这样一来,尼泊尔下议院就出现了六股主要政治势力,互相之间都没有联合的意愿。另一方面。最高法院的裁决也使得首相无法再通过威胁解散议会的方式,将不同派别的议员有效地整合起来。

早些时候,大会党与国民民主党之间曾经达成过权力交接的共识,但一直就具体的时间争吵不休。1998 年 4 月,根据这项共识,塔帕终于将国民民主党-大会党-沙巴伐尔纳党联合政府的最高行政权移交给了大会党方面。随后,吉里贾·柯伊拉腊正式终止这一政党联合,并组建了大会党的少数党政府。由于不满柯伊拉腊将自己抛在一旁,塔帕及其支持者在当届政府发起信任投票时选择了弃权;与此相反,昌德派(这一派基本上已经是另一个独立的党派了)则联合了尼共(联),一同发起了成立新政府的投票。5 月底,柯伊拉腊组织警察系统,对中西部山区的毛主义暴动发动了大规模的镇压运动。尽管此次行动沉重打击了毛主义者的活动,但也造成了一定的平民伤亡,这为政府招致了大量批评。8 月份,当局改变了战略,与九个"左派"政治团体达成协议,向在镇压行动中死亡平民的家属发放补偿金,并剥夺之前赋予国内安保力量的特殊权利[①]。四天以后,内阁进一步扩大,将尼共(马列)涵盖了进去。然而,政府并未通过这部分共产党员增设部长职位的要求,对他们关于对待毛主义者态度问题上的反对意见,也未予理睬,这使得尼共(马列)的内阁成员于 12 月集体递交了辞呈。

对此,柯伊拉腊迅速作出反应,请求国王解散议会,而反对党则按照惯例递交请愿,要求召开特别会议,发起不信任投票。比兰德拉王认为这次的冲突没有必要诉诸最高法院,因此他召集议会,组织召开了特

---

① 这九个"左派"团体是:"团结中心"派、"马萨尔"派、尼共(马列主义)、尼共(马克思主义)、尼共(马列毛)、尼共(统一)、尼泊尔工农党、"联合人民阵线",以及"全国人民运动联合会"(这是毛主义者的竞选载体)。尼共(马列)与工农党是上述诸派别中唯一两个在国会内有一席之地的"左派"政党,但也有几位无党派议员得到了"马萨尔"派的背后支持。

别会议。但大会党已经事先同尼共(联)结成同盟、共同监督投票选举过程,因此高塔姆设想中的不信任投票结果最终未能实现。从理论上来讲任何政党都有权加入这一同盟来行使监督权,但实际上,除结盟两党之外,只有沙巴伐尔纳党被包括在内。获得投票的信任结果之后,柯伊拉腊马上再次请求解散议会,这次他成功了,而大选的日期定在了 5月 3 日。在大会党的支持下,选举委员会计划于 5 月 3 日和 17 日分两次举行大选,但遭到尼共(联)和其他在野党的强烈反对。官方的反对理由是针对合法性提出的：王室制定的日期只有 3 日一天,这样分两次选举显然不符合国王的命令;但事实上,这些党派是担心,延长选举时间可能会加重选举中营私舞弊的现象。而选举委员会则作出申辩,声称在毛主义暴动烽烟四起的现状下,若想一次完成大选的投票工作,只能大量雇用临时警察维护治安,而这样的临时安保力量在之前的多次情况下已经被证明是根本靠不住的。双方的争吵一直在持续,但选举委员会坚持自己的计划,而大选最终得以按这一方案举行。

大会党在此次大选中大获全胜,得票率高达 36.5％,赢得了 111个国会议席,这一比例与 1991 年几乎一样高。而尼共(联)则获得了30.74％的选票,并赢得 71 个议席。但"左派"几个政党总的得票率要高于大会党,因此此次胜利也要部分地归功于尼共(联)1998 年的分裂。尽管分裂出去的尼共(马列)未能赢得任何国会席位,但他们依然拿到了 6.38％的得票率;如果这一得票率被其母党获得的话,尼共(联)便能够毫无悬念地再拿下 43 个议席,从而稳稳成为第一大党。

在此时期,发展依然是国家的头等目标,但政党之间以及党内激烈的权力斗争,再加上 1994 年以来政府的频繁更迭,使得不论是持哪种政治信仰的政府,都很难为发展的目标制定切实的政策。由此产生的影响迅速从国家层面渗透到基层中去：随着政党党员数量的急剧增加——1999 年底,大会党称其拥有 82.1 万名成员,而国民民主党则声称党员数量达到了 48.5 万人——地方上的权力决策机构出现了两极分化。尽管在无党派的"潘查雅特"时期,派系分化也是地方政治生活的一部分;但据曾在旧政体中任职的官员以及几位中立观察家指出,这

200

一时期,地方政治派别与非本地的暴动分子之间建立了联系,这种联系有时可能会引发严重的混乱。以多拉卡地区的吉里谷地为例,两党在此地的对抗导致当地医院的医疗标准崩溃,同时也瓦解了这一地区传统的部落长老领导制,并使得越来越多的、与政党有联系的外地人有机会攫取当地的政治权力[①]。尽管大会党最终于 1998 年在党内采取了权力去中心化措施,但在 1991 至 1994 年间,大会党政府重新将地方上技术干部的权力收归中央各部,而这些干部在 1982 年去中心化法案的框架内,对地方事务是享有决策权的。也有人指责吉里贾·柯伊拉腊将外部人员指派为地方"用户组"的领导;如前文所述,这些小型的管理单位由地方上的居民组成,负责管理和保护自己生活区域内的自然资源。另外,每个政党都十分热切地通过党内公职人员为地方提供发展资金,使得这些官员在地方上建立了一种"金主"的形象,这样一来,党内的实权人物便有机会借助这种"资金赞助"的方法,进一步扩大个人权力。

尽管有着诸多困难,但尼泊尔的发展脚步并未被迫停止。这一时期,国内关键发展指标的增长维持了过去 50 年内一贯的速度,偶尔还有一定的加速。虽然尼泊尔婴儿死亡率在此时依然高居南亚国家之首,但已经从 1990 年的 10% 下降至 2000 年的 7%;而平均寿命也从 52 岁增加至 59 岁。道路系统在 1951 至 1990 年间曾迅速从 276 公里扩展至 7 330 公里的规模,而到了 2000 年,这一数字则上涨至 15 380 公里。1951 年国内共有电话线 25 条,"潘查雅特"政体末期上涨到 63 293 条,而到了 20 世纪末则增加为 255 800 条;在相对应时期的土地灌溉面积数据则分别是 6 200 英亩、550 467 英亩以及 71.6 万英亩[②],而识字率也从 39% 上升至 58%。然而不幸的是,1990 年以前尼泊尔存在的经济问题和缺陷,在这一时期也得以持续。尽管 1993 至 1994

---

① Subedi et al. 2000.

② Nepal, Central Bureau of Statistics 1992, tab. 5. 10; Sudhindra Sharma in Mihaly 2002 [1965]: xxv.

年间,农业总产值上升了 7.6 个百分点,而 GDP 则上涨了 7.9%,但这一情况只是一个例外,从总体上来讲,农业产值大体没有变化。1995年,两党联合制订了"农业远景计划",这一计划拟将农业产量年增长率提高三到五个百分点,但在短期内并未起到切实作用。90 年代末,人才市场中每年的求职青年人数达到了 50 万人,其中约有 10 万人完成了高中教育,但未能通过毕业考试,因此无法获得白领阶层的工作岗位,而这种职位正是教育体制一直以来培养学生的方向。

　　1990 年以后建立起来的、开放式的政治体制,使国家为心怀不满的人们提供了解决问题的渠道。的确,不论是对于个人还是团体,建言献策的平台为数众多,而每个人也都有机会阐述自己心中的国家未来是什么样子。然而,在众多的建议和展望中,政府没能实现其中极为重要的一点:清除腐败。在接受过教育的人群内部,尤其是城市知识分子中,对政坛混乱局势的失望并非唯一的负面情绪,对与之伴生的腐败的痛恨也在逐渐成为一股潮流。从某种意义上来讲,这一时期的腐败现象与"潘查雅特"政体末期的"腐败民主化"没有本质区别:原来当一位资深大会党政治家获得了一笔发展款项后,这位政客只需要用"回扣"和贿款来打点少数几个人,现在却不得不在更大范围内做这种见不得光的勾当。1995 年以后,这种行为在联合政府中愈发屡见不鲜。另外,如同在西方民主国家中一样,参加竞选(以及在竞选中获胜)是一项耗资巨大的活动,但不同的是,在尼泊尔,这些花费并没有广泛用于政党的宣传工作,而是用在招募并维持一支人数尽可能多的工作队伍上面。即使某位政治家能控制住自己贪婪的欲望,他所属的政党也会要求他为党的金库"赚钱"。迈纳利后来承认,在他于 1994 至 1995 年尼共(联)政府中任供应部长时,曾做过类似的事情。

　　在城市之外,农村地区的政治活动家们不习惯于"公民社会"的审查机制,在这些地方,大选的程序本身可能就是腐败化的。掌握权力的政党时常会对监督选举的官员施加额外的压力,而两个意见相左的党派往往也会指控对方有这样的非法行为。在这样的情况下,尼共(联)才开始主张,在大选期间所有的政党应该强制性建立联合执政。另外,在那些某党占据显著主导地位的地区,该党派的支持者会利用他们的人数优势控制投票站,不让其他选民根据自己的意愿自由投票。对于在竞选中失败的党派的支持者们来说,更加常用的伎俩便是公开质疑选举的有效性;但选举结果的预测情况和正式结果之间的关系显示,大选常常能够粗略地反映出真实的民意情况。然而,1999年大选结束四个月后,加德满都一家名声良好的报纸报道了一则令人吃惊的消息:据一位大会党官员承认,大选的投票过程中,有大概十分之一的选票箱被动过手脚,而当他本人正在一个村子里篡改这些选票的时候,他的一位尼共(联)政敌也在另外的村子里做着相同的事情[①]! 这种做法使政党之间的不信任感进一步加深,并促使党员在不用承担责任时随心所欲地破坏规则、令局势朝着对自己有利的方向发展,因为他们相信对手肯定也会这样做。

因为政治竞争是以上述这样一种触犯法律的形式被组织起来并徐徐开展的,因此在竞争的过程中,真正的犯罪分子有时也会加入某方的阵营。在印度,这一问题在政治操作中长期以来都存在着,以比哈尔邦(与尼泊尔东部低地区相邻)尤为严重。90年代,尼泊尔人对于国内政治"比哈尔化"的议论一时甚嚣尘上。米尔扎·比格(Mirja Beg)便是一个明显的例子:他从属的边境选区距离佛陀的出生地——蓝毗尼不远(与印度北部邦接壤,而非比哈尔邦);尽管自己有犯罪记录,但他声称将保护当地的社区与人民,不受从印度偷渡过来的罪犯的威胁。此人于1991年成功当选为沙巴伐尔纳党的竞选人,但1993年时,比格诋毁该党,称其为地方保护主义的奉行人,并开始转向大会党方面。1994年,他又以国民民主党候选人的身份从他的选区中脱颖而出,并于1997年初短暂任助理大臣一职,当时首相德乌帕正在绝望地试图支撑起自己的政府。比格于1998年6月在加德满都被乱枪打死,凶手是一个孟加拉的黑帮老大,他与比格曾经混迹的本地帮派显然有仇。尽管

---

① 《加德满都邮报》1999年9月11日,载高文达·巴哈杜尔·沙阿对一次国际特赦组织研讨会的评论。

举行葬礼时蜂拥而至的人群,说明比格在自己的家乡还是有着一定的支持率的,但在尼泊尔知识分子之间,他在政坛的建树只不过进一步加深了这些人愤世嫉俗的程度而已。

"极左派"的兴起

尼共(毛主义)于 1996 年发动了"人民战争",而自 2001 年开始,这场暴动成了尼泊尔社会最严重的问题。我们也许可以将此次动乱视为上文所述政治犯罪行为的极端化,在这种情况下,暴动分子不仅违抗法律,还试图彻底否定法律体系并替换为新的系统。而从另一个视角来看,造成这场暴动的深层原因,应该是持续困扰尼泊尔多年的贫穷问题。但这两种看法都不能全面地代表"人民战争"的真实情况,国家的历史遗留问题、共产主义运动在尼泊尔的复杂形势以及 1990 年"人民运动"之后国内脆弱的政治平衡,这些也成为"人民战争"爆发的关键因素。

毛主义者最初的根据地位于中西部山区,这一区域长期以来一直是"左派"势力的大本营。莫汉·辛格的家乡皮乌坦就位于这片山区,他于 50 年代曾先后任尼共皮乌坦地区党委书记及中央委员会委员;在这一地区,他曾不知疲倦地逐步建立起当地人对共产党的支持。莫汉在邻近的罗尔帕开展的工作也尤为成功,在塔旺(Thawang)村,所有 703 位选民除了三人以外,其他全部把选票投给了共产党。在"潘查雅特"时期,村民们依旧坚持与"左派"政党站在一起,在 1980 年修宪会议上,这些人中没有一个为"潘查雅特"制度投过赞成票。在罗尔帕东北部以及鲁孔县东部一带,民间对共产党的支持时有增加,这种情况的出现,大体上是由于当地居民因为生活水平下降而对时任执政党心怀怨恨;他们埋怨政府在 70 年代禁止了大麻的种植,断了他们的财路[1]。这些地方的居民大部分是卡姆玛嘉人,他们与南部的玛嘉人讲两种完全不同的方言,而且一直坚持着自己的母语和原始信仰,没有转而使用

203

---

① Gersony 2003：12-14.

尼泊尔语并皈依印度教。这种鲜明的民族特点,使得这部分人群在尼泊尔族占据了主要地位的社会中,时常有一种被孤立的感觉;而参考毛泽东在第二次世界大战前中国的做法,莫汉·辛格也早早就开始打出"民族主义"的旗帜,以他本人于 1974 年建立的尼共(第四公约)为平台,莫汉将强调少数民族权利作为自己重要的政治主张。当 1990 年政治再一次变得开放化后,激进派也再一次开始关注此区域。

当时,尼共(第四公约)已经分裂为三部分:莫汉自己领导的尼共(马萨尔)坚决反对议会制民主,并抵制 1991 年的大选;但他以往的追随者尼玛尔·拉玛和普什帕·卡迈勒·达哈尔(即普拉昌达)却联手组建了联合人民阵线,并参加了当年的选举。"阵线"的实质只不过是尼共(团结中心)党派的竞选工具,而"团结中心"派又是由拉玛和普拉昌达两人各自领导的党派于 1990 年合并而成的;辛格的另一位副手巴布拉姆·巴特拉伊于 1991 年大选投票前也加入了这一派别。联合人民阵线赢得了国会的九个议席,包括罗尔帕全部的两个选区以及鲁孔县两个选区中的一个。普拉昌达与巴特拉伊均是婆罗门,但"阵线"中鲁孔县的议员与另一位罗尔帕地区的议员却是玛嘉人,该党在国会还有三位塔芒族以及一位塔卡里族议员。这样一来,尼共(团结中心)的议员们就要比尼泊尔其他任何党派产生的议员更具有民族代表性。

尽管联合人民阵线的党员在国会下议院中占有一席之地,但该党派却声称,他们参加联合政府的唯一原因是为了"暴露"议会制民主的内在缺陷。1991 年 11 月,在联合人民阵线的党代会上,普拉昌达提出了"通过发动'人民战争',实现'新人民民主'"的想法,并得到党内大部分成员的公开支持。许多其他的尼泊尔共产党派系也都承认暴力革命具有不可替代的作用,但在事实上往往采取更为和平的政治手段;而在 1994 年以前,联合人民阵线也主要以与其他党派联合、在街头开展示威游行的方法进行斗争。有些人认为"阵线"在早期之所以比较温和,是因为 1990 年前后,首都街头的抗议活动已经足够给政府施压,促使他们作出一定妥协和让步了。然而,在联合人民阵线以及尼共(团结中心)党内,拉玛及他的盟友们越来越受到普拉昌达与巴特拉伊的排挤,因为这两人的支持者为数众多；而在1994年5月，"团结中心"终于宣告分裂。边缘化拉玛的决定，部分是由于拉玛本人希望继续"利用"议会制政体，而其他领袖则力主开展"人民战争"；另外一个原因，则是普拉昌达与巴特拉伊两人担心，随着拉玛的声望在联合政党中越来越高，他将获得更多的权力。

"团结中心"发生分裂时，来自罗尔帕和鲁孔地区的议员中，只有三位选择跟随巴特拉伊组建新政党，因此选举委员会认定，拉玛的派系才是尼共(团结中心)的继承党派。这样一来，巴特拉伊的派系就不再是国家性的政党，不能沿用原来的政党名称，而且也不能保证可以合法参加大选。1995年3月，普拉昌达的派别正式改名为尼泊尔共产党(毛主义)，并拒绝参加日后的大选。

尼共(毛主义)发动"人民战争"的计划早已不是什么秘密了，1995年秋，该党在鲁孔和罗尔帕地区开展了大规模的宣传和募兵工作，为接下来的军事行动做准备。自1991年以来——尤其是1992年联合人民阵线成功控制当地政府以后，在这两个地区，大会党和"阵线"的工作人员之间的矛盾便时有发生。大会党一方的支持者通常由公务员和警察组成，这些国家公职人员一般要对(通常情况下)以大会党为中心的政府负责。而1995年以后，毛主义者与大会党党员及国民民主党党员之间经常爆发更为激烈的冲突；该年11月，新上任的德乌帕政府组织了一次针对这两地毛主义者的警力围剿。考虑到尼共(毛主义)多次公开宣称发动暴动，这次行动是情有可原的，但行动过程中有很大的随意性，警察的手段又往往比较残忍，这在当地激发了对政府的强烈不满。另外，由于此次围剿持续的时间太短，以至于未能对毛主义暴动势力构成真正的威慑。1996年2月2日，巴特拉伊向加德满都政府递交了一份"四十点要求"，包括要求政府裁撤过剩警力、废除与印度的条约、取缔官方宗教以及召开立宪会议大选等。这份文件实际上相当于尼共(毛主义)的一份政党宣言，但该党也声明，如果政府未能在2月17日以前作出积极回应，那么该党将不惜一切代价发动武装斗争。这一最后通牒更多是出于公共关系的考虑，尼共(毛主义)并未期望能与政府

205

切实展开谈判。从 13 日开始，也即这一底线到期的四天之前，该党开始了对警察局和政府机关的武装进攻。

很多人怀疑，如果巴特拉伊领导的派别在 1994 年被认可为尼共（团结中心）的正统继承党，如果 1995 年秋那场行动中警察的行为不那么残暴，抑或如果德乌帕政府真的积极回应了毛主义者的"四十点要求"，那么这场内战可能最终不会打响。但就算这些假设都能够成真，毛主义者们依然面临着一个困境：他们的组织规模较小，无法与其他全国性的政党进行竞争，除非他们满足于同"左派"的主导性政党——尼共（联）展开不平等合作。最终，这些人将暴力活动视为扩大自己在偏远农村影响力的机会；在这样的地区，尼共（毛主义）的组织结构已经十分完善了。从更长远的角度来看，此举也有可能为他们赢回"左派"第一大党的地位——莫汉·辛格曾经带领他的派系做到过，但该党于 80 年代中期失去了这一地位。

在接下来的三年里，毛主义者们缓慢地将其影响渗透到更广大的乡村地区中，这其中又以罗尔帕、鲁孔以及两地以西的贾贾科特（Jajarkot）与萨里扬（Salyan）等地的支持者为多。扩大影响的过程并不困难，因为上述这些地区的经济水平均比较落后，而尼泊尔中央政府对其的掌控程度也较低。罗尔帕和鲁孔两个地区长期以来一直都没有可通车的公路，直到 2002 与 2003 年，军队分别就两地首府与加德满都之间公路建设项目竞标成功后，情况才得到一定改善。在过去，中央政府在这些地区，往往选择与当地的大人物进行"合作"；这些人在地方上位高权重，一部分是由于政府赋予了他们以权力，而另一部分是因为他们在当地本身就具有影响力。本地社会通常受到这些人的控制，但也由具有地方自治性质的农村委员会参与管理。在尼泊尔西部，这些人通常都曾经在"潘查雅特"体制内工作过，但 1990 年时转投到了大会党一方中去。他们通常还扮演大地主和放贷人的角色，因此生活在他们势力范围之内的穷人们通常不敢公开反抗，但如果有外来势力能够将这些人打倒并清除出去，本地的平民还是很欢迎的。然而，这一过程并不能单纯地被视为"阶级战争"，因为在一个村子里，某个派别有可能会主动与一个政党结盟，只为了换取他们的支持来抗衡另一个政治对手。
因此，在卡姆玛嘉人的村庄中，有些以前能够在内部和平解决的纷争，
现在却不得不以某位被称作"阶级敌人"的村民死去来结束，而这位可
怜人真实的经济地位与阶级归属却没人关心。另外，在卡姆地区，大地
主的数量很少，贫富分化也没有达到最西部山区的严重程度。

　　毛主义者努力地在农村地区宣传自己的政治主张，尤其强调废除
种姓制及取缔歧视妇女的理想。这些宣传在一部分人中间引起了共
鸣，尤其是对那些处境糟糕的穷苦人来说，毛主义者的想法更是极具诱
惑力。但与参加竞选的政党不同，尼共（毛主义）不需要在一个地区获
得大量选民支持；当某地有一定数量的小部分人群已经被吸引并坚定
支持这个党派后，尼共（毛主义）就有足够的资本对地方政府进行暴力
威胁，逼迫这一地区的大部分人默许该政党的行为。这样一来，暴动者
们在两边都讨得了好处：一方面他们利用了人民对现状的巨大不满，
另一方面，毛主义者们也能从地方居民传统上对权威的服从中受益。
每天都在为了生存与土地搏斗的农民们深知这样一个道理：为了继续
生活下去，他们不能触怒地方上的毛主义暴动势力，就像以前他们不敢
得罪大地主一样。七年之后，一位来自居姆拉以西地区的当地居民充
分表述了这种处世哲学："我们曾经遵守拉纳统治者们的命令，而在'潘
查雅特'时期，政府说什么我们就做什么。后来民主来了，我们也亦步
亦趋地搞民主；明天可能又换了一个新政体，我们也只能听从他们的领
导。我们从来没有能力大声表示反对。"[1]

　　在后勤方面，毛主义者依赖于地方上现存的资源；他们通过进攻警
察局掠来武器，通过抢劫或勒索银行获得经费。当地主被赶走或自己
逃走后，继续在这些土地上工作的人们需要向共产党缴纳地税，按照山
区管理，这部分税通常要占到土地收成的一半。另外，尼共（毛主义）也
从印度的支持者那里收集经费，并与印度毛主义党派建立了联系，该派
别主要在比哈尔邦与安德拉邦活动。巴特拉伊本人曾就读于德里的贾

---

① Mohan Mainali, 2003.

瓦哈拉尔·尼赫鲁大学,并曾任全印度尼泊尔学生联合会主席;而普拉昌达则可能于 1988 年代表大吉岭茶园劳工参加过一次谈判①。最后,总部位于伦敦的国际托洛茨基主义组织(RIM)也对尼共(毛主义)表示精神上的支持;该组织于 1984 年成立,莫汉·辛格领导的尼共(马萨尔)曾参与到 RIM 的建立过程中去,而巴特拉伊曾任该组织的代表。

尼泊尔政府希望对暴动迅速作出反应,但在许多方面,平乱都遇到了较大的阻力。首先,尼泊尔国民对警察并不尊重;所有警察都由中央机构统一招募,因此这些警察与他们的派驻地社区及居民之间并没有紧密的联系。在整个南亚地区,警察的训练工作都十分敷衍,工资水平极低,而系统内部的腐败又尤为顽固;面对危机,他们的应对手法往往是暴力打击,而随意性也极强。尽管毛主义者们也将实质性的暴力活动交给党外人员去做,但共产党长久以来发展了一套由支持者们组成的、成熟的监控体系,因此能够做到更为精确地打击目标。这样比较下来,对于地方人民来说二者都不受欢迎,但毛主义者反而没那么让人反感。

其次,尼泊尔政府在 1990 年以前,面对任何武装暴动事件都直接派遣军队进行镇压,但问题是,选举产生的政府并没有对军队的直接控制权。从理论上来讲,领导军队的是国防委员会,这一机构由军队内部最高长官、首相以及国防部长共同组成;按照传统,这一机构只有两个人,因为 1999 年以前,首相一向兼任国防部长的职位。在行动中,军队听从国王的命令,因此国王事实上有权否决国防委员会作出的任何军事调动。在此情形下,比兰德拉王不愿让军队介入,一部分是由于除非到了最后的时刻,国王不愿用尼泊尔的军事力量去攻击尼泊尔本国公民;另一方面,也因为比兰德拉王以及他身边的亲信们认为,毛主义者的暴动可以成为对付 1990 年迫使国王交权的政治家们的绝佳工具。在暴动初期,政府也不急于调用军队,因为他们不确定一旦走出兵营,这些部队是否还能听命于政府。所有这些因素可能都被毛主义者们考

---

① Deepak Thapa, 2001.

虑到了,因此才有了 1996 年的"四十点要求"。

第三,在野党以及尼泊尔的整个知识分子阶层都不愿看到国内安保力量的扩张。一些人的确是因为国内平民的伤亡而猛烈抨击这一做法,但有些政治家则纯粹是出于"既然我没有掌权,那国家权力就不要在别人手里得到强化"这样的想法。毛主义者的活动也把"左派"政党全体置于尴尬的境地。大部分共产党派别都不赞成尼共(毛主义)的做法,尤其是尼共(联),这个党派的干部有时候也成为这些暴力事件的受害者。但总体而言,共产党各派对毛主义者长期的目标还是持赞同态度的;而由于在农村地方上,政治活动家们往往将自己统一视为"左派人员",而非某个具体党派的党员,因而针对毛主义者的攻击有可能让其他共产党员也受到牵连。因此,除了 1997 年与国民民主党联合组建政府的那一届以外,尼共(联)以及其他规模较小的"左派"政党联合抗议,反对警察的残忍行径,并呼吁政府与毛主义者展开谈判。

在毛主义暴动的最初两年里,政府和反抗军都断断续续发表过声明、表达过谈判的意向,但双方之间事实上未能开展任何形式的对话,而暴力事件时有升级。毛主义者号召抵制 1997 年夏季地方基层大选,并试图通过暗杀和恐吓的手段促成这一结果,尤其是针对大会党的候选人。在毛主义者势力根深蒂固的四个选区中,选举都被迫延后至秋季,即使是这样,有些村庄的投票工作依然无法正常进行。1998 年初,反抗军已经在一些地区建立了自己的"人民委员会",尼共(毛主义)以外的党派也被允许(有时是被强制要求)加入这些组织,但那些被认定为"封建性质"的政治团体则被排除在外。同年 4 月,吉里贾·柯伊拉腊重新掌权,并立即发动了"KS-2"行动,对尼共(毛主义)进行全面清剿。此次行动沉重打击了毛主义者的势力,但也造成大量非战斗人员和平民伤亡。某个尼泊尔非政府组织递交的一份报告显示,自 1996 年 2 月至 1998 年 12 月警察共造成 409 人死亡(1998 年当年就有 334 人死亡),而毛主义者则造成 129 人死亡(1998 年有 75 人)[①]。在今天,尼

208

----

① INSEC 1999: 134.

泊尔的出版机构广泛接受了 800 人这一说法。

在暴力和恐吓盛行的政治氛围下,很难判断反政府武装真正获取了多少支持;然而,1998 年秋,一份政府分析报告显示,如果尼共(毛主义)参加大选的话,该政党应该能赢得 20 至 25 个国会议席。1999 年 3 月,另一份分析指出,毛主义者在廓尔喀选区拥有大约 25% 的支持率,该地区是巴特拉伊的故乡。1999 年 5 月大选时,毛主义者再次宣布抵制这一选举,但基本没有对投票活动进行干扰,可能是因为在上一年夏天损失惨重之后,大选这段时间他们一直都忙于积蓄力量。1999 年底,警方估计毛主义势力约有 5 000 至 6 000 名干部,以及 8 000 名左右支持者。尼泊尔的 75 个政区中,四分之三都遭到了毛主义者的渗透,而 21 个政区受到"严重影响"。

危机加剧：1999—2003

克利须那·巴特拉伊曾任 1990 至 1991 年间过渡政府首脑,1999 年 5 月,他再次当选首相。这次大会党在政府中轻松取得了多数党地位,而反对党关于竞选弄虚作假的传言也未能撼动他的地位。然而,克利须那·巴特拉伊却面临着来自党内的威胁,因为大会党主席吉里贾·柯伊拉腊同意巴特拉伊出任首相的唯一原因,在于他希望在大选中能保持大会党的团结和单一性。内部斗争立即重新上演,2000 年 3 月,柯伊拉腊的支持者(这些人在大会党中占到了大多数)逼迫巴特拉伊辞职,并将政府再次交予柯伊拉腊掌控。

柯伊拉腊声称,将自己的老对手赶下台并取而代之的理由之一,是巴特拉伊未能成功改善国内的安全环境。1999 年夏天,一部分资深警察开始私下里放出消息,声称他们是有能力组织一场政变的;而大选过后,贾贾科特、鲁孔和罗尔帕地区的警察开始放弃一些小型警察局,集中到规模较大的中心警署。对于绝大多数国家来说,在这种情况下政府都应该直接派出军队了;而在 9 月份,鲁孔地区发生了一起针对警察局的袭击事件,七名警察被杀,一位副警督被绑架为人质,这一恶性事件使得巴特拉伊开始考虑部署军队的必要性。然而,不仅是王室，就连吉里贾·柯伊拉腊也不想这样做，而军队方面则表示，他们必须得到所有党派的一致同意，才能开展行动。次年 1 月，另一处警局遇袭，九名警察死亡；巴特拉伊宣布，武装警察部队将出动，与反叛势力正式交战。与此同时，他也在积极寻求谈判的可能性，1999 年 12 月，德乌帕被任命为一个特别委员会的领导，专门负责与反抗军对话事宜。普拉昌达于 2 月份就此作出积极回应，但谈判依然没能在细节上达成协议。

在谈判问题上，柯伊拉腊的新政府并未比克利须那·巴特拉伊更加成功。尽管德乌帕领导的特别委员会首次与反叛势力作了前导性接触，而随后左翼政治精英帕德玛·拉特纳·图拉达以及一位匿名的西方调停人都与毛主义者进行了商谈，但全面谈判未能得以进行。毛主义者继续着他们的勒索活动，并将目标对准了国内的私立学校，这些教育机构是 1996 年"四十点要求"中极力想要消灭掉的。2000 年年末，一位教师声称这些学校中 90% 都要向毛主义者缴纳"保护费"。在尼共(毛主义)实力特别强大的地区，暴动者们长期以来一直要求政府削减教师工资，并禁止教授梵语以及演唱尼泊尔国歌，因为其中有描述"忠于国王"的词句。这一时期，他们也开始在地方上建立"人民政府"：最初两个此类行政机构于 1999 年 12 月在罗尔帕与鲁孔区率先成立。另一方面，党内似乎建立了对普拉昌达的个人崇拜：2001 年 2 月，在尼共(毛主义)第二次全国代表大会上，普拉昌达被任命为党的总书记，会议还将"普拉昌达路线"写入了党章。

2000 年 9 月，"人民战争"迎来了极富戏剧性的进展：暴动分子们突袭了罗尔帕区的首府杜奈，这一区域位于鲁孔区北部的喜马拉雅边远山区。毛主义者在当地杀死了 14 名警察，并从银行中劫走了 5 000 万卢比的巨款。这一数额远远超过杜奈这座城市日常所需的储备金额，而毛主义者为了等待从尼泊尔根杰出发的运钞飞机抵达此处，甚至将进攻计划推迟了三天。因此有人怀疑，某些政府或银行员工作为内应，也参与了这次事件。然而，争议的焦点始终集中在地方军队对此的反应上；很多人指责军队既没有提前派出增援，也没有在战斗打响的第

210

图 16　鲁孔阔特警察局的遗址。该警局于 2001 年 4 月被暴动分子毁去。

一时间进行干预。内政部部长公开批评这种缺乏配合的表现,但最后他也迫于舆论压力,不得不辞去职务。

　　除了谈判方面作出的努力以外,政府还进一步在每个行政区首府都部署了一个陆军连;而柯伊拉腊继续推进了巴特拉伊在一年前施行的武装警察干预方案。2001 年 4 月初,两处规模较大的警察局遇袭,警员死亡 70 人;在此情形下,政府出台了《整体安全与发展项目》方案,在这一框架下,军队不仅要负责维持治安和稳定,还要在选定的地区内负责建设工作。对于这一方案,国王只是稍作犹豫便同意了,但大部分反对党都坚持对其持抨击态度。军方领导人也发表演说,暗示只有国内一致通过这项计划时,军队方面才会去执行。与此同时,在大会党党内,柯伊拉腊面对的来自德乌帕支持者们的压力越来越大,而反对党从 2 月份以来就开始抵制国会,并在加德满都街头发动抗议示威,声称在劳达航空租借给尼泊尔皇家航空公司客机一事的商谈过程中,存在着

211

腐败行为,并要求柯伊拉腊辞职。5 月份,国家中央反腐败机构——权力滥用调查委员会正式质询柯伊拉腊,要求他为自己的行为作出辩解,此时柯伊拉腊已经想要辞去首相的职务了,但他的幕僚劝他再等等看。

就在此时,一场突如其来的惨剧让尼泊尔在几天之内成了世界关注的焦点。6 月 1 日晚,在纳拉扬希蒂王宫西门附近的特里布凡宫,王室家族成员齐聚一堂,举行一月一次的家族聚会。因为一直在饮用威士忌,快到 8 点半时,太子狄潘德拉已经不胜酒力,由比兰德拉王的兄弟之子——帕拉斯以及其他亲属扶其回寝宫。离开大厅前,狄潘德拉下令将一盒"黑烟"(可能含有可卡因成分)拿给他,此时这盒烟被送到了他的床前。几分钟过后,太子的一位朋友提夫亚尼·拉纳(Devyani Rana)对狄潘德拉在电话另一端的胡言乱语感到担心,因此通知了他的副官,派了两个仆人进入了他的寝宫。他们发现太子正躺在地上,于是便试图把他扶到盥洗室去,但被狄潘德拉喝令退下。大约晚上 9 点,狄潘德拉重新回到大厅,一身戎装,随身带了一大堆武器包括一把冲锋枪以及一柄自动步枪。在开枪打死自己的父亲之后,他匆忙离开,但随后又两次返回,继续开火。在数分钟之内,狄潘德拉开枪打死或重伤了比兰德拉王、国王的女儿诗鲁蒂、国王的哥哥迪蓝德拉、两位姐妹香蒂与沙拉达、沙拉达的丈夫库玛尔·卡德加(Kumar Khadga),以及国王的侄女贾扬缇(Jayanti)。同样受了轻伤的还有贾南德拉的妻子科玛尔·沙阿(Komal Shah)、诗鲁蒂的丈夫廓尔喀·拉纳、比兰德拉王的另一位侄女科塔吉·切斯特,以及国王年纪最小的妹妹舒巴(Shoba)公主。帕拉斯·沙阿在惨剧发生的全程一直在大厅里,但奇迹般地未受到任何伤害;他一直在苦苦哀求狄潘德拉不要再开枪射击了,并帮助王室成员躲藏在沙发后面。

当枪声响起时,王室成员的副官们都在与大厅相连的另一间屋子里,但两者相连接的通道被锁住了。他们沿着外面的走廊跑到了大厅的入口处,但因为担心狄潘德拉会向他们开火,所以没有人敢从这个入口直接进入大厅。当他们最后终于破开通道中上锁的门,并试图检查王室成员的伤势时,花园里又传来枪响。太子的母亲艾什瓦尔娅王后

212

图 17　比兰德拉王、艾什瓦尔娅王后与他们的子女：诗鲁蒂公主、太子狄潘
德拉以及尼拉詹王子(正中)在一起，摄于 1990 年。

与狄潘德拉的兄弟尼拉詹追着狄潘德拉走出了王宫来到这里，而太子
也毫不吝啬地拔枪击中了他们，然后用手枪向自己射击。很快，狄潘德
拉与其他王室的受害者们被一道送去了位于乔尼(Chauni)的比兰德拉
野战医院，这座医院离王宫西门只有几分钟的车程。

213 　　　虽然比兰德拉王当场死亡，但狄潘德拉到达医院时尚有一线生机，

图18　2001年6月4日，贾南德拉王在加冕大典上。

院方对其使用了生命保障系统。因此，次日清晨，根据王室惯例以及尼泊尔宪法，国务委员会宣布，昏迷不醒的狄潘德拉继任为国王，由他的叔叔贾南德拉行摄政王权力。贾南德拉此前在博克拉度假，事件发生时并不在王宫中，因此逃过一劫。由王宫内部人员口述、经整理而成的一份不记名报告很快摆到了贾南德拉桌前，详细描述了狄潘德拉在这场屠杀中扮演的角色；但贾南德拉坚持宣称整起事件是由"自动武器走火"造成的，而在王室媒体发言人基蓝·塔帕(Shamsher Thapa)接受BBC新闻采访时，他使用了"事故"这个词来描述这场惨剧。

6月4日，星期一下午3时15分，狄潘德拉不治身亡。几个小时后，贾南德拉接任国王，并在哈努曼多卡宫正式登基①。这事实上是贾南德拉第二次经历登基典礼；在他小时候，特里布凡携全家逃往印度，

———————

①　这场仪式并非正式的加冕典礼，正式大典通常要在国王登基几周年后才进行，需要周密而精心的布置，并通常会邀请外宾。比兰德拉于1972年登基，但加冕典礼1975年才举行。

唯一留在加德满都的贾南德拉曾于 1950 年被拉纳家族短暂地扶植为国王。在国务委员会的建议下，贾南德拉马上就这起惨案组织了一个调查团，由时任司法部长领导，大会党政治家拉纳加特、反对党尼共（联）的领导尼帕尔也参与其中。尽管当初正是尼帕尔向贾南德拉提议，与其直接宣布狄潘德拉有罪，国家更需要对这一事件展开调查①；但尼共（联）不许尼帕尔个人参与到调查过程中去。表面上来看，这可能是因为该党派认为，调查应该交给议会，而不应该由国王和他的顾问们执行。调查团的另外两个成员进行了一番研究，并提交了一份报告，该报告于 6 月 14 日一场新闻发布会上对外公布。在这份材料中，大部分证人的证词都被包含在内；调查团并未试图调和在时间上的细微出入，但的确将事件按照时间顺序勾勒出了一个框架。

　　枪击案发生以后，各种各样版本的故事很快流传开来，每一种说法都将狄潘德拉这样做的动机，与他和母亲就同提夫雅尼·拉纳结婚一事发生的意见分歧联系在一起。提夫雅尼是帕苏帕蒂·沙姆沙·拉纳的女儿，后者是最后一位拉纳家族"马哈拉扎"的孙子，当时是国民民主党党内的重要政治家。对于两人的婚事，艾什瓦尔娅王后极力反对，但关于为何反对，则有几种不同的解释。第一种猜测与提夫雅尼的印度血统有关：她的外祖母是玛拉塔（Maratha）土邦的女王，最近刚刚过世，该土邦位于印度西部的瓜廖尔（Gwalior）；而她本人也有亲戚在印度国大党和人民党之中工作②。另一种版本的说法则有关于这位女子的种姓与民族出身：提夫雅尼的母系家族有拉纳家族丙等血统，而尼泊尔王室也自认为比玛拉塔土邦王室高出一等，因为该王室成员并非纯种的拉其普特人。第三种可能性，则在于长期以来，拉纳家族朱达一脉和钱德拉·沙姆沙的后人之间一直存在着尖锐的矛盾，王后艾什瓦尔娅与太后均是莫汉的后代，而钱德拉则是提夫雅尼的曾曾祖父。最后，还有人称，

---

　　① 王室事务总长基沙尔·琼·拉雅马吉以及贾南德拉王自己，最初都想在王室发表的声明中简单讲一点屠杀的细节了事。

　　② 人民党（巴拉提雅），即 BJP，曾是原来的人民党组织的一部分，但此时已经成为另一个独立的政治组织。

王后认为提夫雅尼家族的女性生女孩子的概率要大于生男孩子,因此不同意两人结婚;抑或觉得提夫雅尼本人太过独立,不好控制。比兰德拉王同样反对这桩婚姻,而王室家族成员中,大部分人可能都持同样的态度。帕拉斯王子称,他与狄潘德拉的弟弟尼拉詹王子一向都支持两人的婚事,但其他消息来源证实,尼拉詹后来也开始排斥提夫雅尼,因为他觉得提夫雅尼的母亲为了促成这桩姻缘,有些地方做得太过分了[1]。

官方调查显示,狄潘德拉一直以来就对枪支有着异乎寻常的喜爱;国王批准他从国家的武器库中挑选任何自己喜欢的武器,并且可以把这些武器留在自己的卧室中。调查还指出,狄潘德拉一直以来都有滥用酒精和毒品的问题,而且尽管在国民面前的形象平易近人,这位王子的性格中也有冷酷无情的一面。考虑到狄潘德拉家族中曾经有另外两个人——巴哈杜尔·拉纳王和苏伦德拉王——也出现过类似于施虐狂的行为,我们就不难理解,狄潘德拉对自己家人的愤懑为何会突然转化为谋杀的冲动了。仔细审视狄潘德拉行凶的过程,我们会发现在几分钟以前,他还烂醉如泥,而几分钟之后,他便能携带多种武器穿过一段不短的路程,并能自如地操作这些枪械杀人,这不免有些奇怪;但要知道,可卡因是能够暂时抵消酒精的麻醉作用的。最后,夺走狄潘德拉自己性命的那颗子弹是从左侧射入他的头颅的,因为狄潘德拉能够双手熟练使用多种武器,所以这一结果也并非不可思议。

然而,司法部长的调查主要是为了还原 6 月 1 日当天惨案的全部过程,而没有作更广泛的背景研究。另外,所有死者立刻被火化,而没有经过尸检,这一做法的原因也是一个谜,而作出这一决定的拉特纳太后,更是从来没有作为证人接受过调查团的质询。当政府拒绝了开展进一步调查的要求后,民间对于这一事件的流言和猜测更是一时四起。这其中有一种理论,在那些与拉纳-沙阿权力核心关系很密切的人们中间也广为流传:凶手的确是狄潘德拉,但这起谋杀案是经过事先策划的,而狄潘德拉最终的目的是自己称王。然而最后时刻的神经崩溃,抑或在

---

[1]　*Himal Khabar Patrika*, 15 June 2001.

残忍杀害自己母亲后的良心发现,导致狄潘德拉还是选择了自杀。

与之相反,当时大部分尼泊尔人都相信(有些人直到今天还坚信这一说法),狄潘德拉并非凶手,他是被冤枉的,而整起事件都是由贾南德拉或者他的儿子帕拉斯一手策划。这一猜测不是无源之水,其一在于尼泊尔历史上宫廷权力斗争发生得十分频繁,其二则在于贾南德拉的确成为整个事件的最大受益者——他当上了国王。另外,贾南德拉父子在民间的声望不高,甚至可以说名声恶劣,这也助长了流言的传播。新国王曾经被一位外国学者评价为"三兄弟中最聪明、最敏锐也是最吝啬和最刻薄的",他经常利用自己的职务和权力谋取私利。另外,贾南德拉也被认为是王室成员中的强硬派,据称在 1979 与 1990 年两次大规模抗议示威期间,正是他建议自己的兄长比兰德拉王,不顾一切采用暴力手段进行镇压。王子帕拉斯被他的熟人形容成"一个魅力超凡的人,但经常玩弄女性,同时也是个不折不扣的持枪暴徒",他在民间的声誉比他父亲更差①。在贾南德拉继位前一年的夏天,帕拉斯醉酒驾驶,与一辆摩托车相撞,摩托车的骑手是一位流行歌手,当场死亡。事发后,加德满都爆发游行示威,要求剥夺帕拉斯的王室成员司法豁免权。尽管后来有其他人站了出来,承认当时是他而不是帕拉斯在驾驶,但民间依然流传真凶是帕拉斯的说法,因为此人在以前曾两次卷入类似案件。

不论在何种情况下,对一件事物产生怀疑都是再正常不过的了;然而对于这次王室谋杀惨案,怀疑论却未能站住脚跟。一是因为并未找到任何实质性的证据来推翻政府的官方调查结果,二是因为对于在官方声明中看起来有问题的地方,其他阴谋理论更是在这些地方漏洞百出。譬如"雇凶杀人"这一说法,就存在着几个关键性缺陷:首先,为什么这位"专业"杀手没有在最短的时间里迅速杀死所有人,而是三次离开大厅又冲回来、反复行凶呢? 其次,即使这场"阴谋"的背后主使者们找到了一位和狄潘德拉长得很像的杀手(这种假设总比"所有王室成员都向调查组撒了同一个谎"更为可信一些),他们又怎么能够保证在狄

216

---

① French 2001.

潘德拉的家人——包括他的父母——近距离与这位杀手接触的时候，一定认不出来这是位冒牌货呢？还有，考虑到此时尼共(毛主义)的活动十分频繁，为什么这些背后主脑不干脆把整个刺杀事件伪装得如同一场恐怖袭击，然后再归罪于这些毛主义暴动分子呢？另有一种谣言声称，狄潘德拉并非自杀，而是被他兄弟的副官开枪击中；因为没有人确实地目睹了狄潘德拉中枪或死亡的情形，这个传言倒有可能是真的。不论怎么说，即使政府同意再一次展开新的调查，那么调查得到的结果可能也只是坐实了特里布凡宫惨案的官方解释。[①]

正如在肯尼迪总统遇刺以及戴安娜王妃离奇死亡之后一样，谣言与阴谋理论迅速出现，而且很难得到平息。2001 年夏，对于尼泊尔政坛上的人们来说，最重要的是他们自己选择相信哪一种说法。尽管尼共(毛主义)自己也不知道这一事件的真相究竟是什么，但该党马上宣布贾南德拉王是背后真凶，他与美国中情局、印度情报组织一起，策划了这场针对整个王室的阴谋。巴布拉姆·巴特拉伊在《坎提普尔报》(Kantipur)上发表一篇文章，呼吁军队拒绝承认贾南德拉的国王地位，这一文章导致该报的出版商与编辑遭到暂时拘押。普拉昌达发表了一份类似声明，称此次事件是一起针对毛主义者的"帝国主义"阴谋，比兰德拉王之所以惨遭杀害，是因为他一直拒绝动用全部军事力量来围剿尼共(毛主义)。暴力抗议活动在加德满都街头频繁爆发，参加此类活动的许多青年都将头发剃成传统的印度教哀悼发式。在这些抗议者中，有些人真的忠于王室，但大部分都是尼共(毛主义)的支持者，他们希望进一步利用这种混乱来控制局面。在巴特拉伊发文称国王和共产党之间存在"秘密合作关系"之后，毛主义者们对于此次事件的关注程度进一步提升。但尽管如此，严格的安全措施使得政府的地位没有在根本上被动摇。

---

① 有学者认为，王室曾经就此事进行了两次相互独立的调查，但结果都秘而不宣(Gregson 2002：173，202)。据说，这两次调查揭露了这样一个事实：在狄潘德拉开枪打死自己的母亲之前，有一位副官曾想要开枪射击他，但此人被另外一名副官推开了。这一结果可能就是"副官开枪射杀狄潘德拉"这种说法的源头。

图 19　一份对尼共（毛主义）持同情态度的杂志 *Naulo Bihani* 利用 2001 年王室惨案做政治宣传。在一连串沙阿王朝的国王画像下面，三位毛主义领袖：普拉昌达、克利须那·巴哈杜尔·马哈拉与巴布拉姆·巴特拉伊的头像赫然在目。画中的文字是："王室被屠戮一空，传统的君主制即将终结，尼泊尔将迎来共和国时期——准备好迎接人民政府的建立吧。"

　　尽管未能成功地在城市地区发动起义,但毛主义者们继续在农村向政府施压,于 7 月贾南德拉生日当天杀死了 40 名警察,五天后又从罗尔帕地区霍莱里(Holleri)警察局中绑架了 69 位警察。在这种情况下,柯伊拉腊认为他已经获得了贾南德拉王以及军队长官的同意,因此命令军队干预此事,救出被俘的警察。直升机很快将军队运达了暴动地区,起初的战况报告称,毛主义者已经被包围,并且也俘虏了一批暴动分子;但最终的结果是,军队与反政府武装之间没有直接交火,此次行动的指挥员显然认为,一旦开枪,必然会造成重大伤亡。二者之间达成了协议,被俘的警察一批批得到释放,而吉里贾·柯伊拉腊也向国王递交了他的辞呈。柯伊拉腊的政敌德乌帕再度执掌政府。

　　当年早些时候,毛主义者之所以撤出和平谈判,是因为他们想利用军事压力来逼迫吉里贾·柯伊拉腊辞职;此人遭到大部分“左派”政党长期的公然仇视。德乌帕上任后,尼共(毛主义)积极响应政府的停火意向,8 到 11 月之间,双方进行了三轮谈判。在和谈期间,反政府武装和政府安保力量之间再无大规模冲突,但对共产党员的逮捕依然在持续,而由于毛主义者进入城市地区的风险变小,所以他们对银行和富豪们的敲诈勒索活动更加严重了。尽管尼共(毛主义)不再像早期一样坚持立刻取缔君主制,但他们还是要求重开立宪会议,而当政府拒绝这一要求之后,普拉昌达宣布退出和谈。两天之后,也即 11 月 23 日,毛主义者打破停火协议,首次对军队和警察部队同时发动攻击。在西部低地的德昂地区,毛主义者成功击败军队,杀死了十几名士兵,并缴获大量武器装备。在巴特拉伊的领导下,这些毛主义者还宣布成立了“尼泊尔联合人民革命委员会”。政府作出迅速反应,宣布全国进入紧急状态,并终于同意全面动用军事力量消灭叛乱。

　　在接下来的 14 个月中,军队领导层表现得优柔寡断、缺乏执行力。军队、警察部队以及武装警察加起来,编制达到了 10 万人,而尼共(毛主义)的游击队人数只有 5 000 到 1 万人。但后者还有大规模“民兵部队”的支持,而警察系统中的很多人员都要坚守在治安和行政岗位上,无法直接参与军事行动。部队在暴动地区的确造成了大量伤亡,但这

218

些死伤者中有多少人是真正的"毛主义分子"、多少是其支持者，又有多少是无辜平民，这一比例不甚清楚。通过集中优势军事力量，毛主义者有时能成功击溃政府军；2002 年 2 月在阿卡姆地区首府曼格森，以及 9 月份在阿迦堪奇地区首府桑德锡克拉卡（Sandhikharka）地区，反政府武装均取得了胜利。在两场战役中，有超过 200 名士兵与警察被杀死。在进行正面战斗的同时，毛主义者也在暗中破坏着国家的基础设施，包括远程通信设施、政府办公楼以及水电站。尼共（毛主义）的领导人过去经常藏身于加德满都市内，但现在他们都跨过开放的边境，躲到了印度，而其伤员也常常前往印度进行救治。尽管在农村地区，这些毛主义者牢牢站稳了脚跟，但依然无法进入城市。即使他们占领了某个小型城镇，也只能维持几小时，就不得不在政府军的反击下撤出该城，更不要提攻占加德满都了。

在首都政界，尽管对于军队"先开枪再提问"的政策一向都存有争议，但毛主义者扩大冲突的行为刺激了国会，使其对政府采取了坚决的支持态度。2002 年 2 月，毛主义者袭击曼格森之后，政府需要国会批准才能宣布国家进入紧急状态，而大会党、国民民主党、沙巴伐尔纳党一致同意，甚至连尼共（联）也批准了这一提案。只有那些共产党的小派系提出了反对意见，包括"国家人民前线"（莫汉·辛格的"马萨尔"派在国会中的政治载体）、"联合人民阵线"以及尼泊尔工农党，这些小党派加起来也只在国会之中占有七个议席。然而，从 2 月份以来，尼共（联）以及大会党内部反对德乌帕的势力对紧急状态的持续愈发不满起来，因为在这一状态下，军队可以不受地方行政机构的控制而独立行动。而对于军队方面，军事长官们又觉得政党对他们的行动没有给予充分的配合。当记者们报道了普拉昌达与柯伊拉腊及另一名大会党政治家于 2002 年 3 月在德里会面后，军队与政坛之间的相互观感进一步恶化。5 月份，国家紧急状态需要国会的再度批准才能维持，而大会党则指示德乌帕让其自然失效。然而，德乌帕的反应却出乎意料，他要求解散议会，并于 11 月重新举行大选。因此，这一紧急状态以行政命令的方式持续了下来，而大会党内部也正式分裂。选举委员会决议，柯伊

图 20 蒙面的毛主义战士们在镜头前摆起了姿势。在前的女兵所戴的围巾上印有"杰克和罗丝"的字样，还印有这对《泰坦尼克号》男女主人公的头像。革命的意味在这条围巾上弱了许多。

拉腊的派别是大会党的正统继承党,而德乌帕派则改名为尼泊尔大会党(民主)。

2002年4月时,国会已经通过了《特别权力法案》,因此从政党政治与个人权力上来看,德乌帕对紧急状态的坚持似乎并没有什么理由。最有可能的解释是,王室与军队两方面都在对德乌帕施压,希望能将军队从地方行政机构的严密控制中摆脱出来。然而,解散国会的目的可能不仅在于延续紧急状态。德乌帕一直唯恐柯伊拉腊和尼共(联)勾结起来对付他;另外,他与柯伊拉腊两人都在计划着提出宪法修正案,而德乌帕担心他的对手会在修正案中进一步削减国王的权力,促使国王先发制人、发动政变并再一次接管政权。

11月举行大选的可行性颇受质疑,而在9月毛主义者成功袭击了桑德锡克拉卡之后,德乌帕说服了主要政党推迟这次大选。宪法中规定,在国会解散的六个月之内必须重新举行大选,但1990年宪法第127条同时也规定,国王有责任在这一过程中"排除困难"。据此条款,德乌帕于10月初请求国王,将大选的时间推迟到一年以后,也即2003年11月,并允许他领导的托管政府在大选之前一直当权。贾南德拉王则以"未能按时举行选举"的渎职罪名免除了德乌帕的职务,并宣布暂时由国王本人来掌管一切行政权力。他还要求各政党共同推举选出一届过渡政府,但不同政党之间始终无法达成意见统一,最后贾南德拉王选择任命巴哈杜尔·昌德这位老牌政治家为相;此人曾在"潘查雅特"时期两次当选首相,1997年也曾经出任该职务。在作出这些安排的同时,贾南德拉王始终坚持他是在宪法第127条的规定下行动的,尽管他是国王,但法律始终有效。然而,此时的国家权柄事实上还是重新回到了王室手中,正如1951至1990年间的情况一样(1959至1960年比希维什瓦·柯伊拉腊的过渡政府除外)。起初,这一变化广受尼泊尔人民欢迎,因为他们已经厌倦了政党政治家的嘴脸;然而,从长远角度来看,保王派和毛主义者之间的两极分化不论对尼泊尔国家还是对君主制本身而言,都是十分危险的现象。

2003年1月,王室与反政府武装之间的非正式接触达成了第二次停火协定。促成此次停火的是纳拉扬·辛格·普恩(Narayan Singh Pun)，这位部长与反政府武装领袖拉姆·巴哈杜尔·塔帕同样是玛嘉人。不论是毛主义者还是政府方面，在停火协议生效之后依然还在发动小规模的暴力事件；5 月份时，反政府武装谴责政府背信弃义，未能遵守将军队限制在毛主义者营地五公里范围以外的协定，这使得谈判气氛进一步变得紧张起来。在军队处决了 19 名于东部地区逮捕的尼共(毛主义)干部后不久，毛主义者再次撤出和谈。然而，和谈破裂的真正原因其实在于毛主义者坚持召开立宪会议，但政府方面则不愿意就此作出妥协。

　　8 月停火协议失效以后，一段时间之内，反政府武装似乎不愿——也可能是无力——再重复之前几次针对政府的大规模军事袭击。就在停火协议签订以前，毛主义者还成功在加德满都暗杀了时任武装警察司令与他的妻子及保镖；战局重开后，类似的事件于 2004 年 3 月又发生了两次，刺杀与埋伏似乎已成为反政府武装热衷的手段。截至 2003 年底，这场"人民战争"已经造成了至少 1 万人死亡，2001 年 11 月反政府武装开始直接与政府军队开战后，伤亡开始迅速增加。同时，长期的武装冲突也造成约 10 万人流离失所。政府准备建立"村庄守备军"网络，以消除尼共(毛主义)在底层人民中的影响力。这一体系在其他国家被证明对抗反叛势力卓有成效，但同时也令民间毫无安全保障可言。

　　与此同时，除国民民主党以及诸如沙巴伐尔纳党等小派别以外，其他政党的权力基本被架空。在王室接管政权以前，德乌帕政府就已经通过拒绝延长地方政治实体任期的方式，基本将基层民主制度毁坏殆尽。当原定于 2002 年夏举行的地方大选无法如期进行时，德乌帕没有保留上届基层议会的权力，而是将其转移到了政府指派的公务官员手中。但这一危机的确加强了政党之间的合作。2002 年 1 月，班姆提夫·高塔姆率领自己的派系回归了尼共(联)，而"国家人民前线"和"联合人民阵线"也重新合并为"人民阵线"，这两个派别原来都是从莫汉·辛格领导的尼共(第四公约)中分裂出去的，而现在辛格再次成为"人民阵线"公认的领导人。

2003 年 3 月，"人民前线"、尼泊尔工农党以及沙巴伐尔纳党中的一派，与国内两大党：大会党及尼共(联)展开合作，共同发动了针对王室接管政权的抗议示威，要求尼泊尔要么组建多党联合政府，要么恢复刚刚解散的 1999 届国会。正如 1990 年时的情形一样，昌德诱使各政党加入由他领导的"联合政府"的尝试再次遭到失败。他于 5 月底被迫辞职，另一位国民民主党的核心政治家苏利亚·塔帕接任首相一职。上述五党联合推举尼共(联)领导人马达夫·尼帕尔为多党联合政府的首脑，但国王否决了这一提议，并在表面上声称，这是因为国民民主党与德乌帕领导的大会党(民主)没有同意。与王室关系密切的几个消息渠道还表示，某些外国势力不同意共产党(即使是联合马列派别)领导人成为领袖，而尼帕尔的同志们又往往对毛主义者表现出过分的同情。但不论怎么说，贾南德拉王否定这一推举提议的真实原因，可能在于他个人不愿意放权。吉里贾·柯伊拉腊的确获得了半数以上的前任大会党议员以及绝大多数党内政治活动家的支持，因此把政治信仰放在一边不谈，他和马达夫·尼帕尔两人清晰地代表了议会派的大多数意见。因此，拒绝了五党联合提议，意味着贾南德拉王不再寻求建立国内各派政治势力的合作，而是希望通过保王党的力量独自面对毛主义者带来的危机。

"人民战争"造成的国际影响往往是复杂而难以预料的。2001 年 11 月，毛主义者首次对军队的袭击，就发生在纽约世贸大楼倒塌的几个星期后。由于时机不巧，因此即使德乌帕政府当时还没有宣布暴动分子为"恐怖主义者"，但尼泊尔政府也获得了美国的全力支持。尼共(毛主义)的"恐怖组织"的标签在 2003 年停火协议时曾一度被官方去掉，但随后又被强加于该党头上。尼共(毛主义)则同时宣称政府为美国傀儡，并利用美国与其他世界强权之间的矛盾进一步展开外交攻势，就像先前该党利用王室和政党之间的矛盾进行活动一样。他们不再谴责印度的"霸权主义"，而是开始宣称美国对尼泊尔的战略意图和外交政策，将会极大威胁印度和中国两国的利益。

印度方面的态度时而清楚，时而模糊。在对待尼共(毛主义)与国内类似团体的联系问题上，印度一贯将其视为安全威胁，在德乌帕政府开始使用"恐怖分子"来称呼毛主义者之前，新德里方面就已经开始这样做了。另外，尽管舆论界对美国军事援助尼泊尔一事的议论铺天盖地，但印度依然是尼政府武装的主要供给国。尽管如此，尼泊尔国内许多人指出，尼共（毛主义）领导的反政府武装时常盘踞在属于印度政府的区域中，而 2001 年 8 月及 2002 年春天停火协议失效后数月，两次尼共（毛主义）领导人与尼泊尔政府代表的会面都发生在印度西孟加拉邦的西里古里。事实上，某种程度上来讲，这两次会面所反映的与其说是印度故意纵容，还不如说是该政府能力有限、无法管辖，而毛主义者用以避难的印度地区，也都是那些政府在此无力维持法律与秩序的边远地区。随着"人民战争"的持续，印度似乎进一步加强了两国之间的边境安保措施，但中央政府内部，的确也有些人开始把美国对尼的援助视为对印度在该区域影响力的一种冲击。也许，还有人开始考虑，是否应要求尼泊尔政府以在其他事情上遵从印度决定为代价，来换取印度政府对毛主义者的全力打击。1990 年，当印度向尼泊尔四面楚歌的"潘查雅特"政府施压、要求其申明加入印度的"防御圈"时，便采用过这种威胁加交换的策略。

　　尼泊尔其他的援助国对此事的意见各有不同。中国表达了对尼泊尔政府的支持，并谴责尼共（毛主义）滥用毛主席的名号，但总体上来讲不愿过多干预，这与 60 年代以来中国对尼泊尔的一贯态度相符。相比于美国来说，大部分欧洲国家对尼泊尔政府安保力量造成的人权践踏更为关心，尽管尼泊尔军队于 2002 年成功自比利时采购了大量轻武器，但此事却在比利时政府内部引发了一场政治风波。英国政府的态度则大致介于美国与欧陆国家之间，既向尼泊尔政府提供一定程度的军事援助，也比她的美国盟友更加注重对人权的强调。

224

　　尽管强调的侧面有所不同，所有的援助国都一致不希望尼共（毛主义）取得最终的胜利。尼泊尔反政府武装的胜利可能会影响印度与中国的国内稳定，也可能会激励世界其他国家中有着相似问题的激进分子们，效仿毛主义者的方法发动革命。外国势力还希望看到双方之间能够通过协商达成一致，而不希望将这场战争进行到底；但协商通常都建立在双方存在强弱对比的基础上，而政府与毛主义者均认为冲突的持续能增加其谈判的砝码，在这种情况下，协定是很难达成的。双方也都意识到，大部分尼泊尔人不关心国家政治的最终走向，只是想要和平、稳定早日到来，因此他们将会毫不犹豫地支持任何有获胜迹象的一方。

立宪会议问题是导致两次和谈失败的矛盾焦点，这一问题如此重要，是因为该会议的召开本身就是成败的标志。毛主义者对此已经要求了很长一段时间，如果政府同意，那就意味着国家正式接纳尼共（毛主义）参与政治，反政府武装就胜利了；出于相同的原因，政府的两大党不愿重开立宪会议，而是希望继续将现行宪法保存下来，因为这部宪法是他们所领导的1990年"人民运动"的斗争成果，标志着这两党自己的政治成就①。直到2002年10月国王重新掌权后，大会党和尼共（联）内部才开始有人认真考虑重开立宪会议，而直到2003年年末，两党内部大多数意见依然持反对态度。按照相似的逻辑，除非立宪会议能够进一步提升君主的地位，否则贾南德拉王是不会愿意重新召开这一会议的；但尼共（毛主义）又多次公开声明，他们希望借助立宪会议来彻底取消君主制，建立尼泊尔共和国。

即使尼共（毛主义）方面能够接受立宪会议问题上的某种妥协方案——譬如在1990年宪法起草委员会的基础上扩充这一组织，将毛主义者包括进来——但在临时政府的组建比例问题上，以及达成合作以后毛主义游击队归属的问题上，冲突依然是不可调和的。尽管对于他们能接受的协议细节一直含糊其词，尼共（毛主义）事实上希望由自己来全权领导过渡政府，即使做不到这一点，那至少也要取得绝对的话语权。而在该党一直要求的、各党派联合参与的"政治协商会议"上，他们也希望能获得主导地位。最关键的地方在于，尼共（毛主义）想把自己的军事力量同现存的尼泊尔军队进行合并，或者干脆取而代之，成立

225

① 克利须那·哈齐贺图（Krishna Hachhathu 2002：210）指出，前"潘查雅特"政治家昌德和塔帕领导的政党之所以皆于1991年大选中出乎意料地惨败，恰恰就是因为没能将大会党与尼共（联）视为国内政坛上的统治力量。

"民兵武装"，而这两种想法对于王室、主要政党以及军队本身而言都是不可接受的。因此，2004 年初，国内局势的走向出现了两种可能的情景：一是通过美印两国持续不断的援助，以及政党与王室之间可能达成的协定，政府的力量和地位将缓慢地增强，宪法修正案最终可能会被正式提上议事日程，这样一来尼共（毛主义）就能回归政治体制中，虽然并没有赢得这场内战，但也不会因完全失败而颜面扫地。二是这场冲突无止境地进行下去，政府控制中央地区而毛主义者控制他们的根据地，其余的广大地区会落入军阀及帮派教父手中，他们会宣称忠于政府或反政府武装两者中的某一方，但事实上处于完全自治状态。那么问题就变成：外国势力，尤其是印度政府，究竟能忍受这种境况多久？

尼泊尔社会的未来

尽管"人民战争"的毁灭性很大，但这一冲突并未阻碍 1990 年以来尼泊尔社会发生的其他变化。即使自 2001 年事件升级以来，个体在内战中受伤或致死的概率也要比世界上其他一些地方小得多。在此之前，民意测验显示，大部分尼泊尔人认为对于国家来说，失业与腐败问题要比内战更加严重。

在全国范围内，尼泊尔依然在沿着 1990 年以前的路线缓慢地进行建设与发展。农村与城市之间的鸿沟依然存在，而世界银行 1998 年 12 月的一份报告着重指出了加德满都的特殊地位："城市化的加德满都谷地与尼泊尔其他地方，事实上已经成为相互分离而且不平等的两个国度……在首都周围居住着 5％左右的人口，贫困发生率大概在 4％上下，而识字率达到了 24％；在国家的其他地方，贫困率则要高出十倍不止，接受教育的机会则只有首都的三分之一不到。"[①]随着"人民战争"形势吃紧，毛主义者的勒索行为即使在加德满都，也开始成为日益严重的问题，而对记者和政治活动家的逮捕也越来越频繁。但安保力量的加强，使得加德满都并未像国家其他地区的农村与城镇一样沦为

①　Quoted in *Spotlight* 26 February 1999.

226 战场。尽管在主要公路上均设有军事检查站,而在城市中的战略要点也有士兵把守,但前往加德满都的游客几乎察觉不到国家进入紧急状态的迹象——除非他们恰好碰上了毛主义者发动的罢工事件。

尼泊尔城市中提供的商品与服务种类依然在快速增长。互联网与手机一类的新事物,以及持续发展的电子媒体,自然而然地对加德满都以及其他主要城市产生了更为深刻的影响,但随着公路网络和输电线路的建设,这些新鲜事物已经能够波及繁荣的乡村地区了。纸质媒体及电媒的增长也堪称迅速,私人建立的国家日报社大量出现,尤以《坎提普尔报》与其英语姊妹报《加德满都邮报》为代表。私人开办的广播电台和电视台也开始建立起来,这些新传媒终结了官方媒体一手遮天的局面。对于那些偏远地区来说,报纸的送达依然很缓慢,但这些地区已经开始出现日益增多的、富有活力的地方报社了。

尽管媒体的发展过程中,大部分的成果是积极的,但也存在一定的问题。政府自1990年以来就开始想方设法地影响私人媒体,而2001年国家宣布进入紧急状态以来,针对与毛主义者有联系的记者与出版商(不管是实际的联系还是政府声称的)的行动迅速升级。要不是政府还要考虑国际影响的话,这些媒体工作者的处境可能会更加危险。日报社通常都与政党没有联系,但大部分周报有着比较强的政党倾向性,而且如同以前一样,这些报纸基本上是“观点纸”,而非“新闻纸”。另一方面,与其他国家一样,不同报刊在发行量方面的竞争导致了新闻质量下滑和行业道德沦丧。最为臭名昭著的例子发生在2002年,一家报社发表了一张著名女影星的半裸照,这张照片是在未经该影星本人同意的情况下偷拍的。身处乌烟瘴气的电影行业,面对依然保守的社会期望带来的巨大压力,这位女星不久后便自杀身亡。

在青年尼泊尔人的致幻物品滥用问题上,国家的监管标准也时有变化。“甘扎”(ganja,大麻制品)的吸食一直以来在尼泊尔都是合法的,1973年,迫于美国的压力,政府才不得不禁止这一行为。但与此同时,海洛因在尼泊尔开始流行起来,而王宫惨案也戏剧化地证实了,可卡因的使用同样比较普遍。日益增长的酒精饮料消费也引发了公众的担忧：在诸"部落"民族中，长期以来都存在饮用由大米或粟米酿造的啤酒及烈酒的习惯。事实上，尼泊尔语中过去对这些民族的泛称——"玛特瓦里"人(Matwalis)，其含义即"饮酒的人"。然而，自 1990 年以后，西式的酒精饮品在尼泊尔风靡起来，酿酒与蒸馏酒产业的收入占据了 GDP 的 3％左右。这一趋势遭到了国内不同政治势力的反对，包括尼共(毛主义)，他们不仅将饮酒视为社会问题的根源之一，同时也认为反对酒精滥用可以令这一政党迅速获得禁酒主义者的支持。2001 年，毛主义者袭击了一处酿酒厂，而另一个与之有联系的妇女组织成功说服了政府，对酿酒业下达了禁令(然而到目前为止，这一禁令依然尚未被执行)。如果尼泊尔未来能够进一步实现权力去中心化，那么酒精饮料的生产与销售规范可能会被交予地方行政机构制定。然而，被毒品和酒精麻醉产生的隔离感和人生目标的丧失(近来尼泊尔青年自杀率的上升清楚地证明了这一问题的存在)，则会在很长一段时间内持续下去。

　　在城镇地区，私人开办的、以英语为教学媒介的教育机构出现持续性扩张，这对于整个国家来说都是十分重要的变化。截至 2000 年，全国有 20％的中学生在这种私人教育机构中接受教育。在这些学生中，高中毕业考试的通过率达到了 80％左右，而在政府建立的教育机构中，及格率则只有 30％至 40％。公立学校的教学质量从来都不高，但 1990 年以后学术政治化现象使得教师之间的纪律与奉献精神进一步弱化。尽管公立教学队伍中的确还存在着一些敬业的优秀职业教师，但总体上而言，大部分教师要凭借政治身份才能顺利就职，而相比于教学质量，他们更关心的也是政治。我们之前已经提到过，尼泊尔国内的两级教育体制长期以来受到毛主义者们的攻讦，但也有其他人对此颇有微词，他们认为私立教育的形式与印度教育体制过于相似。然而，任何禁止此类私立学校以提倡教育平等的政策，事实上只能打击中产阶级家庭，因为富人们不论怎样都能把自己的孩子送到印度更好的学校中去。因此，教育体制中，最应该实现的目标是提升公立学校的教学质量。1991 年，由挪威政府资助的"基本教育计划"正式启动，这是尼泊

227

尔政府在此方向上迈出的第一步；然而，除非这些公立学校的管理问题得到了解决，否则难以在教育领域取得重大进展。最近一段时间，这些管理问题似乎也出现了一定程度的变化迹象，政府和外国捐助者都意识到了教育机构与地方社区之间联系的重要性，而70年代"新教育"计划曾经粗暴地切断了这些联系。

在处理和协调国外援助这一领域，尼泊尔国内也存在着实际上的私人化趋势；尤其是国外的非政府组织，这些组织在提供援助的时候，更倾向于与尼国内的非官方机构直接接触。1997年，据估计国内存在着2万到3万个类似的非官方机构，同年，它们共接收了来自国外的1.5亿美元捐款，而政府总共收到国外捐款3.9亿美元[①]。在不为其工作的知识分子中间，对这些组织的组建动机和钱款的去向存在着广泛质疑，有些人也担心政府对这些组织的协调和指挥能力正在逐步被削弱。虽然如此，有些非政府组织的确作出了一定的贡献，譬如帮助塔鲁人提高了识字率，以及在乡村地区促进了一种积极向上的社会公德的形成。批评者指出，这种非官方机构的网络无法代替高效政府协调的作用；但在许多情况下，他们提供的帮助比政府能够做到的要更好。

不论资金从哪种渠道进入尼泊尔，这一时期，这些外国援助对该国的重要性依然不言而喻。90年代，日本与北欧国家是尼泊尔的主要援助国，而世界银行则是最重要的、长期提供援助的多边国际组织。近来的"人民战争"危机使许多援助国对尼泊尔的兴趣有所增加，尤其是美国；但也令许多先前的援助项目受到了质疑。除了担心本国工作人员的安全之外，尼泊尔民主进程的倒退以及安保力量的滥用，也使许多外国政府认为应当缩减其在尼泊尔的投资和活动。然而，不论哪一国提供了援助，尼泊尔对该国的依赖在接下来的一段时间内可能都会有所持续。2000至2001年间，外国援助依然占到了政府预算的三分之一。

国内人口流动的频率以及前往印度的国际移民的数量在此期间一

---

① Shrestha 2002：8，20。

直有所增长。然而,在这些跨过边境的移民中,有多少是为了躲避正在
进行的内战、有多少是单纯因为经济原因,这一比例很难确定下来。与
印度方面开放的政策不同,海外就业通常需要预先缴纳一大笔违约金,
这使得只有家境殷实的尼泊尔人才能去欧美国家工作。尽管如此,在
南亚以外居住(合法或非法)的尼泊尔人数量依旧庞大:2003 年,据一
份非官方估计,这一数量达到了 120 万人,分布在 40 个国家,包括42.2
万人生活在中东地区,12.5 万人在马来西亚,以及 8 万人在朝鲜
半岛①。

　　在国外工作的尼泊尔人所进行的汇款活动,对于国内经济来说也
变得日益重要。根据官方统计,截至 2003 年,每年的国外汇款金额达
到 2.4 亿美元,占 GDP 的 4.4%。但许多汇款都不是通过政府或官方
渠道进行的,因此真实的数据应该是政府公布值的三倍有余②。关于
经济结构对海外汇款的依赖性,国内褒贬不一,但批评的声音往往都在
经济全球化的背景下,过度强调了边界意识。印度南部的喀拉拉邦,其
教育水平与医疗体制均优越于区域内其他地区,但该邦同样严重依赖
在外国打工者的汇款。难道仅仅因为尼泊尔不同于喀拉拉邦,是一个
独立国家,该国的国民就都应该在国内就业吗?

　　尽管大部分在外国工作的尼泊尔人按照该国的标准,收入相对都
较低,但有些人即使在外国社会依然成了成功人士。坎提普尔电视台
主要在加德满都谷地内放送节目,这一商业电视台于 2003 年夏建立,
全部 5 亿卢比(相当于 670 万美元)的启动资金皆由三位俄罗斯籍尼泊
尔侨民提供。受到印度政府讨好国外富裕"印度侨民"行为的影响,尼
泊尔于 2003 年晚些时候召开了"尼泊尔侨民"会议。某些尼泊尔人对

229

---

　　①　这些数据最初在 2003 年加德满都一场会议上,被与会的"海外尼泊尔裔"学者编制,
随后于同年 10 月 1 日被尼泊尔新闻网引用。他们在中国香港地区给出了 7.3 万人的估计
值,与官方统计的 2.3 万人相比,这一数字明显偏高。但在几年之前,中国香港方面也有人给
出了相近的数据。
　　②　塞顿、古隆与阿迪卡里(Seddon, Gurung and Adhikari 1998)估计,收到的汇款总量
大概占 GDP 的 13%至 25%。

这些"侨民"保留外国护照的要求感到愤愤不平,但同时也因对外国企业限制政策的放宽而松了一口气。不论怎么说,这次会议都显示了尼泊尔人的外向移民对国家开始变得重要起来。

　　然而,随着英属廓尔喀雇佣军规模的一再裁减,尼泊尔与外部世界之间一种古老的联系日益遭到削弱。除了一支永久租借给文莱国王的连队以外,1997 年英国撤出中国香港后,英军中为数不多的尼泊尔士兵现在都驻扎在不列颠本土。虽然如此,尼泊尔国内依然有 2 万名左右的退伍士兵还在领取英国军方发放的退休金。"人民运动"结束后不久,廓尔喀退伍士兵协会①成立,并要求英国将其退休金提升到与不列颠本土士兵一样的标准。按照与印度方面的协议,英国起初按照与印度廓尔喀军队相同的待遇标准来支付本国廓尔喀士兵的工资,当这些士兵被派驻到远超南亚消费水平的其他地区时,英国开始发放特别津贴,使得这些廓尔喀士兵的日工资水平达到了本土士兵的标准;但退役后的退休金依然还是按照旧制发放。廓尔喀退伍士兵协会以及单个退役军人状告英国政府的努力总是以失败告终,但该协会中许多成员都与尼泊尔共产党有联系,因此这些行为显示了尼"左派"政治团体对于廓尔喀雇佣军态度的改变。早期共产党的不同派系一致要求英国停止招募尼泊尔士兵,但在这一时期,尽管就英国对该军队的部署与派驻仍然存在争议,但"左派"似乎已经接受了英属廓尔喀部队的存在。而在2003 年 10 月,甚至连尼共(毛主义)一位"地区司令官"也表达了这种实用主义的态度(当然,这也可能仅仅是在公众面前作秀)。在短暂羁押一位去中西部山区巴格隆旅游的英国军官后,这位"司令官"与该军官进行了谈话,并未批判他"邪恶的帝国主义思想",而是一直在强调英国方面应该为不同种姓和民族的尼泊尔人提供平等的入伍机会。

230　　即使对于那些终其一生都留在自己故乡的尼泊尔人来说,与外国之间的经济联系也变得日益重要。1991 年,尼泊尔与印度达成一项新

---

　　① 该协会以及印度军队方面使用了"廓尔喀"这一单词正确的转写方式("Gorkha"),但英国方面依然在使用着传统的误拼("Gurkha")。

协议,终于将免税进入印度市场的尼泊尔货物出口附加值降到了印度关税的 60％。1996 年,这项限制又进一步被放宽。尽管如此,出于保护国内工业的考虑,印度依然时常对某些特定的尼泊尔进口货物作出限制,而即使是在国内市场,面对印度早已成熟的工业体系,尼泊尔企业家在竞争中也常常感到力不从心。假如南亚区域合作组织在 2006 年达成的成员国自由贸易协定真的得以落实的话,在这一地区内,印度商品大量充斥尼泊尔市场的现象可能会更加严重。

90 年代,尼泊尔与印度之外的国家双向贸易额约占外贸总量的 70％。与 1990 年以前的情况相似,这一时期,服装与地毯制造业的收入占据了出口额的一大部分。90 年代中期,随着外国对尼泊尔环境污染和童工处境的担忧,这两个行业的出口值有所下滑,但随后又出现回升;至 2000 年为止,两行业共有雇员 15 万人。然而,服装与地毯的生产严重依赖美德两国市场,而 2004 年尼泊尔《多种纤维协定》的失效取消了尼纺织业产品的固定分成,这使得地毯在美国的销售愈发困难。即使服装与地毯制造业依然能够保持住现有地位,对于尼泊尔日益增长的人口来说,工业产业能够提供的就业机会也少得可怜,而那些不想移民外国的尼泊尔人依然要靠农业生产来维持生计。

"农业远景计划"是尼泊尔政府当前和新的农业发展方案,与大部分前任方案一样,该计划强调通过加紧农业科学研究和扩展服务,将新的耕作技术提供给广大农民,以促进农业产量年增长率的提高。该计划还特别注重季节性作物的种植,诸如水果和蔬菜;尼泊尔的广大山区十分适宜推广种植这些经济作物,而如果运输的及时性能够得到保证的话,这些农产品可以轻易地被北印度庞大的市场所消化。事实上,东部山区已经在这一方面作出了成功的尝试(参见第五章),但该努力被日益扩散的"人民战争"所破坏。计划的核心目标之一,在于建立一套小型城镇组成的网络,这些小城镇依赖于农产品的加工与贩卖,但能为当地居民提供比农村地区更多的就业机会以及更好的服务。这一目标与 70 年代的地方经济发展措施不谋而合。

在这些发展导向型的政策之外,是否还需要对穷人们直接施以

231 经济援助以及需要何种程度的援助,这些问题一直以来都是在尼泊尔国内引发热议的焦点问题。在政党及非政府组织的活动家们长时间的请愿和抗议之后,吉里贾·柯伊拉腊政府终于在 2000 年 7 月迈出经济改革的重要一步:解放了卡迈亚人。这一人群在民族上通常都是塔鲁人,他们的祖先或他们自己在无力偿还欠下的沉重债务后,往往就沦为了其富裕邻居们的奴隶。这些人的解放是一座重要的里程碑,证明了社会变革不需要暴力革命也可作出;但既然这些人的前任主人不再继续为他们提供食物和住所,他们的生计又成了一个大问题。政府有计划地授予了这些被解放者以土地,但许多卡迈亚人依然非法占有着从森林中开荒出来的土地,没有得到政府对其土地所有权的承认。

更广泛的土地改革在尼泊尔依然亟待施行。2000 至 2001 年间,德乌帕政府曾促使国会通过一项提案,使低地区的个人土地持有面积上限从 17 英亩减少到 7 英亩,而在山地区,这一上限则从 4.2 英亩减少到 2.75 英亩。这一提案在大会党内部遭到了大多数人的反对,认为其太过于激进;而尼共(联)也表示反对,理由却恰恰相反,认为其不够彻底。根据六年前"联合马列"派自主进行的一项调查,该党认为应该将此上限在全国范围内统一缩减至 3 英亩。新的方案如果得到执行,全国将有 30.4 万英亩土地被释放出来用以重新分配①。然而,在缺乏足够的市场信用与化肥供给,以及小面积土地交换行为(能够使破碎的土地重新集中连片)无法大规模进行的情况下,将土地商业化几乎是不可能的。另一方面,地方上的家族可能如以前一样,通过将土地注册在亲戚或朋友名下的方式,保持对这些土地的实际控制;在这种情况下,这一方案的贯彻需要以政府极高的行政效率作为保证。另外一种代替方案是保持土地持有现状不变,但鼓励无地的劳工们成立劳工组织,争取让他们在农业收益中分得更多的利益。在某些地区,"人民战争"中毛主义者或政府军作为外来者,已经使当地的地主的社会影响力大为

---

① NESAC 1998: 216 – 218.

降低;因此不论内战结果怎样,某种程度的土地再分配都势在必行。但在另一些区域,暴力冲突自身也为当地精英阶层创造了讨价还价的条件。在西部低地区,毛主义者在某些村庄放弃了逼迫地主只收取佃农三分之一收成的政策,因为这些地主威胁说,如果共产党依旧我行我素,他们就转而支持政府军[①]。不论如何,如果农业产值不出现翻天覆地的增长,即使最激进的资源再分配政策,也只能为农业经济提供短暂的喘息之机。在没有这种产量增长的前提下,唯一的长期解决方案,只有鼓励山区居民向塔莱区移民,并进一步在平原毁林开荒,创造出新的土地提供给种植业。

尼泊尔农业的另一个问题在于,如何在本国优势经济作物的种植与国家或地区范围内粮食的自给自足之间达成平衡;这一问题也是绝大多数发展中国家所面临的尖锐问题之一。大力推广经济作物会在短时间内创造出巨大的财富,但环保人士指出,出口收入的暴跌可能会造成国内食品安全问题。然而,极端的自给自足究竟是否可行,这是值得怀疑的;某种程度上来说,合理的农业结构中一定包含着对经济作物的专业化种植。

资源总量与分配问题同时还伴随着宗族与民族问题的热潮,在1990 年起草宪法时,这些问题曾经是社会关注的热点。公共就业中的"预留"原则——即为处于弱势的少数民族保留固定数量的职位——在此时已得到主要政党的一致承认;与印度的情况一样,不管其结果究竟是好是坏,这一政策将在尼泊尔未来政治中继续扮演重要角色。与之相反,1998 年最高法院作出裁决,宣布加德满都谷地和东-中部塔莱区的地方行政机构分别将涅瓦尔语及迈蒂利语作为行政用语的要求,是不符合宪法的。活动家们对在教育领域——起码在小学阶段——使用母语作为教学用语的呼吁也没有得到满足,尽管 1993 年一个政府任命的委员会曾经推荐过这种做法。但在外国资助的教育机构中,倒是存在这种以母语教学的试验性项目,例如加德满都一所日本援建的学校

232

---

① K. C. [Khatri Chetri] 2003.

就采用涅瓦尔语作为教学语言,而在东部山区,林布语在教育体系中也得到了一定程度的使用。1993 年,政府决定将梵语——这一语言与婆罗门的关系很密切——作为所有学校强制性讲授的科目(最近又撤销了这一决定),但推广的进程十分缓慢,使得民间怨声四起。尽管如此,除尼泊尔语以外,其他民族语言的地位还是得到了一定程度的承认,其中 17 门最常用的语言已经拥有了自己的广播节目①。这使得在政治活动家的核心圈子以外,语言问题在更大的范围内引起了热议;一位语言运动者称,在尼泊尔国内关于迈蒂利语的讨论,事实上促使印度方面在 2003 年年末,将该语言作为国内主要民族语言写入了宪法当中。尼泊尔境内的一些语言在未来的地位会得到更大的提升,这与西欧提高加泰罗尼亚语和威尔士语地位的情况是相似的。尽管如此,小语种的逐渐消亡是目前全球语言表现出来的趋势。

最为激进的民族政策是由包括毛主义者在内的"极左派"政党提出的,他们希望每一支少数民族都能在民族地区获得自治权。2003 年年末,在位于罗尔帕地区利旺(Liwang)的根据地中,尼共(毛主义)的确宣布建立了玛嘉人的民族自治区,随后在 2004 年年初,另一些小规模的民族政策调整也相继被作出。这些政策究竟是实实在在的,还是仅仅作为一种政治宣传而存在,我们不得而知;但无论如何,在尼泊尔实行民族自治都是十分困难的,因为在大部分行政区内,没有任何单一的种姓或民族群体能够占到当地人口的一半以上。唯一切合实际的解决方案是将这种自治权区域化,将权力下移至由单一民族群体主导的村庄中去。因为所有政治派别都同意,眼前的暴动危机解决后将进一步实行权力的去中心化,因此这一方法或许最后真的能够得以实行。当然,也有可能在中央设立某种程度上的"民族代表"职位,以作为对地方上民族政策的补充;譬如,国会上议院可能会如许多活动家长期要求的一样,改制成为"民族议院"。

---

① 这 17 门语言中包括:印地语、涅瓦尔语、莱语(邦塔巴语)、古隆语、玛嘉语、林布语、博杰普尔语、阿瓦第语、塔鲁语、塔芒语、迈蒂利语、卡姆玛嘉语以及多特语等。

　　一直以来,许多国民都要求尼泊尔国家改为世俗国家,取消官方的印度教信仰。从根本上来说,这其实也是一个民族或种姓问题,因为对于大部分人而言,印度教是高等种姓帕拉芭蒂亚人统治地位的一个象征。1990 年以后,帕拉芭蒂亚人尤其是婆罗门在立法系统和资深官僚中占的比例有所增加,这与婆罗门在政党中根深蒂固的优越地位是相符的,而后者又体现了在大学学生中,婆罗门的比重同样很大,因为多数政党的党员往往就招募自这些大学生。然而,随着低等种姓群体的觉醒,这种增加趋势不过是昙花一现。低等种姓平权是整个南亚地区的大势所趋,反婆罗门运动于第二次世界大战爆发之前就在南印度开始了,而最近一段时间,在与尼泊尔接壤的北印度地区,这一运动也愈发盛行起来。尼泊尔不可能完全不受这种风潮的影响,而通过毛主义者的暴动活动表现出来的、马克思主义的最极端形式,也在加速瓦解着传统的印度教等级制度与价值观体系。

　　印度教与其他本地信仰也随着基督教的传播而遭到削弱,但其影响没有政治活动来得剧烈。有些时候,一种新观念的传播可能会对另一种新观念有所帮助;一位学者曾指出,基督教在车旁人之间的秘密传播,竟在后来帮助他们更好地接受了马克思主义观点①。2001 年的人口普查显示,尼泊尔的基督徒出现了三倍增长,从 1991 年的 3 万人增长至 10 万人。然而,不论是基督徒们自己,还是心怀不满的印度教徒们,都声称后一个数字要小于真实情况。无论如何,在包括加德满都谷地以北的"塔芒居民带"在内的许多地区,大量尼泊尔人都皈依了基督教。这一信仰的转换已经在某些村庄中制造了摩擦,但基督教与印度教在塔莱区的冲突尚没有穆斯林与印度教徒之间的摩擦发生得那样频繁。大多数尼泊尔人依然对印度教的"标签"没有反感,但其他信仰和民族群体开始变得越来越强硬,而尼泊尔的印度教在将来可能必须进行基础上的改革,才有机会渡过这种危机。

234

---

　　①　Van Driem 2001: 790 - 792.

除了眼前急迫的毛主义暴动与民族不满情绪等尖锐矛盾以外，尼泊尔社会在将来必须找到一种方法，来遏制政界对最高权力无所不用其极的争夺；这种争夺在现在的尼泊尔中央政治派系以及每一所地方行政机构中都屡屡发生。在议会民主体制下的腐败问题、毛主义者发动的暴动以及在镇压暴动过程中安保力量出现的权力滥用，这些都反映了上述的争权现象。当然了，我们无法保证某位政治家永远都不会被他个人的政治倾向所影响而做出坏事；也无法让警察总是把自己视为法律的维护者，而从不在背地里为某个政党或某位地方上的实权人物工作。但是，必须找到一种手段，来压制今天尼泊尔国内各行各业中十分严重的政治化倾向；同时，资源的调配也应该出台相应的法规，甚至可以以随机分配的方式进行，但不应如现在这样，完全依赖于某位政治家一时心血来潮所作的决定。宪法的改写也许能够在一定程度上实现这些目标，但关键性问题不在于缺少法律，而在于公民在总体上都不能依照法律行事，而又缺乏对任何执法部门的信任。

从长远上来讲，尼泊尔能否建立一个在政治上去除人为因素、依法治理的体制，取决于是否会有更多的人在没有眼前利益的情况下，单纯为国家建设而投身到政治中来。然而，矛盾的是，在短期内，这一目标却需要一位在人格上臻于完美的领导人大权在握，才能确保完成。尽管2001年的诸多事件使得权力机构的名声一落千丈，但国王仍然可以有所作为；不过，他不应再利用政党之间的矛盾来将权力把持在自己手中，而应该尽力促成不同党派的和解与一致意见的达成。如果没有君主制，这一责任就要完全落到新兴政治领袖的肩上了。

在尼泊尔政坛上，"枪杆子"的地位日益得到提高，既是因为毛主义者发动了武装暴动，也是因为军队在镇压暴动上发挥了至关重要的作用。毛主义者将自己控制的游击队与政府军进行合并的提议可能不会得到通过，但如果这一想法真正得到实现，尼泊尔将拥有一支庞大的陆军部队。军队规模过大将造成军费开支的节节上涨，从而对资源造成极大消耗；另外，军队干预政治的可能性也将显著提升。裁撤军备并让退伍士兵重新回到社会生活中去，这一办法最初的开销也很庞大，但长

235

期来看,可能是解决诸多潜在问题的最好方法。另外,如果在政治上可行,也可以考虑让这部分尼泊尔士兵加入联合国维和部队。

　　上述问题以及其他根深蒂固的社会问题的解决方法,与尼泊尔国境以外的世界是密不可分的。外界影响对于尼泊尔一直十分重要,即使在她公开宣布采用孤立主义政策时,亦是如此。除非尼泊尔人已经找到了自己解决内部分歧的绝佳妙方,否则无论国内的民族主义情绪如何加强,对该国事务的控制都将会进一步落到外国手中。在后殖民时代,尼泊尔国家的独立并非命中注定,而是由一系列的历史事件所导致的:其中包括在18世纪关键时期,一位有能力的统治者——普利特维·纳拉扬的出现,以及他的后代在19世纪对英国统治南亚这一现实的接受与合作。尼泊尔一直以来与南亚其他地区,特别是从德里到科摩林角之间北印度地区的联系尤为紧密。在南亚普遍存在的贫穷、种姓歧视以及腐败问题,于尼泊尔表现得尤为尖锐;而要不是比哈尔邦属于印度的一部分的话,这一地区肯定也会同尼泊尔一起,登上联合国失败地区名单。在诸如比哈尔的这些毗邻地区没有获得长足发展的情况下,尼泊尔能否独立取得经济领域的进步,这是值得怀疑的;但有一点是确定的:印度对尼泊尔的政治影响将一直维持在至关重要的水平上。纵观尼泊尔历史,任何一派政治势力在失势时,都会大兴反印主义,而一旦当权,则又都会寻求与印度的良好关系。这种趋势在18世纪末、19世纪初的王室派系分化中,以及在1951年以来的政党政治中都得到了某种程度上的体现,甚至在毛主义者2001年计划袭击军队前,他们也放弃了一直以来坚持的反印立场。除了某些特立独行的政客偶尔会发表一些声明以外,印度的政治家大体来说都不愿为尼泊尔的问题承担起责任,但尼泊尔对印度的依赖看起来还会持续下去。然而,在一切表象的背后,事实的真相依然值得我们去深入发掘。

族　谱

沙阿王室

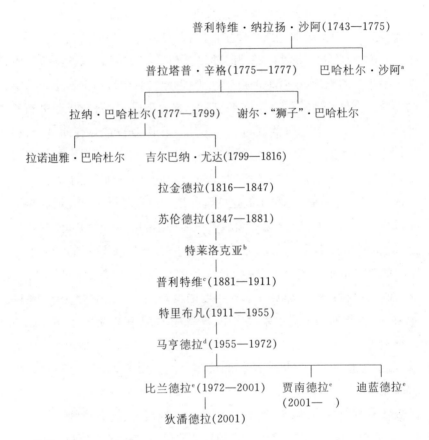

普利特维·纳拉扬·沙阿(1743—1775)

普拉塔普·辛格(1775—1777)　　巴哈杜尔·沙阿[a]

拉纳·巴哈杜尔(1777—1799)　谢尔·"狮子"·巴哈杜尔

拉诺迪雅·巴哈杜尔　　吉尔巴纳·尤达(1799—1816)

拉金德拉(1816—1847)

苏伦德拉(1847—1881)

特莱洛克亚[b]

普利特维[c](1881—1911)

特里布凡(1911—1955)

马亨德拉[d](1955—1972)

比兰德拉[e](1972—2001)　贾南德拉[e]　迪蓝德拉[e]
　　　　　　　　　　　　　(2001—　)

狄潘德拉(2001)

注释：

尼泊尔统一之前的廓尔喀国王被略去。王名后面括号里的是在位时间。

a. 从 1785 年国王拉纳·巴哈杜尔的母亲去世一直到 1795 年,巴哈杜尔·沙阿都是摄政王。

b. 与忠格·巴哈杜尔·拉纳的三位女儿结婚,有一位后来成为普利特维王的母亲。

c. 与比尔·沙姆沙的两位女儿结婚,但另一位印度妻子才是特里布凡王的母亲。

d. 与朱达·沙姆沙两位孙女结婚。

e. 与朱达·沙姆沙的一位曾孙女结婚。

拉纳（巴哈杜尔）家族

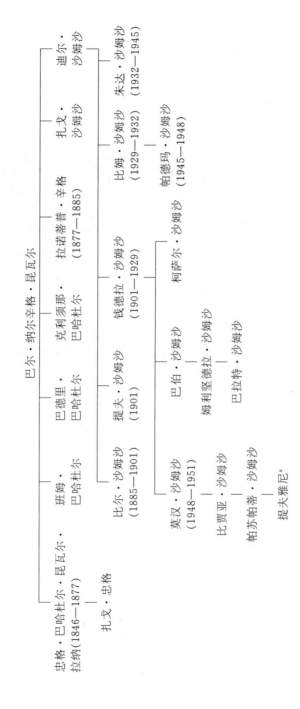

注释：
曾任首相——"马哈拉扎"的成员，名字后面括号里的是在任时间。这个世系表将大量没有重要历史意义的人物都省略掉了。

迪尔·沙姆沙的后代一般情况下都以"沙姆沙·忠格"或"沙姆沙·拉纳"为自己的正式姓氏。

a. 这位女子就是狄潘德拉的意中人，王子不顾父母反对，一心想要娶她。

人物小传

阿查里雅,坦卡·帕拉沙(1910—1992)

反拉纳政党"人民大会"的建立者及第一任主席。1940年,他以婆罗门身份逃过死刑,但直到1951年拉纳政权倒台之前,一直身陷囹圄。在1952至1954年柯伊拉腊联合政府中,坦卡出任内政部长,在1956至1957年间则接任首相,但他领导的政党在1959年大选中只赢得了两个席位。在1980年修宪会议以后,他始终坚持多党政制,而在"人民运动"后则正式恢复了"人民大会"党的活动。但并未参加1991年大选。

阿迪卡里,曼·莫汉(1920—1999)

他出生于加德满都,但在印度长大,并于1942至1947年间活跃于印度共产党中。1949年,他作为元老之一参与建立了尼泊尔共产党,并于1951至1956年间任党总书记一职。在马亨德拉王接管政权以后,莫汉于1960至1969年间遭到监禁,出狱后领导自己的派系,于1987年与萨哈娜·普拉丹一派合并为尼泊尔共产党(马克思主义)。自1991年以来,他任尼共(联合马列)主席,并领导了1994—1995届的尼泊尔少数党政府。曼·莫汉·阿迪卡里在1999年大选期间去世。

班达里,马丹(1952—1993)

1978 年,他建立了尼泊尔共产党(马列主义),自 1989 年以来任该党主席,直至去世为止。在 1990 年"人民运动"结束以前,马丹一直都是一位"地下工作者",在 1991 年他的党派与尼共(马克思主义)融合而成尼共(联合马列)之后,他成为该党事实上的领导人。马丹最先提出了尼共(联合马列)官方 1993 年采用的政治信条:"多党派人民民主"。1993 年 5 月,马丹·班达里乘坐的吉普车发生了事故,一头栽入河中,导致他当场死亡。然而,对于这一事件是否是一起意外,依然存在争议。

巴特拉伊,巴布拉姆(1954—　　　)

他出生于廓尔喀区,在前往印度之前,在尼泊尔国内曾是一位模范学生。1986 年,巴布拉姆自印度获得了博士学位,并且在当地尼泊尔社区的"左派"政治运动中崭露头角。回国后,他曾于 1990 年"人民运动"中,任"极左派"组织"全国联合人民运动"的发言人。1991 年,他作为发起人之一,组建了"团结中心"的竞选工具——"联合人民阵线";1944 年该党分裂后,巴布拉姆成为尼共(毛主义)的领导人之一,作为该党的喉舌,他带领几位党员参加了 2002 年的和平谈判。

巴特拉伊,克利须那·帕拉沙(1924—　　　)

作为大会党的建立者之一,他参与了 1950 至 1951 年间反对拉纳统治的斗争。1959 至 1960 年,他担任该届国会的发言人,在马亨德拉王接管政权以后,他被囚禁起来。克利须那在 1976 至 1996 年间任大会党主席,1982 年,比希维什瓦·柯伊拉腊在去世前将党的领导权托付给包括他在内的"三巨头"。他领导了 1990 至 1991 年间临时政府,但在 1991 年大选时未能赢得一个席位。1999 至 2000 年间,克利须那再次当选为首相,但后来被吉里贾·柯伊拉腊赶下台。

比朱克切,纳拉扬·曼(罗希特同志)(1940—　　　)

纳拉扬是尼泊尔工农党(原尼泊尔工农协会)的领导人。他早期强调共产党对地方政治体制的渗透,他领导的政党控制了巴德冈城镇议事会,并在 1981 及 1986 年"民主议事会"两次选举期间,成功地推举党员作为候选人,参加了大选。"人民运动"以后,他在巴德冈建立了领导地位,尼泊尔工农党也在 1994 年大选中赢得了四个议席,但 1999 年时,该党只有他自己还保留着议员的地位。

比斯塔,基尔提尼迪(1927—　　)

基尔提尼迪曾是一位大会党政治家,1961 年以后选择与"潘查雅特"政体进行合作。他曾担任多个政府要职,包括 1969 至 1973 年间以及 1977 至 1979 年间两次出任首相。1992 年,他协助马特里卡·柯伊拉腊建立了"民主人民大会",随后成为该党副主席,并最终出任党主席。但该党未能成功赢得国会议席。

佛陀(乔答摩·悉达多)(约公元前 484—前 404)

佛陀出生于现在尼泊尔塔莱区中部的蓝毗尼。他本是释迦族部落联盟中一位部族首领的儿子,为了寻求人类痛苦的解脱之路,他抛弃财富离家出走,在摩揭陀国的菩提伽耶(今比哈尔邦境内)冥想时获得顿悟,自此以后成为一名宗教领袖。传说他曾经到过加德满都谷地传教,这一说法很可能是假的,但佛陀的弟子们后来的确将佛教传入了尼泊尔,又以此地为中转,将佛教传向了中国西藏。

昌德,洛坎德拉·巴哈杜尔(1939—　　)

这位政治家出生于西部的拜德迪地区,自 1964 年起活跃于"潘查雅特"政体中,1983 至 1988 年任首相,而当 1990 年 4 月"人民运动"达到高潮时,他又在这一职位上干了 11 天。1991 年 5 月,他建立了国民民主党(昌德派),与 1992 年苏利亚·巴哈杜尔·塔帕成立的国民民主党(塔帕派)展开了合作,但其间问题不断。1997 年 3 至 10 月,在他的领导下,国民民主党与尼共(联)组建了联合政府。在德乌帕政府解散七个月后,他于 2002 年 11 月再度出任首相。

德乌帕,谢尔·巴哈杜尔(1946—　　)

他出生于尼泊尔西部的登代尔图拉区,1991 至 1994 年间出任政府内政部长,并于 1995 至 1997 年间领导了大会党-国民民主党-沙巴伐尔纳党联合政府。2001 年 7 月,他再次出任首相,并试图与毛主义者展开谈判但在反政府武装 11 月份袭击军队以后,他宣布国家进入紧急状态。在柯伊拉腊领导的派系威胁到他的政治地位时,谢尔于 2002 年 5 月解散了议会,并随后组建了尼泊尔大会党(民主)。2002 年 10 月,他被贾南德拉王免职。

高塔姆,班姆提夫(1948—　　)

这位政治家出生于皮乌坦地区,一度是尼共(联)总书记马达夫·尼帕尔的主要政敌。他一向极力主张与巴哈杜尔·昌德领导的国民民主党进行合作,在 1997 年 3 至 10 月的联合政府中,班姆提夫任昌德的副手。1998 年,他与党内异见者迈纳利联合,从尼共(联)中分裂出去,重建了尼共(马列)这一政党;2002 年,他再次加入尼共(联),从那以后与尼帕尔的对手卡德加·普拉沙·奥利结盟。

吉里,图尔斯(1926—　　)

图尔斯是比希维什瓦·柯伊拉腊的门徒,也是 1950 至 1952 年间参加过大会党斗争的资深党员。1959 至 1960 年间他出任政府部长,但于 1960 年 8 月辞职。马亨德拉掌权以后,他参与了"潘查雅特"政体的建设,并成为其中重要的政治人物,1963 至 1965 年曾任部长议事会主席,并于 1975 至 1977 年间出任首相。1986 年,他离开尼泊尔前往斯里兰卡,后于 1991 年迁至印度南部。

卡旁及,高尔·巴哈杜尔(1945—　　)

此人出生于尼泊尔东部的城市乌代普尔。曾是"左派"政治活动家,但 1990 年组建了"尼泊尔全国民族解放党",为山地区非帕拉芭蒂亚少数民族的权益作斗争。在选举上,高尔并不成功,但在贾南德拉掌权以后,他于 2002 年成为昌德政府中两位玛嘉族政治家中的一个。

柯伊拉腊,比希维什瓦·帕拉沙(1915—1982)

他的父亲在得罪了钱德拉·沙姆沙之后逃到了印度,而比希维什瓦就在印度境内长大并接受教育。他在大会党成立的过程中起到了关键性的作用。在 1950 至 1951 年间的武装运动结束后,比希维什瓦在

1951 年拉纳家族与大会党组成的联合政府中任内政部长。作为党内重要政治理论家，他领导了 1959 至 1960 年间的大会党政府，随后被捕入狱，直到 1968 年，马亨德拉王接管政权以后才得到释放。随后他前往印度组织武装起义，但最终还是回到尼泊尔，以和平的方式与"潘查雅特"政体作斗争。

柯伊拉腊，吉里贾·帕拉沙 (1925—　　)

吉里贾是比希维什瓦·柯伊拉腊的弟弟，也是他的军中同袍。他领导了 1991 届大会党政府，但权威受到党内纷争的削弱，在自己发起的 1994 年期中改选中失败。1996 年，他成为大会党主席，并于 1998 至 1999 年间再次出任首相。1999 年大选之后，他扶植自己的政敌克利须那·巴特拉伊成为首相，但 2000 年又将其赶下台去。随后，吉里贾自己的首相之位也被德乌帕夺走，两人之间的分歧导致 2002 年大会党的正式分裂。

柯伊拉腊，马特里卡·帕拉沙 (1912—1997)

马特里卡是柯伊拉腊同父异母的哥哥。在人民议会党中，他不如弟弟比希维什瓦那样有声望，但 1950 年的融合协议使他成为大会党主席。在特里布凡王的坚持之下，他成为 1951 至 1952 年大会党政府的领袖，但随后同弟弟比希维什瓦发生意见分歧，于 1953 年组建国民民主党，并于 1953 至 1955 年掌权。后来，马特里卡加入了大会党，但在 1960 年以后转而支持王室。1992 年，他参与成立了"民主人民大会"，但未能重获政治影响力。

拉玛，尼玛尔 (1930—2000)

他曾于 1950 至 1951 年间与拉纳家族的统治势力进行斗争，并于 1951 年加入共产党。1974 年，尼玛尔协助莫汉·比克拉姆·辛格建立了尼共（第四公约），但随后就把辛格从党派中驱逐出去。他是 1990 年宪法的起草人之一，当年 11 月，领导自己的党派合并到尼共（团结中心）中去。该党派以"联合人民阵线"的形式成为 1991 届国会中的第三大党。1994 年党派分裂后，尼玛尔依然保持着在尼共（团结中心）中的领导地位,而他的前盟友们则组建了尼共(毛主义)。

迈纳利,钱德拉·普拉卡什(1953—   )

他曾经是"贾帕里"组织的一员,在 70 年代早期参与了该组织暗杀"阶级敌人"的活动。自 1978 年尼共(马列主义)成立以来便任该党主席,直到 1982 年卸任。1990 年尼共(联合马列)建立以后,他曾经反对马丹·班达里"多党派人民民主"的改革政策,但未获支持。1994 至 1995 年间,他曾在尼共(联合马列)政府任期内短暂出任首相,但 1998 年离开该党,重建尼共(马列主义)。2002 年,他的同事班姆提夫·高塔姆重新加入尼共(联合马列)时,他拒绝也这样做。

马拉,贾亚·普拉卡什(卒于 1769)

作为马拉王朝最后一任君主,他为了制止普利特维·纳拉扬征服加德满都谷地的涅瓦尔王国,曾陷入长期苦战,但最终未能成功。在加德满都陷落以后,他逃往巴德冈国王、普利特维曾经的盟友兰基特·马拉处避难。当廓尔喀军队于 1769 年攻下该城时,这位国王全身负伤,英勇地死去。

马拉,贾亚斯提提(卒于 1395)

这位国王曾经是一位印度王子(有可能是迈蒂利人),入赘到尼泊尔的博昂塔家族中,并于 1382 年成为加德满都谷地的主人。在他统治期间,印度教正统地位在谷地内部得到了强化,而尼泊尔现存最古老的编年史《瓦姆沙瓦利》也是在这一时期完成编纂的。

马纳德瓦(公元 5 世纪)

这是一位统治加德满都谷地及周边山区的梨车族国王。公元 465 年,他在巴德冈以北的昌古纳拉扬神庙竖立了一尊毗湿奴神像,并附有一篇碑铭,记载了他是如何劝说自己的母亲不要在父亲的葬礼上自焚,以及通过击败几位暴动的封建王公使得中央权力得以加强的事迹。

巴卓卡里·米什拉(1921—   )

此人曾在拉纳家族与大会党的联合政府中任职,在组建了自己的

"尼泊尔塔莱议会"之后，他又加入 1953 至 1955 年马特里卡·柯伊拉腊政府，并出任部长。他随后加入坦卡·阿查里雅领导的"人民大会"，但 1958 年领导一派从该政党中分离出去。"人民大会"（米什拉）在 1959 年大选中只获得了一个议席，而在马亨德拉王掌权之后，他成为流亡国外的大会党中一位重要人物。

尼帕尔，马达夫·库玛尔（1953—　　）

他出生于劳塔哈特，1966 年加入了施莱斯塔领导的共产党派别，但于 1978 年参与成立了尼共（马列主义）。1992 年，马丹·班达里死后，马达夫成为尼共（联合马列）的总书记，并于 1944 至 1945 年间少数党政府中出任副总理。2003 年 4 月，五党联合推举他作为首相的候选人，以制止贾南德拉王夺权，但这一提议遭到国王的拒绝。

潘德，达摩达尔（1751？—1804）

他是一位在尼泊尔扩张战争期间战功卓著的军事将领，在 18、19 世纪之交曾反对拉纳·巴哈杜尔·沙阿，并力主与东印度公司建立同盟关系。1804 年，拉纳·巴哈杜尔与比姆森·塔帕回国后，达摩达尔被处决。

潘德，蓝琼（1778？—1843）

达摩达尔·潘德之子，19 世纪 30 年代比姆森·塔帕权力遭到削弱时，他曾公开对抗塔帕。尽管英国特使最初对他给予支持，但他说服拉金德拉王采取了反英政策，于 1840 年在东印度公司的压力下被免职。

普拉昌达（普什帕·库玛尔·达哈尔）（1956—　　）

这位传奇人物出生于卡斯基地区，但年幼时便举家搬迁到奇特旺。1971 年，他成为一位地下秘密共产党员，与莫汉·辛格先后在尼共（第四公约）和尼共（马萨尔）共事，但 1985 年与其分道扬镳，组建了自己的政党"马沙尔派"。这一新党派 1990 年再度与尼共（第四公约）融合，组建了"团结中心"派，后者是"联合人民阵线"的组成部分。1994 年再度分裂后，他组建了尼共（毛主义），并于 1996 年发动了"人民战争"。

2001年,他成为党主席,而"普拉昌达路线"也被该党写入了党章之中。

普拉丹,萨哈娜(1932—)

她出生于尼泊尔,但童年的一部分时光在缅甸度过。40年代起,她便活跃在"左派"政治运动和女权主义运动中,1953年嫁给了共产党领袖普什帕·拉·施莱斯塔。在丈夫于1978年去世后,萨哈娜接管了他领导的政党,1987年领导该党与另一派合并为尼共(马克思主义)。在人民运动期间,她任"联合左翼阵线"的主席,并于1990至1991年过渡政府中任部长一职。1991年1月,她进入了尼共(联合马列)中央委员会,1998年分裂时曾加入尼共(马列主义),但2002年又返回尼共(联合马列)。

普恩,纳拉扬·辛格(1949—)

前任陆军中校,曾负责指挥尼泊尔王家陆军直升机中队。他于1999至2000年间巴特拉伊领导的大会党政府中任部长一职,但随后自己成立了尼泊尔萨曼陀党。贾南德拉王于2002年掌权后,他被点名选进昌德领导的政府,并促成了2003年1月与毛主义者的停火协议。在和谈期间,他率领代表团与反政府武装代表展开斡旋,但2003年5月昌德辞职后,他也随即被免职。

拉纳,班姆·巴哈杜尔·昆瓦尔(?—1857)

他是忠格·巴哈杜尔·拉纳的弟弟,1856年,忠格·巴哈杜尔在得到卡斯基与蓝琼两地"马哈拉扎"的封号后辞职,而班姆则被任命为首相。

拉纳,巴拉特·沙姆沙(1925—)

他是巴伯·沙姆沙·拉纳的孙子,也是"马哈拉扎"莫汉·沙姆沙·拉纳的兄弟。1951年,他领导"廓尔喀达尔"反对时任政府,4月时以密谋政变的罪名遭到逮捕。获释后,他一直领导"廓尔喀议会"党,该党在1959至1960年议会中是大会党的反对党。马亨德拉王掌权以后,巴拉特促成两党的合并,并组织针对王室的暴力反抗计划,这一工作一直持续到1962年秋季。

拉纳,比姆·沙姆沙(1865—1932)

1929年,比姆继钱德拉·沙姆沙之位,成为"马哈拉扎"。在钱德拉禁止将不合格的后代纳入权力继承序列之后,比姆违规将自己的私生子与孙子们挤进了继承名单,这使得拉纳家族内部矛盾进一步加剧。

拉纳,比尔·沙姆沙(1852—1901)

迪尔·沙姆沙的大儿子,他带领沙姆沙兄弟策划了1885年针对他父亲的兄弟拉诺蒂普以及忠格·巴哈杜尔之子扎戈·忠格的谋杀。在此之后,他自己成为"马哈拉扎"。

拉纳,钱德拉·沙姆沙(1863—1929)

他是迪尔·沙姆沙之子,1901年继任为"马哈拉扎"。他是一位卓越的政治家,同时也是坚定的保守主义者,在第一次世界大战中,他不遗余力地支持英国。在他统治期间,尼泊尔正式废除了奴隶制及"萨蒂"寡妇殉葬制。他命令建造的狮子宫现在是中央政府秘书处所在地。

拉纳,提夫·沙姆沙(1862—1914)

迪尔·沙姆沙之子,1901年继承兄长比尔的"马哈拉扎"之位,但他所持的自由主义观点让其他沙姆沙兄弟们甚为忧虑,在继任114天后,提夫便被自己的兄弟们赶下台去。他在印度喜马拉雅地区的穆索里寿终正寝。

拉纳,迪尔·沙姆沙(约1828—1884)

他是忠格·巴哈杜尔年龄最小的弟弟,1850年曾陪同忠格一道造访欧洲。拉诺蒂普·昆瓦尔任"马哈拉扎"期间,他是政府的中流砥柱。他死后,他的儿子们与忠格·巴哈杜尔的后代之间开始公然的对抗,为1885年沙姆沙兄弟政变埋下了伏笔。

拉纳,忠格·巴哈杜尔·昆瓦尔(1817—1877)

在"军火库屠杀"中,他的势力杀死了大多数其他政敌,而在这场惨案后,他于1846年成为首相。在他的阴谋设计下,王太子苏伦德拉取代了拉金德拉王成为新任国王;但他一直将实权掌握在自己手里,并使自己的家族成为国内真正的统治势力,开启了拉纳政权的时代。1856年,他受封为"马哈拉扎"。他协助英国方面镇压了印度 1857 至 1858年的暴动,作为回报,东印度公司将 1816 年占领的西部塔莱区重新归还了尼泊尔。

拉纳,朱达·沙姆沙(1875—1952)

1885 年共有 17 名沙姆沙家族的兄弟争夺权力,而他最终获胜,于1932 年受封"马哈拉扎"。在第二次世界大战期间,他将尼泊尔的人力物力全部投入到盟军一方中去;战争结束后,他主动退位,前往印度喜马拉雅山区,并将余生奉献给了宗教事业。现在,在加德满都新路的尽头竖立起了他的一尊雕像,以纪念在 1934 年大地震后,他在灾后重建过程中作出的卓越贡献。

拉纳,基沙尔·沙姆沙(1892—1964)

他是"马哈拉扎"莫汉·沙姆沙的兄弟,也是钱德拉·沙姆沙诸子中最有能力的一位。基沙尔曾为挽救拉纳政权的危局作出极大努力,但在 1951 年以后则归顺了他妻子的兄弟特里布凡王。同时,他也热衷于收藏各种书籍,他的私人图书馆位于基沙尔宫,现在已经对公众开放了。

拉纳,莫汉·沙姆沙(1885—1965)

他是钱德拉·沙姆沙之子,同时也在 1948 年成为末代"马哈拉扎"。此人在国内政策方面,是一个众所周知的强硬派,他不想与反拉纳势力作出任何形式的妥协,因此就希望同印度展开国防和贸易方面的合作,以换取该国的支持。然而,在特里布凡王前往印度之后,面临大会党的军事行动和新德里外交方面的双重压力,莫汉只能选择屈服,并接受了 1951 年的协定。在 1951 年 11 月大会党与拉纳家族的联合政府垮台前,他一直担任首相之职。此后不久,他便离开了尼泊尔,并在印度班加罗尔去世。

拉纳,帕德玛·沙姆沙(1883—1960/1961)

他是比姆·沙姆沙之子,于 1945 年继承了朱达的权力。尽管希望保住拉纳政权,但他更倾向于通过政治改革来实现这一目标。1948年,在印度的协助下,他颁布了一部宪法,在现有体制中引入了某种程度上的代议制成分。然而,在面对钱德拉·沙姆沙其他保守派的子嗣时,帕德玛显得底气不足,无法强硬地坚持自己的路线,最终于同年被免职,随后自我流放到印度。

拉纳,帕苏帕蒂·沙姆沙(1942——   )

他是末代"马哈拉扎"莫汉·沙姆沙的孙子,也是尼泊尔天然气公司的老板。自1975年以来,他就活跃在"潘查雅特"体制中,在数届政府中都出任要职。1992年,成为国民民主党总书记,并于1995至1997年联合政府中任水利部长。2002年12月,他成为民主党主席。他的女儿是提夫雅尼,王子狄潘德拉与她的关系,是导致2001年王室屠杀案的关键性因素。

拉纳,拉诺蒂普·辛格·昆瓦尔(1825—1885)

他是忠格·巴哈杜尔的兄弟,于1877继承了其"马哈拉扎"以及首相的地位,并随即放宽了英国政府在尼泊尔募兵的限制。1885年,他的侄子们担心他会令忠格·巴哈杜尔的儿子继承首相,因此便刺杀了他。

拉纳,楼陀罗·沙姆沙(1879—1964)

他是"马哈拉扎"比尔·沙姆沙的私生子。1932年朱达继位时,他成为军队总指挥,但于1934年被朱达剔出了继承权序列。随即他被任命为帕尔帕都督,前往中部山区驻扎,并于1951年1月大会党发动军事进攻时,率部投靠到了大会党一方。

拉纳,苏巴尔纳·沙姆沙(1909—1977)

他是"马哈拉扎"比姆·沙姆沙的丙等孙子,1949年尼泊尔民主大会在加尔各答成立的过程中,他成为主要的捐资者;1950年该党与尼泊尔人民议会党合并为大会党。他于1950至1951年间反拉纳政府中扮演了重要角色,并于1958至1960年间出任部长。马亨德拉掌权后,他秘密组织武装反抗,但在1962年秋中印边界自卫反击战爆发后,他便停止了这类武装行为。1968 年,他最终与马亨德拉王达成和解。

拉亚玛希,基沙尔·忠格(1926—　　　)

他出生于帕尔帕,并在加尔各答取得医学学位;1949 年,他于该地加入尼泊尔共产党。作为党的总书记,他对马亨德拉王接管政权一事并未表示反对。在同尼共中其他更为激进的派别分裂之后,他继续领导支持苏联的一派,并于 1986 年被选入"民主议事会"。1990 年"人民运动"以后,他是过渡政府中两位王室任命人中的一位。

拉格米,迪利·拉曼(1914—2001)

迪利出生于蓝琼地区,在尼泊尔国内反拉纳活动期间,他作为一名学生参加了抗议示威,而后又参加到了印度民族主义运动中去。1947 年,比希维什瓦·柯伊拉腊被逮捕,他于当年被任命为尼泊尔人民议会党的主席。前者出狱后,他拒绝交权,并在 1950 年柯伊拉腊领导自己的派系合并为大会党之后,依然坚持领导人民议会党。50 年代,他在两届政府中出任部长一职。迪利也研究尼泊尔历史,并著有一系列很有价值的专著,但这些书籍的可读性往往不强。

沙阿,艾什瓦尔娅(1949—2001)

她是"马哈拉扎"朱达·沙姆沙的曾孙女,于 1970 年嫁给了太子比兰德拉。作为一位强硬派,在"人民运动"期间她招致许多人的反感,但在 90 年代,她的名誉多少有所恢复。她一贯反对狄潘德拉与提夫雅尼·拉纳的婚事,这可能导致了 2001 年的王室屠杀惨案,她自己也在此次事件中丧生。她还以香缇尼·沙阿为笔名发表过诗集。

沙阿,巴哈杜尔(1757—1997)

巴哈杜尔是普利特维·纳拉扬·沙阿的小儿子,在他的侄子拉纳·巴哈杜尔·沙阿在位早期,他任摄政王,持续向西扩张廓尔喀国家。但因为其对中国西藏的激进政策,使尼泊尔于 1792 年遭到了中国的军事反击;此间他向英国寻求外交上的援助,但不想此举触怒了王室其他成员。1794 年 5 月,他被国王罢免,并在六年后死于狱中。

沙阿,比兰德拉·比尔·比克拉姆(1945—2001)

比兰德拉王于 1972 年即位,在统治初期延续了他父亲的政策,但当 1979 年国内爆发骚乱后,他选择召开修宪会议。此次会议并未能复活多党制民主,而是实行了较为自由的"潘查雅特"体制。1990 年,他终于向国内恢复民主的呼声妥协,但为自己保留了几项权力,尤其是国王对军队实际上的控制权。在 2001 年王室屠杀案中,他死于自己的儿子——狄潘德拉之手。

沙阿,迪蓝德拉(1950—2001)

他是马亨德拉王三个儿子中最年轻的一个,他一度曾是比兰德拉王态度强硬的顾问,十分具有影响力;但当迪蓝德拉与艾什瓦尔娅王后的姐妹离婚并被牵连到某个随从犯下的罪案中时,他选择放弃一切贵族的头衔和荣誉。90 年代,他以平民的身份重新被王室所接受,据说还代表比兰德拉王与共产党暴动势力有过接触。

沙阿,狄潘德拉(1971—2001)

比兰德拉的大儿子,与国王本人一样,在英国伊顿公学接受过教育。据信,他与父母就其同提夫雅尼结婚一事闹翻,在 2001 年 6 月 1 日,满腹怨气的王子在吸食毒品后,持枪杀害了大部分王室成员,随后自杀。

沙阿,法塔赫·忠格·查乌塔里亚(? —1846)

他是一位乔塔里亚成员,亦即与王室有亲属关系的贵族;1839 至 1842 年间,他是英国特使布莱恩·霍奇森的盟友,反对蓝琼·潘德的反英政策。后于军火库惨案中被杀害。

沙阿,吉尔巴纳·尤达(1797—1816)

他是拉纳·巴哈杜尔·沙阿王与一位婆罗门情人生下的儿子,在其父于 1799 年退位以后继任大统,但在他能够从垂帘听政的继母——特里普拉·孙达里王后手中把权力夺回来之前,这位短命的国王就去世了。

沙阿,贾南德拉·比尔·比克拉姆(1947——　)

　　他是马亨德拉王的次子,1950 至 1951 年间,当特里布凡一家前往印度时,他曾留在国内,被短暂地扶植为王。在比兰德拉王以及其他王室成员 2001 年意外死去后,贾南德拉再次接过王冠。2001 年 11 月,毛主义暴动分子袭击军队以后,他同意全力投入军事力量打击这些暴动者。2002 年 11 月,他解散了德乌帕政府,并成功地使权力重新回落王室手中。

沙阿,拉丽塔·特里普拉·孙达里(卒于 1832)

　　她是国王拉纳·巴哈杜尔的王后,在拉纳遇刺身亡后,吉尔巴纳·尤达即位,她出任摄政女王,并在接下来的 25 年里帮助比姆森·塔帕(她可能与此人有染)控制着尼泊尔政权。

沙阿,马亨德拉·比尔·比克拉姆(1920——1972)

　　他陪同父王特里布凡于 1950 年前往印度,又于次年一同回国,并最终于 1955 年接任成为国王。1959 年,在他的同意下,尼泊尔举行了首次国会选举,但 1960 年 12 月他又解散了比希维什瓦·柯伊拉腊领导的大会党政府。1962 年中印边界自卫反击战爆发后,马亨德拉王侥幸未被游击队推翻。他建立了"潘查雅特"政体,以间接选举的"议事会"代替代议制民主,并一直将核心权力掌握在自己手中。

沙阿,尼拉詹(1978——2001)

　　比兰德拉王的小儿子,据说也是父亲最喜欢的子嗣。2001 年王宫屠杀惨案中被哥哥狄潘德拉杀死。

沙阿,帕拉斯(1970——　)

　　贾南德拉王的独子,在狄潘德拉疯狂的杀戮中奇迹般幸存下来,并于 2001 年 10 月正式成为太子。但他嗜酒成性,至少两次酒后驾车致人死伤。

沙阿,普拉塔普·辛格(1751——1777)

　　普利特维·纳拉扬·沙阿的独子与继承人,1775 年成为国王。他是一位和平主义者,并对密宗教派有浓厚的兴趣。在他短暂的统治生涯中,效忠先王的军事长官们与他宠信的顾问们之间一直剑拔弩张。

沙阿,普利特维·纳拉扬(1722—1775)

1743 年,他继承了父亲纳尔布帕·沙阿的大统,成为廓尔喀国王,随后征服了加德满都谷地的诸王国,并武力扩张到锡金境内的提斯卡河流域,建立了近代尼泊尔国家。自从他的后代 1951 年将权力从拉纳家族手中夺回后,普利特维被尊为尼泊尔国父;但近年来他的地位有所动摇,越来越多的人开始争论一个问题:这位国王究竟是统一了尼泊尔,还是作为一名侵略者征服了这个国家?

沙阿,拉金德拉(1813—1881)

他的父亲吉尔巴纳·尤达于 1816 年去世后,拉金德拉成为国王。1837 年,他罢免了比姆森·塔帕,开始亲自执政,但当 1841 年太后去世后,拉金德拉陷入了与王后拉琪亚·拉克诗米以及太子苏伦德拉的权力斗争中。1847 年,忠格·巴哈杜尔·拉纳废黜拉金德拉、立苏伦德拉为王,无休止的纠缠和斗争方才停止。后来,拉金德拉试图聚众推翻新王,但遭到逮捕,并在巴德冈被软禁,在那里度过了他的余生。

沙阿,拉琪亚·拉克诗米(1824 年结婚)

她是拉金德拉王的王后,1846 年 9 月 15 日军火库惨案过后,她任命忠格·巴哈杜尔·拉纳为首相。后来,她试图废掉太子苏伦德拉,并让自己的儿子成为王储,但这一尝试失败,她被迫逃出加德满都。

沙阿,拉纳·巴哈杜尔(1775—1806)

1777 年拉纳的父亲普拉塔普·沙阿死后,他继任成为尼泊尔国王。但唯有在 1794 年罢免了摄政王——也是他的叔叔——巴哈杜尔·沙阿之后,他才真正掌权。为了确保他与一位婆罗门小妾的孩子能够成为继承人,拉纳于 1799 年退位;当他尝试再度登基并遭到国内反对后,他离开尼泊尔,远走瓦拉纳西。在挫败了政敌们的阴谋以后,拉纳于 1804 年回国并重新掌权,但随后被他同父异母的兄弟"狮子"谢尔·巴哈杜尔杀害。

沙阿,拉特纳(1928—)

她是"马哈拉扎"朱达·沙姆沙的孙女,在姐姐英德拉·拉琪亚去世后不久,她于 1952 年嫁给了当时的太子马亨德拉,这桩婚事遭到了国王特里布凡的反对。她膝下没有子女,尽心尽力把未来的比兰德拉王和他的兄弟姐妹们养大。尽管 2001 年王室惨案发生时,她就在隔壁房间;但调查委员会并未传唤她作证。

沙阿,苏伦德拉(1829—1881)

在他的母亲、太后沙姆拉贾·拉克诗米于 1841 年 11 月逝世后,他的精神状况变得不稳定,并表现出暴力倾向。他一直要求自己的父亲拉金德拉王将权力分割给他;而当忠格·巴哈杜尔·拉纳废掉拉金德拉王后,这一愿望部分得到了满足。尽管如此,大部分实权还是掌握在忠格·巴哈杜尔手中。

沙阿,特里布凡·比尔·比克拉姆(1906—1955)

1911 年,特里布凡接过父亲普利特维的权杖,成为国王。1950 年,他与身在印度的大会党结成同盟,反抗拉纳政权,后又逃往印度。1951 年 2 月,在印度的促成下,拉纳政权同意与大会党组建联合政府,特里布凡返回加德满都。联合政府倒台后,国王开始积极干预政治,要么要求大会党任命忠于自己的马特里卡·柯伊拉腊为政府首脑,要么干脆由自己直接进行统治。1955 年 3 月,在瑞士接受医疗的过程中,特里布凡王驾崩。

沙哈,李希凯什(1925—2003)

这位政治家出生于坦森地区,是山区一位领主之子。他曾于特里香达大学任教,讲授英语与尼泊尔语课程,后来则在 1948 年参与成立了"尼泊尔民主大会"党。1956 年以后,他不再关心政党政治,转而成为尼泊尔驻联合国官员。1960 年以后,他协助起草了 1962 年"潘查雅特"宪法,也曾短暂出任财政部部长与外交部部长,但最终成为一名异见者。同时,他也是一位历史学家、政治评论作家,并且活跃在人权维护领域中。

沙斯特里,舒克拉·拉杰(？—1941)

他是宗教改革者马达夫·拉杰·若希的儿子,深受甘地的影响,他于 1937 年在加德满都成立了尼泊尔民权委员会。1938 年,他遭到当局逮捕并获刑六年,但后来政府认为,他的传教对"人民大会"有着重要影响,因此于 1941 年 1 月将他处决。他也是此次行刑中诞生的"四烈士"之一。

施莱斯塔,马里克曼·辛格(1942—　　)

他出生于萨里延区,早期是一位教师。1960 年,他在"潘查雅特"体制下首次步入政界,1969 年任水利部长,1970 年任教育部长。1981 至 1985 年,他成为"民主议事会"主席,1986 至 1990 年又出任首相。因试图镇压 1990 年"人民运动"而遭到广泛批评。

施莱斯塔,普什帕·拉(1924—1978)

他是刚伽·拉·施莱斯塔的兄弟,后者曾是"人民大会"成员,于 1940 年遭到杀害。在尼泊尔共产党成立的头两年里(1949—1951),他任该党总书记,被视为尼泊尔共产主义运动之父。他一直支持左翼共产党,但在马亨德拉掌权后,他转而支持大会党恢复 1959 年国会的要求。1960 年前往印度,在经过一系列党派分离之后,他于 1969 年在高拉克普尔成立了自己的共产党派别。

辛格,加甘(？—1846)

他与拉琪亚·拉克诗米王后是密友。马特巴尔·辛格遇刺身亡后,他被任命为朝中大臣,而自己也于 1846 年 9 月 14 日被杀害。他的遇刺是军火库惨案的前奏,也预示着忠格·巴哈杜尔·昆瓦尔即将夺得权力。

辛格,葛金德拉·纳拉扬(1930—2002)

参与过 1950 至 1951 年斗争的老牌政治家,1960 至 1961 年间被马亨德拉王捉拿下狱,出狱后自我流放到印度,直到 1979 年才回国。1985 年组建沙巴伐尔纳委员会,为塔莱区的人民争取权益,此后曾短暂被捕入狱;1986 年被选入"民主议事会"中。1990 年,将沙巴伐尔纳委员会重组为政党,并强调塔莱区域自治以及呼吁在政府中设立更多塔莱区人民的代表席位。自 1995 年以来,在联合政府中任职。

辛格,伽内沙·曼(1915—1997)

他的父亲是一位资深涅瓦尔行政官,1943 年从监狱中越狱逃脱,前往印度;而此前他因为与"人民大会"有联系而一直被收监。作为"尼泊尔民主大会"党党员,伽内沙刚一回到尼泊尔就又被捕入狱,直到 1951 年才得到释放。他与比希维什瓦·柯伊拉腊共同组建了政府,1960 年以后也随他一同入狱、一同被流放。比希维什瓦死前将大会党的未来托付给"三巨头",其中就有他一个;他也积极地组织了 1990 年"人民运动"。"人民运动"以后,他与吉里贾·柯伊拉腊发生意见分歧,从此退出政治斗争。

辛格,昆瓦尔·英德拉吉特(1906—1982)

他曾在 1950 至 1951 年反拉纳运动期间,在白拉哈瓦地区领导武装斗争,但拒绝接受德里协定,最终被马特里卡·柯伊拉腊借来的印度军队所俘虏。1952 年"罗刹军"起义时,他被从监狱里解救出来,并逃亡中国西藏;但在 1955 年回国后,昆瓦尔转变了立场,成了亲印派。他组建了联合民主党,并于马亨德拉王掌权期间,在 1957 年 7 至 11 月出任首相。他未能在 1959 年大选中获得任何国会席位,但于 1981 年被选入了"民主议事会"。

辛格,莫汉·比克拉姆(1935—　　)

他的父亲是一位皮乌坦地主,与特里布凡王的关系十分要好。1953 年,他加入尼泊尔共产党,并在西部山区的故乡为这一政党赢得了大量支持。1961 至 1970 年被捕入狱,于 1974 年成立了尼共(第四公约),并在失去对该党的控制之后,于 1983 年又成立了尼共(马萨尔)。"马萨尔"派在 1994 年大选中就支持过几个候选人参加了竞争,而在 1999 年则以联合人民阵线的形式再次参加了大选。2002 年 7 月,他领导尼共(马萨尔),与尼共(团结中心)合并。

辛格,拉姆拉扎·普拉沙(1936—　　　)

他是最高法院的支持者,1971 年曾从毕业生选区中被推举进入"民主议事会",但因为不断宣传多党民主制而遭到逮捕。此人在印度成立了"人民民主阵线",并于 1985 年宣称对加德满都爆炸案负责。法院先是缺席判处他死刑,后来又于 1991 年对他予以赦免。他还参加了当年大选,但未有斩获。

塔帕,阿玛·辛格(？—1817)

19 世纪早期,他是远西地区的尼泊尔军队司令,将尼泊尔的边界线推进至萨特卢俱,但遭遇了郎杰特·辛格的抵抗,不能再前进一步。1814 至 1815 年,英军指挥官奥斯泰隆尼曾逼迫这位将领将军队后撤至伽尔瓦尔和库玛昂一带。

塔帕,比姆森(1775—1839)

曾是拉纳·巴哈杜尔·沙阿的随从,在他被流放至瓦拉纳西的日子里一直伴其左右。1806 年拉纳遇刺后,他让王后在尤达和拉金德拉两任国王期间成为摄政王,并将大权掌握在自己手中。1832 年王后死去,他的地位遭到削弱,最终于 1837 年失势。随后被捕入狱,并在狱中死去。

塔帕,马特巴尔·辛格(1798—1845)

他是比姆森·塔帕的侄子,也是其在政治上的支持者。于 1843 年12 月被任命为首相,但因为与太子苏伦德拉走得过近,遭到国王和王后的疏远,1845 年 5 月,国王下令,由他的侄子忠格·巴哈杜尔(拉纳)将其暗杀。

塔帕,苏利亚·巴哈杜尔(1928—　　　)

早期曾是大会党员,1959 年时,他已经成为上议院中一位独立议员;随后在"潘查雅特"政体中,他分别出任"部长议事会"主席(1965—1967)以及首相(1967—1969),但由于要求政治改革,1972 至 1974 年间被捕入狱。1980 年修宪会议前,他被召回并于 1979 年再度出任首相。1983 年下台后,此人再度成为异见分子。1990 年以后,他在国民民主党党内勉勉强强与老对手巴哈杜尔·昌德展开合作,领导了1997至1998年间联合政府,并于2003年5月再次任首相。

图拉达,帕德玛·拉特纳(1940—   )

他在加德满都出生,既是"左派"分子,也是人权斗士,还是一位涅瓦尔民族权益的捍卫者。1986年他进入"民主议事会",代表加德满都的一个选区,并在1990年"人民运动"的尾声时充当了谈判的中间人。1991与1994年两次进入国会,并在1994至1995年政府内任部长一职。1990年以后,他继续为调和毛主义者和政府之间的矛盾贡献着自己的热情和努力。

瑜伽,纳拉哈利那(巴尔比尔·辛格·塔帕·切特立)(1913?—2003)

他出生于卡里阔特区,13岁就离开家庭游历,随后被吸纳进瑜伽坎帕沓派。50年代末,在马亨德拉王的资助下,他组织建立了"业报会":这是一个印度教宗教激进组织团体,抵制1959至1960年间的大会党政府。1990年以后,他依然反对多党制民主,并公开支持传统印度教的君主制。

术　语　表

（这份附录中包含了对尼泊尔语或其他南亚语言中的术语，以及一些组织和机构名称的解释，以免这些内容使读者感到困惑）

A-Class Rana，甲等拉纳家族成员：拉纳家族中的一员，母亲往往是高等种姓出身的正妻。在钱德拉·沙姆沙确立的体制下，这些成员有权继承"马哈拉扎"之位。

Anchal：尼泊尔语，意为"区"（即尼泊尔国内 14 个一级行政单位的名称）。

Arya Samaj，"雅利安·萨马吉"运动：1875 年在孟买兴起的印度教宗教改革运动。

aul，"阿尔"：尼泊尔语，指以前在塔莱区肆虐的一种变体疟疾。

Awadhi，阿瓦第语：西部印尼边境两侧当地居民所使用的语言。

B-Class Rana，乙等拉纳家族成员：这些成员的母亲虽然也出身于高等种姓家庭，但通常没有与男方举行正式的印度教婚礼。他们一般不在继承权序列中。

Back to the Village National Campaign，"全国返乡运动"：1975 年宪法修正案规定，该组织有权为"潘查雅特"选举中的候选人投票。

Bahadur Shamsher Jang：波斯语，意为"战场雄狮"（莫卧儿帝国曾将这

288

一波斯头衔授予廓尔喀国王拉姆·沙阿）。

Bahudaliya Janbad：尼泊尔语，意为"多党民主制"。

bairagi，白拉吉：意为"无欲无求的人"（毗湿奴派僧侣的一支）。

baisi，巴希：尼泊尔语，意为"二十二"（指尼泊尔统一以前格尔纳利盆
地内部的一部分邦国）。

Bandh：在抗议示威中发动的罢工或歇业行为。

Banre：这一术语用来指涅瓦尔人中的宗教贵族阶级（金刚师或释
迦族）。

bharadar，巴拉达：听命于国王或"马哈拉扎"的政治精英群体，即
朝臣。

bharadari，巴拉达里：朝臣的复数或集合名词。

Bharo：中世纪时期加德满都谷地的贵族群体。

Bhojpuri，博杰普尔语：在印尼边界中段两侧的居民广泛使用的一种
语言。

Bhonta，博昂塔：加德满都谷地以东、以巴涅帕为中心的地区。

Bhotiya，蕃提亚：尼泊尔讲藏语的人群的统称（从"吐蕃"一词衍生
而来）。

Bhumigat Giroh：地下帮派（苏利亚·塔帕于 20 世纪 80 年代提出了这
一词语，指在"潘查雅特"体制下，不符合宪法但却在暗中操控政治的
一小群权力精英）。

Bikas：尼泊尔语，意为"发展"。

birta，比尔塔：即"比尔塔"封地，授予婆罗门以及（1846 年以后）拉纳
家族的免税个人土地。

Birtawala："比尔塔"封地的持有人。

Boddhisattva，菩萨：佛教哲学中，自愿留在尘世帮助别人脱离苦难的
圣人。

Brahman，婆罗门：印度教宗教贵族之一。

C-Class Rana，丙等拉纳家族成员：这些成员的母亲来自低等种姓的家
庭，因此他们无权继承首相或"马哈拉扎"之位。

Chaubisi,乔比希：尼泊尔语,意为"二十四"(指尼泊尔统一以前格尔纳利盆地内部的一部分邦国)。

Chautara,乔塔里亚：旧时专指朝臣中资历较老者,后泛指一切与王室合作者。

Commission for the Investigation of the Abuse of Authority,权力滥用调查委员会：尼泊尔政府官方打击腐败的机构。

Communist Party of Nepal (Maoist),尼泊尔共产党(毛主义)：联合人民阵线 1994 年分裂出的派别,后采用了此名。

Communist Party of Nepal (Marxist),尼泊尔共产党(马克思主义)：1987 年由普拉丹及阿迪卡里领导的两个派别合并而成。

Communist Party of Nepal (Marxist-Leninist),尼泊尔共产党(马列主义)：1978 年由原"贾帕里"组织改制而成,1991 年与尼共(马)合并为尼共(联合马列);这一名字后来又被 1998 年分裂出来的组织所继承,但后来该组织中大部分成员又回到了尼共(联合马列)。

Communist Party of Nepal (Unified Marxist-Leninist),尼泊尔共产党(联合马列)：尼泊尔在宪法框架内最大的共产党组织,1991 年由尼共(马)和尼共(马列)联合而成。

Cwasa Pasa：即"涅瓦尔笔友会"。

Dalit,达利人：地位低的人(现在被尼泊尔"不可接触"者用以自称)。

Damai,达麦：尼泊尔语,一个种姓的名称,意即"裁缝"。

Dasain,达善节：秋季传统节日,纪念神灵击败了水牛恶魔,也被视为国王正统延续的仪式。

Daura-Sawal,"道拉服"：尼泊尔传统男性服饰,即棉质的短上衣、贴身长裤以及搭配在外的西装外套;有时也包括尼泊尔式的船形布帽子。

Desha：尼泊尔语,意为"王畿"。

Dharmadhikar：即宗教正统的裁判法官(全国范围内,婆罗门在传统上有义务维护印度教体制)。

DharmaShastra：印度教正统价值观与道德体系。

dhunga,敦嘉：尼泊尔语,原意为"大石头",引申为国家或城邦。

Dibya Upadesh,《智慧箴言》：普利特维·纳拉扬的政治遗嘱。

Dom,多姆人：西部尼泊尔及毗邻印度地区生活的"不可接触者"群体。

Doya,多雅人：中世纪加德满都谷地的人们对蒂鲁特国民(讲迈蒂利语)的称呼。

Dravidian,达罗毗荼语：语系名,包含南印度众多语言。

Dvairajya：梵语,意为"双王共治"。

Dzongkha,宗喀语：不丹国内的统治阶级卓巴人讲的语言。

Filmi git：尼泊尔语,意为"电影歌曲"。

Firangi：南亚诸语言中对欧洲人(尤其是英国人)的称呼。

Fourth Convention,"第四公约"派：1974 年由莫汉·辛格成立的共产党派别。

Gaun Panchayat："潘查雅特"体制中的村庄议事会,是最低一级的行政单位。

Gorkha Dal,"廓尔喀达尔"：1951 年对抗联合政府的拉纳家族的誓死效忠者。

Gorkha Ex-Serviceman's Association,廓尔喀退伍士兵委员会："人民运动"之后,由前英国廓尔喀军团中一位老兵发起,为提高退伍尼泊尔士兵的退休金待遇而奋斗。

Gorkha Parishad,廓尔喀议会党：1952 年成立,是非法组织"廓尔喀达尔"的继承团体。

gosain,歌赛因：湿婆派的一支苦行僧社团。

Gurung,古隆人：居住在中部山区的藏缅人,长久以来一直在塔库里诸公国内充当士兵。

guthi,古提：封赏给神庙或宗教团体的免税土地;同样也指涅瓦尔人及其他少数民族中成立的互助组织。

jagir,扎吉尔：作为工资替代物的封地。

Jagirdar：扎吉尔封地的持有者。

Jana Hita Sangha：尼泊尔语,即"公共福利协会"。

Janai：婆罗门及其他高等印度教种姓群体中,教徒佩戴的"圣线"。

Janandolan：尼泊尔语，意为"人民运动"。

jangi lat,章吉拉特：意为"军阀"（对西部军区将军的非正式称呼）。

Jhapeli group,"贾帕里"组织：70年代早期在贾帕地区成立的共产党小派别，经常从事暗杀"阶级敌人"的活动。

jimidar,吉米达：塔莱区每一个最小土地单位上负责税收的官员。

Kalo Pani：尼泊尔语，意为"黑水"，又用来指代海洋。

Kamaiya：指那些受压迫的苦力。

Kami,卡米："不可接触"种姓之一，通常是铁匠。

Kanphata Yogi,瑜伽坎帕沓派：印度教苦行僧团体，僧团内成员通常在耳郭上有开口。

Karmavir Mandal,"业报会"：纳拉哈利那·瑜伽建立的印度教宗教激进组织团体，反对1959至1960年间的大会党政府。

Khaja：尼泊尔语，意为"零食"。

Kham,卡姆：即卡姆玛嘉人，玛嘉人中居住在北部的一支人群，他们的方言与其他地区的玛嘉语均有不同。

Kancha：尼泊尔语，意为"儿子"或"小男孩"。

Khasa,卡萨：语言学上的一支人群，他们将尼泊尔语带入了现今的尼泊尔地区。

Kilo Sierra 2：即KS2行动，1999年尼泊尔警察部队发动的、清剿毛主义者的准军事行动。

kipat,基帕：几个少数民族（尤其是基兰蒂人）族群内部的共有土地。

Kiranti,基兰蒂人：东部尼泊尔地区林布族和莱族的统称。

Kirata,基拉塔人：在传统印度教典籍中，"基拉塔"这一词语本指喜马拉雅山脚地区，后也用来代指这一地区生活的藏缅人。

Kshatriya (Sanskrit),刹帝利：梵语，指在印度教等级制度中排于第二位的武士阶级。

Licchavi,梨车：佛陀时期形成的部落联盟名，也指公元第一千年早期统治加德满都谷地的王朝。

Limbu,林布人：这一民族大体上生活在尼泊尔东部以及锡金境内。

Madheshi（Madise），马迭什人：塔莱区及北印度平原上的居民。

Magar，玛嘉人：居住于中部山区的民族，同诸"乔比希"邦国在军事上有密切联系。

Magurali，"玛古莱林"联盟：1980年修宪会议之前，玛嘉人、古隆人、莱人和林布人四个民族结成的非正式同盟。

Mahapatra：与"patra"同义，即指中世纪帕坦和加德满都的城市权贵。

Maharajadhiraj，"马哈拉扎第拉"：意为"王中之王"，是尼泊尔沙阿王室国王的正式称号。

Maharjan，摩诃罗腥人：这一术语是涅瓦尔族农夫种姓的旧称，这一群体通常也称为"贾普"人。

Mahasabha：尼泊尔语，指1959年宪法所规定的尼泊尔上议院。

Maithili，迈蒂利语：在东部低地的某些地区，印、尼边境上的人们广泛使用这种语言。

Malla，马拉：王名。1200年前后，加德满都谷地内部的国王开始采用这一称号，与此同时，尼泊尔西部的卡萨帝国的统治者们也开始沿用该王号。

Manka Khalah：尼泊尔语，意为"合作组织"，指1979年成立的、为涅瓦尔语地位而斗争的政治团体。

Masal，"马萨尔"派：尼泊尔共产党的一个派别。被自己建立的尼共（第四公约）驱逐后，莫汉·辛格于1983年建立了该党派。

Mashal，"马沙尔"派：尼泊尔共产党的一个派别。1985年从"马萨尔"派中分裂出来，其成员中就有后来的尼共（毛主义）主要领导人。

Masta，马斯塔：一位（或一群）神祇的名称，在尼泊尔西部地区广受崇拜。

Matwali，马特瓦里：尼泊尔语，意为"饮酒者"，用来指那些在宗教上是"洁净"的、但在社会地位上低于高等种姓帕拉芭蒂亚人的山区民族。

Mauja，毛扎：塔莱区土地的最小管理单位。

Mir Munshi：意即"波斯秘书长"，1846年以前以及拉纳政权时期，这一官职负责处理外交关系。

Mit：尼泊尔语，指一种非血缘的、构造出来的"想象"亲属关系。

Mughlana：莫卧儿人的土地（莫卧儿人是早期尼泊尔人对印度人的称谓）。

Mukiya,木基雅：村庄上的头领。

Mukhtiyar,木刻提亚：尼泊尔语，意为"律师；大臣"。19 世纪早期以来，用来指国王任命的首相。

Muluk：尼泊尔语，意为"国家"。

Muluki Ain,木禄基·阿因：意为"民法典"。

Munda,孟达语：澳泰语系在南亚的分支。

Murmi：尼泊尔语，旧时对塔芒人的讹称。

National Democratic Front,国家民主统一战线：1959 年夏由反对大会党的政党联合组成的同盟。

National Democratic Party,国民民主党：这一党派由前任"潘查雅特"议员组成。最初有两个独立的党派均使用"国民民主党"这个名字，这两个党派在塔帕和昌德的领导下，于 1992 年合并（也称为联合国家民主党）。

National Development Service,国家建设服务：政府出台的一系列政策。在这一框架下，特里布凡大学毕业的学生在修读硕士学位之前，必须花一年时间在乡下生活并参与建设。

National People's Front,国家人民前线：1999 年大选之前成立，是尼共（马萨尔）的竞选载体。

Nepal Bhasha,"尼泊尔巴沙"：意为"尼泊尔的语言"，许多涅瓦尔人以这个名称来称呼涅瓦尔语。

Nepal Democratic Congress,尼泊尔人民议会党：1948 年，由被流放的丙等拉纳家族成员在加尔各答成立的反拉纳政党。

Nepal Era,尼泊尔纪元：一套纪年体系，该体系的元年从公元 879 年开始。

Nepal Magar Sangh,尼泊尔玛嘉联合会：1971 年成立的玛嘉人社团。

Nepal Praja Parishad,"人民大会"：1935 年成立的反拉纳组织,50 年

代中期重组为政党;1958 年分裂为两派,分别由坦卡·阿查里雅和巴卓卡里·米什拉领导。

Nepal Sarvajatiya Manch,尼泊尔全国人民阵地：1982 年成立的"左倾"民族主义压力集团。

Nepal Tamang Ghedung,尼泊尔国家塔芒人协会：50 年代中期成立的塔芒人民族主义压力集团。

Nepal Worker's and Peasant's Party,尼泊尔工农党：纳拉扬·比朱克切于 1975 至 1976 年间成立的、以巴德冈为根据地的共产主义政党,成立之初名字叫作"尼泊尔工农组织"。

Nepali Congress,尼泊尔大会党：国内主要政党,1950 年时由人民议会党和民主大会融合而成(通常简称为大会党)。

Nepali Congress (Democratic),尼泊尔大会党(民主)：大会党 2002 年分裂后,德乌帕一派采用了这个名字。

Nepal National Congress,尼泊尔人民议会党：1947 年成立的反拉纳政党;比希维什瓦·柯伊拉腊领导的一派 1950 年与民主大会合并后,迪利·拉曼·拉格米的派系依然沿用了这个名字。

Pahari,帕哈里：尼泊尔语,对喜马拉雅山脚下居民们的泛称。

Pajani,帕扎尼会议：每年一度召开的、对全年人事任命进行审议的会议。

Pancha,"潘查"："潘查雅特"政体中活跃的政治家,也译作"议员"。

Panchayat,潘查雅特：原意为"五人委员会",通常指 1962 至 1990 年尼泊尔国内政治制度;也指在 1962 年宪法规定下建立起来的全国各级行政机构。

Parbatiya,帕拉芭蒂亚：原意是"山地人",泛指一切讲尼泊尔语的民族和群体,19 世纪时这一词语也用来指代尼泊尔语自身。

Pariwar Niyojana,帕里瓦·尼约查那：尼泊尔语,意为"计划生育"。

Patra：指中世纪时,加德满都和帕坦的城市权贵。

People's Front,人民前线：2002 年 7 月,这一组织由"联合人民阵线"与"国家人民前线"合并而成。

Pode,擎底：涅瓦尔种姓,通常是清洁工。

Prachanda Gorkha,"廓尔喀之怒"：地下反拉纳组织,1931 年被镇压。

Pradhan：同"Patra"。

Pradhan Mantri：尼泊尔语,意为"首相"。

Pradhan Panchayat：地方"潘查雅特"领导,通常指村庄的头人。

Prajatantrik Mahasabha,"民主议院"党：宗教激进主义政党,由沙尔玛于 1957 年成立。

Pratibandhit：尼泊尔语,意为"禁止"或"非法"。

Pratinidhi Sabha：1959 及 1990 年宪法规定下,下议院的名称。

Rai,莱人：居住在林布人地区以东的几个基兰蒂族群的统称。

Rajabhisheka：尼泊尔语,意为"加冕典礼"。

rajguru,拉杰古鲁：意为"王室精神导师"。

Pajopadhyaya Brahman：加德满都谷地内,母语为涅瓦尔语的婆罗门。这些人通常不再将自己视为涅瓦尔民族的一部分。

Rajput,拉其普特人：西部印度地区的统治阶级,他们中的一些人后来逃到了喜马拉雅山脚地区。

rajyauta,拉杰幺塔：半独立的公国,这些地区的统治者向中央政府纳贡以换取自治地位。

Raksha Dal,罗刹军：大会党武装,1950 至 1951 年间曾发动武装起义,后重组为警察部队。

Raktapat Mandal,杀戮社：地下反拉纳组织,20 世纪 30 年代中期由特里布凡王资助成立。

Ramayana,罗摩衍那：印度长篇史诗,描绘了罗摩传奇般的经历。

Rastrabadi Swatantra Bidyatthi Mamdal,爱国学生独立协会：在"潘查雅特"政体下成立的、支持政府的学生团体。

Rastrabhasha：意为"国语",1990 年宪法所规定的、尼泊尔语在国内的官方地位。

Rastriya Bhasha：意为"民族语言",1990 年宪法所规定的、非尼泊尔语的其他语言在国内的地位。

Rastriya janamukti Party,全国人民解放党：高尔·卡旁及建立的政党,为山地区非帕拉芭蒂亚少数民族谋求权益。

Rastriya Panchayat,民主议事会："潘查雅特"体制下的中央行政机构。

Rastriya Praja Party,国民民主党：马特里卡·柯伊拉腊再次被逐出议会后,于1953年建立的政党。该党与1990年以后的同名政党无关。

Roll (of Succession),权力继承序列：拉纳家族继承"马哈拉扎"之位的顺序。

Sadbhavana Party,沙巴伐尔纳党：塔莱区的地方主义政党,1985年建立之初曾使用过沙巴伐尔纳(善心)委员会的名字。

sarwal-Kamiz,克米兹纱丽：旁遮普式的女装,由裙子和宽松的长裤组成。

samanta,萨曼陀：大封建主,通常在朝廷上极有势力。

sanskritisation,梵化：南亚某一地区在饮食、婚姻习俗等方面出现的一种变化形式,通常会将原本地位较低的种姓群体与高等种姓印度教徒之间的关系拉近一些;也指一门现代南亚语言广泛吸收梵语借词的现象。

Sarangi,萨兰吉：尼泊尔传统乐器,与小提琴相似。

Sarki,萨基：种姓名,通常是木匠。

sati,"萨蒂"：印度教强迫寡妇以自焚为亡夫殉葬的仪式。

satyagraha,萨缇亚格拉哈：尼泊尔语,意为"人民非暴力不合作运动"。

Sen,森氏：中世纪统治孟加拉地区的印度教王朝的王族姓氏;同时也是尼泊尔帕尔帕地区城邦国家统治者的姓氏。

Shaivite,湿婆派：印度教中主要信仰湿婆神的派别。

Shakya,释迦：民族名。佛陀本人便属于这个民族。

Shiksa Niyojana,锡克萨·尼约查那：意为"教育限制",指"新教育"计划下对学生接受教育造成的种种不便。

Shiva,湿婆：印度教中毁灭与重生之神。

Shrestha,施莱斯塔：涅瓦尔种姓,该种姓的成员为印度教徒,并宣布享有"刹帝利"的地位。

Shri Panch Shakar:意为"五重荣耀之王",通常指沙阿家族的国王。

Shri Tin Shakar:意为"三重荣耀之王",通常指拉纳家族的"马哈拉扎"们。

Sthiti:尼泊尔语,意为"计划、安排、习俗"。

Subba,苏巴:高级地区行政长官的称号。也指林布族的头人。

Talukdar:尼泊尔语,用来指地方税收官。

Tamang,塔芒人:在加德满都谷地周围的山区生活的民族。

Tapain:尼泊尔语,第二人称代词敬语,意为"您"。

Tarai,塔莱区:山区与印度边境之间的平原地区,有时也译作"低地区"或"低处湿地区"。该词本身的含义是"地势低平而潮湿的地方"。

Tarai Congress,塔莱大会:1953 年成立的塔莱区地方主义政党。

Thakali,塔卡里人:木斯塘以南的卡利-甘达基谷地中生活的民族。

Thakuri,塔库里人:帕拉芭蒂亚人中的一个种姓团体,中西部山区诸国(包括廓尔喀王国)的统治者往往都是塔库里人。

Tharu Welfare Society,塔鲁福利协会:1949 年建立的塔鲁人民族组织。

上座部:流行于斯里兰卡及东南亚的保守主义佛教派别,在仪式上往往比喜马拉雅山区的佛教更为简单。

Thulo Manche:尼泊尔语,意为"大人物"。

Tibeto-Burman,藏缅语:一个庞大的语系,基本涵盖了山地区除尼泊尔语以外的所有本地语言。

Timi:尼泊尔语,第二人称代词,意为"你"。

Topi:尼泊尔式的布帽子。

Tripura,特里普拉:中世纪巴德冈一座宫殿的名字;也是同一时期一个权贵家族的姓氏。

Ubayarajya:梵语,意为"双王共治",具体来说即每个国王统治一半的国土。

Umrao:尼泊尔语,意为"头人、军事长官"。

United Democratic Front,民主统一战线:大会党、"人民大会"和尼泊尔人民议会党联合组成,于 1957 年成立。

United Democratic Party,联合民主党:1955 年由前大会党激进分子昆瓦尔·辛格建立。

United Front,统一阵线:1951 年由尼泊尔共产党和"人民大会"结成的、反对大会党的联盟。

United Left Front,联合左翼阵线:由几个共产党派系组成,这一组织配合大会党发动了 1990 年"人民运动"。

United Mission to Nepal,尼泊尔联合教会:由数个新教教派组成的协会,为尼泊尔政府提供医疗及其他服务。

United National People's Movement,全国联合人民运动:几个共产党派别组成的团体,在"人民运动"期间,与大会党及尼共(联合马列)各自独立地发动抗议示威活动。

United People's Front,联合人民阵线:1991 年成立,是尼共(团结中心)的竞选载体。

United Revolutionary People's Council of Nepal,尼泊尔联合人民革命委员会:2001 年秋毛主义者袭击军队以后,在地方建立的"政府"组织。

Unity Centre,"团结中心"派:共产党派别,1990 年由尼共(第四公约)、尼共(马沙尔)及其他小派别合并而成。

Upanayan:婆罗门男孩的成人礼,在这一仪式上,孩子们将首次领受"圣线"。

Uray,乌磊:涅瓦尔族高等种姓,均为佛教徒。

Utpidit Jatiya Utthan Manch,受压迫人民解放阵地:1987 年成立的压力集团,为提高帕拉芭蒂亚低等种姓人民的境遇而斗争。

Vaishnavite,毗湿奴派:印度教中崇拜毗湿奴神的派别。

Vajracharya,金刚师:涅瓦尔族高等种姓,均为佛教徒。

vamshavali,瓦姆沙瓦利:尼泊尔的一种编年史。

vihara (Sanskrit),精舍:梵语,指佛教徒建立的寺庙。

Vishnu,毗湿奴:印度教的维护世界之神。

yogi,瑜伽:梵语,指精神上的内在成熟,有时也指苦修。

索　引

（索引条目后数字为原书页码，即本书边码）

附注：读者如想查找某个历史人物或事件，也请参考"大事年表"及"人物小传"。另外，索引中并未包括某些民族或种姓的名称，这些名称可以在表 1.1 中找到。

A

abortion 堕胎 164

Acham 阿卡姆 58,218

Acharya, Tanka Prasad 阿查里雅,坦卡·帕拉沙 67,68,82 - 83,88,90,94,155

　Personal attitudes 个人观点 155,158 - 163

　as prime minister 任首相期间 91 - 92, 133,168 - 173

Adhikari, Man Mohan 阿迪卡里,曼·莫汉 113,193

administrative system 行政系统 129

Afghanistan 阿富汗 44,65

Afghans 阿富汗人 15

Agincourt, Battle of 阿金科特 38

Agricultural perspective plan 农业远景计划 201,230

agricultural tools industry 农具工业 113

agriculture 农业 1,12,15,23,26

　after 1951 1951 年以后 122,126,129, 134,140 - 144,200 - 201,230 - 232

　in early period 早期 16 - 18

　research in 相关研究 135

　after unification 统一后时期 54 - 55,74

agro-industry 农业产业 147 - 148

air transport 航空运输 79,130,138 - 139

Al Beruni 贝鲁尼 180

alcohol, use of 酒精饮料 159 - 160,226 - 227

All India Gorkha League 全印度廓尔喀联
　盟 75

All India Nepali National Congress 全印度
　尼泊尔人民大会 68

All India Radio 全印度广播 113,114

Allahabad 阿拉哈巴德 23

Amlekhganj 阿姆莱克根杰 138

Andaman Islands 安达曼群岛 11

animism 万物有灵论 34

Annapurna 安纳普尔纳 13

Arabs 阿拉伯人 15,27

Arghakhanchi 阿迦堪奇 177,218

Armed Police Force 武装警察部队 209,
　210,222

Armenians 亚美尼亚人 28

army 军队
　Contemporary role 同时期作用 207,205
　development aganist Maoists 对毛主义者
　　的镇压 218
　in early period 早期情况 50

Arniko Rajmarg 阿尼柯高速公路 137

Arun River 阿润河 13,75,179

Arya Samaj 雅利安·萨马吉 79-80

ascetics 苦行僧 26,30,52,80

Ashrit, Jivraj 阿什利特,基法拉杰 190

Asian Development Bank 亚洲发展银行
　128

Assam 阿萨姆 2,13,15-16,112

assimilation 同化 3,11

Auckland, Lord 奥克兰爵士 44

aul "阿尔" 14,27

Australia 澳大利亚 134,148

Austroasiatic language family 澳泰语系 12

Awadhi language 阿瓦第语 15,186

B

Back to the Village National Campaign 全国
　返乡运动 108,109

Baglung 巴格隆 55,60

Bagmati River 巴格马蒂河 157

Bairagis 白拉吉 52

baisi kingdoms "巴希"邦国 23,27,30

Balaju 巴拉珠 129,146

balance of payments 收支平衡 127

Baldeng 巴登 23

Bandipur 班迪普尔 78

Banepa 巴奈帕 19,21,27

Bangladesh 孟加拉 8,102,103,106,145,
　153

Banke 班刻 43

Bardiya 巴蒂亚 43-45

barley 大麦 16

Basarh 巴萨尔 18

'Basic Needs' programme "基本需求"运动
　127-128

Basque language 巴斯克语 11

BBC 英国广播公司 113,173,213

Belgium 比利时 224

Benares 瓦拉纳西 40,46,50,55,68,69,
　82,168

Bengal 孟加拉地区 21,29,37,40,46,79

Bhairawa 白拉哈瓦 87

Bhakta Dharma 巴克塔,达尔马 82

Bhaktapur 巴德冈 21
　as independent state 独立国家 16,22,
　　32,33
　in 'People's Movement' 在"人民运动
　　中" 114

post-1951 changes 1951 年后的变化 133,156

in post-1951 politics 1951 年后的政治 106,109,110,155

Bhandari, Madan 班达里，马丹 121,190

Bhanubhakta 巴努巴克塔 81,168,185 - 186

bharadari 巴拉达里 49 - 50,56,58 - 59

Bharatiya Janata Party 人民党 214

Bhattarai, Baburam 巴特拉伊，巴布拉姆 203 - 205,206,208,216,218

Bhattarai, Krishna Prasad 巴特拉伊，克利须那·帕拉沙 110,115,116,118,121, 191,208 - 209

Bheri River 佩里河 57

Bhimphedi 比姆佩蒂 78

Bhojpur 博杰普尔 71

Bhojpuri language 博杰普尔语 15,186

Bhonta (family) 博昂塔家族 21 - 22,27, 57

Bhonta (region) 博昂塔地区 27 - 28

Bhotiyas 蕃提亚人 12,58,163

Bhutan 不丹 76

refugee issue 难民问题 216

Bhutto, Zulfikar Ali 布托，佐勒菲卡尔·阿里 107

Bihar 比哈尔邦 18,42,105,139,202,206

Bijukche, Narayan Man 比朱克切，纳拉扬·曼 106,109,110,113,155

Bir Hospital 比尔医院 78

Biratnagar 比拉德讷格尔 71,77,79,105, 123,129,135,137

Birganj 比尔根杰 62,79,131,133,134, 138

Birganj-Hetaura-Kathmandu corridor 比尔根杰-海陶拉-加德满都走廊 147

Birla group (of India) 比尔拉集团 146

birta tenure 比尔塔封地 51,54,75

abolition 体系的废除 95 - 96,103

Bista, Kirtinidhi 比斯塔，基尔提尼迪 102

Bombay (Mumbai) 孟买 164,171

bonded labour 强制劳役 53

Bonus Voucher Scheme "礼金券"体制 151

Bose, Subhas Chandra 玻色，苏巴什·钱德拉 70

Brahmans 婆罗门 11,24,26,39 - 40,51 - 52,82,84

Changes Since 1951 1951 年以后的变化 159,162

as dominant group 作为统治阶级 179 - 180,181,184,233

Maithil 迈蒂利人 187

in Newar Society 在涅瓦尔社区中 31

as Parbatiya caste 作为帕拉芭蒂亚人的种姓 31,50,55,57,58,59,80,83

in politics 政坛上 94,177

Britain 英国 8,44,160

post-1947 relations with Nepal 1947 年以后与尼泊尔的关系 71 - 72,224

aid programme 援助项目 134 - 135

British Council 英国大使馆 171

British India, relations with Nepal 英属印度 4

1885 to 1947 1885 至 1947 年 61,64 - 65,67 - 68,69,83,84

pre-Shamsher period 沙姆沙时代以前 39,40 - 41,42 - 45,46 - 48,50,58,59, 60,163

buckwheat 荞麦 16

Buddha 佛陀 18,53

Buddhism 佛教 3,26,176

　　current status 目前的地位 184

　　in the hills 在山地地区 30,179

　　in Kathmandu Valley after 1951 1951 年
　　　以后在加德满都谷地 155－156,181

　　and the state in Kathmandu Valley 加德
　　　满都谷地内的佛教国家 29－31

buffaloes 水牛 16,140

Build Your Village Yourself programme 自
　　主建设农村计划 193

bullocks 犍牛 18

Burma 缅甸 13,64,67,71,178

Butwal 布特瓦尔 2,23,42,134,135

C

Calcutta 加尔各答 68,78,99,105,150,162

　　as publishing centre 作为出版中心 168

Calcutta University 加尔各答大学 63,84

Capuchins 方济各会 33,37－38

Carpet industry 地毯制造业 145,148,149,
　　230

Casino Nepal 尼泊尔赌场 149

caste system 种姓制度 8,14,30－32,59,
　　82,84

　　in post-Panchayat politics 在后"潘查雅
　　　特"时期的政治中 118,206

　　social change after 1951 1951 年后的社
　　　会变化 155－158,162－163

Catholic Church 天主教会 135

celibacy 禁欲主义 30

censorship 审查制度 84,226

Chand, Lokendra Bahadur 昌德,洛坎德

拉·巴哈杜尔 109,118,119,192,195

　　as prime minister 作为首相 110,115,
　　　196,221,222

Changu Narayan 昌古·纳拉扬神庙 19

chaubisi kingdoms "乔比希"国家 23,27,
　　28,30,59

chaudhuris 乔杜里 51

Chaugera Yogis 盖拉瑜伽 52

chautaria 乔塔里亚 49

cheese production 奶酪生产 134

Chemins de Katmandu 《通往加德满都的
　　路》173

Chepangs 车旁人 13

Chester, Ketaki 切斯特,科塔吉 211

Chetri caste 切特里人 31－32,53,56,57,
　　60,94

　　as privileged group 作为贵族阶级 49－
　　　50,85,185

child labour 童工 148,161,230

chillies 辣椒 16

China 中国 12,44,130,134,139,174

　　aid programme 援助项目 130,133,136

　　arms sales 武器出口 112,113

　　cultural influence 文化影响 12,13

　　economic relations 经济关系 27,153

　　and Maoist insurgency 与毛主义暴动势
　　　力 223－224

　　political relations 政治关系 4,19,28,
　　　37,39－41,57,57,86－87,91,92,96－
　　　97,99－103,130

Chinese (overseas) 海外华人 145

Chittaur 齐陶加尔 10,23

Chitwan 奇特旺 137,180

Christianity 基督教 33,80－81,87,158,

184,233

Churautes 楚劳特 11

Church of Scotland 苏格兰教会 80

Churia hills, see Siwaliks 楚利亚山区，参
见西瓦利克

CIA 美国中情局 103,216

cigarette industry 香烟产业 77,133

cinema 电影行业 139,171

    Hindi 印度电影 171 – 172

    Nepali 尼泊尔电影 171,172 – 173,226

class organisations 阶级组织 101 – 102,109

climate 气候 8 – 11

Colombo Scholarship Scheme 哥伦布奖学
金计划 135

Commission for the Investigation of Abuse
of Authority 权力滥用调查委员会 211

Commonwealth 英联邦 135

communism 共产主义 173 – 174,175,176,
233

Communist Party of Nepal 尼泊尔共产党
88,89,93

    in 1959 election 1959 年大选 94,96,203

    post-1960 splinter groups 60 年代后的分
裂 105 – 106,107,110,141,177

    and B. P. Koirala's government 共产党与
比希维什瓦·柯伊拉腊政府 90 – 98

    legalisation of 参与立法程序 91 – 92

Communist Party of Nepal（Democratic）
尼共(民主) 121

Communist Party of Nepal（Maoist）尼共
（毛主义）195

    see also Maoist insurgency 亦参见毛主义
者"人民战争"活动

Communist Party of Nepal（Marxist）尼共

（马克思主义）113,117

Communist Party of Nepal（Marxist-
Leninist）尼共（马列）106,107,113 –
114,117

    1998 revival 1998 年复活 197,199

    ideology 理念 174

    in Panchayat politics "潘查雅特制度"下
110

    in 'People's Movement' 在"人民运动"
中 113,115 – 117

    and the referendum 与修宪会议 108

Communist Party of Nepal（Masal），see
Masal 尼共（马萨尔），参见"马萨尔"派

Communist Party of Nepal（Mashal），see
Mashal 尼共（马沙尔），参见"马沙尔"派

Marxist-Leninist 尼共（联合马列）175

    in 1990 election campaign 1990 年大选中
117 – 121

    attitude to Maoists 对尼共（毛主义）的态
度 207,218,219

    in government 在政府中 192 – 195,196,
199,201

    in opposition 作为反对党 185 – 186,
189 – 190,195,196,197,222 – 223,
224,231

    split in 分裂 197,199

community forestry 社区森林 144 – 145

Congress-Rana coalition 大会党-拉纳家族
合作 86,87 – 88

constituent assembly, proposal for 制宪会
议 88,91,93,106,116,205,218,221,
224

constitution 宪法

    of 1959 1959 年 93

of 1962 1962 年 101,109

of 1990 1990 年 116-117,221

Constitution Drafting Commission 宪法起
草委员会 118

construction industry 建筑行业 146,147

conversion, religious 改换信仰 158,184-
185

copper mining 铜矿开采 55,60,66,77

corruption 腐败 95,109,111,119,138-
139,146,147,148,149,178,186-188,
201,211

cottage industry 棉纺织业 77,147,149

cows 黄牛 140

cow slaughter 屠杀圣牛 56

Curzon, Lord 柯曾爵士 64

D

Dahal, Pushpa Kumar, see Prachanda 达哈
尔,普什帕·库马尔,参见普拉昌达

Dang 德昂 15,166,180-183,218

Darjeeling 大吉岭 57,76,79,80-81,87,
162

as cultural influence 文化影响 165,167,
168,183,184,185

'Gorkhaland' agitation "廓尔喀邦"运动
112,185-186,189-190

Das, Lakshmi 达斯,拉克诗米 59

Dasain 达善 56-57

daura-sawal "道拉服" 160

debt (national) 债务(国家) 128

debt (private) 债务(个人) 122,141,176,
231

decentralisation 去中心化 126,233

deforestation 森林破坏 3,15,16,17,55,

122-123,140

Delhi Sultanate 德里苏丹国 22

democracy 民主

attitude of left towards "左派"的看法 119

effect on language 对语言的影响 154-
155

as ideology 作为理念 79,82,173,174-
175

desa 德萨 56

Desideri, Fr 德希德里神父 33

Deuba, Sher Bahadur 德乌帕,谢尔·巴哈
杜尔 190,195-196,202,204,209,222,
231

rivalry with Koirala 与柯伊拉腊的矛盾
211,219-221

Devanagari script 天城体字母 186

development (as ideology) 发展(理念)
173

development districts 发展区 126

Devkota, Devi Prasad 提夫科塔,提夫·帕
拉沙 82

Devkota, Lakshmi Prasad 提夫科塔,拉克
诗米·帕拉沙 168-169

Dhading 达定 138,179

Dhangar language, see Kurukh language 当
嘉语,参见库鲁克语

Dhankuta 丹库塔 71

Dharan 达兰 24,137

dhunga 敦嘉 56

Dibya Upadesh 《智慧箴言》37,56

diet 饮食 159

Dolakha 多拉卡 51,57,134,200

Doms 多姆人 11,163

Doyas 多雅人 21-22,35

Dravidian language family 达罗毗荼语 11-12

Dravidians 达罗毗荼人 16

dress 服饰 160

drugs 毒品 111,226

Dudh Kosi 杜德戈西 57

Dunai 杜奈 209

dvairajya 德瓦拉扎 19

E

earthquake 地震(1934) 65

East Bengal 东孟加拉 152

East India Company 东印度公司 4,37 - 39,50,54

see also British India 亦参见英属印度

East-West Highways 东西贯通公路 133, 137-138

Eastern Europe 东欧 113,114,175

economic planning 经济计划 125-128

Economic Planning Committee 经济计划委员会 125

education 教育

after 1951 1951年之后 104,107 - 108, 126 - 127, 129, 130, 134, 135, 137, 156, 158 - 159, 162, 164 - 169, 183, 184,227

early period 早期 62,64,81,83 - 84,162

effects of insurgency 暴动活动的影响 209

and ethnicity 教育与民族 117,232

Edward VII, King of the United Kingdom 爱德华七世,联合王国国王 85

egalitarianism 平等主义 175-176

Egypt 埃及 101

Election Commission 选举委员会 199,204

elections 大选

attitudes towards 态度 176-178

malpractice in 选举舞弊 119,199,201 - 202

Ellenborough, Lord 艾伦博勒勋爵 44

emigration 移民 57,75 - 76,80,122 - 123

to India 向印度 123 - 124,228

outside South Asia 南亚以外区域 125, 228 - 229

English language 英语 61,80,83

as medium of instruction 作为教学用语 166,167 - 168

use after 1951 1951年以后的使用 154, 155,159,169,173

environment 环境 2 - 3, 122 - 123, 148, 150,193,230

ethnic activism 民族主义活动 4 - 5,117, 155,162,177,178,179 - 180,186 - 188, 232 - 234

ethnicity 民族 118,162,178 - 183,186 - 188

Eton 伊顿公学 167

Europe 欧洲 8,11 - 14,139,148,149

Europeans 欧洲人 3,16

Everest, Mt. 珠穆朗玛峰 74,96,149,150

exchange rate 汇率 127,133,151,152

Exporters' Exchange Entitlement Scheme 出口商外汇授权方案 151

F

family planning 计划生育 140

fertiliser 化肥 143,231

feudalism 封建制度 21

First World War 第一次世界大战 64,66, 67,75,76

forced labour 强制劳动 28,53,95,179 – 180

foreign aid 外国援助 103,128 – 137,227 – 228

　problems of 援助中的问题 135 – 137

forestry 森林业 96,134,144 – 145

Fourth Convention "第四公约"派 106, 107 – 108,113 – 114,116,119,203

France 法国 69 – 70

Fulbright scholarships 盖因种姓 170

G

Gandaki basin 甘达基谷地 23,39

Gandaki River 甘达基河 8,97,145

Gandaki scheme 甘达基开发项目 132

Gandhi, Indira 甘地,英吉拉 101 – 103, 105,153

Gandhi, Mohandas K. 甘地,莫罕达斯 K. 83,84

Gandhi, Rajiv 甘地,拉吉夫 113,114,153

Gandhianism 甘地主义 175

Ganges River 恒河 6,15

Ganges Valley 恒河谷地 8,14 – 15,17,18

Garhwal 加尔瓦尔 39

garlic 大蒜 16,159

garment industry 服装产业 148 – 149,230

Gautam, Bamdev 高塔姆,班姆提夫 196, 197,222

George III, King of Great Britain 乔治三 世,不列颠国王 110

George V, King of the United Kingdom 乔 治五世,联合王国国王 83,85

Germany 德国 134,156,230

Gift Parcel Scheme "礼物包裹"方案 151

Giri, Tulsi 吉里,图尔斯 97

Gising, Subhas 吉辛,苏巴斯 185

globalisation 全球化 3

goats 山羊 140

Gorkha 廓尔喀 1,4,12,22,23,28,30

　conquests by 廓尔喀征服 35 – 42,52,55

　as district 廓尔喀区 98,208

　as ethnonym in India 在印度的廓尔喀族 185

Gorkha Congress 廓尔喀大会 68

Gorkha Dal "廓尔喀达尔" 87,93

Gorkha Ex-Servicemen's Association 廓尔喀 退伍士兵协会 229

Gorkha Parishad 廓尔喀议会 87,94,96, 97 – 98,146

'Gorkhaland' agitation "廓尔喀邦"运动 112

Gorkhalis (as ruling elite) 廓尔喀人(作为 统治精英) 55 – 60,85

Gorkhapatra《廓尔喀新闻》62 – 63,170, 176

Gosainkund Lake 歌赛因昆德湖 179

gosains 歌赛因 52

Graduates' Constituency 毕业生选区 101, 107

'green roads' "简易道路" 138

growth rate 增长率 127

Gulmi 古尔密 55

Guptas 笈多 19

Gurkhas 廓尔喀军团 43,472,64 – 65,67, 70,72,75,76,82,94,172

　present status 现今状态 228 – 229

reduction in numbers 裁撤人数 135

resettlement of 退伍士兵安置 134 - 135

Gurung, Bharat 古隆,巴拉特 111

Gurung, Harka 古隆,哈尔卡 187

Gurung, Narsingh 古隆,纳尔辛格 59

Gurung, Santabir 古隆,桑塔比尔 85

Gurung language 古隆语 14,184

Gurungs 古隆人 12 - 13,16,27,31 - 33,58

ethnic activism 民族主义运动 183

role in Nepalese state 在尼泊尔国家中的
地位 50,85

and Tamangs 古隆人与塔芒人 179

guthi tenure "古提"体系 51,75

Gyawali, Surya Bikram 伽瓦里,苏尔雅·
比克拉姆 81,185

H

Hamilton, Francis 汉密尔顿,弗朗西斯
59,60

hand-axe culture 手斧文化 15

Hanuman Dhoka Palace 哈努曼多卡宫 34,
88,159

Hari Krishna Hari Ram 《克利须那与罗摩》
173

Harisimha 哈利辛哈 22

Harvard University 哈佛大学 167

hashish 大麻 203

Hastings, Warren 哈斯汀,华伦 42

health system 医疗健康体系 73,134,137,
140

Henry V, King of England 亨利五世,英格
兰国王 38

Hetaura 海陶拉 137,138,146

Himalayan Airways 喜马拉雅航空公司 71

Himalayas 喜马拉雅山 1 - 4

formation of 山脉形成 6

Hindi 印地语 8,94,156,186 - 187

Hinduism 印度教 3,4,79 - 80,82,176

in post-1951 period 1951 年以后的情况
94,117,162 - 163,184 - 185,233 - 234

and caste system 与种姓制度 30 - 32

hill variety 山区的教派 55

and kingship 与王权的关系 56

as legitimation in Rana period 在拉纳时
期 84

and the state in Kathmandu Valley 与加
德满都谷地国家的关系 29

hippies 嬉皮士 149

HIV-AIDS 艾滋病 164

Hoabinhian culture 和平文化 15

Hodgson, Brian 霍奇森,布莱恩 43 - 45,
180

Homo erectus 直立人 15

Hong Kong 香港 139,151

House of Representatives 众议院 116

housing 住宅 160 - 161

human rights 人权 224

hunter-gatherers 狩猎-采集者 11,12,15,
26

hydro-electric power 水电 132,134,135,
139 - 140,193

I

Ilam 依兰 74,178

ILO 国际劳工组织 127

IMF 国际货币基金组织 135,147

India 印度 8 - 11,14

1989 blockade 1989 年封锁 113,153

aid programme 援助项目 90,97,130－
133,136

as base for dissidents 异见者大本营 49,
66,67,70－72,81,111

as cultural influence 文化影响 4,29－
30,80－81,125,227

economic relations 经济关系 27－28,
38－39,54,55,61,74－75,113,127,
143,150－152

cross-border smuggling 边境走私 141,
143,148

tariff arrangement 190,229－230

trade 'diversification' 货物中转 150－
152

transit rights 货物转运权 146,150,
152－153

water sharing 分享水资源 139,189,
195

ethnic Indians in Nepal 印度人在尼泊尔
75－78,112,124－125,148－149,
150－151,158,186

ethnic Nepalese in 尼泊尔人在印度 112,
123－124,164,167,206

as influence on internal politics 对尼泊尔
内政的影响 1,88,89－90,91,95,
105,114,174,235

and 'People's Movement' 印度与"人民
运动" 115

political relations 政治关系 4,34,37,
69－70,86,96－97,101－103,104,
112,133

Maoist problem 毛主义者问题 223,
225

Indian Airlines 印度航空公司 139

'Indian Mutiny' 印度骚乱 46,48,61

Indian National Army 印度国家陆军 70

Indian National Congress 印度国大党 174,
214

Indian Nationalist Movement 印度民族主
义运动 61,64,65,67,68,77,78,80

Indian Socialist Party 印度社会党 71

Indo-Aryan languages 印度－雅利安语 8,
11,14

Indonesia 印度尼西亚 101

industrial development 工业建设 77－78,
126,145－149

private sector 私有企业 145－149

public sector 国有企业 147

infant mortality 婴儿死亡率 73,137,200

'inner Tarai' 内部塔莱区 8,15,141

Integrated Rural Development 农村综合发
展计划 143

Integrated Security and Development
Programme 整体安全与发展项目 210

Interim Government Act 临时政府法案 88

International Committee of the Red Cross
国际红十字会 148

Iran 伊朗 8,108－116

iron mining 铁矿开采 58,77

irrigation 灌溉 55,126,142,200

Israel 以色列 134

Italian language 意大利语 8

J

jagir tenure 扎吉尔体制 49,51,54,74－75

Jajarkot 贾贾科 205

Janakpur 贾纳克布尔 52,134,138

Janakpur Cigarette Factory 贾纳克布尔卷烟

厂 147

Janata Party (of India) 人民党(印度) 105，
113,114

Japan 日本 1,70,77,78,82,174

   aid programme 援助项目 130,134,228

   migration to 移民 125

jat 伽特 8

Jaynagar 杰纳贾尔 138

Jennings, Sir Ivan 詹宁斯爵士 93

Jews 犹太人 145

Jhapa 贾帕里组织 106

jimidars 吉米达 51,54,58–59

Jirels 吉莱尔 51

Jiri 吉里 51,134,138,143,200

Jomosom 约姆孙 12

Joshi, Lakshminarayan 若希，拉克诗米·纳
拉扬 22

Joshi, Madhav Raj 乔希，马达夫·拉杰 80

Josmani Sants 月司玛尼·桑 80

Juddha Sadak 朱达·沙达克 66

Jumla 居姆拉 57–58,142,163

jute 黄麻

   growing 种植业 143

   industry 加工业 77,151

K

Kailali 凯拉里 43

Kali Gandaki River 卡里甘达基河 12

Kampas 坎帕 103

Kancha 勘察 23

Kanchanpur 甘琼布尔 43

Kanphata Yogis 瑜伽坎帕沓派 27,30

Kantipur 堪提普尔报 216,226

Kantivati 坎缇瓦蒂 39–40

Karmavir Mandal 业报会 98

Karnali basin 格尔纳利盆地 21,22–23,39

Karnali River 格尔纳利河 8,10,13,57–58

Kashmir 克什米尔 2,12,28,38

Kaski 卡斯基 12,47,62

Kathmandu 加德满都

   foundation of 城市建立 21

   as independent kingdom 独立国家 22，
28,33

   as local authority 地方权威 92,110

   medieval political structure 中世纪政治
结构 21

Kathmandu Post《加德满都邮报》226

Kathmandu Valley 加德满都谷地 3,12,55

   early agricultural pattern 早期农业模式
16–17,18

   early history of 早期历史 13,14,15,16，
32–34

   as entrepôt 贸易中转站 27

   formation 形成 6–8

   Gorkhali conquest 廓尔喀征服 35–39

   immigration into 移民 32

   and industrialisation 工业化 148

   and land reform 土地改革 142,155

   medieval religion of 中世纪宗教信仰
28–31

   modernisation in 近代化 122,154–161

   population growth 人口增长 123

   regulation of migrant labour 移民劳动力
规范 122

   role of commoners in politics 平民在政治
中的角色 33

   special status 特殊地位 2,126,225–226

   in 1979 disturbances 1979 年骚乱 107

Kayastha caste 卡亚斯塔种姓 187

kerosene 煤油 76

Kham Magars 卡姆玛嘉人 14,203

Khasas 卡萨人 13,23,30,31,35

  as a caste 作为种姓 31 – 32,49 – 50

  Matwali Khasas 马特瓦里卡萨人 57

  medieval empire 中世纪帝国 22 – 23,
    26,27,58

  origin of 起源 8 – 10

  religious life 宗教生活 30

kipat tenure "基帕"自留地 57,75,94,180

Kiranti languages 基兰蒂语言 14

Kirantis 基兰蒂人 13 – 14,51,57,89

Kiratas 基拉塔人 13,14,24 – 25

Kirkpatrick, William 柯克帕特里克,威廉
  39,54

Kirong 吉隆 19,39,179

Kirtipur 柯提普尔 38,166

Knox, Captain 诺克斯 41

Kohla Sombre 柯拉松贝 13

Koirala, Bishweshwar Prasad 柯伊拉腊,比
  希维什瓦·帕拉沙 68,72,81

  beliefs 政治信仰 175

  as home minister 任内政部长 87,136

  premiership 出任首相 95 – 99,133,189 –
    192

  under Panchayat system 在"潘查雅特"体
    制下 105,107,108,110

  quarrel with M. P. Koirala 与马特里
    卡·柯伊拉腊的分歧 89

Koirala, Girija Prasad 柯伊拉腊,吉里贾·
  帕拉沙

  in pre-1990 politics 1990 年以前在政坛
    上 110

  after 2001 resignation 2001 年辞职后
    219,222 – 223

  and 'People's Movement' 在"人民运动"
    中 115

  as prime minister 出任首相 121,197 –
    199,200,207,208 – 211,218,231

Koirala, Krishna Prasad 柯伊拉腊,克利须
  那·帕拉沙 94

Koirala, Manisha 柯伊拉腊,玛尼莎 172

Koirala, Matrika Prasad 柯伊拉腊,马特里
  卡·帕拉沙 89 – 90,95,97,130,168

Korea 韩国 125,228

Kosi agreement 戈西协定 132

Kosi River 戈西河 71

Kot Massacre 阔特军火库惨案 46,47

Kshatriyas 刹帝利 31

Kumaon 库玛昂 22,30 – 32,55,58,163

Kurukh language 库鲁克语 11,12

Kusundas 库孙达 11

L

Lakhan Thapa 拉坎·塔帕 59

Lama, Nirmal 拉玛,尼玛尔 119,203,204

Lama, Santabir 拉玛,桑塔比尔 179

lamaism 喇嘛教 30,58

Lamjung 蓝琼 12,23,47,62

land assignment 土地分配 26 – 27,49,50 –
  54

land occupation 土地侵占 109

land reform 土地改革 89 – 90,95 – 96,
  103 – 104,130,141 – 142,155

  post-Panchayat 后"潘查雅特"时期 193,
    231

land sales 土地买卖 26,54

land tenure 地租 26 - 27,74,130,141 - 142

Landless People Problem Resolution Commission 无地贫民问题解决委员会 193

language issue 语言问题 117,183,184,232

Lauda Air 劳达航空 211

Leftist Nepali Congress 左翼尼泊尔大会 90

Lenin, V.I. 列宁 183

Licchavis 梨车族 2,13,18 - 21,26

land grants 土地 27

religion 信仰 29

Licchavis (tribal confederacy) 梨车部落联盟 18 - 19

life expectancy 人均寿命 122,200

Limbus 林布人 13,24,51,75,83

post-1951 changes 1951 年以后的变化 162,179 - 180,183

and kipat "基帕自留地" 94

literacy 识字率 81,122,128,137,170

literature 文学 81,84

London 伦敦 46,52

Lumbini 蓝毗尼 202

M

Madheshis 马迭什人 14 - 15,58

languages of 语言 14 - 15

Magadha 摩揭陀 18

Magar language 玛嘉语 13

Magars 玛嘉人 14,23,27,28,31 - 32,60

eastward expansion 向东移民 32

ethnic activism 民族主义运动 182 - 183,232

role in state 在国家中的地位 50,53,58, 59,85,177

'Magurali' "玛古莱林" 183

Mahabharat hills 摩诃婆罗多山区 6,8,10, 11,15

Mahakali River 马哈卡利河 42

Mahakali treaty 马哈卡利条约 195,197

(maha)patra 毗卢坦 21

Maharjan caste 摩诃罗腱人 14, 18, 31, 155,159,181

mahasamanta 摩诃萨曼陀 21

Mahendra Rajmarg, see East-West Highway 马亨德拉公路,参见东西贯通公路

Mahendra Sanskrit University 马亨德拉梵语大学 166

Mainali, Chandra Prakash 迈纳利,钱德拉·普拉卡什 197,201

Mainali, Radha Krishna 迈纳利,拉德纳·克利须那 115,116

Maithili language 迈蒂利语 15, 21 - 22, 29,186,187

in local government 在地方政府中 232

Maithils 迈蒂利人 24,29,39

maize 玉米 16 - 17,73,140,141

Makwanpur 马克万普尔 23,24,37,42

malaria 疟疾 14,129,135,141,180

Malaysia 马来西亚 228

Maldives 马尔代夫 103

Malla, Ari, King of the Nepal Valley 马拉,阿利 21

Malla, Bhupalendra, King of Kathmandu 马拉,布帕兰陀罗 33

Malla, Jaya Prakash, King of Kathmandu 马拉,贾亚·普拉卡什 37,38

Malla, (Jaya) sthiti, King of Kathmandu

Valley 马拉,贾亚斯提提 22,23,28,30

Malla, Lakshminarayan, King of Kathmandu 马拉,拉克诗米·那拉扬 28

Malla, Mahendra, King of Kathmandu 马拉,马亨德拉 34

Malla, Parthivendra, King of Kathmandu 马拉,帕蒂凡陀罗 22

Malla, Pratap, King of Kathmandu 马拉,普拉特普 28,33-34

Malla, Ratna, King of Kathmandu 马拉,拉特纳 33

Malla, Rudra 马拉,楼陀罗 22

Malla, Yaksha, King of the Kathmandu Valley 马拉,雅克沙 22,29

Malla empire (of Karnali basin) 马拉帝国 (格尔纳利盆地) 22-23

see also Khasas 亦参见卡萨帝国

Mallas (of the Kathmandu Valley), origin of title 马拉王朝(加德满都谷地) 21

Manadeva, King of Nepal 马纳德瓦 19

Mangalsen 曼格森 218

Mao Zedong 毛泽东 174,203

Maoism 毛主义 106,113,174

Maoist insurgency 毛主义者暴动活动 1,2, 13-14,22,92,99,143,163,195,202- 208,209-211,216-225

and 1997 local elections 与1997年地方大选 196,207,208

initial state response 国家的初期反应 206-207

Kilo Sierra KS-2行动 2,197-199, 208

methods employed in 暴动活动中的计策

205-206,226-227

origins of 起源 202-205

marriage 婚姻 158-159

Marshall Plan 马歇尔计划 123,128

Marwaris 马尔瓦尔人 145,146,181,186

Mashal "马萨尔"派 114,116,119,189, 206,219

Mashal "马沙尔"派 114,116,119

Masta cult of 马斯塔教团 30,57

match industry 火柴制造业 77

Mechi zone 梅吉区 114,161

media 媒体

international 国际 1,171

Nepalese 尼泊尔国内 169,226

Meiji restoration 明治维新 1

Mesopotamia 美索不达米亚 12

Mewar 密瓦尔 10

Micha 米察 23

Middle East 中东 125,228

middle hills, formation of 中部山区的形成 6

migration 移民 3,123,143,228-229

millet 谷子 16

Mir Kasim 米尔·卡希姆 37

Mishra, Bhadrakali 米什拉,巴卓卡里 92, 94

Mithila 米提拉 180

Mohasin, Mohammed 莫沙辛,穆罕默德 184

monarchy 君主制 163

as divinity 君权神授 175

emergence in South Asia 在南亚地区的出现 18

as factor in national identity 作为国家身

份认同的影响因素 56

future role 未来的地位 234

in modern media 在现代媒体中 170

role in Panchayat ideology 在"潘查雅特"
　体制下 184,185

'Mongols' 蒙古人 3

monopoly system 寡头制 51,77

Morang 莫朗 79

mortgages 抵押 26

Mughals 莫卧儿帝国 15,34,38,49,145

multi-party system 多党制
　criminalisation under 制度下的犯罪 202
　entrenchment in constitution 宪法 117
　factionalism under 派系分化 199-200

muluk 木禄克 56

Muluki Ain (of 1854) 木禄基·阿因法典
　(1854) 54,56,58

Muluki Ain (of 1963) 木禄基·阿因法典
　(1963) 156,163

multiple-cropping 多次耕作 17-18

Munda language family 孟达语 11-12

musk 麝香 27

Muslims 穆斯林 4,10,11,14,15,21,23
　current status 现今状况 184
　as settlers in Kathmandu Valley 移居加德
　　满都谷地 33

Mustang 木斯塘 13

Myagdi 莫雅格迪 60

N

Nalanda 那烂陀 29

Nanyadeva, King of Tirhut (Mithila) 难雅
　提婆 29

Narayan, Jaya Prakash 纳拉扬,贾亚·普拉

卡什 68,89

Narayanghadh 纳拉扬嘉 137,138

Narayanhiti Palace 纳拉扬希蒂宫 211

Narayani River 纳拉扬河 138

national anthem 国歌 85

National Defence Council 国防委员会
　207,208

National Democratic Front 国家民主前线
　97

National Democratic Party 国民民主党
　118,119,192,204,214,219
　Chand faction 昌德派 121
　in government 在政府中的民主党 195-
　　197,202,222
　Thapa faction 塔帕派 121

National Development Service 国家发展服
　务 127

national identity 国家身份认同 4-5,55-
　60,85

'National Movement' "国民运动"(1842)
　44

national parks 国家公园 144

National People's Front 国家人民前线
　219,222

National Social Services Co-ordination
　Council 国家社会服务协调委员会 135

nationalism 民族主义 82,173
　and ethnic Indians in Nepal 印度人在尼
　　泊尔 186
　as influence on historiography 对历史学
　　的影响 2,4
　as part of Panchayat ideology "潘查雅特"
　　政体与民族主义 183-185

Nehru, Jawaharlal 尼赫鲁,贾瓦哈拉尔

72,90,94,175

neo-liberalism 新自由主义 189

neolithic period 新石器时期 15－16

Nepal, Madhav Kumar 尼帕尔,马达夫·库玛尔 197,213,219,222－223

Nepal 尼泊尔

  cultural diversity 文化多样性 3

  ethnic composition 民族构成 8

  foundation of modern state 近代国家的建立 1,2,15,35－39

  isolationist foreign policy 孤立主义政策 1,47

  official adoption of name 正式采纳国名 85

  origin of name 名称来源 252

  physical geography 自然地理 6－8

  prehistoric life 史前文化 15－18

  role in world wars 世界大战中的尼泊尔 64,67

Nepal Aid Group 尼泊尔援助国集团 130,132,135,136,147

Nepal Construction Company 尼泊尔建筑公司 134

Nepal Democratic Congress 尼泊尔民主大会 70,88,89

Nepal Electricity Corporation 尼泊尔电力公司 147

Nepal Era 尼泊尔纪元 19－21,182

Nepal Food Corporation 尼泊尔食品公司 141

Nepal Industrial Development Corporation 尼泊尔工业发展公司 129,146

Nepal Jana Congress 尼泊尔人民党 90

Nepal Mother Tongue Council 尼泊尔玛嘉(母语)协会 183

Nepal Oil Corporation 尼泊尔石油公司 147

Nepal Praja Parishad "人民大会"

  Acharya faction 阿查里雅派 96,97

  anti-Rana group 反拉纳团体 67－68,80,82－83,155

  Mishra faction 米什拉派 96

  as political party 作为政党 88,91－92,94

Nepal Telecommunication Corporation 尼泊尔电信公司 147

Nepal Television 尼泊尔电视台 139,173

Nepal Workers' and peasants' Organisation/Party (Rohit group) 尼泊尔工农党 109,110,113,121,155,219,222

Nepali Congress 尼泊尔大会党

  in pre-1960 politics 1960年以前的政治 86－99,134,144

  and 1990 election 1990年大选 117－121

  in anti-Rana campaign 在反拉纳运动中 70－72

  attitude of Communists to 共产党对其态度 106,174

  clashes with UPF 与联合人民阵线的对抗 204

  in government after 1991 1991年以后的大会党政府 138,189－192,195－196,197－199,200,202,219

  ideology 政治理念 174－175

  in interim government 临时政府 115－117

  as opposition 作为反对党 196,222－223,224

and 'People's Movement' 在"人民运动"中 113,115

and referendum 与修宪会议 107,108

in reformed Panchayat system 在改良的"潘查雅特"政体下 109－111

support base 群众支持 94－95,187,205

under unreformed Panchayat system 在改良前的"潘查雅特"政体下 99,105,106－107,167

Nepali Congress (Democratic) 尼泊尔大会党(民主) 219,222

Nepali language 尼泊尔语 8,32

in India 在印度 186

see also Darjeeling 亦参见大吉岭

literature 文学 168－169

as medium of instruction 作为教学用语 81,92,156,167－168,184,186－188

modern development 近现代的发展 168－169,170

and Nepalese nationalism 尼泊尔语与民族主义 4,173,184

as official language 作为官方语言 85,117

as second language 作为第二语言 159

spread of 尼泊尔语的传播 57,59,156,182,183

Nepali National Congress (pre-1950) 尼泊尔人民议会党(1950年以前) 68－70,89

Nepali National Congress (post-1950) 尼泊尔人民议会党(1950年以后) 88,91－92,96

New Education System Plan "新教育"计划 126,127,165－165,167,227

'new people's democracy' "新人民民主" 174,197,204

New Zealand 新西兰 134,148

Newar lanaguage 涅瓦尔语 14,32,85,156,182,183,184,232

Newar Language Council 涅瓦尔语言协会 182

Newars 涅瓦尔人 3,14,17,18,19,77,159

caste system 种姓系统 30－31

as entrepreneurs 作为企业家 144

position in Nepalese state 在尼泊尔国家中的地位 59－60,82－83,85,111

religion 宗教 29－30

sense of identity 身份认同 30－31,155,181－182

and social change 社会变化 155－156

NGOs 非政府组织 135,144,228

Nixon, Richard 尼克松,理查德 103

'northern neolithic' culture (of Kashmir) 北部新石器时期文化 12

Norway 挪威 134,227

Nuwakot 努瓦果德 35,37,39,98,179

O

Ochterloney, Sir David 奥斯泰隆尼上将 42,43

oilseed 油料作物 144

onions 洋葱 16,159－160

Opium War 鸦片战争 44

Oudh (Awadh) 奥德 42

Overseas Development Administration (of British government) 海外发展管理局(英国) 143

P

Paharis 帕哈里 55

Pakistan 巴基斯坦 8,101,102,103,107,
153

economic relations 经济关系 152

palace massacre 王室惨案(2001) 211-216

Palas 帕拉 29

Palpa 帕尔帕 23,42

Panchayat Policy and Evaluation Committee
潘查雅特政策与评估委员会 109

Panchayat system "潘查雅特"政体 86-87,
125,127

and ethnic groups 民族关系 180,183

fall of 体制的结束 153

ideology 政治理念 173,183-185

opposition to 反对声音 104-107

organisation 组织结构 101

use of media 媒体的利用 170-171

voter behaviour under 投票者的行为
176-178

panchayats (local anthorities) 地方"潘查雅
特"议事会 91

Pande, Dalmodar 潘德,达尔摩达 41

Pande, Ranjang 潘德,蓝琼 44

Panjab 旁遮普 42

paper industry 造纸业 133

Papua New Guinea 巴布亚新几内亚 11

Parbatiyas 帕拉芭蒂亚人 12,14,16,55-
56,159

caste structure 种姓结构 31-32

conflict with other groups 与其他群体之
间的矛盾 98,162,178,179

as dominant group 作为统治阶级 55-

60,82-83,84,85,118-119,163,233

eastward expansion 向东迁移 27,32,51,
57

origins of 起源 8-11

treatment of women 对待妇女 163

Pashupatinath 帕苏帕蒂那神庙 27,29,
149,157,168

Patan 帕坦

post-1951 development 1951年以前的建
设 156

early history 早期历史 21,56

as independent state 作为独立国家 22,
28,32

role in 'people's Movement' 在"人民运
动"中 114

Patna 巴特那 139

patras 毗卢坦 21

patron-client system 庇护人体制 176-
177,179,200

People's Front 人民阵线 222

'People's Movement' "人民运动"(1990)
1,113-161,121,156

Persian language 波斯语 80

ploughing 耕种 17

taboo on 耕种的禁忌 18

Pode caste 擘底 31,156,182

Pokhara 博克拉 79,123,126,128-130,
133,135,137,165,177

police 警察系统 206-207

accusations of brutality 对残忍手段的质
疑 189,204

polyandry 一妻多夫制 164

polygamy 一夫多妻制 163

population growth 人口增长 2-3,18,55,

61,73 - 74,122,140

porters 搬运工 79

postal service 邮政服务 139

potatoes 马铃薯 16,73,143

Poudyal brothers 蒲蒂亚兄弟 44,50

poverty 贫穷 3,122,127 - 128

Prachanda 普拉昌达 119,203 - 204,206,
216,218,219

personality cult 个人崇拜 209

Prachanda Gorkha "廓尔喀之怒" 67

Pradhan, Parasmani 普拉丹,帕拉斯玛尼
165,168

Pradhan, Sahana 普拉丹,萨哈娜 113,115,
116,197

Pradhan, Tribhuvan 普拉丹,特里布凡 60

Praja Panchayat "公民大会" 69

Prajatantrik Machasabha "民主议院"党 94,
96,97

press, role of 媒体的作用 170 - 171,226

printing 印刷业 81

Prithvi Rajmarg 普利特维公路 133,137

privatisation 私有化 147,193

prostitution 卖淫 164

Protestant churches 新教教会 135

Public Security Act 公共安全法案 87,88

Pun, Narayar Singh 普恩,纳拉扬·辛格
221

Pyuthan 皮乌坦 203

Q

Qing dynasty 清朝 4

Quit India movement 退出印度运动 68,79

R

Radhikapur 拉迪卡普尔 152

radio, private 私人广播电台 226

Radio Nepal 尼泊尔广播电台 108,109,
139,170,172

language policy 语言政策 182

radishes 萝卜 16

raikar tenure "莱卡"体制 75

railways 铁路 76,79,138

Rais 莱人 12,13,14,75,183

Rajasthan 拉贾斯坦 10,23,145

rajgurus 拉杰古鲁 50

Rajputs 拉其普特人 10,23,30,60,214

rajyauta system "拉杰幺塔"体制 96,98,
103

Raksha Dal "罗刹军" 89,92

Raktapat Mandal "杀戮社" 67,82

Ramayana 罗摩衍那 81,168

Rana, Babar Shamsher 拉纳,巴伯·沙姆沙
69 - 72

Rana, Bam Bahadur Kunwar 拉纳,班姆·
巴哈杜尔·昆瓦尔 47 - 48

Rana, Bharat Shamsher 拉纳,巴拉特·沙
姆沙 87,98

Rana, Maharaja Bhim Shamsher 拉纳,比
姆·沙姆沙 65,67,68,70,81

Rana, Maharaja Bir Shamsher 拉纳,比尔·
沙姆沙 46,62,63,66,78,80,82,83,84

Rana, Maharaja Chandra Shamsher 拉纳,钱
德拉·沙姆沙 63 - 65,66,67,68,69,
75,76 - 77,78,79,80,82,83,84

Rana, Maharaja Dev Shamsher 拉纳,提
夫·沙姆沙 62 - 63,64,83

Rana Devyari 拉纳,提夫雅尼 211,214

Rara, Maharaja Dhir Shamsher Kunwar 拉
纳,迪尔·沙姆沙·昆瓦尔 49,61,66

Rana, Jagat Jang 拉纳,扎戈·忠格 48－49

Rana, Maharaja Jang Bahadur Kunwar 拉
纳,忠格·巴哈杜尔·昆瓦尔 45－48,
50,51,52,54,55,57,58,59－60,61,62,
77,78

Rana, Maharaja Juddha Shamsher 拉纳,朱
达·沙姆沙 65－68,77－78,82,83

Rana, Keshar Shamsher 拉纳,柯萨尔·沙
姆沙 69,87,89

Rana, Mahavir Shamsher 拉纳,马哈维尔·
沙姆沙 70

Rana, Maharaja Mohan Shamsher 拉纳,莫
汉·沙姆沙 69,78,79,83

　and economic planing 经济计划 125

　heads coalition government 领导联合政
　　府 87－88

　personality 性格 154－155

Rana, Mrigendra Shamsher 拉纳,姆利坚德
拉·沙姆沙 87

Rana, Maharaja Padma Shamsher 拉纳,帕
德玛·沙姆沙 68－69,70,101

Rana, Pashupati Shamsher 拉纳,帕苏帕
蒂·沙姆沙 214

Rana, Ranoddip 拉纳,拉诺蒂普 48－49,
52,60,66

Rana, Rudra Shamsher 拉纳,楼陀罗·沙姆
沙 66,71,94

Rana, Subarna Shamsher 拉纳,苏巴尔纳·
沙姆沙 70,99,105,136

Rana regime 拉纳政权 1,28,50,154

　attitudes to investment 投资态度 145

　and C-Class Ranas 丙等拉纳家族成员
　　65,66,69,70,90,214

　corruption under 腐败问题 178

　downfall of 政权垮台 1,67,68－72,162

　education under 教育体系 164－165

　establishment of 政权建立 46－49

　forest management 森林资源管理 144

　and Newar language 拉纳政权与涅瓦尔
　　语 182

　Roll of Succession 继承权序列 62,69

Ranabhat, Taranath 拉纳加特,塔拉纳特
213

Rapti (eastern) Development Project 拉普
提(东部)建设项目 143

Rapti Valley (eastern) 拉普提谷地(东部)
141

Rastrabadi Swatantra Bidyarthi Mandal 爱国
学生独立协会 108

Rastriya Panchayat "民主议事会" 101,
102,109,110

　abolition 废除 115,116

Rastriya Praja Party 国民民主党 90,95

Rasuwa 拉素瓦 19

Rato Khola 拉托科拉河 15

Rautahat 劳塔哈特 53

Rayamajhi, Keshar Jang 拉亚玛希,基沙
尔·忠格 106,107,110

referendum 修宪会议(1980) 108－109,
125,126,127,144

regional planning 区域发展计划 126

Ragmi, Dilli Rahman 拉格米,迪利·拉曼
88,90,94

religion 宗教 3

　decline in observance 发展的颓势 159

　economic and political role of 在经济与
　　政治中的作用 26－27,51－52,118,
　　173

and social structure 宗教与社会结构 28－30

syncretism 宗教融合 185

and universalism 宗教与普世主义 176

remittances 汇款 144,149,228－229

reservations 保护区 232

rice 水稻 160

cultivation 栽培 16,17,22－23,27,140

processing 加工 77

Rising Nepal《新兴尼泊尔报》170

ropeways 道路建设 78,126,130,133－134,137－138,143,200

Rukum 罗尔帕 203－205,209

Rong languages 绒语 13

Royal Nepal Academy 尼泊尔王家学院 168,169

Rukum 鲁孔 203－205,209

Ruffles, Stamford 莱佛士,史丹福 95

Russia 俄罗斯 64

for 1917－1992 period, see Soviet Union 1917—1992 年间,参见苏联

S

SAARC 南亚区域合作联盟 103,230

Sadbhavana Party 沙巴伐尔纳党 118,121,187,202,219

in government 在政府内部 195,196,199,222

dissident group 作为在野党 222

Sagauli, Treaty of 赛哥里条约 42,54,56,61,64

Sahid Gate 沙希门 67

salt trade 食盐贸易 27,76

salwar-kamiz 沙丽克米兹 160

Sama, Balkrishna 萨玛,巴尔克利须那 168－169,183,185

samantas 萨曼陀 21

Sanskrit 梵语 8,14,32,57,80,166,168,169

as school subject 作为学校科目 232

as source of loanwords 作为借词语源 186,187

sanskritisation 梵化 56－57,183

sati "萨蒂" 19

Satlaj River 萨特卢俱河 42

School Leaving Certificate 高中毕业考试 108,165,166,167,201

Second World War 第二次世界大战 67,78,82

Sen, Mukunda, King of Palpa 森,穆昆达 23

Sen dynasty 森氏王朝

of Bengal 孟加拉 29

of Nepal 尼泊尔 23－25,56－57

Shah, Aishwarya, Queen of Nepal 沙阿,艾什瓦尔娅, 212,214

Shah, Bahadur, King of Nepal 沙阿,巴哈杜尔 35,39,52

Shah, Birendra, King of Nepal 沙阿,比兰德拉 86－87,104,112,149,175－176

and 1975 constitutional amendement 与 1975 年宪法修正案 101

1989 dispute with India 1989 年印、尼纠纷 113

attitude towards dissent 对异见者态度 105

as constitutional monarch 作为合法君主 116,196

and development planning 发展规划 126,127,136

education 教育 167

and Maoist insurgency 与毛主义暴动 207,208,210

murder of 比兰德拉遇刺 211,213,214

and 'People's Movement' 与"人民运动" 115

and referendum 与修宪会议 108－109

role under reformed panchayat system 在改良后"潘查雅特"体制中的地位 110

use of language 语言使用 155,156

Shah, Dipendra, King of Nepal 沙阿,狄潘德拉 11,44,167,211

Shah, Dhirendra 沙阿,迪蓝德拉 110,111,211

Shah, Drabya, King of Gorkha 沙阿,德拉比亚 23,49

Shah, Fateh Jang Chauntara 沙阿,法塔赫·忠格·查乌塔里亚 45－46,47

Shah, Girvana Yuddha, King of Nepal 沙阿,吉尔万·尤达 39,43－48

Shah, Gyanendra, King of Nepal 沙阿,贾南德拉

as Birendra's successor 比兰德拉的继任者 84,213,215,216－218,221,222－223,224

as infant king 幼年登基 71

as prince 王子时期 110,211

Shah, Jayanti 沙阿,贾扬缇 211

Shah, Lalit Tripura Sundari, Queen of Nepal 沙阿,拉丽塔·特里普拉·孙达里 42,43

Shah, Mahendra, King of Nepal 沙阿,马亨德拉

as clown prince 太子时期 68

as king until 1960 1960 年前的国王生涯 91－99

and India 与印度的关系 101－102,103,152－153

personal rule after 1960 1960 年后的独裁统治 99－101,103－104,105,132,136,138,140,141,157,179

royal takeover 王室接管政治 86－88,98－99,129,130

Russian visit 访问苏联 130,133

use of language 语言使用 154,156

Shah, Narbhupal, King of Gorkha 沙阿,纳尔布帕 35－39

Shah, Nirajan 沙阿,尼拉詹 212,214

Shah, Paras 沙阿,帕拉斯 211,214,215

Shah, Pratap Singh, King of Nepal 沙阿,普拉塔普·辛格 39,41,60

Shah, Prithvi Narayan, King of Nepal 沙阿,普利特维·纳拉扬 21,22,45,55,54,55,56,60

as national icon 成为国家象征 185

Shah, Rajendra, King of Nepal 沙阿,拉金德拉 43－46

Shah, Rajya Lakshmi, Queen of Nepal 沙阿,拉琪亚·拉克诗米 44－46

Shah, Rama, King of Gorkha 沙阿,罗摩 28,34

Shah, Ratna, Queen of Nepal 沙阿,拉纳王后 214,215

Shah, Shanti 沙阿,香蒂 211

Shah, Sharada 沙阿,沙拉达 211

Shah, Sher Bahadur 沙阿,谢尔·巴哈杜尔

41

Shah, Shoba 沙阿,舒巴 211

Shah, Shruti 沙阿,诗鲁蒂 211

Shah, Surendra, King of Nepal 沙阿,苏伦
德拉 44

Shah, Tribhuvan, King of Nepal 沙阿,特
里布凡 67－68,71－72,88－91,92,93
use of language 语言使用 154,156

Shah dynasty 沙阿王朝 1,23,50,154

Shaha, Rishikesh 沙哈,李希凯什 104,
107,108

Shaivism 湿婆派 27,29,52

Shakyas 释迦(民族) 18

Shakyas 释迦(涅瓦尔族种姓) 30,31,60,
155－156

Shams ud-din Ilyas 苦思丁-以利亚 21

Shastri, Shukra Raj 沙斯特里,舒克拉·拉
杰 80

sheep 绵羊 140

Shekhar, Chandra 谢卡尔,钱德拉 114

Sherpas 夏尔巴人 12,58,74,164,183

Shiva 湿婆 29

shoe industry 制鞋业 133

Shrestha, Marichman Singh 施莱斯塔,马
利克曼·辛格 111,112,115,147

Shrestha, Pushpa Lai 施莱斯塔,普什帕·
拉 106,108,113

Shresthas 施莱斯塔 31,155

Shri Panch Sarkar 五重荣耀之王 62,83

Shri Tin Sarkar 三重荣耀之王 62,83

Siddhartha Rajmarg 悉达多公路 137－138

Sikkim 锡金 23,24－25,35,76
absorption into India 被印度吞并 102－
103,105

silk 丝绸 27

Simra 锡姆拉 79,134

Sindhupalchok 辛都巴尔恰克 55,57

Singapore 新加坡 95,151

Singh, Bakhan 辛格,巴坎 105,108

Singh, Gagan 辛格,加甘 45

Singh, Ganesh Man 辛格,伽内沙·曼 82,
83－84,105,110,113,115,154
dispute with Koirala 与柯伊拉腊的分歧
191

Singh, K.I 辛格,昆瓦尔 83,87,89,94,95
as prime minister 出任首相 92－93,186

Singh, Marichman (civil servant) 辛格,马
克利曼(公务员) 82

Singh, Marichman (politician) see
Shrestha, Marichman Singh 辛格,马利
克曼(政治家),参见施莱斯塔,马利克
曼·辛格

Singh, Mohan Bikram 辛格,莫汉·比克拉
姆 106,110,114,119,206－207,219,
222,226－227

Singh, Ramraja Prasad 辛格,拉姆拉扎·普
拉沙 107,111

Singh, Ranjit, King of the Panjab 辛格,朗
杰特 42

Singha Darbar 狮子宫 64,66

Sino-Tibetan language family 汉藏语系 12

Siwaliks 西瓦利克 6－8,15

slash-and-burn cultivation 刀耕火种 16,
27,74

slavery 奴隶制 28,53,57,62,64,84

Slim, General 斯利姆将军 67

socialism 社会主义 79,175

Solukhumbu 索卢昆布 12,144,255

South-east Asia 东南亚 12,139,145

Soviet Union 苏联 82,125,158

　aid programme 援助项目 130,131,133 – 134

Spanish language 西班牙语 8

Sri Lanka 斯里兰卡 103,155

Srong-tsen-Gampo, King of Tibet 松赞干布 19

St. Joseph's College 圣约瑟夫学院 167

St Mary's School 圣玛丽学院 167

St Xavier's School 圣泽维尔学院 167

stainless steel 不锈钢 151

state 国家

　emergence in South Asia 在南亚的起源 18

　as focus of identity in nineteenth century 19 世纪身份认同的焦点 56

state of emergency 国家紧急状态（2001）218,219

street children 流浪儿童 161

Structural Adjustment Loan 结构调整性贷款 127

student unions 学生会 107 – 108,166 – 167

Subba, Ranadhir 苏巴,拉纳迪尔 87

subbas 苏巴 51,75,179,180

sugar cane 甘蔗 140,141,143

sugar processing 制糖工业 133

Sun Kosi 孙戈西河 18

Sunuwars 苏努瓦尔 13

Supreme Court 最高法院 193,196,197,232

Switzerland 瑞士 90,134,138,143,148

synthetic fabrics 合成纤维 151

Syuraj 须拉杰 42

T

Taleju 特卢俱 34

Tamany language 塔芒语 14,183

Tamangs 塔芒人 12,28,58 – 59,95

　clashes with Parbatiyas 与帕拉芭蒂亚人的矛盾 98,178 – 179

　sense of identity 身份认同 178 – 179

　status of women 妇女地位 164

Tanahu 塔纳胡 28

Tansen 丹森 71

Tarai 塔莱区 2,4,8,11,37,44,68,83

　in post-1951 politics 1951 年以后的政局 87,94,95,107,110,118

　agriculture 农业 16,54,126,144

　in ancient period 史前时期 18 – 19

　boundary disputes 边界争端 42,47

　deforestation in 森林退化 123,144

　as habitat of prehistoric man 远古人类栖息地 15

　immigration from India 印度移民 54,75,76,125

　industrial development 工业建设 78,147

　land-holding system 土地所有制 51,52,54 – 55

　land reform in 土地改革 142

　and language issue 语言问题 94

　medieval history 中世纪历史 21,23,24

　migration from the hills 山区移民 123,134,135,141,231

　peopling of 各行各业 14 – 15

　regional grievances 牢骚与不满 160,187

　status of women 妇女地位 163,186 – 188

see also Tharus 亦参见塔鲁人

Tarai Congress 塔莱大会 94,96

tax-farming 土地税收 51

taxation 税收体制 26,50－55,74,130

television 电视与电视台 139,170,226

telephone service 电话服务 139,200

Terha thum 德哈土姆 71,83

textiles 纺织物 77,78,148

Thakali language 塔卡里语 14,60,183

Thakalis 塔卡里人 12,145,179

Thakuli caste 塔库里种姓 10,31,60,84,
85,94,185

Thapa, Amar Singh 塔帕，阿玛·辛格 43,
44

Thapa, Bhimsen 塔帕，比姆森 41－44,50,
51,60,66

Thapa, Bishwabandhu 塔帕，比什瓦班度
97

Thapa, Chiran Shamsher 塔帕，基兰·沙姆
沙 213

Thapa, Mathbar Singh 塔帕，马特巴尔·辛
格 45,46,169

Thapa, Ram Bahadur 塔帕，拉姆·巴哈杜
尔 221

Thapa, Surya Bahadur 塔帕，苏利亚·巴哈
杜尔 104,105

in post-Panchayat politics 在后"潘查雅
特"时期的政坛上 118,192,195

as post-Panchayat premier 就任政党主席
196－197,222

as prime minister 在"潘查雅特"体制下
出任首相 108－109,110,144

'Tharu' language "塔鲁"语言 11

Tharu Welfare Society 塔鲁福利协会 180

Tharus 塔鲁人 11,14,180－181,183,187

Thomas Cook 托马斯·库克 149

Tibet 西藏 4,6,12,22,37,39

1959 revolt 1959 年暴动 96

relations with Nepal 与尼泊尔的关系
19,28,39,47,64,65,82

religious influence from Nepal 尼泊尔传
来的宗教影响 29

trade with Nepal 与尼泊尔的贸易 27,
39,76－77,148,149,150,153

Tibetan dialects 藏语与西藏方言 12,58,
179

Tibetans (in Nepal) 藏族人（在尼泊尔居
住）145,148

Tibeto-Burman languages 藏缅语支 3

relations with Parbatiyas 与帕拉芭蒂亚
人的关系 27,58,82

speakers of 使用者 11,12,23,118,159

status of women 群体内的妇女地位 164

Timer Corporation of Nepal 尼泊尔木材公
司 144

timber trade 木材贸易 76,144

Tirhut 蒂鲁德 29

tourism 旅游业 149

trade 贸易 27－28,76－77,113,123,146,
152－153,229－230

across the Himalayas 喜马拉雅地区 27－28

see also India 亦参见印度

Tribhuvan International Airport 特里布凡
国际机场 139

Tribhuvan Rajpath 特里布凡公路 90,130,
132,137,138

Tribhuvan University 特里布凡大学 166－
167,185－186,189－190

Trichandra College 特里香达大学 64,66,
67,83,166

Tripura family 特里普拉家族 21-22

Trisuli dam 翠苏里水坝 132

Trisuli River 翠苏里河 18,35,39

trolleybus system 有轨电车系统 133

Tsangpo 雅鲁藏布江 6,13

tuki system 图基体制 143

Tuladhar, Padma Ratna 图拉达,帕德玛·
拉特纳 110,182,209

Turks 土耳其人 15

U

ubayarajya 双王共治 19

UK, see Britain 联合王国,参见不列颠

UNCTAD 联合国贸易和发展会议 152

unemployment 失业 137

United Democratic Front 民主统一战线 93

United Democratic Party 联合民主党 92-
93,94,96,97

United Front (of 1951) 统一阵线(1951) 88

United Left Front 联合左翼阵线 113-
114,115-117

United Mission to Nepal 尼泊尔联合教会
135

United National People's Movement 全国联
合人民运动 114

United Nations 联合国 127,130

United Nations Development programme 联
合国发展项目 128

United People's Front 联合人民阵线 119,
121,175,203

　post-1991 street agitation 1991年以前的
　　抗议示威活动 189-190

1994 split 1994年分裂 192

2002 merger 2002年合并 222

opposition to state of emergency 对国家
　紧急状态的反对 219

United Revolutionary people's Council of
Nepal 尼泊尔联合人民革命委员会 218

United States 美利坚合众国 69,94,97,134

and 1991 election 1991年大选 95

support for Kampas 援助项目 103,126,
128-130,131,133,136,137,138,143

economic relations 经济关系 148-149,
230

and Maoist insurgency 与毛主义暴动势力
223,225

resettlement programme 安置计划 141

Unity Centre "团结中心"派 203

Universities 大学 63-64,108,166-167

Untouchables "不可接触者" 11,31,84,
156-157,163

Uray 乌磊 31,155

urbanisation 城市化 123

Uttar Pradesh 北部邦 39

Uttaranchal 北安恰尔邦 39

V

Vaisali 吠舍离 18

Vaishnavism 毗湿奴派 52

Vajracharyas 金刚师 30,31,60,155-156

vamshavalis 瓦姆沙瓦利 13,29,30

Vedic period 吠陀时期 18

vegetable oil 植物油 77

Vietnam 越南 15

Vietnamese language 越南语 12

viharas 精舍 29

Vrjaypur 韦贾普尔 24-25

Vikram Era 维克拉姆纪元 182

Village Defence Forces 村庄防卫体系 222

village development 农村发展 130,131, 132

Vishnu 毗湿奴 34,52,84,175

Vrijis 跋耆 19

W

water resources 水资源 132,139-140,189

West Bengal 西孟加拉邦 112

Western Europe 西欧 123,129

wheat 麦子 140

WHO 世界卫生组织 135

women, status of 女性地位 158-159,164

Wool trade 羊毛贸易 27,28,148-150

work permit system 工作许可证系统 112

World Bank 世界银行 127,128,130,135, 142,143,147,193,228

Y

Yadav caste 雅达夫人 110

yaks 牦牛 27-28,134

Yogi, Naraharinath 纳拉哈利纳·瑜伽 98

Younghusband expedition 荣赫鹏远征 64, 76,82

Yugoslavia 南斯拉夫 101